윤리학

Dietrich Bonhoeffer

Ethik

1940년 9월, 본회퍼의 행동이 국민을 분열시킨다는 이유로 발언 금지 조치를 당하다. 관할 경찰서에 주소지 신고 의무를 부과받다.

1941년 10월, 베를린에서 유대인이 추방당하기 시작하자, 이들을 방첩대 요원으로 위장해 구출하는 "작전7"을 수행하다.

1943년 1월 13일, 37세에 마리아 폰 베데마이어와 약혼하다.
4월 5일, 게슈타포의 가택수색으로 한스 폰 도나니 부부, 요제프 뮐러 부부와 함께 체포되다.

1944년 1월, 수사책임자 뢰더가 교체되어 기소가 무기한 연기되다.
7월 20일, 슈타우펜베르크가 히틀러 암살을 시도하다.
9월 22일, 게슈타포 수사관 존더레거가 초센 방첩대 방공호에서 히틀러의 범죄성을 입증할 증거자료로 보관하던 문서철을 적발하다.
10월, 프린츠-알브레히트-슈트라세 게슈타포 지하 감옥으로 이송되다.

1945년 2월 7일, 부헨발트 강제수용소로 이송되다.
4월 3일, 부헨발트에서 레겐스부르크로 이송되다.
4월 6일, 쇤베르크(바이에른 삼림지대)로 이송되다. 이틀 뒤 플로센뷔르크로 이송되어, 야간에 즉결재판을 받다.
4월 8일, 플로센뷔르크로 이송되어, 야간에 즉결재판을 받다.
4월 9일 새벽, 플로센뷔르크 강제수용소에서 39세의 나이로 교수형에 처해지다. "이로써 끝입니다. 하지만, 나에게는 삶의 시작입니다"라는 마지막 말을 남기고 떠난 그의 묘비에 "디트리히 본회퍼, 그의 형제들 가운데 서 있는 예수 그리스도의 증인"이라는 비문이 새겨지다.

1951년 9월, 뮌헨의 카이저 출판사가 유고 문서집 『옥중서신—저항과 복종 *Widerstand und Ergebung*』을 출간하다.

1996년 8월 1일, 베를린 지방법원이 본회퍼의 복권 탄원건에 대해 "본회퍼의 행동은 결코 국가를 위태롭게 할 의도가 아니었으며, 오히려 나치의 폐해로부터 국가와 국민을 구한 행동이었다"는 취지로 판결하다.

복 있는 사람

오직 하나님 말씀에 사로잡혀 밤낮 성경말씀 곱씹는 그대!
에덴에 다시 심긴 나무, 달마다 신선한 과실 맺고 잎사귀 하나 지는 일 없이,
늘 꽃 만발한 나무라네.(시편 1:2-3, 메시지)

디트리히 본회퍼의 삶은 그의 윤리학의 일차 자료였다. 즉, 그는 윤리학자이기 이전에 예수 그리스도의 제자로서 윤리적 책임을 실천한 사람이었다. 『윤리학』은 본회퍼가 어떤 신념으로 그와 같은 삶을 살아 냈는지 알게 해준다. 이것은 체계를 세워 놓고 서가에서 연구하여 차분히 써 내려간 글이 아니라, 나치 정권을 함락시키기 위해 암약하면서 시간이 날 때마다 적어 둔 단편들을 그의 사후에 묶은 것이다. 그것이 이 책의 형식적인 약점이지만, 그것이 또한 이 책의 강점이다. 본회퍼는 하나님의 현실과 세상의 현실의 교차점에서, 예수 그리스도의 가르침에 따라 책임적으로 행동하기 위해 자기 인생을 헌신했다. 그의 윤리학의 요점이 '덕의 윤리'요 '책임'이라면, 그는 자신의 삶을 통해 그리스도의 덕을 실현했고 시대적 요청에 책임을 다했다. 본회퍼의 글이 다 그렇듯이, 그의 윤리학을 차분히 읽어 내려가는 동안 영혼이 맑아지고 의지가 시퍼렇게 살아나는 것을 느낀다. 학문을 논하고 있으나 영혼 깊은 곳으로 안내하는 묵상글을 읽는 것 같다. 독파해 낼 글이 아니라 아껴 가며 읽고 묵상해야 할 글이라 하겠다. 이 책 『윤리학』은 성격은 다르지만 본회퍼 시대와 흡사한 혼란과 어둠 가운데 살아가는 오늘날 그리스도인에게 꼭 필요한 고전이다.

김영봉 와싱톤사귐의교회 담임목사

『윤리학』은 마흔도 채 되기 전에 하나님 나라와 그 대의를 위해 목숨 바친 신학자 디트리히 본회퍼의 유고 작품이다. 이 책을 구성하는 각각의 본문은 미완성 수상록과 같지만, 한 가지 주제, 곧 구체적인 삶의 현장에서 어떻게 그리스도인으로 살아갈 것인가 하는 물음이 전체를 관통하고 있다. 1933년 히틀러의 집권으로 시작된 나치의 압제와 위협, 그리고 유혹 아래 독일 주류 교회의 집단적 배교 현상을 목도하면서, 본회퍼는 이 글을 써 내려갔다. 당시 독일 교회가 히틀러 체제를 열정적으로 받아들이거나 미온적으로 허용한 배후에는 세상과 교회를 구분해 세상의 행동률은 교회의 행동률과 다르다고 믿는 윤리적 이원론이 깔려 있었다. 본회퍼는 이러한 윤리적 관점을 책 전체에 걸쳐 비판하며, 하나님의 현실과 세상의 현실이 따로 존재하는 것이 아니라 두 영역이 하나가 된 현실, 오직 "그리스도의 현실", "그리스도의 나라"가 존재한다고 역설한다. 하나님이 세상을 자신과 화목하게 하셨으므로, 그리스도인은 하나님 앞에서, 세상 안에서 하나님께 응답하는 자로 살아야 한다. 이를 위해 본회퍼는 구체적인 상황에 적용되는 구체적인 신앙 지침과 행동 지침으로서 그의 윤리학을 착상했던 것이다.

세 가지 이유로 이 책의 정독을 강력히 추천한다. 첫째, 약탈적 자본주의 체제 아래 생존을 윤리보다 앞세워 기독교 신앙의 실천이 사실상 불가능해져 가는 우리 시대에,

예수 그리스도에게 근거하여 타인을 위해 타인의 짐을 지는 본회퍼 윤리가 갖는 적실성은 결코 적지 않기 때문이다. 둘째, 신학적 사고 훈련과 묵상 훈련의 좋은 본보기이기 때문이다. 자기 매몰적인 묵상 문화가 팽배한 한국 교회에 본회퍼의 예언자적 자기의식 분석 및 시대 분석은 새로운 통찰을 제공할 것이다. 셋째, 총론에서는 그리스도인이지만 각론에서는 나치스트로 사는 것이 가능했듯이, 우리는 교회가 승인한 이분법적 신앙 표준에 너무 큰 영향을 받고 있으므로 부단히 자기비판을 실천할 필요가 있다. 각론에 강한 그리스도인의 책임적인 행동이 절실히 요청되는 이때, 모든 독자는 『윤리학』에서 정말 큰 감동과 깨달음을 얻게 될 것이다.

김회권 **숭실대학교 기독교학과 교수**

Dietrich Bonhoeffer
윤리학
Ethik

디트리히 본회퍼 지음

정현숙 옮김

복 있는 사람

윤리학

2022년 8월 16일 초판 1쇄 인쇄
2022년 8월 23일 초판 1쇄 발행

지은이 디트리히 본회퍼
옮긴이 정현숙
펴낸이 박종현

(주) 복 있는 사람
주소 서울특별시 마포구 연남동 246-21(성미산로23길 26-6)
전화 02-723-7183(편집), 7734(영업·마케팅)
팩스 02-723-7184
이메일 hismessage@naver.com
등록 1998년 1월 19일 제1-2280호

ISBN 979-11-91987-86-7 03230

Ethik
by Dietrich Bonhoeffer

Originally published in 1981 in German under the title
Ethik by Chr. Kaiser Verlag

차례

부록

일러두기

1. 이 책에 인용된 성경은 '개역개정판' 제4판을 따랐으며, 부분적으로 문맥상 보다 적합한 말로 바꾸기도 했다.

2. 이 책에서 '편집자 주'는 디트리히 본회퍼가 남긴 윤리학 단편들을 모아서 편집한 그의 친구 에버하르트 베트게의 주해를 가리킨다. 별도의 표시가 없는 것은 본회퍼의 주다.

해설의 글

여러분은 지금 디트리히 본회퍼의 『윤리학』을 손에 잡고 있습니다. 이 책은 서양 전통에서 널리 알려진 아리스토텔레스의 『니코마코스 윤리학*Ethica Nicomacheia*』이나 스피노자의 『기하학의 방식으로 증명한 윤리학*Ethica in Ordine Geometrico Demonstrata*』과 마찬가지로 '윤리학'이라는 제목을 달고 있습니다. '기독교'라는 수식어를 붙여 '기독교 윤리학'이라고 할 만한데, 본회퍼는 그러지 않고 그의 윤리학을 그냥 '윤리학'이라 불렀습니다.

고대 철학 전통, 특별히 이 가운데서도 스토아 철학 전통을 따르면 철학은 '자연학', '논리학', '윤리학'으로 분류됩니다(오늘날의 용어로 다시 옮기면 '존재론', '지식론', '윤리학'이라 할 수 있습니다). 칸트도 『도덕 형이상학을 위한 기초 놓기*Grundlegung* *zur Metaphysik der Sitten*』 첫 부분에서 철학을 세 분야로 나누는 이 전통을 언급하고 있습니다. 이 전통은 세 분야를 모두 중요하게 다루어 왔지만, 그중에서도 윤리학이 당연히 정점에 있습니다. 왜냐하면 철학은 곧 참된 삶의 방식, 삶의 길이고, 이 길과 방식을 구체적으로 지시하고 가르치는 부분이 윤리학이기 때문입니다. 존재하는 사물의 본성을 탐구하는 자연학과 생각과 지식을 탐구하는 논리학은 삶의 길, 삶의 방식을 반성하고 알아 가는 윤리학의 수단으로 쓰였습니다. 우리가 사는 세계는 어떤 세계이며, 우리는 누구인지, 그리고 그것을 어떻게 알 수 있으며, 제대로 알기 위해선 어떻게 해야 하는지, 이런 것들을 먼저 알아야 제대로 살고 제대로 행동할 수 있다고 생각했던 것입니다.

본회퍼의 『윤리학』을 보면, 십자가에 달리신 하나님 예수 그리스도는 존재와 지식과 행위의 기초와 바탕일 뿐 아니라 동시에 수단이며 목적입니다. 이 세계가 어떤 세계이며, 우리는 누구이며, 하나님은 누구인지, 우리가 어떻게 살아야 하는지, 이것들을 어디서, 누구에게서 알 수 있는지에 대한 물음은 오직 예수 그리스도에게서 해답을 찾을 수 있습니다. 하나님의 유일한 자기 계시인 예수 그리스도 안에서, 예수 그리스도를 통하여 만물이 제 모습을 되찾고 생명과 사랑과 평화와 정의를 누릴 수 있음을, 본회퍼는 이 책에서 보여주고 있습니다. 『윤리학』은 이러한 의미에서 '예수 그리스도를 따르는 삶의 철학'입니다. 에라스무스의 용어를 빌려 좀 더 짧게 표현하면, '그리스도의 철학'Philosophia Christi이 이 책 『윤리학』에서 펼쳐지고 있다고 하겠습니다.

본회퍼를 전문으로 연구하는 분들 사이에서 『윤리학』은 본회퍼의 대표작magnum opus으로 불리기도 합니다. 학문적인 엄밀성을 따르자면, 박사 학위 논문인 『성도의 교제』와 교수 자격 논문으로 제출한 『행위와 존재』가 중요합니다. 대중적인 호소력에 따라 보자면, 『창조와 타락』이나 『성도의 공동생활』, 그리고 무엇보다도 『나를 따르라』를 손꼽을 수 있습니다. 많은 사람들의 사랑과 관심을 이끈 정도에 따라 보자면, 『옥중서신—저항과 복종』을 들 수 있습니다. 그런데도 교수대에서 생을 마감한 본회퍼가 자신의 필생의 작업으로 생각했으나 결국에는 완성하지 못하고 남겨 둔 원고를 그의 대표작이라고 부를 이유가 있을까요? 그렇습니다. 나는 그럴 이유가 있다고 생각합니다.

베트게가 그린 본회퍼의 삶의 궤적을 보십시오. 베트게는 본회퍼의 삶을 신학자에서 그리스도인으로, 그리스도인에서 동시대인으로의 이행 과정으로 그리고 있습니다.[1] 『윤리학』은 이 궤적에 따르면 세 번째 부분, 곧 '동시대인'으로서 본회퍼가 고뇌하던 시기인 1940년부터 1943년까지 쓰여진 단편들의 모음입니다. 이때는 이미 히틀러가 전쟁을 일으켰고, 본회퍼는 방첩대 요원으로 유럽 각지를 오가며 일종의 이중간첩 생활을 하면서 히틀러 암살 계획과 히틀러의 독일과는 다른 독일의 재건을 여러 동료들과 함께 준비하고 있었습니다. 본회퍼가 『옥중서신—저항과 복종』 첫머리에 부친 "10년 후"라는 글에서 쓴 표현을 보면, 이때는 그야말로 "딛고 설 땅이 없는"시대, "악의 거대한 가장무도회가 모든 윤리적 개념을 연타하여 뒤죽박죽 상태로 만들어 버린" 시대였습니다. 본회퍼는 묻습니다. "누가 버티는가? 자신의 이성, 자신의 원칙, 자신의 양심, 자신의 자유, 자신의 덕행을 최후의 척도로 삼

1. 에버하르트 베트게, 『디트리히 본회퍼』, 김순현 옮김, 복 있는 사람, 2014.

지 않는 사람만이 버틴다. 그는 하나님에 대한 믿음과 그분과의 전적인 결속 속에서 이루어지는 복종 행위와 책임 있는 행위로 부름받아, 이 모든 것을 기꺼이 희생하는 사람이다."[2] 이러한 배경에서 보면 『윤리학』을 본회퍼의 대표작이라 불러도 무방합니다. 절박한 시대 상황 앞에서 한 사람의 '신학자'요 예수 그리스도를 따르는 '그리스도인'으로, 고통받는 사람들의 '동시대인'으로 본회퍼가 혼신을 다해 작업한 결과가 『윤리학』입니다.

본회퍼 윤리학을 여타의 윤리학과 구별해 주는 점이 무엇일까요? 어디서 본회퍼 윤리학의 고유한 특색을 찾을 수 있을까요? 다시 말해, 이 책을 읽을 때 우리가 주목해야 할 대목은 무엇일까요? 간략하게 다섯 가지 사항을 이야기해 보겠습니다. 무엇보다도 이 책의 첫 글로 베트게가 배치한 "하나님의 사랑과 세상의 붕괴" 첫 문단과, 다섯 번째 글로 배치한 "그리스도, 현실, 선" 첫 문단이 본회퍼 윤리학의 독특성을 보

2. 디트리히 본회퍼, 『옥중서신—저항과 복종』, 김순현 옮김, 복 있는 사람, 2016, 24, 25, 28.

여준다고 나는 생각합니다. "선악에 대한 지식은 모든 윤리적 고찰의 목표처럼 보인다. 그러나 기독교 윤리학의 첫 번째 과제는 바로 이 지식을 지양하는 데 있다." 본회퍼는 이렇게 말합니다. 그가 포기하고자 한 질문, 그가 지양하고자 한 질문은 "내가 어떻게 선하게 되는가?", "내가 어떻게 선한 일을 할 수 있는가?"라는 질문입니다. 나의 선함이나 선한 행위가 아니라, "하나님의 뜻"을 묻는 질문이 기독교 윤리학의 대상이 되어야 한다는 것입니다. 나의 선함이나 나의 도덕적 덕의 함양보다는 하나님의 뜻, 그 뜻이 드러나는 하나님의 계명과 명령을 무엇보다 우선시한다는 면에서 본회퍼 윤리학을 바르트 윤리학과 마찬가지로 '하나님의 명령의 윤리'Divine Command Ethics라 부를 수 있습니다. 그런데 하나님의 뜻을 묻는 질문은, 나와 내가 몸담고 있는 세계가 "궁극적 현실"에 깊이 뿌리내리고 있다는 인식에서 비롯됩니다. 여기서 말하는 "궁극적 현실"은 예수 그리스도 안에서 자신을 드러내는 창조주요, 화해자요, 구속자이신 하나님의 현실입니다. 하나님의 현실은 예수 그리스도를 통하여, 그리스도 안에서 이미 이 세상 속으로 들어와 있는 현실입니다. 그러므로 기독교 윤리학은 모든 현실의 알파와 오메가이며, 중심인 그리스도 안에서 하나님이 계시하신 현실이 피조물 가운데서 실현되어 가는 과정을 다룬다고 본회퍼는 서술합니다.

여기서 우리는 예컨대 칸트 윤리학의 기초와 철저히 구별되는 윤리학의 출발점을 보게 됩니다. 칸트 윤리학은 우리가 우리 자신의 행위 법칙을 스스로 수립한다는 이념에 기초해 있습니다. 전통이나 공동체, 타인의 평가나 유용성 등은 모두 배제됩니다. 그만큼 칸트가 순수 윤리를 지향했다고 할 수 있으나, 어디까지나 윤리의 기초는 순수 실천이성의 주체인 인간 안에 놓여 있습니다. 인간의 현실, 나의 현실, 이 가운데서도 '나 스스로 법칙을 수립할 수 있는 능력'(자율성)이 윤리학의 기초입니다. 본회퍼는 윤리학의 기초를 성육신하시고, 십자가에 못 박히시고, 부활하신 예수 그리스도의 현실에 두고 있습니다.

본회퍼 윤리학의 두 번째 특징으로, 그가 특정한 '윤리적' 영역에 제한해서 윤리학을 다루지 않는다는 점을 들고 싶습니다. 방금 언급한 칸트의 경우를 보면, 우리의 삶은 여러 영역들로 구획이 나뉩니다. 순수 이론이성이 관여하는 지식의 영역이 있는가 하면, 실천이성이 관여하는 도덕의 영역이 따로 있습니다. 예술도 지식과 도덕의 영역과는 구별됩니다. 칸트는 이 각각의 영역이 지닌 자율성을 확보하고자 애썼습니다. 칸트의 이러한 노력을 하버마스는 '근대성의 기획'과 연관시켜 논의합니다.

그런데 본회퍼는 윤리, 곧 '그리스도인의 삶', 나아가서 '인간의 삶'을 '도덕'이나 '윤리'에 국한시키지 않습니다. 그리스도는 우리의 주이실 뿐만 아니라 만유의 주이십니다. 그러므로 오직 그리스도를 배타적으로 주로 삼을 때 만물은 모두 그리스도에게 포섭됩니다. 따라서 그리스도를 주로 삼는 삶은 어느 한 영역에만 국한될 수 없는 보편성을 띠고 있습니다. 그리스도를 통해 드러난 하나님의 현실은, 본회퍼에 따르면, 그야말로 현실 전체를 포괄합니다. 어느 하나도 자율적인 영역의 이름으로 그리스도의 통치로부터 배제될 수 없습니다. 더욱이 현실을 성스러운 영역과 속된 영역, 기독교적인 영역과 세상적인 영역, 하나님의 왕국과 세상의 왕국, 그리스도와 세상으로 나눌 수 없습니다. 본회퍼는 말합니다. "두 현실이 존재하는 것이 아니라, 오직 하나의 현실이 존재한다. 이 현실은 그리스도 안에서 계시된 현실이다. 그리스도에 참여함으로써 우리는 하나님의 현실과 동시에 세상의 현실에도 속하게 된다." 본회퍼가 삶의 모든 영역을 포괄하는 방식은 "궁극적인 것"과 "궁극 이전의 것"을 통합하는 논의와 "참된 세상성"의 회복을 주장하는 가운데, 그리고 가정과 결혼, 노동과 문화, 국가, 교회, 이 네 영역을 '만다트'Mandat, '위임, 임무, 사명' 개념으로 논의하는 부분에서 분명하게 드러납니다. 자연적인 것과 자연적인 생명, 이 가운데서 특별히 개인의 신체성을 포함한 인간 존재의 신체성의 의미를 드러내는 부분도 온 세상을 그리스도 안에서 화해를 이루신 하나님을 통해 끌어안으려는 본회퍼 신학과 윤리학의 의도를 잘 보여줍니다.

이와 연관해서 세 번째와 네 번째 특징을 이야기할 수 있습니다. 만일 그리스도인의 삶이 그리스도를 통하여 하나님의 현실과 세상의 현실에 참여함으로 사는 삶이라면, 그리스도의 모습이 개인과 공동체 속에서 빚어져야 합니다. 그리스도 따로, 신앙고백 따로, 구원 따로, 삶 따로 떨어져 있을 수 없습니다. 따라서 본회퍼는 "형성으로서의 윤리학"이라는 글에서 이 문제를 다룹니다. 최근 들어 영성신학자나 덕 윤리학자들이 '형성'Formation 또는 '영성 형성'Spiritual Formation에 관한 논의를 많이 하고 있습니다. 공통으로 드러나는 경향은, 기독교 신앙과 삶을 성령의 열매를 풍성하게 맺는 성품 형성의 과정으로 보는 점이라 하겠습니다. 그런데 본회퍼는 우리의 성품 자체에 관심을 두기보다는 오히려 예수 그리스도의 모습, 예수 그리스도의 형상Gestalt이 우리 가운데 빚어짐에 초점을 맞춥니다. 기독교 윤리 또는 그리스도인의 삶은 다름 아니라 그리스도의 형상이 개인과 공동체 속에서 빚어지는 일이라는 것입니다. 그래서 본회퍼는 자신의 윤리학적 작업을 "형성으로서의 윤리학"이라고 이름 붙였습니다.

본회퍼는 또 이렇게 말합니다. "성경에서 우선적으로 다루는 것은 계획이나 강령을 통한 세상의 형성이 아니라, 모든 형성들 가운데 오직 하나의 형상, 세상을 이기신 예수 그리스도의 형상뿐이다. 그러므로 형성은 오직 예수 그리스도의 형상으로 말미암는다. (…) 여기서 형성은 오직 예수 그리스도의 형상에 이끌려 들어가는 것을 의미한다. 다시 말해 형성이란 성육신하시고, 십자가에 못 박히시고, 부활하신 주님, 그분의 유일한 형상과 같은 형상이 되는 것Gleichgestaltung을 말한다."

여기서 두 가지 오해를 피해야 합니다. 첫째, 우리 자신이 우리 속에서, 우리의 힘으로, 우리의 이념으로 그리스도의 형상을 빚어 간다고 본회퍼는 생각하지 않습니다. 유일한 형성자는 그리스도 자신입니다. 그리스도가 성령 안에서, 성령의 사역을 통하여 인간을 그분과 같은 형상으로 형성하십니다. 성육신하시고, 십자가에 못 박히시고, 부활하신 그분이 자신의 영을 통하여 우리 속에 자신의 형상을 형성하셔서 참 인간을 빚어낸다는 것입니다. 둘째로, 그리스도의 형상을 빚어내는 과정, 곧 그리스도 형상의 형성은 그리스도를 본받는 것, 곧 그리스도의 모방과는 구별됩니다. 모방은 여전히 나와 그리스도 사이에 거리가 있습니다. 본회퍼가 추구한 형성으로서의 윤리학은 단순한 모방이 아니며, 그리스도의 영인 성령께서 그리스도를 우리 속에 빚어내어 이제는 내가 삶의 주체가 아니라 그리스도가 내 삶의 주체가 되어 살아가는 삶입니다. 이 삶에 대한 반성적 논의가 다름 아닌 본회퍼의 기독교 윤리학입니다.

본회퍼 윤리학이 지닌 네 번째 특징으로 이제 그의 책임 개념을 이야기해야겠습니다. 앞에서도 말했듯이 본회퍼 윤리학은 하나님이며 인간이신 예수 그리스도에 기초한 윤리입니다. 이런 의미에서 그의 윤리학은 철저하게 '그리스도 중심적'Christo-centric이고 '그리스도 지배'Christonomy의 윤리입니다. "나는 생명이다"요 14:6; 11:25라고 하신 예수의 말씀을 깊이 고찰하는 부분에서 그의 생각이 분명하게 드러납니다. 예수는 우리의 생명이며, 또 생명의 근원이고 본질이고 목표입니다. 본회퍼의 책임 개념은 여기에 기초합니다. 생명이신 예수 그리스도 안에서 우리는 하나님의 창조와 화목과 구속을 긍정하는 한편, 하나님을 떠나 분리된 삶과 심판과 죽음을 부정합니다. 예수 그리스도 안에서 우리는 긍정의 방식이든, 부정의 방식이든 그리스도를 통해 주어진 생명에 반응하고 응답합니다. 그런데 하나님의 말씀은 우리의 삶 전체를 향해 주시는 말씀이기 때문에, 거기에 대한 응답도 오직 삶 전체로 반응하는 응답이어야 한다고 본회퍼는 말합니다. 이러한 응답Antwort을 본회퍼는 '책임'Verantwortlichkeit과 관련시킵니다. 그래서 그는 이렇게 말합니다. "삶이 예수 그리스도의 생명에 응답할 때, 우리는 그 삶을 '책임'이라고 부른다." 여기서 중요한 것은 우리 인간은 타인의 부름에 응답하고 반응하며, 타인을 위해 존재한다는 본회퍼의 인간 이해입니다. 부름에 응답하고 반응하는 모습은 인간을 인간답게 해줍니다. 이렇게 응답하고 반응을 보임이 다름 아니라 책임입니다. 책임은 타인을 대신해 고통의 짐을 짊어지는 것으로 드러납니다. 이러한 책임짐의 전형을 본회퍼는 인류를 대신해 고난당하신 예수 그리스도에게서 찾습니다. 예수께서 보이신 삶은 타인을 위해 타인의 짐을 짊어진 삶입니다. 이 삶을 우리에게도 동일하게 요청되는 삶으로 본회퍼는 이해한 것입니다. 에마뉘엘 레비나스의 타자철학에서 중요하게 쓰이는 '부름'과 '대리', '책임' 개념을 본회퍼는 이처럼 그리스도를 통해서 구체적으로 보여주었습니다.[3]

이왕 말을 끄집어냈으니 하나 더 덧붙이겠습니다. 라인홀드 니부어의 동생으로 예일 대학교에서 오랫동안 가르쳤던 H. 리처드 니부어의 도덕 철학 유형론을 여러분은 아시리라 생각합니다. 니부어는 도덕 철학 또는 윤리학을 목적론적 윤리학과 의무론적 윤리학, 그리고 '책임의 윤리학'으로 구분합니다. 목적론적 윤리학은 "나의 목적, 나의 이상 또는 목표

3. 레비나스의 윤리학과 책임 개념은 강영안, 『타인의 얼굴: 레비나스의 철학』, 문학과지성사, 2005 참조.

는 무엇인가?"를 묻습니다. 의무론적 윤리학은 "무엇이 내가 따라야 할 최고의 법칙인가?"를 묻습니다. 이에 반해 책임의 윤리학은 "무엇이 현재 진행되고 있는가?", "무슨 일이 생겼는가?"를 묻습니다. 윤리적 행위는 어떤 목적을 설정하거나 어떤 법칙을 따르는 것이 아니라, 주어진 상황에서 내가 어떻게 그것에 적합하게 반응을 보이는가 하는 것이라고 니부어는 규정합니다.[4] 이 유형론에 따르면, 본회퍼 윤리학은 지금, 여기 하나님의 부르심에 내가 응답해야 할 윤리를 말한다는 점에서 분명 '책임의 윤리학'에 속한다고 하겠습니다. 본회퍼 개인에게는 그 결과가 슬프게도 죽음이었습니다.

본회퍼가 윤리를 개인 윤리와 사회 윤리로 구분하지 않았다는 것도 물론 사소해 보이기는 하지만 그의 윤리학의 중요한 특징이라 볼 수 있습니다. 이 점에서 본회퍼는 '사회 윤리'를 주창한 19세기 신학자들뿐만 아니라 트뢸치나 라인홀드 니부어의 관점도 받아들이지 않았습니다. 그리스도 안에서 보인 하나님의 현실이 하나이듯이, 개인과 공동체, 이상

4. H. Richard Niebuhr, *The Responsible Self. An Essay in Christian Moral Philosophy*, New York: Harper & Row, 1963 참조.

과 현실, 심정 윤리와 결과 윤리를 둘로 나눌 수 있다고 그는 생각하지 않았습니다. 공동체를 떠난 개인, 개인을 떠난 공동체는 추상일 뿐 구체적인 현실이 아니듯이, 개인 윤리가 사회 윤리와 다르고 사회 윤리가 개인 윤리와 다를 수 없습니다. 기독교 윤리는 본회퍼에게 무엇보다도 하나님과 사람, 사람과 사람, 사람과 살아 있는 모든 것이 "함께 사는 것"Mitleben이었습니다. 그러므로 무엇보다도 공동체를 생각하고, 공동체 안에서 고유한 각자의 의미도 생각할 수 있습니다. 개인과 공동체의 하나됨은 그의 박사 학위 논문에서부터 『나를 따르라』와 『성도의 공동생활』에 이르기까지 일관되게 보인 사상입니다. 본회퍼는, 모든 현실을 하나님이며 사람이신, 성육신하시고, 십자가에 못 박히시고, 부활하신 예수 그리스도를 통해 보았기 때문에 이와 같은 일관성을 지탱할 수 있었습니다.

여러분이 읽으려는 이 책은 에버하르트 베트게의 편집으로 1949년 처음 출간되었고, 1963년 새로운 구성으로 재편집되어 나온 본회퍼의 『윤리학』 제6판을 번역 저본으로 삼았습니다. 정확하고 유려한 번역과 함께 치밀한 편집력이 더해져, 본회퍼 본연의 숨결을 느끼며 읽을 수 있는 『윤리학』이 출간된 것을 매우 기쁘게 생각합니다. 이 책의 원서와 여러 번역본은 총 16권의 '본회퍼 전집'Dietrich Bonhoeffer Werke이 나오기 전 오랫동안 전문 신학자들뿐만 아니라 보통 사람들도 즐겨 읽었습니다. '본회퍼 전집'에 들어간 『윤리학』은 배열과 내용이 이 책과는 다릅니다. 우선 전집판은 원고를 집필 순서에 따라 재배치했기 때문에 "그리스도, 현실, 선"이 첫 장으로 나옵니다. 이 책에서 첫 장인 "하나님의 사랑과 세상의 붕괴"는 아홉째 장으로 밀려 있습니다. 좀 더 학문적인 접근을 원하는 분들은 전집판 『윤리학』대한기독교서회 간행 '본회퍼 선집'에 포함을 읽어야 할 것입니다. 그럼에도 이 책이 여전히 유익한 것은 본회퍼의 생각의 흐름을 훨씬 더 명료하게 따라갈 수 있다는 점이 아닐까 생각합니다. 또 이 책은 부록으로 실린 본회퍼의 논문들을 함께 읽을 수 있다는 장점이 있습니다. 이 논문들은 '본회퍼 전집'에는 16권에 따로 실려 있고, 우리말 '본회퍼 선집'에 포함되지 않았습니다.

이 책을 반드시 순서대로 읽을 필요는 없습니다. "하나님의 사랑과 세상의 붕괴", "형성으로서의 윤리학", "그리스도,

현실, 선", "주제로서 윤리적인 것과 기독교적인 것"을 천천히, 충분히 이해한 다음 전체를 읽는 것도 좋으리라 믿습니다. 혹시 한 장만 붙들고 씨름하고 싶은 분이라면, "하나님의 사랑과 세상의 붕괴"나 "그리스도, 현실, 선"을 읽고 또 읽어 본회퍼의 사고와 논리를 먼저 몸으로 익혀 보기를 권합니다. 여러분 가운데는 이미 읽은 분이 많겠지만, 최소한 『그리스도론』, 『나를 따르라』, 『옥중서신—저항과 복종』, 그리고 베트게의 본회퍼 전기(『디트리히 본회퍼』)를 이 책과 함께 꼭 읽기를 바랍니다. 『옥중서신—저항과 복종』 맨 앞에 실린 "10년 후"를 먼저 읽으면 배경을 이해하는 데 도움이 될 것입니다.

이제 이 책을 읽는 것은 여러분의 몫입니다. 읽는 동안 여러분의 개인 신앙뿐만 아니라, 우리가 몸담고 있는 한국 교회와 사회의 현실을 함께 생각해 보기를 바랍니다. 유익한 독서가 되기를 기원합니다.

강영안
서강대학교 철학과 명예교수 · 미국 칼빈신학교 철학신학 교수

제1판에서 5판에까지 부친 1948년 4월 9일 자 서문

이 책은 디트리히 본회퍼가 의도했던 그대로의 윤리학은 아니다. 이것은 위험을 무릅쓰고 숨겨 놓은 단편들을 그의 사후에 모아서 편집한 유고 작품으로, 그중에는 완성된 것도 있고, 완성되지 못한 것도 있다. 그의 생전에 이미 부분적으로 수정된 것도 있으며, 기획된 저서를 위한 예비 자료로서 메모만 남긴 것도 있다. 일부는 정리되지 않은 상태로 압수되기 직전 가까스로 안전한 장소로 옮겨 놓은 것을 나중에 파내기도 했다. 또 일부는 1943년 4월 5일 그가 체포되던 날 이미 게슈타포의 손에 들어가 있었다.

본회퍼는『나를 따르라』를 완성할 때쯤 이미 기독교 윤리학의 문제를 연구하려는 계획을 품고 있었다. 그는 이 일을 자신에게 주어진 필생의 과제라고 생각했다. 1939년 6월, 존 베일리John Baillie 교수가 크롤 강연 재단Croall Lectureship Trust의 위촉으로 본회퍼를 에딘버러에 초청했을 때, 그는 거기서 하게 될 강의를 그의 윤리학의 초고로 삼으려고 했다. 그러나 전쟁 때문에 강의 준비는 무산되고 말았다. 1940년에 목사연수원이 강제로 문을 닫게 되자, 독일제국 출판문서국은 독일 안에서 그가 공적으로 발언하는 것을 금지했고, 그의 모든 저술 활동도 금지했다. 그는 징용되는 것을 원치 않았으나, 그렇다고 징용 면제를 요청하지도 않았다. 그는 묵묵히 계획한 작업을 계속 진행해 나갔다. 1940년부터 1943년까지 베를린의 에탈 수도원과 키코우에서 집필한 것이 지금 우리에게 남겨진 초고다. 이 작업은 그가 고백교회 상임위원회에서 맡은 일이나 정치적 활동과 관련된 여행으로 인해 중단되곤 했다. 그리고 그의 구속 때문에 결국 끝을 맺지 못했다.

본회퍼의 저서는 확고 불변한 계획에 따라 장에서 장으로 써 내려간 것이 아니라, 다양한 주제에 대한 수많은 개별 연구들로부터 점진적으로 전체를 이루어 나갔다. 제목이나 배열은 이와 같은 과정이 진행됨에 따라 계속 변경되었다.

제1판에서 5판에까지 부친
1948년 4월 9일 자 서문

1940년 가을에 스케치한 윤리학의 배열 계획은 다음과 같다.

I. 기초

형성으로서의 윤리학

유산과 몰락

죄책과 칭의

교회와 세상, 그리스도와 계명

궁극 이전의 것과 궁극적인 것

새로운 인간

II. 구조

개인 생활의 구조

계급과 직무의 구조

공동체의 구조

교회의 구조

세상에서 그리스도인의 삶의 구조

이 제목들에 대해 그가 남긴 메모를 살펴보면, 다음과

같은 특징적인 배합이 있다. "하나님과 화해한 세상의 기초와 구조", "미래 세계의 기초와 구조", "통일된 서구의 기초와 구조", "부제: 기독교 윤리학의 시도." 이렇게 기록한 후, 그는 다음과 같은 내용의 편지를 썼다. "오늘 나의 책에 붙일 만한 제목이 떠올랐네. 그것은 '길 예비와 도래'인데, 이 책의 두 번째 부분'궁극 이전의 것과 궁극적인 것'에 상응하는 것이네."

초고가 우리에게 넘겨진 과정이 이러하기에, 현재의 장章들을 주제별로 명확하게 배열하는 것은 불가능하다는 사실을 미리 밝혀 둔다. 독자는 첫 부분들이 위에서 말한 배열 계획에 따라 정리되어 있는 것을 보게 될 것이다. 이어지는 부분들은 자주 이미 한 번 취급한 내용을 새로운 시각에서 전개하는데, 그 배열 순서는 원고가 출현한 시기에 따라 시간적으로 재구성한 것이다. 로마 숫자 표기는 명백한 맥락을 갖고 집필된 부분들을 나타내며, 다루는 주제의 범위 안에서 분명한 진전을 보여준다. 몇몇 부제 부분들은 내용에 따라 편집자가 소제목을 붙였다.

부록에는 본회퍼가 전국교우협의회의 위탁에 의해 전문가로서 의견을 밝힌 논문1, 3장과 테겔 형무소에서 스케치한

제1판에서 5판에까지 부친
1948년 4월 9일 자 서문

내용[4, 5장]을 실었다. 그가 테겔에서 보낸 편지들 가운데 신학적인 내용은 다음 기회에 출간되기를 기대한다. 그러면 그가 마지막 순간까지 몰두한 문제가 무엇이었는지 알 수 있을 것이다.

수많은 단편들의 판독과 정리를 위해 안니 린드너 부인이 각별한 수고를 아끼지 않았다.

1943년 11월 18일, 테겔에서 디트리히 본회퍼는 이렇게 썼다. "개인적으로 나는 윤리학을 완성하지 못한 것에 대해 나 자신을 탓하곤 하네(그중 일부는 분명 압수되었을 테지만). 그러나 자네에게 본질적인 내용을 말했다는 것으로 위안을 삼는다네. 비록 자네가 그것으로 무엇을 해야 할지 알 수 없다 하더라도, 어떤 방식으로든 간접적으로나마 다시 세상의 빛을 보게 되리라 믿네. 어찌 되었든지 내 생각조차 아직 완성된 것은 아니니까 말일세." 그리고 1943년 12월 15일 자 편지에서는 이렇게 썼다. "나의 삶이 얼마 남지 않았다는 생각을 이따금 하게 되는데, 그럴 때마다 나는 윤리학만이라도 완성해야 하지 않았을까 하고 생각하네."

에버하르트 베트게

새로운 차례로 출간된 제6판 서문

『옥중서신』을 기초로 해서 본회퍼의 신학적 발전을 논한 끝에 윤리학 각 항목의 발생 시기를 재검토할 필요성이 있다는 사실이 분명해졌다. 그리하여 제6판은 본회퍼의 다른 저작들 가운데 일치하는 내용들과 비교해 보는 과정을 거치게 되었다. 그 과정이 본회퍼가 남긴 네 개의 각기 새로운 항목들을 연대순으로 제시하는 이번 판의 출간 계기가 되었다. 이런 노력에도 불구하고 저술 시기를 확실히 규정할 수 있는 항목이 있는가 하면, 단지 어림잡아 추정할 뿐인 항목도 있다.

ⓐ 지금까지 4장과 5장에 위치하던 내용은 첫 번째 항목으로 옮겨졌다. "하나님의 사랑과 세상의 붕괴"와 "교회와 세상"은 그 사상적 세계나 용어가 『나를 따르라』에 가깝다. 물

론 본회퍼가 이런 면을 고려하여 윤리학 저술을 시작했다는 확실한 증거는 어디에도 없다. 다만 "하나님의 사랑과 세상의 붕괴"에 대해 적은 단편들은, 1940년 봄과 여름에 편지지로 사용되던 종이와 같은 종류임을 알 수 있다. 1939년 5월 달력에는 "교회와 세상"에 관련된 메모와 표제들이 적혀 있다. 그중에서 "교회와 세상"의 근간이 되는 두 성구인 마가복음 9장 40절과 마태복음 12장 30절의 기록을 예로 들 수 있다. "교회와 세상"에 대해 적은 첫 페이지의 종이와 "하나님의 사랑과 세상의 붕괴"에 대해 적은 마지막 페이지의 종이는 같은 종류다. 따라서 이 장은 1939-1940년에 집필을 시작하여, 1940년 8월 이전에 중단되었을 것으로 추정된다.

ⓑ 둘째 항목은 저술 시기를 보다 정확하게 규정할 수 있다. 지금까지 1장에 위치하던 "형성으로서의 윤리학"은 첫 페이지에 명확하게 1940년 9월 클라인 크뢰신[키코우] 영지라고 적혀 있다. 즉, 본회퍼가 방위사령부에서 비밀리에 오스트 대령과 최초의 의미심장한 회견을 가진 직후였다. 이는 바로 그 때 이 주제의 윤곽이 갖추어졌다는 것을 의미한다. 1940년 10월에 이르기까지, 그는 초판에서 이미 언급한 차례로 초안을

만들었다.Gesammelte Schriften (G.S.), II, 376 교회의 죄 고백에 대한 항목은 히틀러가 놀랄 만한 승리를 거둔 시점에 집필했다.

ⓒ 지금까지 3장에 위치하던 "궁극 이전의 것과 궁극적인 것"은 세 번째의 새로운 항목을 이룬다. 이 부분은 1940년 11월 말에서 1941년 2월 중순 사이에 에탈 수도원에서 집필했는데, 첫 번째 스위스 여행으로 인해 중단된 후 다시 손대지 못하고 미완성으로 남겨졌다. 그럼에도 이 부분은 윤리학에서 가장 치밀한 작업의 한 면을 보여준다. "궁극 이전의 것과 궁극적인 것"이라는 표제는 이전 시기에 해당하는 클라인 크뢰신의 단편들에서도 발견된다. 그 후 본회퍼는 이와 같이 오랜 시간 저술에 몰두할 수 있는 기회를 다시 갖지 못했다.

지금까지 2장에 위치하던 "그리스도, 현실, 선"을 집필한 시기는 확실하지 않다. 새로운 판에서 이 위치에 둔 이유는, 1940년 클라인 크뢰신에서 차례를 배열한 초안과 상응하는 면이 있기 때문이다. 여기에 사용된 종이는 클라인 크뢰신 영지의 클라이스트 부인이 본회퍼를 위해 수집해서 마련해 준 것이었다(당시는 원고지를 구하기가 매우 어려운 상황이었다). 그러므로 이 장은 1940년 여름이나 1941년 여름 포메른에 새롭게 체류하면서 집필했으리라고 추측할 수 있다. 나는 1941년 여름이라는 데 무게를 둔다. 본회퍼의 필적으로 된 원고는 14페이지로 끝이 난다. "역사와 선"은 15페이지부터 시작되는데, 물론 전혀 다른 종류의 종이가 사용되었다. 마지막 장은 1941년을 보내면서 비로소 집필하기 시작했다.

ⓓ 위에서 언급한 내용을 근거로 정리해 보면, 『나를 따르라』의 첫 번째 신학적 출발점에서, 두 번째 "같은 형상이 되는 것"과 세 번째 "칭의"에 이어, 이제 네 번째로 "성육신"에 대한 내용이 따라오는 것으로 볼 수 있다. 지금까지 4장에 위치하던 "역사와 선"은, 1941년 8월 클라인 크뢰신의 것과는 다른 종이를 사용했으므로 아마도 1941년 여름에 공습이 심할 때 집필했을 것으로 추측해 본다. 9월에는 두 번째 스위스 여행을 떠났고, 11월에는 폐렴에 걸렸다. 그때 이후로 1942년 4월까지 오랜 시간 자주 여행을 다녔기 때문에 재차 저술 활동은 중단되었다. 본회퍼는 그의 반정부 활동이 최고조에 이르던 무렵, 정치적인 내용을 다루는 작업을 진행했다. 그의 첫 구상은 이미 꽤 진척되었음에도 폐기했고, G.S. III, 455 이하 참조 다시 한번 좀 더 상세한 숙고에 들어갔다. 그러나 암시적인 문제

배열의 시각에서 보면, 최초의 간략한 시도가 책 전체를 계속 이끌어 가는 촉매제 역할을 했다는 것을 알 수 있다. 두 번째 초안에서는 1941년 출간된 루돌프 불트만의 『요한복음서 연구*Das Evangelium des Johannes*』를 인용한다.

1942-1943년 겨울 동안에는 지금까지 7장에 위치하던 "주제로서의 윤리적인 것과 기독교적인 것"이 집필된 것으로 보인다. 본회퍼가 체포될 당시 책상 위에는 이 주제에 대한 단편들이 어지럽게 흩어져 있었다. 거기서 "세상을 위해 존재한다는 것"이라는 표제도 발견되었다.

윤리학을 이처럼 연대순으로 다시 배열해 놓음으로써 『나를 따르라』로부터 『옥중서신』 초반에 이르기까지 본회퍼의 내면적 발전이 어느 정도 분명하게 드러난다. 그러므로 이와 같은 재배열이 적절한 것이라고 생각해도 좋을 것이다.

부록에 위치한 "율법의 제1용법에 관한 교리"는 지방교회위원회의 위탁으로 제5계명을 해설하기 위한 준비 과정에서 나온 것이다. 이 위원회는 1942년 8월 10일과 1943년 3월 15일 막데부르크에서 하르더G. Harder의 사회로 회의를 진행했다. 본회퍼는 두 번째 회의에서, 곧 그가 체포되기 직전에 준비한 논문을 발표했던 것 같다. 논문의 마지막 부분을 보면, 극단적인 묵시문학적 설교를 분명하게 거부하고, 세상 질서의 기독교화나 교회화에 반대하면서 진정한 세상성을 강조하고 있다. 특정한 사태나 구체적인 과제를 감당하기 위하여 그리스도인과 비그리스도인 사이의 협력이 필요함을 역설하기도 한다. "인격적 에토스와 현실적 에토스"는 1940년 출간된 딜슈나이더 윤리학에 대한 비판으로, 그 책이 나온 직후에 집필되었다. "국가와 교회"는 유감스럽게도 아직까지 그 동기나 저술 연대에 대한 단서를 찾을 수 없다. 다만 두 개의 단편이 적혀 있는 종이는 그것이 클라인 크뢰신에서 나온 것임을 알려 준다. "교회가 세상을 향해 말할 수 있는 가능성에 대하여"는 연필로나 쓸 수 있는 매우 질이 나쁜 원고지에 집필되었다. 그런 종이는 주로 말기에 사용되었다. 따라서 단정할 수는 없지만, 이 단편은 테겔에서 집필된 것으로 추정할 수 있다. "진실을 말한다는 것은 무엇을 의미하는가"는 테겔에서 집필된 것이 분명하다.

이 시기의 윤리학적 저작물로 간주할 만한 것으로는, 본회퍼가 1941년 9월에 집필한 "윌리엄 페이튼의 교회와 새로운 질서에 대한 사고"G.S. I, 356-371 와 테겔에서의 단상들G.S. III, 478 이 있다. 원고철에서 발견된 백 개가 넘는 각종 단편들 중에는 표제만 있는 것도 있고, 상세한 항목과 스케치가 되어 있는 것도 있다.

1962년 7월

에버하르트 베트게

자유에 이르는 길 위의 정거장들

훈련

자유를 찾아 떠나려거든,
가장 먼저 감각과 영혼을 훈련하라.
그리하여 욕망과 몸의 지체들이
그대를 이리저리 끌고 다니지 못하게 하라.
영과 육을 순결하게 하고,
정해진 목표를 향해 그대를 온전히 드려 복종하라.
훈련을 통하지 않고는
그 누구도 자유의 비밀을 경험하지 못하리.

행동

마음 내키는 대로 사는 것이 아니라
과감하게 의를 행하는 삶,
가능성 속에서 휩쓸려 다니는 것이 아니라
현실적인 것을 용기 있게 붙드는 삶,
생각 속을 도피처로 삼는 것이 아니라
오직 행동하는 삶,
그 속에 자유가 있다.
불안하게 주저하는 태도를 버리고

오직 하나님의 계명과 신앙의 힘에 의지하라.
그러면 자유가 그대 영혼을 환호하며 감싸 안으리.

고난

놀라운 변화!
그대에게는 힘차게 일하는 두 손이 있네.
그대는 무력하고 고독하게
행동의 최후를 응시하네.
그러나 깊은 안도의 숨을 내쉬며
묵묵히 옳은 일을 행하네.
그리고 확신 가운데 더 강한 손에 자신을 맡기고 만족하네.
그대가 단 한 순간이라도 복된 자유를 맛보았다면,
그 자유를 하나님 손에 올려 드려야 하리.
그리하여 하나님이 자유를 영광스럽게 완성하시도록.

죽음

이제 오라,
영원한 자유로 가는 길 위에 펼쳐지는 최고의 향연이여!
죽음이여,
덧없는 육체의 성가신 사슬을 끊어 버리고
눈먼 영혼의 장벽을 허물어 다오.
그리하여 지상에서는 보는 것이 허락되지 않은 것을

마침내 눈을 들어 바라볼 수 있도록.
자유여,
우리는 오랜 세월 훈련하고 행동하며
고난 속에서 그대를 찾아다녔네.
그리고 죽음의 문턱에 이른 지금,
하나님의 얼굴에서 그대를 인식하네.

*1944년 7월, 테겔 형무소에 수감 중 디트리히 본회퍼가
친구 에버하르트 베트게의 생일을 맞아 보낸 편지에 들어 있던 시.

I.

하나님의 사랑과
세상의 붕괴

갈등의 세상

선악에 대한 지식은 모든 윤리적 고찰의 목표처럼 보인다.[1] 그러나 기독교 윤리학의 첫 번째 과제는 바로 이 지식을 지양하는 데 있다. 기독교 윤리는 모든 일반 윤리의 전제들을 공격하면서 전적으로 독자적인 입장을 취하기 때문에 기독교 윤리를 말하는 것이 도대체 무슨 의미가 있을까 하는 의구심마저 든다. 그럼에도 기독교 윤리를 말하는 것은 모든 윤리적 물음

1. 현대 윤리학이 선악의 개념을 도덕적인 것과 비도덕적인 것, 가치 있는 것과 무가치한 것으로 대치하거나, 아니면 실존 철학에서 말하는 본래적인 존재와 비본래적인 존재의 개념으로 대치한다면, 그것은 우리가 여기서 고찰하려는 문제와 아무런 차이가 없음을 의미한다.

의 근원을 문제 삼고, 이로써 오직 기독교 윤리만이 모든 윤리적 비판의 잣대로서 타당성이 있음을 주장하려는 것이다.

기독교 윤리는 선악에 대한 지식의 가능성에서 이미 근원으로부터의 타락을 인식한다. 근원에 속한 인간은 오직 한 가지만을 알고 있었다. 바로 하나님이다. 그는 오직 하나님에 대한 지식과 일치하는 가운데 타인과 사물과 자기 자신을 알고 있었다. 그는 모든 것을 하나님 안에서 인식하며, 모든 것 안에서 하나님을 인식했다. 그러므로 선악에 대한 지식은 이미 근원과의 분열Entzweiung이 일어났음을 암시한다.

선악에 대한 지식을 가진 인간은 근원으로부터 규정된 자기 존재의 현실에서가 아니라, 선일 수도 악일 수도 있는 선택의 가능성에서 자신을 이해한다. 이제 인간은 하나님 바깥에 하나님과 나란히 서 있는 자신을 인식한다. 이는 인간이 자기 자신만 알고 하나님은 알지 못한다는 뜻이기도 하다. 인간은 오직 하나님을 알 때에만, 진정으로 하나님을 알 수 있다. 따라서 선악에 대한 지식은 하나님과의 분열이다. 인간은 오직 하나님과 대적할 때만 선악을 알 수 있다.

그러나 인간은 자기 근원으로부터 자유로울 수 없다.

인간은 하나님 안에 근원을 둔 자신을 아는 대신, 이제는 마치 자기 자신이 근원인 줄 알고 살아야만 한다. 인간은 자신의 가능성, 곧 선일 수도 악일 수도 있는 선택의 가능성에 따라 자신을 이해하면서 자신을 선악의 근원으로 파악한다. 즉, 그는 하나님과 같이 되었다.Eritis sicut Deus 하나님은 "사람이 선악을 아는 일에 우리 중 하나같이 되었다"고 말씀하신다.창 3:22

본래 하나님의 형상대로 창조된 인간이 이제는 도둑질을 하여 하나님과 동등하게 된 것이다. 하나님의 형상으로서의 인간은 전적으로 하나님 안에 자신의 삶의 근원을 두었으나, 하나님과 동등해진 인간은 자신의 근원을 상실하고 스스로 자신의 창조자와 심판자가 되었다. 하나님이 인간에게 이미 주신 것인데, 이제는 자기 자신의 힘으로 그런 존재가 되려는 것이다. 그러나 하나님의 **선물**Gabe은 본질적으로 **하나님의**Gottes 선물이다. 선물을 가치 있게 하는 것은 근원이다. 근원이 뒤바뀌면, 동시에 선물 자체도 변해 버린다. 그렇다. 선물을 선물이게 하는 것은 바로 그 근원이다. 하나님의 형상으로서의 인간은 하나님을 근원으로 하여 살며, 하나님과 동등해진 인간은 자기 자신을 근원으로 하여 산다. 인간은 근원을 도둑질하여 하나님의 비밀을 자기 것으로 만들었다. 성경은 이 과정을 금단의 열매를 먹었다고 묘사한다. 거기서 인간은 멸망하게 되는 것이다.

이제 인간은 선과 악이 무엇인지를 안다. 이 말은 인간이 지금까지 알고 있던 지식에 새로운 지식이 더해졌다는 의미가 아니다. 선악에 대한 지식이란, 지금까지 자신의 근원으로 알고 있던 하나님에 대한 지식이 완전히 거꾸로 뒤바뀐 것을 의미한다. 선악을 아는 지식을 통해 인간은 오직 근원 자체인 하나님만이 알 수 있고, 또 아는 것이 허락된 것을 알게 되었다. 성경도 하나님이 선악을 아는 분이라는 사실을 우리에게 매우 조심스럽게 말한다. 그것은 신적 은총에 의한 예정의 비밀에 대한 첫 암시다. 그것은 영원히 유일한 분 안에 근원을 가지고 있는 영원한 분열의 비밀에 대한 첫 암시다. 그것은 그 안에 어둠이 조금도 없고, 오직 빛만이 있는 분에 의한 영원한 구원과 선택의 비밀에 대한 첫 암시다. 선악을 안다는 것은 자기 자신을 선과 악의 근원으로, 영원한 구원과 선택의 근원으로 안다는 것을 의미한다. 이것이 어떻게 가능한가 하는 것은 분열이 없는 그분만의 비밀로 남아 있다. 왜냐하면 그분은 유일하고 영원한 근원 자체이며, 모든 분열의 극복이기 때문이다. 인간은 스스로 근원이 되기를 원하여 하나님에게서 이 비밀을 훔쳤다. 오직 선하신 하나님을 알고, 모든 것을 그분 안에서 인식하는 대신, 인간은 이제 자기 자신을 선악의 근원으로 알고 있다. 자신을 하나님의 구원과 선택에 맡기는 대신, 스스로 선택하고 스스로 선택의 근원이 되려는 것이다. 말하자면 인간은 어느 정도 예정의 비밀을 자신 안에 가지고 있다. 오직 하나님에 의해 선택되어 사랑받는 존재라는 현실 속에서 자신을 인식하는 대신, 인간은 이제 선택, 곧 선악의 근원이 되는 가능성 안에서 자신을 인식한다. 인간은 하나님과 같이 되었다. 그러나 하나님을 대적함으로써 그렇게 된 것이다. 여기에 뱀의 기만이 있다. 인간이 선악을 안다는 것은, 하나님께 속한 선과 악을 안다는 의미가 아니다. 인간은 근원이 아니다. 인간은 선악을 아는 지식을 근원과의 분열이라는 대가를 치르고 샀다. 그러므로 인간이 아는 선악은 하나님의 선악이 아니라, 하나님을 대적하는 선악이다. 그것은 하나님의 영원한 선택에 대항하여 인간 스스로 선택한 선악이다. 하나님을 대적하는 신Gegengott으로서의 인간은 하나님과 같이 된 것이다.

이와 같은 사실은 선악을 알게 된 인간이 생명으로부터 떨어져 나왔다는 표현에서 결정적으로 발견된다. 즉, 인간은 하나님의 선택으로 말미암은 영원한 생명으로부터 떨어져 나오게 된 것이다. "그가 그의 손을 들어 생명 나무 열매도 따 먹고 영생할까 하노라 하시고 (…) 이같이 하나님이 그 사람을 쫓아내시고 에덴 동산 동쪽에 그룹들과 두루 도는 불 칼을 두어 생명 나무의 길을 지키게 하시니라."창 3:22, 24 인간은 그 자신의 선택으로 하나님을 대적하고 자신의 근원을 대적하여 불경건하게 되었다. 선악에 대한 지식을 갖게 된 인간은 자신이 분열의 가능성 속에 있다는 사실을 이해한다. 그런데, 그 결과 인간은 하나님 안에서 하나되고 화목케 되는 생명으로부터 떨어져 나와 사망에 넘겨졌다. 인간은 그가 훔쳐 낸 하나님의 비밀로 인해 멸망하게 된 것이다.

이제 인간의 삶은 하나님과 분열되어 있을 뿐 아니라, 타인과도 사물과도 분열되어 있고, 심지어 자기 자신과도 분열되어 있다.

수치심

인간은 하나님의 자리에 앉아서 자기 자신을 관찰한다. "그들의 눈이 밝아졌다."창 3:7 인간은 하나님과 타인에게서 떨어져 나온 자신을 인식한다. 인간은 자신이 벌거벗은 상태임을 깨닫는다. 하나님과 다른 인간의 보호도 옹호도 없이, 인간은 벌거벗은 자신의 모습을 발견한다. 수치심이 생긴다. 이러한 수치심은 근원과의 분열에 대한 인간의 떨쳐 버릴 수 없는 회상이다. 이는 분열로 인한 고통이며, 다시 근원으로 돌아가고 싶은 무력한 열망이다. 인간은 근원적 본질에 속한 것, 자신의 온전함에 속한 것을 상실했기 때문에 수치심을 느낀다. 인간은 자신의 벌거벗은 모습을 부끄러워한다. 어떤 나무가 아무 장식도 없는 것을 부끄러워한다는 옛날이야기가 있다. 이처럼 인간은 하나님과 타인과의 일치성을 잃어버린 것을 부끄러워한다. 수치와 후회는 대개 혼동된다. 그러나 후회는 인간이 무언가 잘못했을 때 느끼는 감정인 반면, 수치는 무언가 결여되어 있을 때 느끼는 감정이다. 수치는 후회보다 더 근원적이다. 우리는 낯선 시선과 마주치면 눈을 내리까는 독특한 태도를 보인다. 이는 잘못에 대한 후회의 표시가 아니라, 타인에게 보여졌을 때 자신에게 무언가 결여되어 있다는 것, 곧 자신이 벌거벗었고 삶의 온전함을 잃었다는 것을 떠올리며 느끼는 수치의 표시다. 예를 들어, 개인적인 서약을 할 때 타인의 시선을 정면으로 응시하도록 요구하는 것은 좀 부자연스러운 것이다. 타인의 시선을 구하는 사랑은 무언가 갈망하는 것이다. 어느 경우든지 의식적인 단호함으로, 또는 열정적인 헌신으로 분열의 표시인 수치를 내면적으로 극복함으로써 잃어버린 일치를 회복하려고 애쓰는 것은 고통스러운 일이다.[2]

"그들이 무화과나무 잎을 엮어 치마로 삼았더라."창 3:7

2. A. Huxley, *Point Counter Point*(『연애대위법』, 정금자 옮김, 삼성출판사, 1991), 154. "수치란 자연 발생적인 것이 아니라 (…) 인위적이고 후천적인 것이다. 무엇에든지 부끄러움을 느낄 수 있다. 예를 들어 검은 외투에 갈색 장화를 신은 것, 또는 심한 사투리를 쓰는 것 때문에 부끄러움을 느낄 수도 있다. (…) 마치 사빌 로드의 사공들이 검은 외투에 갈색 장화를 신은 것에서 수치를 발명했듯이, 그리스도인들도 수치란 것을 발명해 냈다. 거기에 대해 말할 수 있는 것은 다음과 같다. 1) 당황이나 불확실성을 수치와 혼동해서는 안 된다. 2) 수치는 아주 외면적인 것에 있어서도 개개인의 개성에 따라 다르게 표현될 수 있다. 수치는 인간들이 분열을 경험하는 곳이라면 언제든 생길 수 있다. 그러니 어떻게 의복으로 인한 수치의 감정이 생기지 않을 수 있겠는가?

수치는 분열을 극복하기 위해 은폐Verhüllung를 추구한다. 그러나 은폐는 이미 일어난 분열에 대한 확증을 의미할 뿐, 분열로 인한 수치는 치유할 수 없다. 인간은 사람들 앞에서나 하나님 앞에서 자신을 감추고 숨긴다. 은폐는 필연적이다. 은폐란 수치심이 살아 있게 하고, 그로써 근원과의 분열에 대한 기억을 생생히 유지하도록 하기 때문이다. 무엇보다도 이제 인간은 분열된 자신의 존재를 견디며 은밀하게 살아가야 하기 때문이다. 그렇지 않으면 인간은 자기 자신을 배반하게 될 것이다. "모든 심오한 정신은 마스크를 필요로 한다."니체 그러나 이 마스크는 타인을 기만하거나 위장하기 위한 것이 아니라, 분열된 상황의 표시이므로 존중되어야 마땅하다. 마스크 아래 잃어버린 일치를 회복하려는 갈망이 살아 있다. 이러한 갈망이 성취되는 곳이 있는데, 바로 인간과 인간이 한 몸을 이루는 성관계이며,창 2:24 또 인간이 하나님과 하나됨을 추구하는 종교다. 은폐를 뚫고 들어간 바로 그곳에서 수치는 가장 깊은 은신처를 만든다. 칸트는 기도 중에 갑작스럽게 수치심이 든다는 이유로 기도 반대론을 제기한 바 있다. 그러나 칸트가 이렇게 말한 것은, 기도가 본질상 닫힌 골방 안의 일임을 간과했기 때문이다. 그는 인간 실존이 지닌 수치의 근본적인 의미 역시 간과하고 있다.

수치는 분열에 대한 긍정과 부정을 내포하고 있다. 그러므로 인간은 은폐와 드러냄, 자기를 숨기는 것과 자기를 알리는 것, 고독과 사귐 속에서 살아간다. 인간은 고독 속에서, 곧 분열을 긍정함으로써 사귐 자체를 통한 것보다 더 강한 사귐을 경험할 수도 있다. 여기서 말하는 분열의 긍정이란, 당연히 분열된 자로서 존재함을 의미한다. 그러나 항상 고독과 사귐이 둘 다 공존해야만 한다. 가장 친밀한 사귐이라 할지라도 분열된 인간의 비밀을 파괴해서는 안 된다. 따라서 인간 서로에 대한 관계를 속속들이 말해 버리고, 그렇게 함으로써 자신을 발가벗기는 것은 수치를 부정하는 행위라고 할 수 있다. 자기 자신의 가장 깊은 기쁨이나 괴로움 역시, 모조리 폭로하는 것이 허용되지 않는다. 마찬가지로 수치는 하나님과의 관계가 모두 드러나지 않도록 인간을 보호한다. 결국 인간은 궁극적 은폐에서 자신을 보호하고, 자신의 비밀을 그 자신 앞에서조차 숨긴다. 예를 들어, 자기 자신 안에서 고개를 쳐드는 모든 것을 의식하기를 거부함으로써 그렇게 한다.

잃어버린 일치를 회복하려는 인간의 갈망에서 생긴 모든 것이 또한 수치의 은폐 아래 있다.[3] 분열된 자가 스스로 일치를 추구하려는 데서 주어지는 인간의 창조력 위로 수치의 비밀이 넓게 펼쳐진다. 그것은 창조력에서 증명되는 창조자와의 분열에 대한 기억이며, 창조자에게서 훔친 것에 대한 기억이다. 이는 인간 생명의 생성 과정에도 적용된다. 마찬가지로 인간이 사물의 세계와 하나가 되어 만들어 내는 예술 작품, 과학적 발견 등의 모든 창조적 업적에도 적용된다. 생명이 태어나는 순간이나 작품이 완성되는 순간, 수치의 비밀을 뚫고 기쁨이 환호하며 모습을 드러낸다. 그러나 이러한 기쁨이 생

3. 편집자 주: 1943년 11월 26일 베트게에게 보낸 옥중서신에서, 본회퍼는 공습 후에 다음과 같이 묻고 있다. "이곳 사람들은 자신이 느낀 두려움에 대해 전혀 숨기지 않고 털어놓곤 하네. 그런 태도를 나는 어떻게 대해야 할지 모르겠네. 왜냐하면 사람들은 두려움의 감정을 부끄러워해야 한다고 생각하거든. 나는 사실 고해를 할 때만 그런 말을 할 수 있지 않을까 싶네. 그렇지 않으면 너무 쉽게 부끄러움을 모르는 철면피와 같은 것이 그런 말 속에 드러나지 않을까 싶네. 그렇다고 사람이 영웅처럼 행동해야 한다고 말하는 것은 절대 아니네. 이와 다른 소박한 솔직함이라면 흥분이나 분노를 가라앉힐 수도 있겠지만, 술주정뱅이나 창녀들 주변에서 행패를 부리는 것 같은 혼란한 인상을 남기는 냉소적이고 불경건한 솔직함도 있기 때문이네. 두려움의 감정도 감추어야 할 치부에 속하는 것 아닐까?"

기는 비밀은 영원히 그 기쁨 자체 안에 감추어져 있다.

은폐와 드러냄의 변증법은 단지 수치의 표징일 뿐이다. 수치는 이 변증법을 통해 극복되는 것이 아니라 오히려 확증된다. 수치의 극복은 오직 근원적 일치ursprüngliche Einheit가 회복되고, 인간이 다른 인간 안에 계신 하나님에 의하여, 곧 "하늘로부터 오는 우리 처소"를 통해 하나님의 성전고후 5:2 이하으로 옷 입을 때만 가능하다. 수치는 오직 최후의 수치, 곧 하나님 앞에서의 지식이 만천하에 공개되는 것을 감내하는 가운데 극복된다. "이는 내가 네 모든 행한 일을 용서한 후에 네가 기억하고 놀라고 부끄러워서 다시는 입을 열지 못하게 하려 함이니라. 주 여호와의 말씀이니라."겔 16:63 "내가 이렇게 행함은 (…) 너희 행위로 말미암아 부끄러워하고 한탄할지어다."겔 36:32 수치는 오직 죄 사함을 통해 부끄러움을 감내하는 가운데 극복된다. 즉, 하나님과의 사귐을 회복하고 타인 앞에 설 때만 극복된다. 이는 하나님과 타인 앞에 죄를 고백하는 데서 이루어진다. 하나님의 용서로 "새 사람"을 옷 입고, 하나님의 교회, 하늘로부터 오는 처소를 옷 입는 것은 다음 구절에 잘 요약되어 있다. "그리스도의 피와 의는 나의 장식이며 나의 예

복이다."라이프치히 찬미가, 1638

수치심과 양심

수치심으로 인해 인간은 자신이 하나님 및 타인과 분열되어 있음을 떠올리게 된다. 이에 반해, 양심은 인간이 자기 자신과 분열되어 있다는 표지다. 양심은 수치보다 근원으로부터 더 멀리 떨어져 있다. 양심은 이미 하나님과 인간과의 분열을 전제로 한다. 무엇보다 근원과 분리된 인간이 자기 자신과도 분열되어 있다는 신호가 양심이다. 양심은 적어도 자기 자신과는 하나되기를 원하는 타락한 생명의 소리다. 인간이 자기 자신과 일치하려는 외침이다. 이는 양심의 소리가 전적으로 금지의 성격을 띠고 있다는 데서 명백해진다. "…하면 안 된다." "…하지 말았어야 했다." 양심은 금령을 위반하지 않으면 그것으로 만족한다. 양심 앞에서 삶은 허락과 금지로 갈라진다. 거기에 계명은 없다. 양심은 선한 것과 허락된 것을 동일시하지만, 그 허락된 것에서도 인간은 근원과 분열되어 있다. 그러나 양심은 이러한 사실을 더 이상 기록하지 않는다. 이로써 양심은 수치심과 달리 삶 전체를 포괄하지 않으며, 단지 특정한 행위에 대해서만 작용한다는 사실을 알 수 있다. 물론 양심은 금지된 것을 행하면, 삶 전체가 위태로워진다는 사실을 잘 알고 있다. 달리 말해, 금지된 것을 행하면 자기 자신과 분열이 일어난다는 사실을 분명히 인식하고 있다. 또 양심은 이미 오래전에 지나 버린 것을 현재로 불러와서, 이 분열이 결코 치유될 수 없는 것임을 가차 없이 드러낸다. 그러나 양심의 마지막 척도는 오직 금지된 것을 위반할 때 위태로워지는 자기 자신과의 일치에 머물러 있다. 그런데 이와 같은 일치 자체는 이미 하나님 및 인간과 분열되어 있다는 사실을 전제로 한다. 따라서 금지된 것을 어기는 것을 넘어 이미 금지 자체가 양심의 호소로서 근원과의 분열로 말미암은 것이다. 이러한 사실은 양심의 경험 영역을 초월한다. 그러므로 양심은 하나님과 타인과의 관계가 아니라, 인간이 자기 자신과 어떤 관계에 있는가를 문제 삼는다. 하나님과 타인과의 관계에서 떨어져 나온 인간은 분열 가운데 하나님과 동등됨을 취함으로써 비로소 자기 자신과의 관계를 형성하는 것이다.

양심 자체는 이러한 관계를 반전시킨다. 양심은 하나님

과 타인과의 관계가 자기 자신과의 관계에서 시작되도록 한다. 양심은 자신을 하나님의 소리로, 또 타인과의 관계 규범으로 자처한다. 자기 자신과의 올바른 관계를 발판으로, 하나님과 타인과의 올바른 관계가 회복되도록 하는 것이다. 이러한 반전은 선악에 대한 지식에 있어서 하나님과 동등해진 인간의 요구다. 인간은 선악의 근원이 되었다. 인간은 자신의 악함을 부인하지 않는다. 그러나 인간은 악해진 자신을 양심 안에서 본래적이고 더 나은 자아로 부활시킨다. 즉, 양심 안에서 선을 불러내는 것이다. 인간이 일치성 속에서 자기 자신과 공존하는 이러한 선이, 이제 모든 선의 근원이 되어야 하는 것이다. 이것이 하나님의 선이며, 이웃을 위한 선이다. 선과 악에 대한 지식을 자신 안에 지니고서, 인간은 자기 자신의 심판자인 것처럼 하나님과 인간에 대한 심판자가 된 것이다.

근원과의 분열 속에서 선악을 아는 인간은 자기 자신에 대해 반성한다. 근원 속에서는 하나님을 아는 지식Gott-Wissen이 그의 생명이었다면, 이제는 자기 자신을 이해하는 것Sich-selbst-verstehen이 그의 생명이다. 자기 인식은 삶의 척도이며 목적이다. 그것은 인간이 고유한 자아의 경계를 뛰어넘는 곳에서도 그대로 남아 있다. 자기 인식은 자신과의 분열을 극복하려는 데서 나오는 결코 멈출 수 없는 인간의 노력이다. 이러한 노력은 자기 자신으로부터 끊임없이 자아를 구별함으로써 자기 자신과의 일치에 도달하려고 한다.

이제 모든 인식은 자기 인식에 기초하게 된다. 그리하여 하나님과 인간과 사물에 대한 근원적 이해가 아닌, 그 모두에 대한 폭력이 되어 버린다. 모든 것이 분열의 과정 속으로 휩쓸려 들어간다. 인식은 이제 자기 자신과의 관계를 확립하는 것을 의미하며, 모든 것 속에서 자신을 인식하고 자신 안에서 모든 것을 인식하는 것을 의미한다. 결국 하나님과 분열된 인간은 다른 모든 것과도 분열된다. 즉, 존재와 당위, 삶과 율법, 지식과 행위, 이념과 현실, 이성과 충동, 의무와 취향, 신념과 유용성, 필연과 자유, 노력과 천재성, 보편적인 것과 구체적인 것, 개체와 집단, 이 모든 것이 서로 분열된다. 또한 유쾌와 불쾌, 행복과 고통이 서로 대립하듯이, 진리, 정의, 미, 사랑도 서로 대립한다. 우리는 이러한 대립 관계를 계속 열거할 수 있을 것이다. 그리고 이 대립 관계는 인간 역사가 진행됨에 따라 끊임없이 증폭될 것이다. 이와 같은 분열은 모두 선악에 대한 지식에서 나온 돌연변이라고 할 수 있다. "특수한 윤리적 경험에 대한 결단의 장소는 언제나 갈등이다."[4] 그러나 갈등은 심판자를 요구한다. 그런데 여기서 심판자는 선악에 대한 지식이며, 곧 인간이다.

회복된 일치의 세상

신약성경을 대강 훑어보기만 하더라도, 거기에는 분열과 갈등의 세상, 윤리적 문제로 점철된 세상이 마치 사라지고 없는 듯하다는 사실을 발견하게 될 것이다. 신약성경은 인간이 하나님과 타인, 사물과 자기 자신으로부터 와해되었다는 사실을 기초로 말하고 있지 않다. 신약성경은 회복된 일치와 화해를 기초로 말하고 있다. 신약성경은 "특수한 윤리적 경험에 대한 결단의 장소"가 되고 있다. 인간의 삶과 행위는 문제로 가득 찬 괴롭고 어두운 것이 아니라, 뭔가 자명하고, 기쁘고, 확실하고, 명백한 것이다.

4. Eduard Spranger, *Lebensformen*, 7. Aufl., 283. 물론 슈프랑거는 갈등의 개념을 우리의 경우보다 좀 더 좁은 의미로 이해한다.

바리새인

바리새인과 예수의 만남에서 옛것과 새것이 가장 선명하게 드러난다. 이 만남을 올바르게 이해하는 것은, 복음을 이해하는 데 아주 중요한 의미가 있다. 바리새인이란 역사적인 시대의 한 현상으로 우연히 등장한 사람들을 일컫는 말이 아니다. 바리새인은 전 생애에 걸쳐 오직 선악에 대한 지식만이 최대 관심사가 되어 버린 자들이다. 즉, 바리새인은 분열의 인간Mensch der Entzweiung 자체라고 할 수 있다. 바리새인의 인간상이 왜곡되면, 예수와 그들 사이에 일어난 논쟁의 심각성과 중요성 역시 축소된다. 바리새인은 그들의 모든 삶을 선악에 대한 지식에 바치고, 자기 자신에게뿐 아니라 이웃에 대해서도 엄격한 심판자로 군림한다. 그리고 바리새인은 자기의 영광을 위해 이러한 지식을 주신 하나님께 겸손히 감사드린다. 그야말로 최고의 경의를 표할 만한 인간이라고 하겠다. 바리새인에게는 삶의 모든 순간이 선과 악 사이에서 선택해야 하는 갈등의 상황이다. 그들은 실수를 범하지 않기 위해 밤낮 긴장하며 살아간다. 그들의 모든 생각은 있을 법한 갈등의 전체 국면을 미리 살펴보고, 판단하여 결정하고, 자신의 선택을 확정 짓는 일에 집중되어 있다. 그렇게 하기 위해 무수히 많은 것을 관찰하고, 방어도 하고, 구별해 낸다. 더 상세히 구별할수록 그만큼 더 정확한 판단이 이루어진다. 모든 방면에서 그들의 삶은 철두철미 이러한 계산 속에 들어 있다. 그러나 그들은 외고집쟁이는 아니다. 특수한 상황이나 곤경에 처한 경우라면 특별히 참작하기도 한다. 따라서 관용과 자비는 선악에 대한 지식의 진지함으로 인해 배제되는 것이 아니라, 도리어 이러한 진지함의 표현으로 나타난다. 이때 미처 생각지 못한 교만과 오만, 자신에 대한 적절하지 못한 평가는 없다. 바리새인은 자신의 결점을 잘 알고 있다. 그들은 하나님 앞에서 겸손해야 하며, 감사해야 할 의무가 있음을 충분히 의식하고 있다. 그러나 이때에도 하나님으로 인해 간과해서는 안 되는 구별이 존재한다. 즉, 선을 위해 노력하는 자와 죄인이 구별되어야 하는 것이다. 또한 오만함으로 인해 율법을 어긴 자와 곤경에 처해 불가피하게 율법을 어긴 자가 구별되어야 한다. 이러한 구별을 경시하는 자는 선악에 대한 지식을 거슬러 범죄하는 것이다. 무수한 갈등 상황 속에서 각각의 요소를 고려하지 않는다면, 그것도 선악에 대한 지식을 거슬러 범죄하는 것이다.

이처럼 결백할 정도로 객관적이고, 의심 가득한 눈초리를 가진 자들이 바리새인이다. 그러므로 그들은 어떤 사람이라도 삶의 갈등 상황에서 내리는 결정을 통해 시험해 볼 수밖에 없었다. 예수에 대해서도 마찬가지였다. 예수께서 어떻게 행동하는지 알기 위해, 그들은 그분을 갈등 상황으로 밀어 넣고 결단하도록 시험해야만 했다. 그들로서는 달리 어쩔 도리가 없었다. 그런 이유로 그들은 예수를 시험했던 것이다. 우리가 오직 납세 문제, 죽은 자의 부활, 가장 큰 계명 등을 다루는 마태복음 22장이나 선한 사마리아 사람 이야기,[눅 10:25] 안식일 준수에 관한 대화[마 12:11]만 읽어 봐도 그 사실에 대해 강한 인상을 받을 수 있다. 그러나 이 모든 논쟁에서 결정적인 것은, 예수께서 단 한 번도 그런 시험에 끌려들어 가지 않았다는 점이다. 예수께서는 개개의 문제에 답하는 대신 쟁점이 된 갈등 상황을 단순히 무시해 버렸다. 바리새인 편의 고의적인 악의가 문제 될 때에 예수의 대답은 교묘하게 쳐 놓은 올가미를 태연하게 피해 버리는 방식을 택했다. 그래서 그들의 만면에 띠고 있던 웃음이 싹 가시곤 했다. 그러나 거기에 본질적인 것이 들어 있지는 않다. 바리새인은 예수를 거듭거듭 갈등 상황으로 몰아넣을 수밖에 없었다. 반면, 예수께서는 그런 상황을 받아들이지 않는 것 외에 달리 취할 방법이 없었다. 바리새인의 질문과 시험이 선악에 대한 지식의 분열에서 나온 것이라면, 예수의 대답은 하나님과의 일치, 곧 근원으로부터 하나님과 인간의 분열이 극복된 데서 나온 것이었다. 바리새인과 예수는 완전히 다른 차원에서 대화하고 있었다. 그러므로 이 둘의 말은 아주 기이하게 서로 어긋나서, 예수의 대답은 전혀 대답 같지 않았으며 마치 바리새인을 공격하는 것처럼 보이는 것이었다. 그리고 사실이 그렇기도 하다.

예수와 바리새인 사이에 일어난 사건은 단지 예수의 첫 번째 광야 시험의 반복일 뿐이었다.[마 4:1-11] 첫 번째 시험에서 사탄은 예수를 하나님의 말씀과 분열되도록 유혹했다. 그러나 예수께서는 하나님의 말씀과의 본질적인 일치 속에서 유혹을 이겼다. 낙원에서 뱀은 "참으로 하나님이 그렇게 말씀하시더냐"라는 질문으로 아담과 하와를 타락으로 이끌었다. 이 질문은 예수께서 당한 시험의 전주곡으로 다시 반복된다. 이 질문은 모든 분열을 그 안에 숨기고 있다. 이 질문은 인간의 본질을 결정하는 것이므로, 그 앞에서 인간은 무력하다. 그러므로 이 질문은 대답할 수 있는 차원의 것이 아니며, 오직 분열 너머 저편으로부터 극복될 수 있을 뿐이다. 결론적으로 우리 모두는 이러한 시험을 같은 질문을 통해 반복한다. 우리도 같은 질문을 던지면서 예수에게 대항하여 싸운다. 우리도 같은 질문을 던지면서 예수를 갈등 상황으로 밀어 넣고 결단을 촉구한다. 우리도 같은 질문을 던지면서 예수를 우리의 문제와 갈등과 분열 속으로 끌어들여 해결책을 요구한다. 신약성경을 살펴보면, 예수께서는 자기에게 던져진 질문이 요구하는 인간적 양자택일에 대답한 적이 없음을 알 수 있다. 그 질문을 던진 자가 적이든 친구이든 마찬가지였다. 예수께서는 이 양자택일에 대해 아주 무안하리만큼 모든 대답을 뒷전으로 밀쳐 버렸다. 예수께서는 자신을 삶의 문제의 중재자로 요청하도록 허락지 않았으며, 인간적 양자택일로 확정하기를 거부했다. "이 사람아, 누가 나를 너희의 재판장이나 물건 나누는 자로 세웠느냐."눅 12:14

예수께서는 사람들이 무슨 질문을 하는지 전혀 이해하지 못하는 것처럼 보이기도 했다. 그리고 질문과는 동떨어진

엉뚱한 대답만 하는 것처럼 보였다. 그분은 질문의 핵심에서 벗어난 대답을 하는 것 같았고, 대답 대신 즉시 질문자를 겨냥하여 반문했다. 그분은 논리적 양자택일의 법칙에 매이지 않았고, 완전한 자유에 기초하여 말씀했다. 이러한 자유와 함께 예수께서는 모든 율법을 자신의 발아래 두었다. 예수의 이러한 행동이 바리새인에게 모든 질서와 경건과 신앙을 파괴하는 것처럼 비친 것은 어쩌면 당연하다. 바리새인이 양심적으로 지키려고 노력하던 모든 구별이 예수에 의해 무수히 파기되었기 때문이다. 예수께서는 안식일에 제자들이 들판의 밀이삭을 뜯어 먹도록 허락했다. 그분은 이미 18년 동안이나 병들어 있던 여인을 하필이면 안식일에 고쳐 주었다. 분명 하루 더 기다렸다가 안식일이 지난 후에 고쳐도 되지 않았을까 하는 의문이 들기도 한다. 정말 어쩔 수 없는 경우라면, 바리새인도 그들의 체계 안에 여지를 남겨 두었기 때문이다. 그뿐만 아니라, 예수께서는 그분의 입장을 확고히 해주기를 바라는 모든 질문에 대해서 대답을 회피했다. 그로 인해 바리새인의 눈에 비친 예수는 마치 허무주의자로 보였다. 또한 자기 자신의 법만 알고 중시하는 자이자 이기주의자로 보였으며, 심지어 하나님을 모독하는 자로 보였다.

다른 한편, 누구도 예수에게서 인간의 방자함으로 인해 생긴 불확실성이나 불안을 감지할 수 없었다. 예수의 자유는 그분 자신뿐 아니라, 제자들에게까지도 그들이 하는 행동에 뭔가 범접할 수 없는 본질적인 확신을 주었다. 그리고 확실한 것, 빛나는 것, 극복되었거나 극복되어 가는 무엇을 제공했다. 예수의 자유는 무수한 가능성 가운데 하나의 자의적인 선택이 아니라, 그분의 행동의 완전한 단순성에서 성립된다. 그분의 행동은 다양한 가능성이나 논쟁, 양자택일에 기초한 것이 아니었다. 그분에게는 항상 단 하나의 선택이 있을 뿐이었다. 이러한 유일한 선택을 예수께서는 하나님의 뜻이라 칭했다. 예수께서는 이 하나님의 뜻을 행하는 것이 자기의 양식이라고 선언했다. 이 하나님의 뜻이 그분의 생명이었다. 그분은 선악에 대한 지식이 아니라, 하나님의 뜻으로 살고 행동했다. 하나님의 뜻은 오직 "하나"가 있을 뿐이다. 이 하나님의 뜻 안에서 근원이 다시 회복되는 것이다. 모든 행동의 자유와 단순함은 하나님의 뜻에 근거를 두고 있다.

예수의 말씀 몇 구절을 해석하면서, 그분 안에서 우리

에게 주어진 새로운 것이 무엇인지 조명해 보려고 한다.

"심판하지 말라. 그리하면 하나님도 너희를 심판하지 않으시리라."마 7:1 이 말씀은 바리새인도 이미 잘 알고 있던 것처럼, 동료에 대한 판단에 있어서 신중하고 관용을 베풀라는 권고가 아니다. 이것은 선악을 아는 인간의 마음에 가해진 일격이다. 이것은 하나님과의 일치 속에서 나온 말씀이다. 이것은 심판하러 온 것이 아니라, 구원하러 온 분이 하신 말씀이다.요 3:17 분열 상태에 있는 인간에게, 선이란 판단Urteil 속에 있다. 그리고 판단의 궁극적 척도는 인간 자신이다. 선악을 앎으로써 인간은 본질적으로 심판자가 되었다. 심판자로서의 인간은 하나님과 같이 되었지만, 그가 심판하려고 내린 모든 판단은 자기 자신을 겨냥하고 있다는 점에서 하나님의 심판과는 구별된다. 예수께서는 심판자가 된 인간을 공격함으로써, 인간이 전인격적인 전환으로 하나님께 돌아오기를 촉구한다. 또한 인간이 자기 나름대로 최대한 선을 실천하는 바로 그 순간에도 불경건한 자이며 죄인이라고 선포한다. 예수께서는 선악에 대한 지식의 극복을 요구하며, 또 하나님과의 일치를 촉구한다. 타인에 대한 심판은 항상 이미 하나님과 분열되어 있다는 사실을 전제로 한다. 그리고 판단은 행동하는 것을 방해한다. 예수께서 생각하는 선은 전적으로 행동에 기초를 두고 있을 뿐, 판단하는 데 있지 않다. 그러므로 타인을 심판하는 것은 항상 자신이 행동하기를 멈춘 상태임을 의미한다. 심판하는 자는 결코 행동하지 않는다. 달리 말하면, 자신이 행동하고 있다고 주장할지라도 그것은 항상 타인에 대한 판단과 심판, 비난과 고소일 뿐이다. 그리고 이런 일이 발생하는 경우는 비일비재하다. 바리새인의 행위는 명백하게 타인에 대한 심판이다. 그 행동이 비록 자기 자신에게만 공개되어 있을지라도, 그것은 공적인 심판을 요구한다. 즉, 그들의 행동이 단지 자기 자신 앞에서만 행하는 것이라 할지라도 보이기를 원하며 선으로 판단되고 인정받기를 원한다는 것이다. "그들의 모든 행위를 사람에게 보이고자 하나니."[마 23:5] 바래새인의 행동은 단지 그들이 가진 선악에 대한 지식의 특정한 표현 방식에 불과하다. 말하자면 타인과의 분열, 자기 자신과의 분열에 대한 표현 방식이다. 이것이 바리새인으로 하여금 진정한 행동에 도달하지 못하도록 막는 가장 큰 장애물이다. 진정한 행동이란 타인과의 회복된 일치, 그리고 자기 자신과의 회복된 일치에서 나오기 때문이다. 이러한 의미에서 분열된 실존에 근거한 바리새인의 행동은 거짓된 행위이며 위선인 것이다. 바리새인의 행동이 비난받아 마땅한 것은 그것이 의식적 악의에서 나온 행동이어서가 아니다. 결국 바리새인처럼 선악에 대한 지식을 끝까지 실현하려는 인간의 행동은 거짓된 행위이며 위선이라는 말이다.

이제 바리새인의 말과 행동 사이에 가로놓인 깊은 모순이 드러난다. "그들은 말만 하고 행하지 아니하며."마 23:3 이것은 바리새인이 아무것도 하지 않는다거나, 선한 일에 태만하다는 뜻이 아니다. 오히려 그 반대라고 하는 것이 옳다. 그런데도 그들의 행위는 참된 행위가 아니라는 말이다. 왜냐하면 선과 악 속에서 인간의 분열을 극복하려는 행위는 목표에 이르지 못하며, 도리어 분열만 더욱 가중시킬 뿐이기 때문이다. 결국 바리새인이 하는 선한 일은 인간의 내적 분열과 인간 상호 간의 분열을 치유하는 것이 아니라, 실상 그 행위로 인해 비로소 분열이 표면화되는 것이다. 그뿐만 아니라, 그로 인해 근원으로부터의 타락이 더욱 고착화되고 만다. 타인을 심판하는 자리에 앉아 있는 인간 내면의 분열은 심리학적으로 파악될 수도 있다. 예를 들어, 엄격한 인간은 그가 은근히 질투하는 경박한 자들에게 보복 본능으로 반응하곤 한다. 타인에게서 자신이 가진 동일한 약점을 발견했을 때, 그에 대해서 특별히 혹독한 비판을 가하기도 한다. 말하자면 자신의 연약함에 대한 은밀한 당혹감, 절망적인 분개, 체념에서 나온 태만이라는 토양 위에 정죄 의식은 특별히 독한 꽃을 피우는 것이다. 그러나 이 모든 것에도 불구하고, 사실관계에 기초한 참된 판단이 왜곡되어서는 안 된다. 심판은 인간 마음의 부덕함이나 지옥 같은 사악함에서 생겨나는 것이 아니다. 오히려 심판은심리학적으로 파악할 수 있는 모든 현상의 근원이다. 심판하는 마음은 니체의 생각처럼 아주 어두운 동기에서 나오기 때문에 비난받아야 하는 것이 아니라, 심판 자체가 바로 타락이다. 그러므로 심판하는 것은 악하며, 인간의 마음속에서 악한 열매를 맺을 수밖에 없다. 심리학적으로 보면, 가장 고귀한 동기조차도 심판하는 마음에서 나오는 것일 수 있음을 전혀 부정할 수 없다. 그러나 그것이 사실 자체를 변경시킬 수 있는 것은 아니다. "심판하는 것"은 분열된 인간의 특별한 부덕이나 사악함이 아니라, 분열된 인간의 본질이다. 분열된 인간의 본질이 말이나 행동이나 감정에서 자연스럽게 표출되어 나오는 것이다. 따라서 우리 안의 바리새인은 오직 이미 회복된 일치에 의해서, 곧 예수에 의해서만 인식될 수 있다. 바리새인은 오직 그 자신의 덕과 부덕에 근거하여 자신을 인식할 뿐이며, 근원으로부터 떨어져 나온 본질에 근거해서는 자신을 인식할 수 없다. 오직 선과 악에 대한 지식이 극복될 때, 바리새인의 총체적 실존을 돌이키는 것이 가능하다. 그리고 오직 예수만이 선악을 아는 지식에 근거한 바리새인의 권위를 전복시킬 수 있다. "심판하지 말라"Richtet nicht는 예수의 말씀은 분열된 인간을 향한 화해 자체이신 분의 초청, 곧 화해로 부르는 초청이다.

그 자체로 심판이 되는 인간의 거짓된 행위가 있는가 하면, 놀랍게도 인간의 참된 행위로서의 심판, 곧 근원이신 예수 그리스도와의 완전한 일치에서 오는 "심판"Richten도 존재한다. 화해자 예수 그리스도를 인식하는 데서 오는 "지식"Wissen이 있다. "신령한 자는 모든 것을 판단하나 자기는 아무에게도 판단을 받지 아니하느니라."고전 2:15 그리고 "너희는 거룩하신 자에게서 기름 부음을 받고 모든 것을 아느니라."요일 2:20 이러한 심판과 지식은 분열이 아닌 일치에서 오는 것이다. 따라서 이것은 분열을 증폭시키는 것이 아니라 화해를 이루어 낸다. 예수 그리스도의 심판은 바로 그분이 심판하기 위해서가 아니라, 구원하기 위해서 오셨다는 사실에 근거하고 있다. "심판을 받았다는 것은 빛이 세상에 왔다는 것이다."요 3:19, 17-18 참조 이와 같이 그리스도 안에서 하나님과 인간과 더불어 화해한 사람은 심판자가 아닌 것 같으나 모든 것을 심판하고, 선악을 모르는 자 같으나 모든 것을 아는 자이다. 그들의 심판은 형제를 돕고 충고해 주어 바른길로 인도하는 가운데, 형제를 격려하고 위로하는 가운데 행해진다.갈 6장; 마 18:15 이하 그렇게 함으로써 사귐이 일시적으로 단절되는 경우가 있을지라도, 그 영혼은 주 예수의 날에 복을 얻게 된다.고전 5:5 그것은 화해의 심판이며, 분열의 심판이 아니다. 그것은 심판하지 않는 심판이며, 화해를 이루는 행위로서의 심판이다. 선악에 대한 지식 때문이 아니라, 근원과 화해로서의 그리스도를 알기 때문에 인간은 모든 것을 아는 자가 된다. 그리스도를 알기 때문에, 그는 자신에 대한 하나님의 예정을 알고 인정한다. 그는 선과 악 사이에 있지 않다. 다시 말해, 분열 속에서 선택하는 자로 서 있지 않다. 그는 더 이상 선택할 수 없으나, 하나님의 의지와 행위의 자유와 일치 가운데 선택받은 자로서 이미 선택한 자가 되어 있다. 이로써 그는 선악에 대한 지식이 극복된 새로운 지식 안에 있다. 그는 하나님의 지식을 가졌으나, 하나님과 같이 된 자로서가 아닌 하나님의 형상을 소유한 자로서 그 지식을 소유하고 있다. 그는 오직 "십자가에 달리신 예수 그리스도" 고전 2:2 만을 알고, 그분을 통해 모든 것을 안다. 아무것도 모르는 자로서 그는 오직 하나님만을 알며, 그분을 통해 모든 것을 아는 자가 된다. 예수 그리스도 안에서 계시를 통해 하나님을 아는 자, 십자가에 달려 죽으시고 부활하신 하나님을 아는 자는, 하늘과 땅 위 그리고 땅 아래 있는 모든 것을 아는 자다. 그는 하나님을 모든 분열, 모든 판단과 심판을 폐기하신 분으로 아는 자다. 즉, 하나님을 사랑하시는 분으로, 살아 계신 분으로 아는 자다. 바리새인의 지식이 열매 없는 죽은 지식이라면, 예수의 지식과 그분과 연합된 자의 지식은 생기 있고 풍성한 열매를 맺는 지식이다. 바리새인의 지식은 소멸될 지식이며, 새로운 지식은 구원하고 화해하는 지식이다. 바리새인의 지식은 모든 참된 행동을 파괴하지만, 예수와 그 제자들의 지식은 오직 행위를 통해서만 성취된다.

"너는 구제할 때에 오른손이 하는 것을 왼손이 모르게 하여 네 구제함을 은밀하게 하라."마 6:3 이하 바리새인도 구제가 자랑할 일이 아니며, 그들이 행하는 모든 선에 대해 하나님께 감사해야 함을 잘 알고 있었다. 예수의 말씀이 단지 그런 의미라면, 꼭 말할 필요가 없었을 것이다. 그러나 예수께서는 단지 합리적이고 경건한 생각을 말씀한 것이 아니었다. 그분은 전혀 다른 것, 어쩌면 그와는 정반대되는 것을 말씀했다. 자신의 선행에 대해 하나님께 감사드린 한 바리새인은눅 18장은 여전히 선악에 대한 지식에 기초하여 살고 있었다. 그는 스스로 판단을 내렸고, 자신이 그렇게 할 수 있었다는 사실로 인해 하나님께 감사했다. 그는 자신이 행한 선을 알고 있었다. 예수께서는 선을 행한 자의 교만이나 자기만족을 문제 삼은 것이 아니라, 분열 속에서 살아가는 인간의 마음에 도전한 것이었다. 예수께서는 선을 행하는 자에게 선에 대한 지식을 금하였다. 예수 안에서 완성된 화해, 분열의 극복을 아는 새로운 지식은, 자신의 선에 대한 지식을 완전히 무효화한다. 예수에 대한 지식은, 자신에 대한 아무런 숙고도 없이 전적으로 행동으로 향한다. 자기 자신의 선은 이제 인간에게는 감추어져 있다. 인간은 더 이상 자신의 선에 대한 심판자가 되어서는 "절대로" 안 되며, 그것을 알려고 "해서도" 안 된다. 그뿐만 아니라, 그것을 알도록 허락되어 있지도 않고, 실제로 알지도 못한다. 따라서 그의 행동은 의문의 여지가 없는 것이 되며, 그의 행동을 통해서 전심으로 헌신하며 충성해야 할 뿐이다. 그의 행동은 많은 가능성들 중 하나의 가능성으로 행해지는 것이 아니다. 그의 행동은 유일한 것,das Eine 중요한 것,das Wichtige 곧 하나님의 뜻der Wille Gottes을 행하는 것이다. 따라서 그의 지식이 행동을 방해하며 끼어들 수 없다. 그에게는 행동을 뒤로 미루거나, 문제 삼거나, 판단할 시간이 문자 그대로 남아 있지 않다. 그런 판단은 타인에게뿐 아니라, 자기 지식의 법정에까지 숨겨져 있다. 예수를 알 때, 인간은 더 이상 자신의 선에 대해 알 수 없다. 반대로 자신의 선을 알 때, 인간은 예수에 대해 알 수 없다. 이는 전적으로 자명한 사실이다. 인간은 화해 안에 있으면서 동시에 분열 가운데 살 수 없다. 자유 아래 있으면서 동시에 율법 아래 살 수 없다. 인간은 단순성과 복잡성 속에 동시에 거할 수 없다. 여기에 점진적 과도기나 계단 같은 것은 존재하지 않으며, 오직 이것 아니면 저것이 있을 뿐이다. 그러나 인간 스스로의 힘으로 자신의 선에 대한 지식을 극복하거나 폐기하는 것은 불가능하다(그렇지 않으면 그는 자기 자신을 기만하고, 이러한 지식의 방법론적 억압과 폐기를 혼동할 것이다). 예수께서 오른손이 하는 것을 왼손이 모르게 하라고 말씀한 것은, 오직 그분 안에 있는 새로운 생명으로의 초청을 의미한다. 즉, 자신의 선행을 숨기라고 하는 예수의 말씀은 분열과 타락, 선악에 대한 지식을 벗어던지고, 화해와 일치와 근원으로 나아오라는 초청이다. 이 말씀은 단순함과 회개에 이르도록 자유롭게 하는 초청이다. 이 말씀은 타락한 낡은 지식을 폐기하고, 예수에 대한 새로운 지식을 선사하는 초청이다. 이 말씀은 온전히 하나님의 뜻을 행하는 가운데 해처럼 밝게 떠오르는 지식으로의 초청이다. 이 예수의 말씀이 얼마나 깊이 그분의 제자 공동체에 새겨졌는지는, 베푸는 일에 관한 사도적인 권고에서 분명하게 알 수 있다. 사도들은 베푸는 일이 "단순하게"in Einfalt 이루어지도록 반복해서 권고한다.롬 12:8; 고후 8:2; 9:11, 13 등 여기서 산상수훈의 말씀을 기억하는 일을 결코 간과해서는 안 될 것이다. 하나님 자신도 "의심하지 않고"μηδὲν διακρινόμενος 구하는 자에게 "단순하게"einfältig, 약 1:5 [5] 베푸시는 분이다. "두 마음을 품은 자"ἀνὴρ δίψυχος란 단순한 자의 반대말이다. 이런 사람은 하나님의 선물을 기대할 수 없다.약 1:7 단순한 마음으로 받는 자는 역시 그와 같은 마음으로 줄 것이다.

마지막 날의 심판에 대한 비유에서는마 25:31 이하 지금까지 다룬 내용의 요약과 결론을 볼 수 있다. 예수께서 심판하실 때, 사람들은 자신이 언제 그분에게 음식을 대접했으며, 목마를 때 마실 것을 드렸는지 도무지 알지 못할 것이다. 또 언제 그분에게 옷을 입혀 드렸고, 갇혀 있을 때 찾아뵈었는지 알지 못할 것이다. 그들은 자기들이 행한 선을 알지 못하기 때문에, 예수께서 그들에게 알려 주어야만 할 것이다. 그때는 이 땅에 머물 시간이 더 이상 남아 있지 않을 때다. 그때는 숨겨진 것이 드러나고 공적인 보상을 받게 될 때다. 그때는 판단과 심판의 날이다. 그러나 그때에도 모든 판단과 지식과 심판은 전적으로 하나님과 예수 그리스도에게 있으며, 우리는 다만 주어지는 보상으로 인해 놀라게 될 것이다. 바리새인은 객관적이

5. 개역개정판은 "후히"로 번역한다.—옮긴이

고 진지하게 자아비판을 하는 가운데 최후 심판을 선취先取하고 거기에 대비할 수 있을 것이라 생각했다. 따라서 그들은 선이 오직 예수의 손에서, 그분의 지식과 심판에 의해서 주어져야 한다는 메시지를 도무지 이해할 수도 받아들일 수도 없었다.

물론 예수 안에서 선악에 대한 지식이 온전히 폐기되었다는 사실을 심리학적으로 관찰할 수 있으리라고 생각한다면, 그것은 완전한 오해다. 다시 말해, 자기 자신이나 타인에게서 그런 모습이 투영되어 나타날 것이라 기대한다면 완전히 오해한 것이다. 이는 자유와 단순함에 대해 지금까지 다루었던 모든 내용에 동일하게 적용된다. 심리학적으로 보면, 사실상 오른손이 하는 것을 왼손이 모른다는 것은 불가능하다. 즉, 단순함이 항상 다른 가능성에 대해 아예 알지도 못한다고 말할 수는 없다. 오직 하나만 행하는 것을 단순함이라 말할 수도 없다. 그 이유는 심리학적 고찰 자체가 언제나 분열의 법칙에 예속되어 있기 때문이다. 심리학은 예수의 말씀이 의미하는 단순함과 자유, 예수의 말씀이 의미하는 행동에 대해 설명할 수 없다. 심리학은 외면상의 단순함과 자유, 무반성의 배후에는 항상 궁극적 성찰, 궁극적 부자유, 궁극적 분열이 있음을 드러낸다. 그것만으로는 예수의 말씀이 의미하는 바가 무엇인지 전혀 알 수 없다. 심리학적으로 보면, 예수를 따르는 삶에서 단순하고 자유로운 사람이 매우 복잡한 성찰의 사람일 수 있다. 그와 반대로, 하나님과 화해한 삶의 단순함과는 전혀 무관한 심리적인 단순함도 존재한다. 그러므로 성경은 하나님의 뜻을 묻는 전적으로 정당하고 필연적인 물음에 관해서뿐만 아니라, 동일하게 정당하고 필연적인 자기 성찰에 관해서도 말하고 있다. 이때 자기 성찰은 선악에 대한 지식이 폐기되어 더 이상 많은 가능성 중에서 하나를 선택할 필요가 없고, 오직 유일한 하나님의 뜻Einen Willen Gottes을 단순하게 행하도록 선택된 사람으로 살아가는 삶과 모순되지 않아야 한다. 예수를 따르는 사람에게는 이미 자기 자신의 선에 대한 지식이란 있을 수 없기 때문이다.

분별

"오직 마음을 새롭게 함으로 변화를 받아 하나님의 선하시고 기뻐하시고 온전하신 뜻이 무엇인지 분별하도록 하라."

롬 12:2 "내가 기도하노라. 너희 사랑을 지식과 모든 총명으로 점점 더 풍성하게 하사 너희로 지극히 선한 것을 분별하며 또 진실하여 허물 없이 그리스도의 날까지 이르기를 원하노라." 빌 1:9-10; 롬 2:18 참조 "빛의 자녀들처럼 행하라. (…) 주를 기쁘시게 할 것이 무엇인가 시험하여 보라." 엡 5:8 이하 여기서 하나님의 뜻을 단순하게 인식한다는 의미는 직관의 형식으로 이루어지는 것이 아님을 알 수 있다. 또 모든 심사숙고하는 태도를 버리고 맨 처음 떠오르는 생각과 느낌을 그대로 수용하는 것도 아님을 알 수 있다. 즉, 위에서 인용한 구절들은 예수 안에서 시작된 새로운 삶의 단순함을 마치 심리학적인 것으로 여기는 오해를 근본적으로 수정하게 만든다. 이 구절들은 하나님의 뜻의 유일성을 강조하면서 그것을 무조건 인간의 마음에 강요하지 않는다. 하나님의 뜻은 자명하게 주어지는 것이라든지, 마음속에 떠오르는 생각이 바로 하나님의 뜻이라고 말하지도 않는다. 하나님의 뜻은 수많은 가능성 아래 아주 깊이 감추어져 있을 수 있다. 하나님의 뜻은 처음부터 확고하게 정해진 규범 체계가 아니다. 하나님의 뜻은 수많은 삶의 상황 속에서 때마다 새롭고 다양하게 나타난다. 그러므로 우리는 하나님의 뜻이 무엇인가를 항상 거듭거듭 분별해야 한다. 인간의 마음과 이성, 관찰, 경험 등은 이러한 분별의 과정에서 서로 협력해야 한다. 여기서 다루는 문제는 선악에 대한 고유한 지식이 아니라, 바로 살아 계신 하나님의 뜻이기 때문이다. 하나님의 뜻을 인식하는 것은 인간의 재량에 달려 있지 않다. 그것은 오직 하나님의 은혜 안에서만 가능하다. 이 은혜는 아침마다 새로우며, 또 아침마다 새로워지기를 원한다. 이것이 바로 하나님의 뜻을 분별하는 일이 그토록 중요한 이유다. 마음의 소리나 어떤 영감, 어떤 보편적 원리를 하나님의 뜻과 혼동해서는 안 된다. 하나님의 뜻은 오직 때마다 분별하는 자에게 그때그때 새롭게 베풀어지는 은혜다.

"하나님의 뜻이 무엇인지 분별한다는 것"은 구체적으로 어떻게 하는 것인가? 여기서 결정적인 역할을 하는 것이 다음과 같은 분명한 전제 조건이다. 이러한 분별은 오직 "변모",Metamorphose 곧 지금까지의 모습과 완전히 달라진 내면의 변화, 마음과 생각을 "새롭게 하는 것",Erneuerung, 롬 12:2 빛의 자녀로 변화된 모습엡 5:9을 전제로 한다. 인간의 이러한 변화에서 타락한 인간, 곧 아담의 형상을 극복하는 것에 관해 말할 수 있다. 또한 새로운 인간의 형상, 곧 그리스도와 동일한 형상에 관해 말할 수 있다. 이는 성경의 다른 곳에서 이 개념이 어떻게 사용되고 있는지를 살펴보면 더욱 분명해진다. 하나님의 뜻을 분별하는 것은 오직 새사람을 입을 때만 가능하다. 그러므로 새사람은 하나님에게서 분리되어 타락함으로써 선악에 대한 지식을 획득한 인간을 자기 배후에, 또 그 발아래 둔다. 이렇게 하는 것이 하나님의 참 독생자와 같은 형상을 덧입고, 아버지의 뜻과 일치되도록 살아가는 하나님 자녀의 모습이다. 이것은 위에서 인용한 빌립보서 구절에서 바울이 말하는 영적 분별의 전제 조건과 정확하게 맥락을 같이한다. 여기서 바울은 사랑 안에서 살아가며, 그 사랑이 더욱 풍성해지는 것이 영적 분별의 전제 조건이라 말하고 있다. 사랑 안에서 살아가며 사랑이 더욱 풍성해지는 것이야말로, 하나님과 인간과 더불어 화해하고 연합하여 사는 삶이기 때문이다. 이것이 바로 예수 그리스도의 삶을 산다는 의미다. 하나님의 뜻이 무엇인지 분별하는 것은 단순히 인간 자신이나 선악에 대한 고유의 지식에서 나올 수 없다. 이와는 정반대로 선악에 대한 자신의 지식이 모두 없어졌으므로, 스스로 하나님의 뜻을 알려는 시도를 전적으로 포기한 자가 되어야 한다. 하나님의 뜻이 자기 안에서 이미 성취되었음을 알기에, 이미 하나님의 뜻과 일치하여 살아가는 자에게 하나님의 뜻이 열리는 것이다. 하나님의 뜻이 무엇인지 분별하는 것은 오직 예수 그리스도 안에서 하나님의 뜻을 아는 지식에 근거해서만 가능하다. 오직 예수 그리스도를 근거로 할 때만, 오직 예수 그리스도를 통해 정해진 영역 안에서만 하나님의 뜻이 무엇인지 분별할 수 있다. 다시 말해, 오직 예수 그리스도 "안"in에서만 하나님의 뜻이 무엇인지 분별할 수 있다.

그러면 분별한다는 것은 무엇을 의미하며, 왜 그것이 반드시 필요한가? 이러한 질문은 아주 논리적이고 필연적으로 보이지만, 이 질문 자체가 이미 사실관계를 잘못 파악하고 있다는 반증이 된다. 왜냐하면 여기서 다루는 것은 그리스도에 대한 지식이며, 변모, 갱신, 사랑에 관한 것이기 때문이다. 어떤 다른 말로 표현하더라도, 그것은 분명 살아 있는 무엇이다. 이것은 단 한 번에 영원히 답이 주어지거나 확정되는 것이 아니며, 소유할 수 있는 것도 아니다. 그러므로 내가 오늘 여기서, 이러한 상황 속에서, 어떻게 하나님과 예수 그리스도와의 새로운 삶을 살아갈 것인지에 대한 질문은 날마다 새롭게 생겨난다. 그리고 새로운 삶을 어떻게 유지해 나갈 것인지도 날마다 새롭게 물어야 한다. 바로 이와 같은 질문이 하나님의 뜻이 무엇인지 분별한다는 것의 참된 의미다. 달리 말해, 예수 그리스도에 대한 지식은 인간 자신이 선악을 알지 못한다는 의미와 맥락을 같이한다. 동시에 예수 그리스도에 대한 지식은 전적으로 예수 그리스도를 향하도록 한다. 여기서 날마다 새로운 참된 분별이 생겨나며, 이 분별은 바로 하나님의 뜻에 대한 다른 모든 지식의 원천을 봉쇄함으로써 이루어진다. 이제 이러한 분별은 하나님의 뜻에 의해 보존되고 붙들려서 인도된다는 사실을 아는 지식에서 생겨난다. 그것은 이미 선사된 하나님의 뜻과의 은혜로운 일치를 아는 지식에서 생겨난다. 그리고 구체적인 삶 속에서 날마다 새롭게 확신할 수 있도록 이 지식을 구하게 된다. 따라서 그것은 반항적이거나 절망적인 분별이 아니라 겸손하면서도 확신에 찬 분별이며, 항상 새로운 하나님의 말씀을 위한 자유 안에서 이루어지는 분별이다. 또한 그것은 언제나 오직 하나님의 유일한 말씀Einen Wortes Gottes의 단순성이 주는 분별이다. 그것은 예수 안에서 회복된 근원과의 일치를 더 이상 문제 삼지 않고, 오히려 일치를 전제로 하면서 항상 새롭게 획득되어야 하는 분별이다.

이러한 전제 조건 아래 이제 하나님의 뜻이 무엇이며, 주어진 상황에서 무엇이 옳은지, 어떻게 하는 것이 하나님을 참으로 기쁘게 하는지를 실제로 분별해 나가야 한다. 이제는 정말이지 하나님께 기쁨이 되는 것을 구체적으로 살고 행동해야만 하기 때문이다. 이성, 인식 능력, 주어진 것에 대한 주의 깊은 관찰이 여기서 생생하게 살아 있는 행동으로 나타난다. 동시에 기도는 이 모든 것을 포괄하며 관철해 나가도록 한다. 구체적인 경험을 통해 잘못을 바로잡거나 경고하는 말씀이 주어질 것이다. 어떤 경우에도 인간의 직접적인 영감을 중요시하거나 기대해서는 안 된다. 그렇게 된다면, 인간은 매우 쉽게 자기기만에 빠지고 말 것이다. 이때 다루어지는 문제 앞에서 고도의 냉철한 정신을 갖는 것이 중요하다. 여러 가능성과 결과까지도 신중히 고려해야 한다. 말하자면 무엇이 하나님의 뜻인지 분별하려 할 때는, 인간 능력의 총체적 기능이 동원되어야 하는 것이다. 그러나 어떤 경우에도 해결되지 않는 갈등 앞에 서야 하는 고통도, 모든 갈등을 해결할 수 있을 것 같은 오만도, 직접적인 영감이 주는 열광적인 기대와 주장도 그 영역을 잃고 있다. 이러한 분별은, 하나님이 겸손히 묻는 자에게 그분의 뜻을 알게 해주실 것이라는 믿음 안에서 이루어진다. 진지하게 하나님의 뜻을 분별한 후에도 실제적 결단에 이르기까지는 자유가 주어져 있다. 결국 이 자유 안에서 인간이 아니라 하나님 자신이 모든 분별의 과정을 통해 그분의 뜻을 관철해 나간다는 확신에 이르게 된다. 자신이 과연 옳은 일을 행했는가 하는 불안한 마음은, 절망적으로 자신의 선에 집착하거나 선악에 대한 지식의 확실성에 의지할 수가 없다. 이 불안한 마음은 은혜로운 심판을 행하는 오직 한분 예수 그리스도에 대한 지식에서 극복될 것이다. 그리고 이 불안한 마음은 때가 될 때까지 자신의 선이 심판자의 **지식과 은혜 안에** 감추어져 있도록 한다.

그러므로 하나님의 뜻과의 일치는 하나님의 뜻이 무엇인지 때마다 분별하기를 그만두는 것이 아니라, 오히려 하나님의 뜻을 분별할 것을 요구한다. 이와 마찬가지로 오른손이 하는 일을 왼손이 알지 못하도록 하라는 예수의 말씀과 나란히, 자신의 신앙과 행실에 대해 스스로 분별하라는 바울의 권고가 있다. "너희는 믿음 안에 있는가 너희 자신을 시험하고 너희 자신을 확증하라. 예수 그리스도께서 너희 안에 계신 줄을 너희가 스스로 알지 못하느냐. 그렇지 않으면 너희는 버림받은 자니라."고후 13:5; 갈 6:4 참조 자신이 행한 선에 대해 알지 못하는 단순함은 자기 행위로부터 완전히 눈을 돌려, 오직 예수 그리스도만을 바라볼 때 가능하다. 이것은 자기 자신에게 경솔하거나 소홀한 것을 의미하지 않는다. 바리새인식의 자기 분별이 있다면, 그리스도인다운 자기 분별도 있다. 그리스도인의 자기 분별은 선악에 대한 자기 고유의 지식에 초점을 맞추지 않는다. 실제 삶에서도 그런 지식을 실현하는 것에 초점을 맞추지 않는다. 그리스도인의 자기 분별은 "예수 그리스도가 우리 안에 계시다"Jesus Christus in uns는 인식을 날마다 새롭게 하는 것이다. 그리스도인은 오직 예수 그리스도가 자신의 삶에 들어와 계신다는 사실을 근거로 분별한다. 이것이 그리스도인의 분별에서 결정적인 가능성이며, 그렇지 않다면 전혀 분별할 길이 없다. 더 나아가 그리스도인은 예수 그리스도가 그를 위해,für ihn 그의 안에in ihm 살고 계신다는 사실을 근거로 분별한다. 그리스도인은 지금까지 선악에 대한 고유한 지식이 점령하고 있던 바로 그 영역을, 이제는 예수 그리스도가 완전히 차지하고 계신다는 사실을 근거로 분별한다. 그리스도인의 자기 분별은 오직 예수 그리스도가 우리 안에 계신다는 전제 조건을 근거로 한다. 여기서 예수 그리스도의 이름은 그분을 총체적으로 일컫는 이름이다. 그 이름은 어떤 중성적인 것이 아니라, 역사적 인물로서 예수 자신을 지칭한다. 다시 말해 그리스도인의 자기 분별은 예수 그리스도에게서 시선을 돌려, 자기 자신에게로 향해서는 안 된다. 그리스도인의 자기 분별은 온전히 예수 그리스도에게 마음을 붙잡아 매는 가운데 이루어진다. 즉, 그리스도인의 자기 분별은 그리스도가 이미 우리 안에 역사하고 계시며, 그분이 우리에게 속한다는 사실을 전제로 이루어진다.

이러한 전제 조건 아래, 이제 우리는 어떻게 매일의 삶 속에서 예수 그리스도에게 속하며, 그분을 믿고 순종할 것인지 물을 수 있고 물어야만 한다. 그러나 이 질문에 대한 대답은 우리 자신에게서 나오지 않는다. 문제의 본질상 그 대답은 오직 예수 그리스도 자신에 의해서만 주어질 수 있다. 우리의 확증이나 신실함에 대한 이런저런 표지가 자기 분별의 문제에 대한 해답을 줄 수 없다. 우리에게는 스스로 판단할 수 있는 기준이 더 이상 없으며, 우리의 유일한 기준은 살아 계신 예수 그리스도이기 때문이다. 그러므로 자기 분별은 항상 예수 그리스도의 심판에 자기 자신을 온전히 내맡기면서 이루어진다. 말하자면 결과를 우리 스스로 도출해 내는 것이 아니라, 모든 것을 예수 그리스도에게 위탁하면서 이루어진다. 우리가 이렇게 할 수 있는 것은 예수 그리스도가 우리 안에 계신다는 사실을 알고 인식하기 때문이다. 이러한 자기 분별의 과정은 결코 불필요한 것이 아니다. 예수 그리스도는 실제로 **우리** 안에 계시며, 또 우리 안에 계시기를 원하기 때문이다. 그뿐만 아니라, 예수 그리스도가 우리 안에 계신다는 것은 단순히 기계적으로 이루어지지 않으며, 바로 이 자기 분별 **속에서** 항상 새롭게 이루어지고 확증되기 때문이다. "나도 나를 판단하지 아니하노니 내가 자책할 아무것도 깨닫지 못하나 이로 말미암아 의롭다 함을 얻지 못하노라. 다만 나를 심판하실 이는 주시니라."고전 4:3, 4 다시 말해 하나님의 뜻이 항상 새롭게 분별되어야 하는 이유는, 그것이 바로 **살아 계신** 하나님의 뜻이기 때문이다. 또 이러한 분별 속에서 하나님이 친히 그분의 뜻을 관철해 나가시기 때문이다. 이와 마찬가지로 예수 그리스도는 우리가 그분 안에서 항상 새롭게 자신을 분별할 때 온전히 우리 안에 살아 계신다. 그리스도인이 하나님의 뜻을 분별하는 것은, 그 자체가 하나님의 뜻의 일부에 속하는 일이라 하겠다. 이는 마치 그리스도인의 자기 분별이 우리 안에 계신 예수 그리스도의 뜻의 일부인 것과도 같다.

그러나 어떤 경우에도 이로 인해서 하나님의 뜻과의 새로운 일치와 행동의 단순함이 폐기되어서는 안 된다. 더 나아가 약간이라도 손상되는 일이 있어서는 안 된다. 이것을 이해하기 위해 우리는 "행동"[Tun]이 복음적인 의미에서 본래 무엇을 의미하는지 구체적으로 소명할 필요가 있다.

행동

하나님 앞에서 유일하게 타당한 인간의 태도는 그분의 뜻을 행하는 것이라는 사실은 자명하다. 산상수훈의 목적은 말씀 그대로 행하는 데 있다.[마 7:24 이하] 오직 행동 안에 하나님의 뜻 아래서 이루어지는 복종이 있다. 하나님의 뜻을 행하는 가운데, 인간은 자신의 모든 권리와 모든 자기 합리화를 포기한다. 하나님의 뜻을 행하는 가운데, 인간은 은혜로우신 심판자에게 자신을 겸손히 내어드린다. 성경이 행동을 그토록 긴박하게 촉구하는 이유가 있다. 그것은 선악에 대한 고유의 지식에 근거한, 하나님 앞에서의 모든 자기 의를 인간에게서 도려내기를 원하기 때문이다. 성경은 하나님의 행위 옆에 인간의 행위가 나란히 세워지는 것을 원치 않는다. 그것이 비록 감사나 희생의 행위라 할지라도 마찬가지다. 성경은 인간이 전적으로 하나님의 행위 안에 서게 하고, 동시에 인간의 행위를 하나님의 행위에 복종시킨다. 바리새인의 오류는 너무 엄격하게 행동의 필요성을 역설한 데 있는 것이 아니라, 그들 자신이 말한 그대로 행하지 않은 데 있다. "그들은 말만 하고 행동으로 옮기지 않는다."

성경이 인간에게 행동을 요구할 때는, 인간 스스로의 힘으로 행하라는 말이 아니다. 이때 성경은 예수 그리스도 자신을 가리킨다. "나를 떠나서는 너희가 아무것도 할 수 없음이라."요 15:5 이 말씀을 정확히 이해하는 것은 매우 중요하다. 예수 그리스도 없이는, 행동이란 아예 존재하지 않는다. 일반적으로 행동의 겉모양을 취하고 있는 모든 것, 각종 다양한 직무 수행은 예수의 심판 아래서는 아무것도 하지 않은 것과 마찬가지다. 이 말씀만큼 인간의 행위가 예수 그리스도에게 매여 있다는 사실을 철저하게 증거하는 성경의 말씀은 없다. 다른 어떤 것도 참된 행위를 모든 거짓 행위로부터 선명하게 구별해 줄 수 없다.

우리는 경계를 설정함으로써 성경에서 의미하는 행동을 온갖 오해에서 보호하고 그 독자성을 인식할 수 있게 된다.

행동과 상쇄할 수 없는 대립 관계에 있는 것이 심판이다. "형제들아 서로 비방하지 말라. 형제를 비방하는 자나 형제를 판단하는 자는 곧 율법을 비방하고 율법을 판단하는 것이라. 네가 만일 율법을 판단하면 율법의 준행자가 아니요 재판관이로다."[약 4:11] 율법을 대하는 두 가지 상이한 태도가 있다. 그것은 심판과 행함이다. 이 둘은 상호 배타적이다. 심판하는 자는 율법을 타인에게 적용할 기준으로 이해하고, 자신은 율법을 집행할 책임이 있다고 여긴다. 이로써 심판하는 자는 율법 위에 올라서게 된다. 동시에 그는 다음의 말씀을 잊고 있다. "입법자와 재판관은 오직 한분이시니 능히 구원하기도

하시며 멸하기도 하시느니라. 너는 누구이기에 이웃을 판단하느냐."약 4:12 율법 지식을 근거로 형제를 고소하고 심판하는 자는 사실상 율법 자체를 고소하고 심판하는 것이다. 왜냐하면 그는 율법이 그 자체로 관철해 나가며 효력을 발휘하는, 살아 계신 하나님의 말씀의 능력을 가졌음을 불신하고 있기 때문이다. 그는 스스로 율법을 제정하고 심판하는 자가 됨으로써 하나님의 율법을 무력화시킨다. 그렇게 되면 지식과 행동 사이에는 치유할 수 없는 틈이 생긴다. 그는 율법 지식을 토대로 형제를 심판하는 자가 되고, 결국에는 율법의 심판자가 되고 만다. 그런 자는 아주 많은 것을 행하는 것처럼 보여도, 결코 율법을 행하는 자가 아니다. "율법을 행하는 자"는 심판자와는 달리 스스로 율법에 복종하는 자다. 그는 결단코 율법을 형제를 심판하는 척도로 사용할 수 없다. 그와 마주하는 율법은 그에게 행동하도록 요청하는 역할을 할 뿐이다. 잘못을 범한 형제를 대할 때도, 율법을 행하는 자가 취할 수 있는 태도는 단 하나뿐이다. 그것은 그 자신이 율법을 행함으로써 율법의 효력이 발생하도록 하는 것이다. 바로 이렇게 함으로써 율법은 존중받고 그 효력을 발휘하게 된다. 바로 이렇게 함으로써 율법은 스스로 자기의 힘을 관철해 나가며, 인간의 도움을 필요로 하지 않는 살아 계신 하나님의 말씀으로 인정받게 된다. 이것은 율법을 행하는 자가 자신의 행동에 만족하면서 보이는 태도가 아니다. 또한 죄지은 형제를 곁눈질로 슬쩍 쳐다보고는, 유감스럽지만 자신에게 허락되지 않은 심판을 하나님이 행해 주시기를 기대하는 방관자적 태도를 취하는 것도 아니다. 여기서는 결코 그런 곁눈질을 하지 않고, 오로지 하나님의 율법에 합당한 일을 수행하는 것을 의미한다. 즉, 율법의 **행위**는 다른 모든 생각을 떠나서 오직 율법 고유의 행위를 수행하는 것이다. 이로써 율법의 공의와 능력이 주어지고, 그것이 형제에게도 그대로 증거된다. 다시 말해 행동을 하면서, 또는 행동을 통해서 심판의 마지막 가능성을 남겨 두지 않는 것이다. 행동은 하나님의 율법에 대한 유일하고 독점적인 태도이며, 또 그렇게 존속한다. 그 외 다른 모든 것은 행동을 철저히 타락하게 만들고, 거짓된 행위, 위선으로 변질시킬 것이다.

물론 행동은 율법을 듣는 것을 전제로 한다. 그러나 이 도식 자체가 이미 문제가 될 수 있다. 그렇게 함으로써 전제로서의 들음이, 결과로서의 행동과 서로 구별되고 해체될 수 있기 때문이다. 그러나 들음이 행동에 대해 독립적이 되고 고유한 권리를 갖게 되면, 거기서 행동은 이미 다시 해체되고 만다. 물론 율법을 행하는 자는 듣는 자가 되어야 한다. 그러나 항상 듣는 자가 동시에 행하는 자라는 사실이 뒷받침될 때만 그렇다.약 1:22 듣는 순간 바로 행동으로 옮기지 않으면, 그것은 심판을 위해 이용하는 "지식"Wissen이 되어 버린다. 즉, 모든 행동의 해체를 초래할 뿐이다. 들음이 행동이 아닌 "지식"에 머물러 있다면, 매우 역설적으로 들리겠지만, 그 사람은 이미 "잊어버린" 것이다.약 1:25 비록 그 지식이 오랜 시간 간직해온 것이며, 깊이 숙고하여 발전시킨 것이라 하더라도 마찬가지다. 그 지식은 본질적인 것, 곧 온전히 행동하도록 지시하는 것이 아니므로 잊혀진 것이다. 말씀을 듣는 즉시 행동으로 옮기지 않고 말씀을 듣기만 하는 자는, 필연적으로 자기기만에 빠지고 만다.약 1:22 그는 스스로 하나님의 말씀을 알고 소유하고 있다고 믿기 때문에, 이미 그것을 다시 상실한 것이다. 그는 인간이 하나님의 말씀을 행하지 않고서도, 단 한 순간이나마 다른 방식으로 소유할 수 있다고 착각한 것이다. 말씀을 듣는 자에 대한 야고보의 논박은 정확히 바리새인에 대한 예수의 논박에 상응한다. 여기서 쟁점이 되는 것은 말씀을 열심히 듣지 않거나, 많은 일을 행하지 않는 데 있지 않다. 그것은 바리새인이 행동을 등한시하지 않았다는 사실과도 일맥상통한다. 그러나 행동이 들음에 대해 부수적이 되고, 지식이 매개체로 사용되는 그런 행동은 가식이며 자기기만에 불과하다. 그 자체로 이미 무언가 주장할 수 있는 들음에 대해 행동이 독립적으로 등장하는 것은 가식이며 자기기만이라는 말이다. 이는 예수께서 이미 지적한 바 있듯이 위선에 불과하다. 여기서 문제가 되는 것은 자기기만이다. 왜냐하면 가식적으로 행동하는 자는 자신이 참된 행동을 하고 있다고 실제로 생각하며, 그가 위선자라는 비난을 단호히 거절하는 입장을 취하기 때문이다. 여기서 말씀을 듣는 자와 행하는 자 사이에 생긴 대립은 그릇된 방식으로 심리학적인 것이 된다. 이것은 사고와 의지, 이론과 실천 사이의 대립으로 묘사된다. 물론 바리새인도 하나님의 말씀이 단지 사유에만 그치는 것이 아니라 의지임을 알고 있었다. 그것이 단지 이론에 그치지 않으며 실천을 요구한다는 사실도 잘 알고 있었다. 따라서 그들은 하나님의 말씀에 복종하기 위해 지성 못지않게 의지를 사용했다. 바리새인의 문제는 사유와 의지의 분리가 아니라, 바로 들음과 행함이 서로 분리되어 있다는 것이다. 들음을 독립적으로 생각하는 자에게는 "사람은 그 행하는 일에 복을 받으리라"약 1:25는 말씀이 적용된다. 이 경우에 행하는 자는 하나님의 말씀을 들을 때, 오직 행하는 것 말고는 달리 취할 수 있는 태도를 알지 못한다. 그런 사람들은 단호하게 말씀 자체인 분에게 마음을 집중시킨다. 그들은 말씀으로부터 지식을 도출하려고 하지 않는다. 이러한 지식을 기초로 하여 형제에 대해, 자기 자신에 대해, 결국 하나님의 말씀에 대해서도 심판자가 되어 버린다는 사실을 알기 때문이다.

여기서 언급한 내용은 정반대로 보이는 마리아와 마르다에 대한 예수의 말씀을 통해 분명해진다.눅 10:38 이하 마리아는 예수의 발치에 앉아서 말씀을 들었으나, 마르다는 "예수를 섬기는 일로 인해 마음이 분주했다." 마르다는 행함이 듣는 일에 속한다는 사실을 동생에게 환기시켜 달라고 예수께 요청했다. "그를 명하사 나를 도와주라 하소서." 그러나 예수께서는 다음과 같이 대답했다. "마르다야, 마르다야, 네가 많은 일로 염려하고 근심하나 몇 가지만 하든지 혹은 한 가지만이라도

족하니라. 마리아는 이 좋은 편을 택하였으니 빼앗기지 아니하리라." 여기서 예수께서는 행하는 자에 대한 듣는 자의 정당성을 분명하게 선언했다. 야고보서는 행하는 자가 그 행위로 인해 복을 받는다고 말한다. 그리고 예수께서는 하나님의 말씀을 듣고 지키는 자가 복되다고 말씀한다. 둘 다 동일한 것을 말하고 있다. 행동이 듣는 것에서 독립할 수 없듯이, 듣는 것도 행동에서 독립할 수 없기 때문이다. 행하는 자에 대한 복이 들음을 포함하듯이, 듣는 자의 복도 행동을 포함한다. 한 가지 필요한 것은, 듣는 것이냐 행하는 것이냐가 아니라 양자를 포함한 하나, 곧 예수 그리스도와 일치하여 그분 안에 머물러 있는 것이다. 또 그분에게로 향하는 것이며, 말씀과 행위를 그분에게 받아서 살아가는 것이다. 들음이나 행동을 근거로 형제를 고발하고 심판하는 자가 되어서는 안 된다. 더욱이 마르다처럼 예수 그리스도에게 고발하는 자가 되어서는 안 된다. 듣고 행동하면서 모든 것을 예수 그리스도에게 맡겨야 한다. 그리고 그분에 의해, 그분의 은총에 의해, 그분의 날에 있을 은혜로운 심판에 의해 살아야 한다. 듣는 자에 대한 복과 마찬가지로 행하는 자에 대한 복 역시 선악에 대한 지식의 분열에서 해방되어 예수 그리스도와 하나된 자에게 임하는 복이다. 마르다의 분주함에서 볼 수 있는 행함이든 또 들음이든 그 자체로는 예수 앞에서 아무것도 아니다. 거짓된 행위나 거짓된 경청도 존재한다. 우리의 행위와 경청이 참된 것인지, 혹은 거짓된 것인지를 분별할 능력이 우리에게는 없다. 그러므로 여기서 결정적인 것은, 우리가 이러한 분별을 전적으로 예수의 지식과 심판에 의탁하고 살아가는지 여부다.

다음의 두 가지 경계에서 행동에 대한 성경적 개념이 더욱 분명해진다. "나더러 주여, 주여 하는 자마다 다 천국에 들어갈 것이 아니요 다만 하늘에 계신 내 아버지의 뜻대로 행하는 자라야 들어가리라."마 7:21 즉, 그리스도에 대한 신앙고백이 있음에도, 그것이 하나님의 뜻을 행하는 것과 모순되므로 배척받을 수 있다는 의미다. 이는 공적인 신앙고백이 전혀 시류에 맞지 않고, 그로 인해 고난과 박해가 따르는 경우라 해도 마찬가지다. 여기서 너무 성급하게 그것이 악한 행위를 경건한 말로 은폐하는 의식적인 위선일 것이라고 판단해서는 안 된다. 오히려 이 신앙고백은 철두철미 개인적으로 정직한 마음에서 우러나온 것일 수 있다. 이 용감한 고백은 그에 상응하는 용기 있고 헌신적인 행동과 연합되어 있을 수 있다. 또 이런 고백과 행동은 옳다고 인정한 것을 목숨 걸고 지키려는 결심에서 나온 것일 수도 있다. 그럼에도 예수께서는 이런 고백과 행동이 바로 선악에 대한 인간 고유의 지식에서 나온 것**이므로** 배척받을 수 있다고 말씀한 것이다. 그것이 겉보기에는 하나님의 뜻과 유사하다 할지라도, 근본적으로 하나님과 분열된 인간의 의지에서 나온 것이기 때문이다. 결국 하나님의 뜻을 행하지 않았다는 말이다. 그러므로 그가 아무리 자신의 행한 일을 낱낱이 고하며 변호한다 해도 무익하다. "우리가 주의 이름으로 선지자 노릇하며 주의 이름으로 귀신을 쫓아내며 주의 이름으로 많은 권능을 행하지 아니하였나이까." 마 7:22 자기가 한 일이 그리스도의 이름으로 행한 것이라고 항변해도 아무 소용없다. 여기서도 행동 속에 온갖 인간적인 악이 섞여 있기 때문에 그 행동이 비난받아 마땅하다고 섣불리 판단하는 것은 잘못이다. 그렇다. 오히려 그 행동이 가장 순수한 동기에서 나왔으며, 가장 경건하고 헌신적인 행위인 경우에야말로 그 위험은 특별히 큰 것이다. 여기서 문제가 되는 것은 하나님과의 분열로부터 형성된 선악에 대한 인간 고유의 지식이다. 그 지식이 전혀 식별이 불가능할 만큼 하나님의 뜻과 유사해 보이더라도, 그것은 하나님의 뜻을 거역하는 무신적 행위다. 여기에 그리스도에 대한 정직한 신앙고백, 그리스도에 대한 철저한 복종이 있다 하더라도 결론은 마찬가지다. 그와 같은 행위는 "나는 너희를 도무지 알지 못하니 불법을 행하는 자들아 내게서 떠나가라"마 7:23는 그리스도의 말씀으로 배척받아야 할 뿐이다. 이는 분명 인간이 하나님과 동등됨을 훔친 것으로 말미암은 어두운 수수께끼라 하겠다. 그러나 예수와 바울은 이 사실을 미리 알고 경계했다.

사랑

"내가 예언하는 능력이 있어 모든 비밀과 모든 지식을 알고 또 산을 옮길 만한 모든 믿음이 있을지라도 사랑이 없으면 내가 아무것도 아니요 내가 내게 있는 모든 것으로 구제하고 또 내 몸을 불사르게 내줄지라도 사랑이 없으면 내게 아무 유익이 없느니라."고전 13:2-3 이 말씀은 분열 가운데 있는 인간과 근원에 속한 인간을 구별하는 데 결정적이다. 그것은 바로 사랑이다.

사랑 없이도 그리스도를 알고, 그리스도에 대한 강한 믿음이 있을 수 있다. 심지어 사랑 없이도 죽기까지 사랑의 헌신과 신념을 가지고 행동할 수 있다. 이것이 문제다. 이 "사랑"Liebe이 없으면 모든 것이 와해되고, 모든 것이 배척을 당한다. 그러나 이 사랑 안에서는 모든 것이 하나되고, 모든 것이 하나님을 기쁘게 한다. 이 사랑이란 무엇인가?

위에서 살펴본 바에 의하면, 여기서 말하는 사랑은 기존에 우리가 알던 모든 사랑의 정의와 완전히 동떨어진 것이다. 그것은 인간의 태도, 신념, 헌신, 희생, 공동체 의지, 감정, 형제애, 섬김, 행위로서 이해되던 사랑과 전혀 다른 것이다. 이 모든 것은 단 하나의 예외도 없이, 우리가 지금 들은 바와 같이 "사랑" 없이도 존재할 수 있다. 우리가 사랑이라고 부르던 모든 것, 영혼 깊은 곳에 그리고 가시적可視的 행위 안에 살아 있는 것, 심지어 경건한 마음에서 우러나온 형제애로 이웃을 섬기는 것조차도 "사랑" 없이 행할 수 있다. 그 이유는 인간의 모든 행위에 항상 이기심의 "찌꺼기"가 있어서 그것이 사랑에 어두운 그림자를 드리우기 때문이 아니다. 그 이유는 여기서 말하는 사랑 자체가 일반적으로 통용되는 사랑의 의미와 전혀 다르기 때문이다. 사랑은 객관적이고 비인격적인 질서의 법과 대립되는 개인적인 것, 개별적인 것과 관련된 인간들 사이의 직접적인 관계를 말하는 것이 아니다. "개인적인 것"과 "객관적인 것"이 전혀 비성경적이고 추상적인 방식으로 분리되는 것은 묵인한다 하더라도, 일반적으로 통용되는 사랑은 태도이며 그것도 단지 부분적인 태도다. 그렇다면 "사랑"은 단순히 객관적 사실과 질서에 순응하는 저차원의 에토스Ethos를 완성하고 보완하는 고차원의 인격적 에토스가 되어버린다. 예를 들어 사랑과 진리가 서로 갈등 속에 있다면, 인격적인 사랑을 비인격적인 진리 위에 두는 식이다. 이렇게 되면 사랑은 진리와 함께 기뻐한다고전 13:6는 바울의 말과 정면으로 충돌하게 된다. 사람들은 갈등을 통해 사랑을 정의하려고 하지만, 사랑은 갈등을 모른다. 모든 분열 너머에 있는 것이 사랑의 본질에 속하기 때문이다. 진리를 공격하는 사랑 또는 단지 진리가 중립을 유지하도록 하는 사랑에 대해, 루터는 분명한 성경적 시각에서 "저주받은 사랑"verfluchte Liebe이라고 칭한다. 비록 사랑이 가장 경건한 의상을 입고 등장하더라도 마찬가지다. 단지 개인적이고 인간적인 관계의 영역만 포괄할 뿐, 객관적 사실 앞에 항복해 버리는 사랑은 결코 신약성경에서 말하는 사랑이 아니다.

여기서 알 수 있는 것은, 명백하게 "사랑"이라고 부를 만한 인간의 태도를 생각하는 것이 불가능하다는 사실이다. 사랑은 분열 속에서 살아가는 인간의 모든 분열 저편에 존재한다. 결국 인간이 사랑이라고 이해하며 실천할 수 있는 모든 것은 이미 주어진 분열 속에서 취하는 인간의 태도일 뿐이다. 그렇다면 이제 하나의 수수께끼, 곧 성경에서 말하는 "사랑"이 도대체 무엇인가 하는 물음이 남게 된다. 성경은 우리에게 그 답을 주지 못하는 것이 아니다. 사실 그 답은 이미 우리에게 너무도 잘 알려져 있다. 다만 우리가 그것을 잘못 이해하고 있을 뿐이다. 성경은 "하나님은 사랑이시라"요일 4:16 고 말한다. 이 문장을 분명하게 이해하기 위해서는 우선 "하나님"Gott 이라는 단어를 강조해서 읽어야 한다. 그러나 우리는 사랑이라는 단어를 강조하는 데 익숙해져 있다. "하나님"이 사랑이다. 다시 말해 인간의 태도, 신념, 행위가 아니라, 하나님 자신이 사랑이다. 오직 하나님을 아는 자만이 사랑이 무엇인지를 알 수 있다. 앞뒤 순서를 바꾸어 자연스럽게 사랑이 무엇인지를 알고, 그 후에 하나님이 어떤 분인지 알게 되는 것이 아니다. 하나님 스스로 자신을 계시하지 않으신다면, 아무도 하나님을 알 수 없다. 따라서 하나님이 자신을 계시하지 않으신다면, 아무도 사랑이 무엇인지 알 수 없다. 그러므로 사랑은 하나님의 계시다. 여기서 하나님의 계시는 곧 예수 그리스도이다. "하나님의 사랑이 우리에게 이렇게 나타난 바 되었으니 하나님이 자기의 독생자를 세상에 보내심은 그로 말미암아 우리를 살리려 하심이라."요일 4:9 예수 그리스도 안에 있는 하나님의 계시, 곧 하나님의 사랑의 계시는 그분에 대한 우리의 모든 사랑에 선행한다. 사랑은 그 근원을 우리가 아닌 하나님 안에 두고 있다. 인간의 행동 방식이 아니라, 하나님의 행동 방식이 사랑이다. "사랑은 여기 있으니 우리가 하나님을 사랑한 것이 아니요 하나님이 우리를 사랑하사 우리 죄를 속하기 위하여 화목제물로 그 아들을 보내셨음이라."요일 4:10 우리는 오직 예수 그리스도 안에서만 사랑이 무엇인지 인식할 수 있다. 다시 말해, 우리를 위한 그분의 행동 안에서만 사랑이 무엇인지 알 수 있다. "그가 우리를 위하여 목숨을 버리셨으니 우리가 이로써 사랑을 알고 우리도 형제들을 위하여 목숨을 버리는 것이 마땅하니라."요일 3:16 여기서도 사랑의 보편적인 정의를 말하고 있지 않음을 분명히 해야 한다. 즉, 타인을 위해 생명을 버리는 것이 사랑이라는 의미로 해석해서는 안 된다. 여기서 사랑이라고 불리는 것은, 보편적인 것이 아니라 예수 그리스도가 우리를 위해 자기 생명을 버리신 단 한 번의 유일한 행위다. 사랑은 하나님의 계시로서 예수 그리스도의 이름과 불가분의 관계로 연결되어 있다. 사랑이 무엇인가 하는 질문에 대해 신약성경은 철저하게 예수 그리스도를 가리킴으로써 아주 분명하게 대답한다. **그분**이 사랑의 유일무이한 정의다. 그러나 여기서도 예수 그리스도와 그분의 행위와 고난을 바라보는 데서 눈을 돌려 사랑에 대한 하나의 보편적인 정의를 만든다면, 또다시 모든 것을 잘못 이해하고 만다. 그분이 **행하고 고난당하신** 것이 사랑이 아니라, 행하고 고난당하신 **그분**이 사랑이다. 사랑은 항상 예수 그리스도, 그분 자신이다. 사랑은 항상 하나님 자신이다. 사랑은 항상 예수 그리스도 안에 있는 하나님의 계시다.

사랑에 대한 모든 사고와 명제를 예수 그리스도의 이름에 철저하게 집중시키는 것으로 그 이름을 어떤 추상적인 개념으로 격하시켜서는 안 된다. 오히려 예수 그리스도의 이름은 항상 살아 있는 인간의 역사적 현실이라는 구체적인 충만함 가운데 이해되어야 한다. 그렇기 때문에 지금까지 말한 모든 경고에도 불구하고, 사랑이 무엇인가를 이해하려면 무엇보다도 인간 예수 그리스도의 구체적인 행동과 고난을 이해해야 한다. 예수 그리스도의 이름은 하나님이 그 안에서 자기 자신을 계시하신 이름이다. 예수 그리스도의 이름은 그분의 삶과 말씀 안에서 스스로 해석되고 밝혀진다. 결론적으로 신약성경은 단지 예수 그리스도의 이름을 무한정 반복하는 것이 아니라, 우리가 이해할 수 있는 사건과 개념과 명제 속에서 그 이름의 의미를 드러내고 해석해 준다. 그러므로 "사랑"ἀγάπη이라는 개념의 선택도 단순히 자의적인 것이 아니다. 이 개념이 신약성경적인 메시지에 의해 완전히 새롭게 규정되는 것은 사실이나, 우리가 일반적으로 "사랑"이라는 말을 사용할 때 이해하고 있는 바와 전혀 무관한 것은 아니다. 물론 사랑이라는 말의 성경적 개념은, 우리가 일반적으로 이해하는 사랑처럼 특정한 형태로 존재하는 것이 아니다. 오히려 성경적 개념의 사랑은 기존에 통용되던 생각과 정반대되는 것을 나타낸다. 말하자면 그분이 사랑이다. 그분만이 사랑의 토대이며, 사랑의 진리이며, 사랑의 현실이다. 사랑에 대한 모든 자연적인 사고는 단지 이 근원 속에서만 진실성과 현실성을 갖는다. 즉, 하나님 자신이 예수 그리스도 안에 거하는 그 사랑에 참여하는 경우에만 진실성과 현실성을 갖게 된다.

무엇이 사랑인가 하는 물음에 대해 우리는 계속해서 성경으로 대답한다. 즉, 예수 그리스도 안에서 하나님과 인간의 화해가 이루어진 것이 사랑이다. 이로써 인간은 하나님과 분열되고, 타인과 분열되고, 세상과 분열되고, 자기 자신과 분열된 상태에 대해 종말을 고하는 것이다. 다시금 근원이 인간에게 선사된 것이다.

사랑은 분열 속에서 살아가던 인간의 상황을 극복하도록 하기 위한 하나님의 행동이다. 이 행동은 예수 그리스도를 말하며, 화해라고도 불린다. 따라서 사랑은 인간에게 일어난 일로서, 어떤 수동적인 것이다. 인간 자신이 한 일은 아무것도 없다. 그 일은 분열 속에 있는 인간 실존을 초월하여 일어난 사건이기 때문이다. 사랑은 하나님을 통해 인간 실존 전체에 변화가 일어난 것을 의미한다. 사랑은 하나님 앞에서,vor Gott 오직 하나님 안에서만in Gott allein 살 수 있는 세계 안으로 이끌려 들어가는 것을 의미한다. 그러므로 사랑은 인간의 선택Wahl이 아니라, 하나님에 의해 인간이 선택Erwählung되는 것이다.

그렇다면 어떻게 신약성경이 그토록 분명하게 말하는 것과 동일한 의미에서, 인간의 행위로서의 사랑을, 하나님과 이웃에 대한 인간의 사랑을 말할 수 있는가? **하나님**이 사랑이라는 사실 앞에서 이제 인간도 사랑할 수 있고 사랑해야 한다는 명제는 무엇을 의미하는가? "우리가 사랑함은 그가 먼저 우리를 사랑하셨음이라."요일 4:19 이는 하나님에 대한 우리의 사랑이 전적으로 하나님에 의해 사랑받고 있다는 사실에 근거하고 있음을 의미한다. 다시 말해, 우리의 사랑은 예수 그리스도 안에서 하나님의 사랑을 즐거이 받아들인다는 것을 의미한다. "하나님을 사랑하면 그 사람은 하나님도 알아주시느니라."고전 8:3 여기서 "알아주신다"라는 말은 성경적인 용어로 "선택되고, 낳았다"는 뜻이다. 즉, 하나님을 사랑한다는 것은 그리스도 안에서 선택되고erwählt 다시 태어난erzeugt 것을 즐거이 받아들인다는 뜻이다. 하나님의 사랑과 인간의 사랑의 관계를 잘못 이해하는 오류를 범해서는 안 된다. 단지 인간의 사랑을 하나님의 사랑에 대해 독립적이고 자유로우며, 독자적으로 움직이는 인간의 행위로 규정하려는 의도에서, 인간의 사랑에 대한 하나님의 사랑의 선행성先行性을 이해하려고 해서는 안 된다. 오히려 인간의 사랑을 말할 수 있는 모든 것에 **하나님**이 사랑이라는 명제가 적용된다. 인간은 하나님의 사랑으로 하나님과 이웃을 사랑하는 것이다. 다른 사랑은 없다. 하나님의 사랑에 대해 독자적이거나 자유로운 사랑이란 아예 존재하지 않기 때문이다. 하나님의 사랑 안에서 인간의 사랑은 순전히 수동적으로 머물러 있다. 하나님을 사랑하는 것은 하나님에 의해 사랑받고 있다는 사실에 대한 또 다른 측면에 불과하다. 하나님에 의해 사랑받는다는 것은 하나님을 사랑하는 것을 포함한다. 그러나 하나님을 사랑하는 것은 하나님에 의해 사랑받는 것과 어깨를 나란히 할 수 있는 것이 아니다.

이 점을 이해하기 위해 수동성 개념을 이러한 맥락에서 보다 자세히 설명할 필요가 있다. 여기서 다루는 것은 신학에서 인간의 수동성에 관해 말할 때 항상 그렇듯이 신학적인 개념이다. 다시 말해, 심리학적인 개념이 아니라 하나님 앞에

선 인간 실존의 개념이다. 하나님의 사랑 앞에서의 수동성이란, 나의 생각과 말과 행동이 모두 배제된 "고요한 시간"에 주어지는 하나님의 사랑 안에 쉬는 것만을 의미하지 않는다. 하나님의 사랑이란 항해의 위기에 빠진 내가 몸을 의탁할 피난 항구만은 아니다. 하나님의 사랑을 받는다는 것은 결코 힘 있게 사고하고 기쁘게 행동하는 것을 금하지 않는다. 우리는 전인격적 존재로서, 사고하고 행동하는 인간으로서, 그리스도 안에서 하나님에 의해 사랑받으며 하나님과 화해한 것이다. 우리는 전인격적 존재로서 사고하고 행동하면서 하나님과 형제를 사랑하는 것이다.[6]

6. 편집자 주: 이번 장(章)은 미완성으로 남았다.

II.

교회와 세상

이번 장은 지난 몇 년 동안 기독교 전반에 걸쳐 환난을 당하면서 얻은 가장 놀라운 경험들에 주목하면서 시작하고자 한다. 즉, 인간 속에 있는 비이성적인 것, 피, 본능, 야수성의 신격화에 대해서는 이성에 호소하는 것으로 충분했다. 자의적인 것에 대해서는 기록된 법률에 호소하는 것으로 충분했다. 야만적 행위에 대해서는 교양과 인간성에 호소하고, 폭력에 대해서는 자유와 관용과 인간의 권리에 호소하는 것으로 충분했다. 학문과 예술 등의 정치화에 대해서는 다양한 삶의 영역의 자율성에 호소하는 것으로 충분했다. 그렇게 하는 가운데 위기에 처한 가치를 수호하는 자들과 그리스도인들 사이에 일종의 동맹 의식이 싹트게 되었다. 그리고 놀랍게도 이성, 교양, 인간성, 관용, 자율성과 같은 개념들이 갑자기 기독교 영역에 아주 가까이 다가와 있음을 발견하게 되었다. 이 모든 개념은 얼마 전까지만 해도 교회와 기독교, 예수 그리스도에 대항하는 전투적인 용어로 사용되곤 했다. 이러한 일은 모든 기독교적인 것이 어느 때보다도 심한 궁지에 몰린 상황에서 일어났다. 또한 기독교 신앙의 중심 명제들이 가장 혹독하고 배타적인 형태로 도전받고, 이성, 교양, 인간성, 관용이 전례 없이 심하게 배척받는 상황에서 일어났다. 실로 모든 기독교적인 것이 환난과 폭압으로 내몰리는 상황과 반비례하여, 이런 개념들과 동맹 관계가 이루어졌다. 그 결과 기독교 세계는 전혀 예기치 못한 영역으로까지 확장되었다. 그런데 위에서 말한 개념들의 수호와 동맹을 추구한 쪽은 분명 교회가 아니었다. 그 반대로 이 개념들이 수호와 동맹을 찾아서 교회로 향했다. 유례없는 상황에 직면하여 이 개념들은 고향을 상실하고 이제 기독교적인 영역과 기독교회의 그늘 아래서 피난처를 구했다. 그러나 여기서 이런 경험을 단순히 공동 전선과 같은 것으로, 곧 싸움이 끝남과 동시에 다시 해체될 목적 공동체로 여기는 것은 전혀 현실에 부합하지 않을 것이다. 오히려 결정적인 것은 근원으로의 복귀가 일어났다는 사실이다. 교회의 품을 떠나 독립했던 자녀들이 위기의 순간 그들의 어머니에게로 돌아왔다. 비록 교회를 떠나 소외의 시간을 지나오면서 그 외모와 언어가 꽤 변해 있었지만, 결정적인 순간에 어머니와 자녀들은 서로를 다시 알아보았다. 이성, 정의, 교양, 인간성, 그리고 이와 같은 개념으로 부를 수 있는 것들이 모두 그 근원 속에서 새로운 의미와 새로운 힘을 찾고 발견한 것이다.

이 근원Ursprung은 바로 예수 그리스도이다. 적그리스도에 관한 솔로비에프Solowjeff의 이야기 가운데 그리스도의 재림을 앞둔 종말의 날 핍박받는 교회의 지도자들이 모여 기독교에서 가장 값진 것이 무엇인가를 서로 묻는 장면이 있다. 여기서 기독교에서 가장 값진 것은 바로 그리스도 자신이라는 결정적인 대답이 나온다. 이는 적그리스도에 맞서 권세 있게 대항하여 이길 수 있는 분은 오직 그리스도임을 말한 것이다. 오직 그리스도에게 참여하는 자만이 시험을 견디고 승리할 수 있다. 그리스도는 인간성, 이성, 정의, 교양의 중심이며 힘이다. 모든 만물이 그리스도에게로 돌아가야 하며, 오직 그분의 보호 안에서만 살 수 있다. 마지막 위기의 순간 적그리스도의 손아귀에 잡히기 원치 않는 자는 모두 그리스도를 피난처로 삶는 무의식적 지식이 있는 것 같다.

그리스도의 전적인 요구와 배타적인 요구

"우리를 반대하지 않는 자는 우리를 위하는 자니라."막 9:40 그리스도는 자신에게 속한 자의 경계를 제자들이 원하고 행하고 있는 것보다 훨씬 넓게 그려 보인다. 그분이 이 말씀을 하신 배경에는 구체적인 사건이 있다. 즉, 개인적으로 제자도 아니고 추종자도 아닌 사람이 예수의 이름으로 마귀를 쫓아내는 사역을 하는 것을 제자들이 문제 삼은 것이었다. 그러나 예수께서는 그 사람이 하는 일을 제자들이 금하지 못하게 한다. "내 이름을 의탁하여 능한 일을 행하고 즉시로 나를 비방할 자가 없느니라"막 9:39는 이유에서다. 예수의 이름이 불리는 곳이라면, 거기가 어디든지 예수의 이름의 권세가 그 영역을 차지하기 때문에 예수를 비방할 수 없다. 예수의 이름이 불리는 곳은 그리스도가 능력으로 역사하는 영역이 된다. 그러므로 그 역사가 일어나는 것을 간섭하고 방해할 것이 아니라, 예수 그리스도의 이름의 권세 자체가 활동하도록 하는 것이 우리의 할 일이다. 비록 아무것도 알지 못하고 개인적인 복종이 따르지 않더라도, 그것은 예수의 이름의 객관적인 위력 안에서 일어나는 일이다. 그런 일에 대해 멈칫거리며 주저하는 경우에도 예외가 아니다. 예수의 이름이 선포됨과 동시에 전혀 예기치 못한 능력이 나타나는 것을 오늘날 우리도 경험하고 있다. 예수의 이름을 입 밖으로 내려는 노력은, 그 사람 안에 내재하는 능력의 예감과 연관이 있다는 사실을 우리는 경험하고 있다. 예수 그리스도의 이름이 불리는 곳에 보호와 정당한 요구가 있다. 이는 정의, 진리, 인간성, 자유를 위해 투쟁하는 사람들이 수없이 망설이고 심각한 두려움 속에 있으면서도, 예수 그리스도의 이름을 다시 부르는 것을 배우며 경험하는 일이기도 한다. 예수의 이름은 그들 자신과 그들이 지키고자 투쟁하는 고귀한 가치들을 보호해 준다. 동시에 예수의 이름은 그들과 그 고귀한 가치들에 대한 권리를 주장한다.

"나와 함께 아니하는 자는 나를 반대하는 자요."마 12:30 이것도 동일한 예수의 말씀이다. 추상적으로 보면, 두 말씀은 해소될 수 없는 모순으로 깊이 분리되어 있는 것 같다. 그러나 사실 예수의 두 명제는 필연적으로 서로에게 속해 있다. 우리는 이 말씀에 대해서도 다시금 생생한 경험을 했다. 반기독교적인 억압 아래서 분명한 신앙고백을 하는 교회가 함께 모였다. 그들은 교리와 생활의 엄격한 훈련 속에서 그리스도에게 찬성하거나 반대하는 분명한 결단을 내려야만 했다. 그리고 투쟁의 한복판에 세워진 이들 고백교회는 바로 수많은 그리스도인들의 중립성에서 교회의 내적 붕괴와 분열의 가장 위험한 요소를 인식했다. 그랬다. 그들은 그리스도인들의 중립적 입장에서 그리스도에 대한 본질적인 적대성을 깨달았다. 그리스도에 대한 분명한 신앙고백을 요구하는 배타성으로 인해 고백교회의 수는 점점 줄어들었다. 이를 통해 교회는 "나와 함께 아니하는 자는 나를 반대하는 자요"라는 말씀을 구체적으로 경험했다. 이때 그들은 본질적인 것에 집중함으로써 내적 자유를 얻었다. 그리고 모든 두려움을 이겨 내고, 경계를 긋기보다는 오히려 행동반경을 넓혀 나갔다. 그러자 사람들이 먼 곳에서 찾아와서 그들을 중심으로 모이기 시작했다. 고백교회는 기꺼이 그들과 사귐을 갖고 그들을 보호하는 일을 맡았다. 그때 상처 입은 권리와 억압된 진리, 비천해진 인간성, 폭행당한 자유가 교회를 찾아왔다. 아니, 교회의 주님이신 예수 그리스도에게 나아왔다는 말이 옳을 것이다. 이로써 예수께서 하신 또 다른 말씀은 그리스도인들의 산 경험이 되었다. "우리를 반대하지 않는 자는 우리를 위하는 자니라."

이 두 말씀은 배타성과 총체성을 요구하는 예수 그리스도의 두 가지 요구로서 필연적으로 서로에게 속해 있다. 배타적이 되면 될수록 자유도 그만큼 더 커진다. 그러나 고립된 배타성의 요구는 열광주의나 노예 상태에 빠지게 하고, 고립된 전체성의 요구는 교회의 세속화나 자기 포기로 이어진다. 우리가 그리스도를 우리의 주님으로서 배타적으로 인식하고 고백하면 할수록 그분의 통치 영역은 그만큼 더 광범위하게 나타난다.

이것은 형이상학적인 궤변도, "이성의 싹"Logos spermatikos에 대한 신학적인 논구도 아니다. 이것은 불법, 조직적 거짓, 인간에 대한 적대성과 폭력으로 인한 구체적인 고통이다. 이것은 정의와 진리, 인간성과 자유에 대한 박해다. 그래서 이런 가치들을 귀중히 여기는 사람들이 내몰린 채, 예수 그리스도에게서 보호를 구하며 그분의 요구 아래 들어오게 되었다. 그 결과 예수 그리스도의 교회는 책임 영역이 확장되는 경험을 했다. 오늘날 교회와 세상의 관계는 중세기에 그랬듯이, 그리스도의 이름의 권세를 고요히, 항구적으로 발전시키는 데서 성립되지 않는다. 또한 1세기의 기독교 변증가들이 시도했듯이, 그리스도의 이름을 인간의 이름과 가치에 결부시켜서 세상 앞에 정당화하고 선전하고 미화하려 애쓰는 관계도 아니다. 오늘날 교회와 세상의 관계는 오직 고난 속에서 깨어나고 선사된 근원에 대한 재인식, 곧 박해 아래 그리스도에게서 피난처를 찾는 데서 성립된다. 그리스도가 정의, 진리, 자유 등의 가치를 승인하고 세상 앞에 자신을 정당화해야 하는 것이 아니다. 바로 이 가치들이 자기를 정당화해야 할 필요성이 생겼으며, 오직 예수 그리스도만이 그들의 의가 되어 주신다. "기독교 문화"가 예수 그리스도의 이름을 세상이 받아들일 수 있도록 하는 것이 아니라, 오직 십자가에 달려 죽으신 그리스도가 고난에 빠진 고귀한 가치들과 그 수호자들의 피난처다. 그분이 그들의 의와 보호가 되시며, 그분이 그 가치들을 주장할 수 있는 근거가 되신다. 정의와 진리와 자유가 피난처로 찾은 곳은 자신의 교회에서 핍박과 고난을 받은 그리스도였다. 사람들은 세상에 머리 둘 곳 없었고, 세상으로부터 배척받은 말구유와 십자가의 그리스도에게서 피난처를 발견했다. 이로써 그분의 권세가 미치는 광대한 영역이 비로소 모습을 드러냈다. 그리스도의 십자가는 다음의 두 말씀을 참되게 한다. "우리를 반대하지 않는 자는 우리를 위하는 자니라." "나와 함께 아니하는 자는 나를 반대하는 자요."

그리스도와 선한 사람들

"의를 위하여 박해를 받은 자는 복이 있나니 천국이 그들의 것임이라."마 5:10 여기서는 하나님이나 예수 그리스도를 위해 당하는 박해를 말하는 것이 아니라, 의로운 일, 곧 참되고 선하며 인간적인 대의를 위해 핍박받는 자들이 복을 받게 된다는 것이다.벧전 3:14; 2:20 참조 이것은 거짓 두려움에 사로잡혀, 정의롭고 선하며 진실한 대의를 위해 받는 모든 고난을 회피하는 그리스도인들에 대한 강력한 도전이다. 이 거짓 두려움은 의를 위해 핍박받는 자들이 복되다는 예수의 말씀에 의해 노골적으로 불의한 것으로 규정된다. 그들은 외면상 명백하게 그리스도에 대한 신앙 때문에 고난받는 경우에만 선한 양심을 지킬 수 있다고 생각한다. 의로운 일을 위해 받는 고난을 의심스런 눈초리로 바라보며, 자신에게서 밀쳐내 버리는 편협한 마음 자세로 살아간다. 그러나 예수께서는 비록 그분의 이름을 위한 것이 아닐지라도, 의로운 일을 위해 고난받는 자들을 영접해 주신다. 그들을 보호하고 책임져 주시며, 그들의 정당한 요구를 수용하신다. 결국 의를 위해 핍박받는 자들은 그리스도에게로 인도함을 받는다. 왜냐하면 고통과 책임의 시간에 그들은 그리스도에게 호소하게 되기 때문이다. 그리하여 그들 스스로 그리스도인임을 고백하는 사건이 일어난다. 그런 시간에야 비로소 자신이 그리스도에게 속해 있음을 깨닫는 것이다. 아마도 그것은 그들의 삶에서 처음 겪는 생소하고도 경이로운 체험일 것이다. 그럼에도 그들의 내면 가장 깊숙한 곳에서 용솟음치는 필연성이 그들로 하여금 신앙고백을 하도록 한다. 지금까지 미지의 것이던 삶의 전 영역에 예수 그리스도의 능력이 나타나는 이런 경험은 꾸며 낸 이야기가 아니다. 지금 우리는 바로 그것을 경험하고 있다.

율법이 지배하고 율법을 어긴 자들은 멸시와 배척을 받던 시대, 질서가 확고히 자리 잡은 시대에는 창녀와 세리의 모습을 통해 예수 그리스도의 복음이 의미하는 바가 무엇인지 분명하게 드러났다. “세리들과 창녀들이 너희보다 먼저 하나님의 나라에 들어가리라.”마 21:31 또 무법과 사악성이 자기 세상을 만났다는 듯 판을 치는 무질서한 시대에, 복음은 정의롭고 진실하며 인간됨의 가치를 추구하는 소수의 남은 자들의 모습에서 증명되었다. 다른 시대에는 악인이 그리스도를 발견하고, 선인은 그리스도에게서 멀리 떨어져 있다는 것을 경험하기도 했다. 그러나 지금 우리는 선인이 그리스도를 재발견하고, 악인은 그리스도를 거역하며 마음이 완고해진 것을 경험한다. 다른 시대에는 창녀나 세리 같은 죄인이 되기 전에는 그리스도를 인식하고 발견하지 못한다고 설교할 수 있었다. 그러나 지금 우리는 의로운 자가 되지 않으면 그리스도를 인식하고 발견할 수 없다고 말해야 하는 시대를 살고 있다. 즉, 우리는 정의, 진실, 인간성을 위해 투쟁하며 기꺼이 고난받는 자가 되어야 한다고 말해야만 하는 시대에 살고 있다. 이 둘은 똑같이 역설적이며, 그 자체로는 불가능한 명제들이다. 그러나 이 명제들은 시대 상황을 그대로 묘사해 준다. 그리스도는 악인에게도 속하고 선인에게도 속하는데, 오직 죄인 된 악인과 선인에게 속한다. 그들이 악한 모습이든 선한 모습이든, 근원에서 떨어져 나온 죄인이라는 것은 동일하다. 그리스도는 그들을 더 이상 악인이나 선인이 아니라, 의롭게 되고 성화된 죄인으로서 근원으로 돌아오라고 부르신다. 그러나 우리가 이 궁극적인 것을 말하기 전에 반드시 해야 할 질문이 있다. 그것은 그리스도 앞에서 악인과 선인이 한가지이며, 그리스도 앞에서 모든 시대의 차이가 소멸된다고 하는 궁극적인 것을 말하기 전에 반드시 해야 할 질문이다. 그것은 우리 자신의 경험을 통해, 또 우리 시대를 통해서 우리에게 던져진 질문이기도 하다. 그 질문은 다음과 같다. 선인이 그리스도를 발견한다는 것은 무엇을 의미하는가? 달리 말하면, **예수 그리스도는 선인과 어떤 관계를 맺고 계신가? 또 예수 그리스도와 선의 관계는 어떤 것인가?**

교회는 성경을 근거로 하여 예수 그리스도가 악인 및 악에 대해 어떤 태도를 취하고 있는지 거듭 숙고해 왔다. 종교개혁 시대의 교회에서는 이와 같은 질문이 지배적이었다. 그랬다. 그것은 복음의 말씀이 신약성경의 깊이와 충만함 속에서 말해지던, 종교개혁의 결정적인 인식에 속한 것이기도 했다. 이와는 반대로, 그리스도와 선인이 어떤 관계에 있는가 하는 물음은 이상하리만큼 방치되었던 것도 사실이다. 여기서 선인은 자신의 악함을 인정하려 들지 않던 바리새인과 위선자가 아니면, 자신의 악을 떠나 그리스도에게로 돌아와서 이제 그분을 통해 선한 일을 하게 된 자를 가리킨다. 그런 까닭에 선이란 이방인의 빛나는 악덕splendidum vitium이거나 성령의 열매, 이 둘 중 하나다. 그리하여 선인과 예수 그리스도의 관계에 대한 문제는 전혀 논구되지 못했다. 이 물음을 등한시한 결과, 복음은 선인에 대한 힘을 잃고 말았다. 그 결과 복음은 단지 술주정꾼, 간음한 자, 모든 종류의 부도덕한 행동을 한 자들의 회개를 촉구하고, 죄인을 위로하는 데 그치고 말았다. 사람들은 선인이 예수께로 돌아오는 것에 대해 무슨 말을 해야 할지 몰랐다.[1]

지금 우리는 바로 이 문제를 새롭게 제기하고, 철저히 규명해야 할 필요성을 느끼고 있다. 그렇게 하기 위한 전제 조

1. 이러한 물음을 계속 제기한 것은—그가 내놓은 해답은 전혀 별개로 치고—아돌프 슐라터의 위대한 공헌 가운데 하나라고 할 수 있다. 그러나 그는 이 물음을 제대로 이해하지 못했기 때문에 질문 그 이상의 의미는 가질 수 없었다.

건은, 우선 선의 개념을 가장 넓은 의미에서 이해하려는 자세다. 즉, 선을 단순히 악독한 것, 불법적인 것, 배척받아 마땅한 것에 대한 대립 개념으로, 또는 도덕률의 공공연한 위반에 반대되는 정도로 이해해서는 안 된다. 그러면 마치 선이 세리나 창녀와 대립 관계에 있는 것처럼 여기게 된다. 선의 영역은 아주 다양한 단계를 포괄한다. 그것은 순수하게 외적인 질서를 지키는 것으로부터 시작해서, 깊이 있는 내면의 성찰, 성격 형성, 보다 높은 인간적 가치를 위한 개인의 희생에 이르기까지 매우 다양하다. 선을 단순히 그리스도인이 되기 위한 전 단계처럼 여기던 부르주아적인 자기만족을 거부하는 것은 정당하다. 그런 경우 선으로부터 기독교적인 것으로의 상승이 끊임없이 일어나야만 한다. 19세기를 지나면서 복음의 이 안이한 왜곡에 대해 여기저기서 항의의 목소리가 터져 나왔다. 특히 최근 20년 동안 복음의 위험한 훼손이 전도된 의미에서 커다란 열정을 가지고 시도되었다. 즉, 선을 의롭다고 하는 대신 악을 정당화하는 일이 발생했다. 또한 시민 질서를 이상화하는 대신 반시민적인 것, 무질서, 혼동, 무정부 상태, 파괴적인 것을 이상화하는 현상이 나타났다. 큰 죄를 지은 여인, 간음한 여인, 세리에 대한 예수의 용서하는 사랑이 왜곡되어, 시민 사회에 적대적인 "변두리 사람들", 매춘부나 조국을 배신한 자들을 심리적 혹은 정치적 동기에서 기독교적으로 용인했다. 그 결과 의도하지는 않았지만, 복음이 죄인을 위한 복음으로 능력을 나타내는 것이 아니라, 죄를 장려하는 이상한 복음으로 변질되고 말았다. 결국 선은 시민적인 의미에서 웃음거리가 되어 버렸다.[2]

2. 편집자 주: 예비 노트를 보면, 다음과 같은 글이 남아 있다. "선한 시민은 하나님 앞에서 겸손하나, 악인은 실제로 은혜로만 살고 있다는 느낌이 든다." 이번 장은 더 이어지지 못하고 미완성으로 남았다.

III.

형성으로서의 윤리학

이론적인 윤리학자와 현실

모든 이론적이고 강령에 기초한 윤리에 대해 우리 세대만큼 무관심했던 때도 드물 것이다. 지금 우리는 윤리 체계에 대한 학문적인 질문이 다른 어떤 질문보다 불필요해 보이는 시대를 살고 있다. 그것은 우리 시대가 윤리적으로 무관심해서가 아니라, 오히려 정반대의 이유에서다. 서구 역사상 그 유례를 찾을 수 없을 정도로 구체적인 윤리 문제가 산적해 있는 현실 앞에서 곤경에 빠진 것이다. 현존하는 삶의 질서가 확립된 시대에는 인간의 죄라는 것이 아주 하찮은 것에 불과했다. 그런 죄는 인간의 연약함에 기인한 것으로서 대부분 아예 드러나지도 않았다. 그 시대에 범죄자는 비정상적인 인간으로 취급되어, 소스라치게 놀라며 동정하는 동시대 사람들의 시선을 피해 외곽 진 곳에 살곤 했다. 그러므로 그 시대에는 현실과 어느 정도 거리를 둔 이론적 질문으로서의 윤리학이 흥미로울 수 있었다.

오늘날에도 악인이나 성인이 존재하며, 그것도 아주 공공연히 존재한다. 비 오는 날의 회색빛은 순식간에 먹구름과 번쩍이는 번개를 동반한 폭풍우로 변한다. 윤곽이 선명해진다. 실체적 현실이 드러난다. 셰익스피어의 극중 인물들이 이리저리 돌아다닌다. 그러나 악인과 성인은 윤리적 강령과는 거의 혹은 전적으로 무관하다. 그들은 심연 깊은 곳으로부터 튀어나온다. 그들은 각각의 근원으로부터 나오며, 그들의 등장과 함께 제각기 신적인 심연과 지옥의 심연이 열린다. 그리고 우리는 전혀 예기치 못한 비밀을 잠깐이나마 엿보게 된다. 악한 존재는 악한 행위보다 더 사악하다. 거짓말쟁이가 진리를 말하는 것은, 진리를 사랑하는 자가 거짓말을 하는 것보다 더 사악하다. 인간을 증오하는 자가 형제애를 행하는 것은, 인간을 사랑하는 자가 언제 한번 증오심에 휩싸이는 것보다 더 사악하다. 거짓말쟁이의 입에서 나온 진실은 결국 거짓말일 뿐이며, 인간을 적대시하는 자의 형제애는 결국 증오에 불과하다. 전자의 죄는 후자의 죄와 다르다. 이들 죄는 각기 무게가 다르다. 보다 무거운 죄가 있고 보다 가벼운 죄가 있다. 배반은 타락보다 무한히 무거운 죄의 비중을 가지고 있다. 배반자의 빛나는 덕행은 신실한 자의 가장 어두운 약점보다 깊은 암흑이다.

악이 빛, 선행, 진실, 개혁의 형상으로 나타나고, 역사적 필연성이나 사회적 정의의 형상으로 나타나고 있다. 그것은 사물을 단순하게 인식하는 사람들에게 그 깊이를 알 수 없는 악의 분명한 증거다. 반대로 그것은 윤리적인 이론가를 눈멀게 만든다. 그가 가진 편견에 싸인 개념들로는 현실을 파악할 수 없다. 그가 아무리 현실을 진지한 자세로 대한다 할지라도, 그는 현실의 본질과 힘을 전혀 알지 못한다. 윤리적 강령을 위한 처방전을 쓴다는 것은, 윤리학자에게는 그의 에너지를 무의미하게 소모하는 일에 불과하다. 그 자신이 순교자가 될지라도 그 일을 하기 위한 힘의 원천을 길어 내지 못하며, 악에 대한 위협도 되지 못한다. 그러나 참으로 기이한 것은 윤리적인 이론가나 윤리학 강령을 만드는 자뿐만 아니라, 악인 스스로도 자신의 적이 누구인지 전혀 인식하지 못한다는 사실이다. 그들은 서로 상대방의 함정에 빠진다. 결국 교활한 자나 술책에 능한 자가 아니라, 오직 하나님의 진리 안에 단순하게 서는 자, 하나님의 진리를 단순하고 현명하게 볼 수 있는 눈을 가진 자만이 윤리적 현실을 경험하고 인식한다.

이른바 **이성적인 사람들**Vernünftigen은 악의 심연도 거룩함의 심연도 들여다볼 수 없다. 그들은 최선의 의도를 품고서, 갈라진 틈이 있는 건물을 이성의 힘을 약간 빌려 다시 붙일 수 있다고 믿는다. 그러나 그들의 실패는 놀라운 것이다. 그들은 본질을 꿰뚫어 보지 못하는 불충분한 시력으로 양자를 공평하게 대하려고 노력한다. 그러나 결국 아무 성과 없이 서로 맞부딪치는 두 개의 힘 사이에서 녹초가 되고 만다. 그들은 세상의 불합리성에 크게 낙담한 채 아무 결실도 맺을 수 없다고 판단하여 체념하거나, 무방비 상태로 강한 자의 편에 굴복해 버린다.

아마도 더욱 놀라운 것은 모든 윤리적 **열광주의**Fanatismus의 패배일 것이다. 열광주의자들은 그들의 의지와 원칙의 순수성을 가지고 악의 힘에 대항할 수 있다고 믿는다. 그러나 마치 투우가 투우사 대신 붉은 천을 향해 돌진하듯이, 열광주의는 본질상 악의 전체를 볼 수 없으며, 결국 제힘에 부쳐 굴복하고 만다. 열광주의는 자기의 목표를 놓쳐 버린다. 비록 열광주의가 진리와 정의의 높은 가치에 기여한다 해도, 언젠가는 비본질적인 것, 사소한 것에 사로잡혀 영리한 적의 그물에 빠지게 마련이다.

양심Gewissen의 사람은 결단을 요구하는 갈등 상황 속에서 압도적인 힘에 대항하여 고독한 투쟁을 한다. 그러나 그는 자신의 양심 외에는 어떤 도움이나 지지도 기대할 수 없다. 그는 홀로 선택의 책임을 져야 하는 엄청난 갈등 앞에 갈가리 찢어진다. 악은 말할 수 없이 훌륭하고 매혹적인 의상과 마스크를 쓰고서 그에게 접근하여, 그의 양심을 불안하고 불확실하게 만든다. 결국 그는 선한 양심 대신 노예가 된 양심으로 만족해 버린다. 다시 말해, 그는 회의에 빠지지 않기 위해 자신의 양심을 속인다. 왜냐하면 자신의 양심 외에 의지할 것이 없는 자는, 악한 양심이 속이는 양심보다 더 건강하고 강하다는 사실을 결코 이해하지 못하기 때문이다.

온갖 혼란스러운 결단의 가능성들 중에서 그나마 가장

확실한 것은 **의무의 길**Weg der Pflicht이 아닌가 싶다. 여기서는 명령받은 것이 가장 확실한 것이라고 믿는다. 명령에 대한 책임은 명령을 수행하는 자에게 있지 않고, 명령을 내린 자에게 있다. 그러나 의무에 따른 한계 안에 머물러 있으면 자유로운 모험을 할 수 없다. 오직 자기 책임 아래 이루어지는 행위의 모험을 할 때에만, 악의 심장부를 찔러 넘어뜨릴 수 있다. 결국 의무에만 충실한 자는 악마에 대해서도 자신의 의무를 다 해야 할 것이다.

그러나 **절대적인 자유를 가지고**in eigenster Freiheit 당당히 세상 가운데 서려는 자가 있다. 그는 자기 양심과 소명의 순수성보다 필연적인 행위를 더 높이 평가한다. 그는 결실 있는 타협을 위해 결실 없는 원칙을 희생할 준비가 되어 있다. 또한 결실 있는 극단주의를 위해 결실 없는 중용의 지혜를 희생할 준비가 되어 있다. 그런 사람은 이른바 자유라는 것이 그를 종국에는 타락으로 이끌지 않도록 주의해야 한다. 그는 보다 심한 악을 피하려고, 그것이 악한 줄 뻔히 알면서도 쉽게 악을 허용하는 함정에 빠질 수 있다. 그리고 어쩌면 그가 피하기를 바라는 보다 악한 것이 실은 보다 선한 것일 수도 있다는 사실을 전혀 깨닫지 못한다. 여기에 비극의 근원적인 소재가 있다.

어떤 분명한 입장을 취하지 않은 채 공공연한 논쟁을 회피해 버리는 길을 택하는 자도 있다. 그는 **개인적 덕행**private Tugendhaftigkeit에서 피난처를 찾는다. 그는 도둑질하지 않고, 살인하지 않고, 간음하지 않고, 힘닿는 대로 선을 행하는 삶을 살아간다. 그러나 그는 공적인 책임을 회피한 후에 오는 갈등에 빠지지 않으려면 자신에게 허용된 선을 넘지 말아야 하는 것도 잘 알고 있다. 그것은 바로 자기 주변에서 일어나는 불의 앞에 눈과 귀를 닫고 살아야 함을 의미한다. 오직 자기기만이라는 대가를 치른 후에야, 그는 세상에서 책임적인 행동을 함으로써 생기는 흠집을 피하고 사적인 결백을 지킬 수 있다. 그러나 무엇을 하든지, 그는 자신이 꼭 해야만 하는 그 일을 행하지 않았다는 사실로 인해 평안을 얻지 못할 것이다. 결국 그는 이 불안으로 인해 파멸하거나, 가장 위선적인 바리새인이 되고 말 것이다.

그러나 누가 이러한 실패와 좌절에 조소를 보낼 수 있겠는가? 자기도 이런저런 부분에서 똑같은 처지라는 사실을 모를 사람이 누가 있겠는가? 이성, 윤리적 열광주의, 양심, 의무, 자유로운 책임, 조용한 덕행 등은 인류의 고귀한 자산이며 태도다. 그런데 인류가 그렇게 할 수 있고, 그런 존재로 살 수 있게 하는 고귀한 자산들이 무너지고 있다. 여기서 철모 대신 세숫대야를 뒤집어쓴 채, 군마 대신 가련한 늙은 말에 걸터앉아, 자신이 택한 실재하지도 않는 마음속의 여주인공을 위해 언제 끝날지 모르는 싸움으로 내닫는 비극의 기사 돈키호테의 변함없는 모습이 재현된다. 낡은 세계가 새로운 세계에 맞서 취하는 모험적인 행동이 이러하다. 지나간 과거가 현재의 인습적인 세계의 압도적인 힘에 맞서 가하는 공격이 이러하다. 돈키호테의 위대한 이야기는 2부작으로 이루어져 있는데, 1부와 2부 사이에는 깊은 간극이 있다. 저자는 1부를 집필한 뒤 여러 해가 지나서야 2부를 집필했다. 2부에 나타나는 특징은 그 영웅에게 쏟아진 세상의 저속한 비웃음에 저자 자신도 가담하고 있다는 점이다. 우리가 선조들에게서 물려받은 무기를 경멸하는 것은 어쩌면 당연하다. 선조들은 그 무기로 위대한 일을 성취했을지 모르나, 현재 우리가 직면한 싸움에서 그것은 더 이상 쓸모가 없기 때문이다. 통속적인 인간만이 돈키호테의 운명을 아무런 동정과 감동 없이 읽을 수 있을 것이다.

그럼에도 녹슨 무기를 예리한 무기로 바꾸는 것은 타당하다. 그 일은 오직 단순함Einfalt과 현명함Klugheit을 서로 조화롭게 연결시킬 수 있는 자만이 할 수 있다. 그러나 무엇이 단순함이며, 무엇이 현명함인가? 어떻게 이 둘이 하나가 될 수 있는가? 모든 개념이 전도되고 혼동되고 왜곡된 상태에서, 오직 단순한 하나님의 진리를 눈앞에 두고 바라보는 자만이 단순한 사람이다. 두 마음을 품지ἀνὴρ δίψυχος, 약 1:8 않고 한 마음을 품은 자만이 단순한 사람이다. 그는 하나님을 알고 소유한 자이므로, 날마다 새롭게 하나님의 입에서 나오는 계명과 심판과 긍휼에 매달린다. 그는 원칙에 속박되지 않는 사람, 하나님을 향한 사랑에 매여 있는 사람이다. 그러므로 그는 윤리적 결단의 문제들과 갈등으로부터 자유롭다. 그런 것들이 더 이상 그를 압박할 수 없다. 그는 순전히 하나님과 하나님의 뜻에 속한 사람이다. 단순한 사람은 세상을 하나님 옆에 나란히 두고 한눈팔지 않기 때문에, 아무 얽매임 없이 자유롭게 세상의 현실을 간파할 수 있다. 따라서 단순함은 현명함이 된다. 현실을 있는 그대로 보고, 사물의 근본을 꿰뚫어 보는 자가 현명한 사람이다. 결국 현실을 하나님 안에서 보는 자만이 현명한 사람이다. 현실을 인식한다는 것은 외적인 사태를 인식하는 것과 동일하지 않다. 현실을 인식한다는 것은 사물의 본질을 간파하는 것이다. 가장 잘 아는 자가 가장 현명한 사람이 아니다. 그런 사람은 지식의 홍수 속에서 본질적인 것을 오해할 위험이 있다. 다른 한편, 얼핏 사소하고 중요하지 않아 보이는 개별적 지식이 사물의 깊이를 들여다볼 수 있게 하는 경우가 종종 있다. 그러므로 현명한 사람은 사건에 대한 최선의 지식을 얻으려 하면서도 그것에 얽매이지 않는다. 객관적 사실 속에서 의미 있는 것을 인식해 내는 것이 현명함이다. 현명한 사람은 원칙에 따라 현실을 받아들이는 것에는 한계가 있음을 알고 있다. 왜냐하면 현실은 원칙이라는 바탕 위에 세워져 있는 것이 아니라, 살아 계시고 창조하시는 하나님 안에 근거를 두고 있기 때문이다. 또한 그는 현실에 필요한 도움은 가장 순수한 원칙이나 최선의 의지를 통해 얻어지는 것이 아니라, 오직 살아 계신 하나님으로부터 오는 것임을 알고 있다. 원칙이란 하나님의 손에 들려 있는 도구일 뿐, 쓸모가 없어지면 즉각 버려질 것에 불과하다. 이처럼 하나님과 현실을 자유로운 시선으로 바라볼 수 있는 자는 단순함과 현명함을 하나로 연결시킬 수 있다. 그러나 그 일은 오직 하나님 안에서만 가능하다. 현명함 없이 참된 단순함이 있을 수 없고, 단순함 없는 현명함도 있을 수 없다.

이 말은 매우 이론적으로 들릴 수 있다. 위의 주장이 현실 속에 근거하고 있을 뿐 아니라, 실현 가능성이 있다는 사실이 분명해지기 전까지는 그럴 것이다. "뱀같이 지혜롭고 비둘기같이 순결하라."마 10:16 이는 예수의 말씀이다. 따라서 이 말씀도 다른 모든 말씀과 마찬가지로 말씀 자체에 의해 해석된다. 하나님과 세상이 갈라져 있는 한, 아무도 하나님과 현실 세계를 순수한 눈으로 볼 수 없다. 아무리 노력해도 한쪽에서 다른 쪽으로 곁눈질하는 것을 막을 수 없다. 그러나 하나님과 세상 현실이 서로 화해하고, 하나님과 인간이 하나되는 장소가 있다. 바로 그런 장소가 있기 때문에, 아니 오직 그곳으로 인하여 하나님과 세상을 동일한 시선으로 바라보는 것이 가능하다. 그 장소는 현실을 초월한 어떤 이념의 영역이 아니라, 하나님의 기적으로서 역사 한가운데 존재한다. 그 장소는 하나님과 세상의 화해자Weltversöhner이신 예수 그리스도 안에 있다. 단순함과 현명함의 통일이 단지 이상理想으로 이루어진 것이라면, 현실을 극복하려는 다른 모든 시도와 마찬가지로 실패로 끝나고 말 것이다. 그것은 불가능하고 모순으로 가득 찬 헛된 이상에 불과하기 때문이다. 그러나 그것이 예수 그리스도 안에서 하나님과 화해한 세상 현실에 근거하고 있다면, 예수의 계명은 의미와 현실성을 얻게 된다. 예수 그리스도를 바라보는 사람은 참으로 하나님과 세상을 하나의 시선으로 바라본다. 이제부터 그는 더 이상 세상 없이 하나님을 볼 수 없고, 하나님 없이 세상을 볼 수 없다.

이 사람을 보라!

이 사람을 보라!Ecce homo 이 사람 안에서 하나님과 세상이 화목하게 되었다. 파괴를 통해서가 아니라, 화해를 통해 세상이 극복되었다. 이상과 강령, 양심과 의무, 책임과 덕행이 아니라, 오직 하나님의 완전한 사랑만이 현실과 마주하고 그것을 극복할 능력을 가진다. 거듭 말하지만, 하나님과 세상을 화목하게 한 것은 보편적인 사랑의 이념Liebesidee이 아니다. 그것은 예수 그리스도 안에서 완성된 실제 삶으로 행하신 하나님의 사랑gelebte Liebe Gottes이다. 세상을 향한 하나님의 사랑은 현실과 괴리되어 고상한 영혼의 세계로 도피해 버리는 사랑이 아니다. 세상을 향한 하나님의 사랑은 세상 현실을 극한의 한계까지 경험하고 고통을 견뎌 낸 사랑이다. 예수 그리스도의 몸에 세상은 광분하여 분풀이를 한다. 그런데 수난과 고통을 당한 바로 그분이 세상의 죄를 용서한다. 화해는 이렇게 이루어진다. 이 사람을 보라!

하나님인 동시에 인간Gottmenschen이신 화해자 예수 그리스도의 형상이 하나님과 세상 사이에 등장한다. 그리스도의 형상이 모든 사건의 중심에 등장한다. 그분의 형상 안에서 하나님의 비밀이 계시되듯이, 거기서 세상의 비밀이 드러난다. 그리스도를 통하여 세상이 하나님과 화목하게 된 자에게는, 어떤 악의 심연도 숨겨져 있을 수 없다. 그러나 하나님의 사랑은 끝이 보이지 않는 아득히 깊은 죄악 세상, 철저하게 하나님을 배반하고 대적하는 무신성Gottlosigkeit까지도 껴안는 심원한 사랑이다. 하나님은 세상에서 의롭고 경건하다는 모든 생각이 도무지 이해할 수 없는 반전의 방식으로, 세상에 대해 그분 자신을 죄 있다고 선언하고 이를 통해 세상의 죄를 없애 버리신다. 하나님 스스로 겸손히 자신을 낮추는 화해의 길을 가시고, 그렇게 하여 세상에 대해 무죄를 선언하신다. 우리의 죄를 그분 스스로 짊어지고, 죄로 인해 우리가 받아야 할 징계와 고난을 대신 담당하신다. 하나님이 자기 자신을 배반하고 타락한 무신성의 자리에 대신 서 계신다. 사랑이 증오의 자리에 대신 서고, 성자가 죄인의 자리에 대신 선다. 이제 하나님 자신이 대신 짊어지지 않은 죄, 하나님 자신이 대신 고난당하심으로 값을 치르지 않은 무신성, 증오, 죄는 더 이상 존재하지 않는다. 이제 하나님과 화해하고 평화를 누리지 못하는 현실이나 세상은 존재하지 않는다. 이것이 바로 하나님이 자신의 사랑하는 아들 예수 그리스도 안에서 행하신 일이다. 이 사람을 보라!

인간을 경멸하는 자

이 사람을 보라![Ecce homo] **인간이 되신**[menschgewordenen] 하나님을 보라! 세상을 향한 하나님의 사랑, 그 심오한 비밀을 보라! 하나님은 인간을 사랑하신다. 하나님은 세상을 사랑하신다. 이상적인 인간이 아니라, 있는 모습 그대로의 인간을 사랑하신다. 이상적인 세상이 아니라, 현실 세상을 사랑하신다. 우리는 하나님의 형상을 상실하고 흉측한 모습으로 변해 버린 인간 앞에서 혐오감을 느끼며, 고통과 적대감을 가지고 꺼리고 멀리한다. 그러나 하나님에게는 바로 그 현실 인간과 현실 세상이 무한한 사랑의 근거가 된다. 그렇기에 하나님은 자신을 대적하는 세상과 그분 자신을 그토록 깊이 동일시하신다. 하나님은 인간이 되셨으며, 실제로 현실 인간이 되셨다. 우리가 인간 존재를 초월하기 위해 노력하고 인간을 우리 뒤로 밀쳐 버리려고 애쓸 때, 하나님은 인간이 되신 것이다. 여기서 우리가 알아야 할 것은, 하나님은 우리가 인간이기를, 참으로 현실 인간이기를 원하신다는 사실이다. 우리가 경건한 사람과 경건치 못한 사람, 선한 사람과 악한 사람, 고귀한 사람과 비천한 사람을 나누고 구별할 때, 하나님은 아무 구별 없이 현실 인간 그대로를 사랑하신다. 하나님은 우리가 가진 기준대로 세상과 인간을 구분하고, 마치 그들의 심판자나 된 것처럼 우쭐대는 것을 허락하지 않으신다. 하나님 자신이 현실 인간이 되고 죄인의 동료가 되셨기 때문에, 만약 우리가 현실 인간을 판단하면 하나님을 심판하는 셈이다. 이로써 하나님은 우리를 혼란에 빠뜨리신다.ad absurdum 하나님은 모든 고소자에 맞서 현실 인간과 현실 세상의 편에 서 계신다. 하나님은 인간과 함께, 그리고 세상과 함께 스스로 고소당하는 입장에 서 계신다. 그렇게 함으로써 하나님은 자신을 심판하는 자를 피고가 되게 하신다.

여기서 하나님이 인간을 돌보신다고 말하는 것만으로는 충분하지 않다. 이 명제는 헤아릴 수 없을 만큼 무한히 깊은 의미를 담고 있다. 하나님은 예수 그리스도의 수태와 탄생을 위해 인간의 몸을 취하셨다. 하나님 스스로 인간으로서 인간의 생명 속으로 들어오셔서, 인간의 본성과 본질, 죄와 고난을 몸소 짊어지고 담당하셨다. 그리하여 인간에 대한 하나님의 사랑이 진실하지 않고 의심스러우며 불확실하다는 모든 비난에 맞서, 그분의 사랑을 확실하게 증명해 보이셨다. 이처럼 인간에 대한 사랑 때문에, 하나님은 인간이 되셨다. 하나님은 자신을 인간과 연결하기 위해 가장 완전한 인간을 취하지 않으셨다. 하나님은 있는 그대로의 인간 본질을 취하셨다. 예수 그리스도는 숭고한 인간성의 변용Verklärung이 아니라, 현실 인간에 대한 하나님의 긍정Ja이다. 이 긍정은 심판자의 냉혹한 긍정이 아니라, 고통을 함께 나누는 자비로운 긍정이다. 이 긍정 안에 세상의 모든 생명과 모든 희망이 내포되어 있다. 인간 예수 그리스도 안에서 전 인류에 대한 심판이 선고된다. 마찬가지로 이것은 냉혹한 심판이 아니라, 전 인류의 운명을 스스로 짊어지고 철저히 고난당한 분이 행하시는 긍휼의 심판이다. 예수는 **어떤** 인간**ein** Mensch이 아니라, **참** 인간**der** Mensch이다. 그분에게 이루어진 일이 인간에게 이루어지며, 모든 인간, 따라서 우리 자신에게도 이루어진다. 예수의 이름은 전 인류와 온전하신 하나님을 모두 그 안에 담고 있다.

하나님의 성육신에 관한 메시지는 인간 경멸Menschen-verachtung 또는 인간 우상화Menschenvergötzung가 지혜의 궁극적인 결론이 되어 버린 시대의 심장부를 공격한다. 이것은 악인이든 선인이든 마찬가지다. 인간 본성의 약점은 고요한 시대의 잔잔한 흐름 속에서보다 격동기의 폭풍 속에서 더욱 선명하게 드러난다. 전혀 예기치 못한 위협이나 기회에 직면하여 인간 안에 있던 두려움과 욕망, 의존성, 야수성 등이 압도적인 다수에게 나타나서 행위의 동력으로 작용한다. 그런 시대에는 독재적인 인간 경멸자가 등장하여 인간 마음속에 있는 비열한 것을 쉽게 악용한다. 그는 인간의 약점을 부추기고, 거기에 다른 이름을 붙여 준다. 그는 두려움을 책임감이라 부르고, 욕망을 근면이라 부르고, 의존성을 연대성이라 부르고, 야수성을 군주의 도라고 부른다. 따라서 인간의 약점과 음탕하게 짝하고 있는 비열함이 항상 새롭게 태어나고 증폭된다. 인간애라는 가장 거룩한 선언을 하면서, 가장 비열한 인간 경멸이 그 어둠의 일을 해나가는 것이다. 저속한 인간이 더 저속해질수록 독재자의 손에 더욱 다루기 쉬운 도구가 된다. 소수의 올곧은 사람들에게는 욕설이 쏟아진다. 그들의 용기는 반란이라 불리고, 그들의 훈련된 자세는 바리새주의라고 불린다. 그들의 독립성은 방종이라 불리고, 그들의 왕도는 오만이라고 불린다. 독재적인 인간 경멸자에게는 인기가 가장 고귀한 인간애의 표징으로 나타난다. 그는 자신의 마음속에 은밀하게 숨어 있는, 모든 인간에 대한 뿌리 깊은 불신의 감정을 참된 사귐이라는 훔쳐 온 단어 뒤에 숨긴다. 그는 군중 앞에서는 그들 중 한 사람이라고 고백하면서도, 기분 나쁜 자만심을 가지고 자기를 자랑하며 개개인의 권리를 경멸한다. 그는 인간이 어리석다고 여기며, 그들은 어리석어진다. 그는 인간이 약하다고 여기며, 그들은 약해진다. 그는 인간이 범죄하기 쉽다고 여기며, 그들은 범죄하게 된다. 그의 가장 숭고한 진실성도 천박한 장난에 지나지 않고, 그의 정직하고 진실해 보이는 배려도 뻔뻔스런 냉소주의인 것이다. 그러나 그는 인간을 그토록 경멸하면서도 바로 그 경멸스런 인간의 호의를 구한다. 또 그것을 통해 군중에 의한 자신의 개인 우상화를 책동한다. 인간 경멸과 인간 우상화는 깊은 연관성이 있다. 그런데 이 모든 것을 꿰뚫어 보는 선한 인간이 동료 인간들로부터 도피해 그들 마음대로 하도록 내버려 둘 수 있다. 그는 공적인 생활을 하면서 그들처럼 비열하게 되기보다, 차라리 재야에서 자기 일을 하며 사는 것이 나을 것이라고 생각할 수 있다. 그러나 이런 경우 그 역시도 악인과 똑같은 인간 경멸의 유혹에 빠질 수 있음을 알아야 한다. 그의 인간 경멸은 보다 고상하고 정당한 것일 수 있지만, 그것 역시 아무 결실이 없고 무력하기는 마찬가지다. 하나님의 성육신 앞에서는 독재자의 인간 경멸과 마찬가지로 선한 자의 인간 경멸도 설 자리가 없다. 인간 경멸자는 하나님이 사랑하시는 것을 경멸한다. 그렇다. 결국 그는 인간이 되신 하나님 자신의 형상을 경멸하는 것이다.

그러나 정직한 의도를 품었음에도 인간 경멸과 동일한 결과에 이르게 되는 인간애도 있다. 그것은 인간 안에 내재하는 가치, 인간의 가장 강건한 면, 이성, 선 등에 판단 근거를 두고 있다. 이런 종류의 인간애는 대개 평온한 시대에 나타날 것이다. 그러나 위기의 시기에도 그 가치들은 때마다 빛을 발할 수 있다. 그것들은 큰 난관 속에서 획득되고, 정직한 생각에 기초하는 인간애의 근거가 될 수 있다. 악은 강제된 관용에 의해 선의로 해석되고, 천박한 것이 묵인되며 비난받아야 할 것이 용서받는다. 온갖 이유로 사람들은 분명하게 아니오Nein 하길 꺼리고 결국 모든 것을 긍정하고 만다. 사람들은 인간의 현실과 닮은 데가 거의 없는 스스로 만든 인간상Bild des Menschen을 사랑하고, 그로써 결국 하나님이 사랑하여 그 본질을 취하신 현실 인간을 다시 경멸한다.

현실 인간을 아는 것과 그를 경멸하지 않는 것은 오직 하나님의 성육신을 통해서만 가능하다. 현실 인간은 하나님 앞에 살 수 있어야 한다. 우리는 현실 인간을 경멸하거나 우상화하지 않고, 하나님 앞에서 그들 곁에 나란히 살도록 해야 한다. 현실 인간 자체가 실제로 어떤 가치가 있어서가 아니라, 오직 하나님이 현실 인간을 사랑하여 영접하셨기 때문이다. 하나님이 인간을 사랑하시는 근거는 인간에게 있지 않고, 오직 하나님 자신에게 있다. 우리가 현실 인간으로 살 수 있고, 우리 옆에 있는 현실 인간을 사랑할 수 있는 이유는 오직 하나님의 성육신 안에 있다. 인간을 향한 하나님의 측량할 수 없는 사랑 안에 그 이유가 있다.

성공한 사람

이 사람을 보라![Ecce homo] **하나님에 의해 심판받은**[von Gott gerichteten]

이 사람을 보라! 비탄과 고통의 형상을 보라! 세상을 화목하게 하신 분의 모습이 이러하다. 인간의 죄가 그분 위로 떨어져, 그분을 하나님의 심판 아래 수치와 죽음 속으로 몰아넣는다. 하나님에게는 세상과 화목하는 일이 이토록 값진 것이다. 오직 하나님이 그분 자신을 심판하심으로써 하나님과 세상 사이에 평화가 이루어진다. 이 심판을 통해 인간과 인간 사이에 평화가 이루어진다. 그런데 이 심판의 비밀, 이 고통과 죽음의 비밀은 세상과 인간을 향한 하나님의 사랑에 있다. 그리스도에게 일어난 일은, 그분 안에서 모든 인간에게 일어난 일이 된다. 오직 하나님에 의해 심판받은 자로서만, 인간은 하나님 앞에 살 수 있다. 오직 십자가에 못 박힌 인간만이 하나님과 평화를 누릴 수 있다. 십자가에 달린 그분의 모습에서 인간은 자기 자신을 인식하고 발견하게 된다. 하나님에 의해 받아들여진 인간, 십자가에서 심판받고 화목하게 된 인간, 이것이 인류의 현실이다.

심판받고 십자가에 달려 죽으신 분의 형상은 성공이 만물의 척도가 된 세상, 곧 성공하면 모든 것이 정당화되는 세상에서 낯설기만 하다. 그와 같은 형상은 고작해야 연민을 불러일으킬 뿐이다. 세상은 성공을 통하여 극복되기를 바라며, 또 극복되어야 한다. 이때 이념이나 신념이 아니라, 행위가 결정적인 역할을 한다. 오직 성공이 이미 행해진 불의를 정당화할 수 있다. 죄로 인한 상처는 성공 속에서 아문다. 성공한 사람을 향해 그의 부도덕함을 비난하는 것은 무의미한 일이다. 그것은 과거의 일로 묻힐 뿐이다. 그사이에 그는 성공한 하나의 행위에서 다음 행위로 계속 옮겨 가며, 미래를 획득하고 과거는 자신에게 유리한 쪽으로 기정사실화한다. 성공한 자가 파괴한 것은 다시 되돌릴 수 없다. 그가 세운 것은 적어도 다음 세대까지 존속할 권리를 가진다. 어떤 고소도 이미 성공한 자가 뚫고 지나온 죄과를 보상하도록 만들 수 없다. 고소는 시간이 지남에 따라 침묵하게 되고, 성공한 자는 존속하여 역사를 결정한다. 역사의 심판자는 그의 주역과 함께 슬픈 역할을 맡는다. 역사는 그들 위로 무심히 흘러간다. 어떤 지상의 권력도 목적은 수단을 정당화한다는 명제를 감히 주장할 수 없으나, 역사는 공공연히 솔직하게 이 명제를 자기 것으로 주장한다.

위에서 언급한 내용은 사실을 다룬 것이며, 아직 가치 평가의 문제는 취급하지 않았다. 이 사실관계에 대해 각 시대와 인간이 취해 온 세 가지 상이한 행동 양식이 있다.

성공한 자의 형상이 특별히 부각되어 전면에 등장할 경우, 대다수 사람들은 **성공의 우상화**Vergötzung des Erfolges에 빠져들고 만다. 그들은 정의와 불의, 진리와 거짓, 품위와 비열함을 구별할 판단력을 잃어버린다. 그들은 단지 행위와 성공만을 본다. 윤리적·지성적 판단력은 성공한 자의 광채와 그 성공이 가져다줄 유익에 대한 열망 앞에 현혹되어 무디어진다. 심지어 죄가 성공 속에 흉터로 남아 있다는 인식조차 희미해져 버린다. 죄가 더 이상 죄로 인식되지 않기 때문이다. 성공이 단연코 선이 되었다. 그러나 이런 태도는 단지 환각 상태에서만 정당하며 용서받을 수 있다. 환각에서 깨어나면, 이 태도는 내면 깊숙이 자리 잡은 허위와 의식적인 자기기만이라는 대가를 지불해야만 한다. 그런 다음 내면의 타락이 따라오는데, 거기서 빠져나와 다시 건강한 마음을 회복하는 것은 거의 불가능하다.

"성공이 선이다"라는 명제에 이어서, 성공이 존속하도록 제반 조건을 갖추게 하는 또 하나의 명제가 있다. 그것은 "오직 선이 성공을 거둔다"라는 명제다. 여기서는 성공에 대한 판단력이 보전되고, 정의는 정의로, 불의는 불의로 남아 있다. 여기서 인간은 결정적인 순간에 눈 하나를 감고 행위가 이루어진 뒤 다시 눈을 뜨는 일이 없다. 또한 의식적이든 무의식적이든 세상의 법칙이 인정된다. 그것도 정의, 진리, 질서가 긴 안목으로 보면 폭력, 거짓, 방종보다 더 강하다는 사실이 인정된다. 그럼에도 이 낙관적인 명제는 오류에 빠지고 만다. 왜냐하면 악은 성공할 수 없다는 것을 증명하기 위해 역사적 사실들을 왜곡해야 하기 때문이다. 그에 따라 너무 쉽게 성공이 선이라는 반명제를 받아들이게 된다. 그것이 아니면 역사적 사실 앞에 낙관주의가 깨져서 모든 역사적 성공을 비난하는 것으로 종결된다.

모든 성공이 악에서 나온다는 사실은 역사를 고발하는 자들이 부르는 영원한 애가다. 그러나 과거의 사건에 대하여 아무 결실 없는 바리새적인 비판만 한다면, 현재로 가는 길이나 행동으로 가는 길, 성공으로 가는 길을 결코 찾을 수 없다. 바로 거기서 성공한 자의 비열한 행위만 다시 확증될 뿐이다. 그러나 원하지 않지만 사람들은 여기서도 성공을—부정적인 의미이긴 하지만—모든 사물의 척도로 삼는다. 결국 그것이 긍정적이든 부정적이든, 성공이 만물의 척도라는 점에서는 본질적으로 아무 차이가 없다.

십자가에 못 박히신 분의 형상은 모든 것을 성공을 척도로 판단하려는 사고방식을 무효로 만든다. 왜냐하면 그것은 심판에 대한 부정이기 때문이다. 성공한 자가 외치는 승리의 환호성도, 성공한 자에 대한 패배자의 쓰라린 증오도 궁극적으로는 세상 문제를 해결하지 못한다. 분명 예수께서는 역사에서 성공한 자들을 변호하지 않으셨다. 그러나 그분은 성공한 자에 맞서 패배한 자들의 저항을 이끌지도 않으셨다. 그분에게 중요한 것은 성공이나 실패가 아니라, 하나님의 심판을 기꺼이 받아들이는 자세였다. 오직 심판 속에서만 하나님과의 화해, 인간들 사이의 화해가 이루어지기 때문이다. 그리스도는 성공과 실패를 중심으로 끝없이 맴도는 모든 사고방식을 거부하고, 성공한 자든 실패한 자든 하나님에 의해서 심판받은 인간으로 세운다. 하나님은 순전히 사랑 때문에 인간이 그분 앞에 설 수 있기를 원하신다. 바로 그런 이유로 하나님은 인간을 심판하신다. 그것은 하나님이 그리스도 안에서 인간에게 행하시는 은혜의 심판Gericht der Gnade이다. 성공한 자를 마주하여, 하나님은 그리스도의 십자가 안에서 고통, 비참, 실패, 빈곤, 고독, 절망의 성화를 입증하신다. 이 모든 것은 그 자체로는 아무 가치도 가지지 못하지만, 모든 것을 자기 위에 내려진 심판으로 받아들인 하나님의 사랑을 통해 성화를 받게 된다. 십자가에 대한 하나님의 긍정은 성공한 자에 대한 하나님의 심판이다. 여기서 실패한 자가 알아야 할 것은 그의 실패나 가련한 신세가 그를 하나님 앞에 설 수 있도록 하는 것이 아니라는 사실이다. 그가 하나님 앞에 서는 것은 오직 하나님의 사랑의 심판을 받아들임으로써만 가능하다. 세상에 부딪쳐 실패한 그리스도의 십자가, 그 십자가가 도리어 역사적인 승리가 되었다. 이것이 세상 역사의 주관자이신 하나님의 비밀이다. 이와 같은 일이 교회의 고난 가운데 때때로 반복해서 일어나지만, 그것을 법칙으로 만들 수는 없다.

오직 그리스도의 십자가에서만, 곧 심판받은 자로서만 인류는 그 참모습에 이르게 된다.

죽음의 우상화

이 사람을 보라! Ecce homo 하나님에 의해 받아들여지고, 하나님에 의해 심판받고, 하나님에 의해 새 생명 가운데 다시 살아난 이 사람을 보라! **부활하신 주님** Auferstandenen 을 보라! 인간에 대한 하나님의 긍정은 심판과 사망을 통과하면서 그 목표에 도달했다. 인간에 대한 하나님의 사랑은 죽음보다 강렬했다. 새로운 인간, 새로운 생명, 새로운 피조물이 하나님의 기적을 통해 창조되었다. "생명이 승리를 얻고 사망을 이겼다." 하나님의 사랑은 사망의 사망이 되고, 인간의 생명이 되었다. 성육신하시고, 십자가에 못 박히시고, 부활하신 예수 그리스도 안에서 인류는 새롭게 되었다. 그리스도에게 일어난 사건은 모든 인간에게 일어난 사건이었다. 그분은 **참 인간**이었기 때문이다. 새로운 인간이 창조되었다.

그리스도의 부활의 기적은 우리를 지배하는 죽음의 우상화를 근본적으로 변화시킨다. 죽음이 궁극적인 것이 될 때, 죽음에 대한 두려움은 반항과 결부되어 나타난다. 죽음이 궁극적인 것이 될 때, 이 세상 삶은 전부alles가 아니면 무nichts이다. 지상에서 영원성에 대한 반항은 삶에 대한 경솔한 유희와 연관되고, 발작적인 삶의 긍정은 삶에 대한 무관심한 경멸과 연관된다. 어떤 시대가 영원을 일궈 나가는 것처럼 말하면서도, 그 안에서의 삶이 아무 가치가 없다면 그야말로 죽음의 우상화를 보여주는 것이다. 나타나야 할 새로운 인간, 새로운 세상, 새로운 사회에 대한 위대한 주장을 하면서도, 모든 새로운 것이 현존하는 삶의 질서를 말살하면서 성립된다면, 이보다 분명하게 죽음의 우상화를 드러내는 것은 없다. 이 세상 삶에 대한 극단적인 긍정이나 부정은 단지 죽음 앞에서만 타당하다. 모든 것을 강탈하거나 내던져 버리는 것은 열광적으로 죽음을 신봉하는 자나 취할 태도다.

그러나 사망의 권세가 깨어졌음을 인식하는 곳, 부활과 새 생명의 기적이 사망의 세상 한가운데를 뚫고 들어와서 빛나고 있다는 사실을 인식하는 곳이 있다. 그곳에서 사람들은 삶으로부터 영원을 갈망하지 않는다. 그곳에서 사람들은 삶이 선사하는 것을 그대로 받아들인다. 즉, 전부가 아니면 무가 아니라, 선과 악, 중요한 것과 사소한 것, 기쁨과 고통을 주어지는 그대로 받아들인다. 그곳에서 사람들은 삶을 발작적으로 움켜쥐지 않으며, 그렇다고 경솔하게 내던져 버리지도 않는다. 그곳에서 사람들은 자신에게 주어진 적절한 시간으로 만족하며, 지상의 것으로 영원을 말하지 않는다. 그곳에서 사람들은 아직 사망의 손에 있는 제한된 권리를 수긍한다. 그곳에서 사람들은 오직 죽음 너머, 사망을 이긴 권세로부터 새로운 인간과 새로운 세상을 기대한다.

부활하신 그리스도는 자기 안에 새로운 인류를 품고 계신다. 그것이 새로운 인간에 대한 하나님의 궁극적이고 영광스러운 긍정이다. 분명 인류는 여전히 옛것 가운데 살고 있지만 이미 옛것을 넘어섰다. 분명 인간은 죽음의 세상 한가운데 살고 있지만 이미 죽음을 넘어섰다. 분명 인간은 죄의 세상에 살고 있지만 이미 죄를 넘어섰다. 아직 밤이 완전히 지나간 것은 아니지만 이미 여명이 밝게 비치고 있다.

하나님에 의해 받아들여지고 심판받고 새 생명으로 부활한 인간, 그분은 예수 그리스도이다. 그분 안에 전 인류가 있다. 우리는 그분의 것이다. 승리의 개가를 부르며 세상과 만나는 것은 오직 예수 그리스도의 형상뿐이다. 하나님과 화해한 세상의 모든 형성은 이 그리스도의 형상에 관한 것이다.

같은 형상이 되는 것

"형성"Gestaltung이란 단어는 왠지 의혹을 불러일으킨다. 우리는 기독교 강령에 싫증을 느낀다. 이른바 교리적 기독교 대신 등장한 이른바 실천적 기독교의 사상이 부재한 피상적인 슬로건에도 싫증을 느낀다. 우리는 세상에서 형성되는 힘들이 기독교와는 전혀 다른 방면에서 나오는 것임을 알고 있다. 또 세상에서 실천적 기독교가 교의적 기독교와 마찬가지로 무익하다는 것을 직시하고 있다. 따라서 "형성"이라는 말은 이미 우리에게 익숙해진 것과는 전혀 다른 의미로 이해되어야 한다. 사실 성경은 우리가 이해하는 것과 전혀 다른 낯선 의미에서 이 형성을 말하고 있다. 성경에서 우선적으로 다루는 것은 어떤 계획이나 강령을 통한 세상의 형성이 아니라, 모든 형성들 가운데서 오직 하나의 형상, 세상을 이기신 예수 그리스도의 형상뿐이다. 그러므로 형성은 오직 예수 그리스도의 형상으로 말미암는다. 거듭 말하지만, 이는 그리스도의 가르침이나 이른바 기독교 원칙들을 직접적인 방법으로 세상에 적용하여 그것들에 따라 세상이 형성되어야 한다는 의미가 아니다. 여기서 형성은 오직 예수 그리스도의 형상에 이끌려 들어가는 것을 의미한다. 다시 말해 형성이란 **성육신하시고, 십자가에 못 박히시고, 부활하신 주님, 그분의 유일한 형상과 같은 형상이 되는 것**^Gleichgestaltung^이다.

이는 "예수를 닮고자 하는"^Jesus ähnlich zu werden^ 힘겨운 노력을 통해 이룩할 수 있는 것이 아니다. 지금까지 우리는 주로 그런 식으로 해석해 왔다. 그러나 예수 그리스도와 같은 형상이 되는 것은 그분 형상 자체가 우리에게 영향을 미치면서 일어나는 일이다. 또 우리의 형상이 그분 형상을 따라 각인되면서 일어나는 일이다.[갈 4:19] 그리스도는 유일한 형성자Gestalter로서 존재한다. 그리스도인이 자기 이념으로 세상을 형성하는 것이 아니라, 그리스도가 인간을 그분과 같은 형상으로 형성하신다. 그러나 여기서 그리스도가 본질적으로 경건하고 선한 삶을 위한 교사로 이해된다면, 그리스도의 형상에 대한 이해는 빗나가고 만다. 이와 마찬가지로 그리스도의 형상 속에서 경건하고 선한 삶을 위한 지시를 보려고 한다면, 인간의 형성에 대해서도 잘못 이해하게 된다. 그리스도는 성육신하시고, 십자가에 못 박히시고, 부활하신 주님이다. 기독교 신앙은 이와 같이 고백한다. 그리스도의 형상으로 변화되는 것, 그것이 성경이 말하는 형성의 의미다.[고후 3:18; 빌 3:10; 롬 8:29; 12:2]

성육신하신 분Menschgewordenen과 같은 형상이 되는 것은 곧 참 인간이 되는 것이다. 인간은 인간이어야 하고, 인간으로 존재해야 한다. 모든 초인주의와 인간을 초월하려는 모든 노력, 모든 영웅주의, 모든 반신半神 숭배의 본질은 인간과는 거리가 먼 타락에 불과하다. 그것은 참되지 못하기 때문이다. 현실 인간은 경멸의 대상도 우상화의 대상도 아니다. 현실 인간은 하나님의 사랑의 대상이다. 하나님이 창조하신 세계의 풍성함과 다양성을 인정할 때, 우리는 인간에게 획일성을 강요하는 잘못을 범할 수 없다. 어떤 이상이나 유형을 따르게 하거나, 특정한 인간상에 부합하도록 강제적인 압력을 행사할 수 없다. 현실 인간은 창조주에 의하여 자유로운 존재로 창조되었다. 성육신하신 분과 같은 형상이 된다는 말은, 인간이 현실 가운데 있는 그대로의 모습으로 살 수 있음을 의미한다. 여기서 있는 그대로의 인간이 아닌 것은 설 자리가 없다. 즉, 거짓과 위선, 부자연스러움, 강제적인 것, 현재 모습과 다른 어떤 것, 보다 나은 존재나 이상적인 존재가 되려는 것 따위는 모두 사라지고 없다. 하나님은 현실 인간을 사랑하신다. 하나님은 현실 인간wirklicher Mensch이 되셨다.

십자가에 못 박히신 분 Gekreuzigten과 같은 형상이 되는 것은 하나님에 의해 심판받은 인간이 되는 것이다. 그는 하나님의 사망 선고를 짊어지고 죄로 인해 하나님 앞에서 날마다 죽어야 하는 인간이다. 그는 심판과 은혜 안에서가 아니라면 하나님 앞에 설 수 없다는 사실을 자신의 삶을 통해 증거한다. 인간은 날마다 죄인의 죽음을 맞이한다. 그는 죄가 입힌 상처와 상흔을 겸손히 자신의 몸과 영혼에 지니고 산다. 그는 타인 위에 올라서거나, 스스로 타인의 모범이 될 수 없다. 그는 자신이 죄인 중에 괴수임을 알기 때문이다. 그는 다른 사람의 죄는 용서할 수 있으나 자신의 죄는 결코 용서할 수 없다. 그는 자신이 당하는 모든 고난이 자기 의지를 죽이고, 하나님의 의로우심을 인정하도록 하는 데 유용함을 알고 겸허히 받아들인다. 그는 자신 위에 자신을 대적해서 내려진 하나님의 심판에 대하여 오직 그 자신을 굴복시킬 뿐이다. 그렇게 함으로써 그는 하나님 앞에서 의롭게 된다. "고난 속에서 주님은 우리의 마음과 영혼에 그분의 보편적인 형상을 새겨 넣으신다."K. F. 하르트만

부활하신 분 Auferstandenen과 같은 형상이 되는 것은 하나님 앞에서 새로운 인간이 되는 것이다. 그는 죽음 한가운데서 살고, 죄 한가운데서 의로우며, 옛 존재 속에서 새로운 존재가 된다. 그의 비밀은 세상에 감추어져 있다. 그는 그리스도가 살기 때문에 살고 오직 그리스도 안에서만 산다. "그리스도가 나의 생명이다."빌 1:21 참조 그리스도의 영광이 감추어져 있으므로, 그의 새로운 삶의 영광도 "그리스도와 함께 하나님 안에 감추어져 있다."골 3:3 그러나 그것을 아는 자는 여기저기서 이미 장

차 일어날 일의 희미한 빛을 본다. 새로운 인간은 다른 사람들과 똑같이 이 세상을 살아간다. 그는 종종 다른 사람들과 거의 구별되지 않는 모습으로 살아간다. 그는 자기를 드러내려 하지 않고 형제를 위하여 그리스도만을 드러낸다. 부활하신 분의 형상으로 변화했다 해도, 그는 오직 십자가와 심판의 표적을 지닐 뿐이다. 그는 기꺼이 십자가와 심판의 표적을 짊어짐으로써, 그가 성령을 받은 존재이며, 예수 그리스도와 비할 데 없는 사랑과 사귐 속에서 하나가 되었음을 증거한다.

예수 그리스도의 형상은 인간에게서 그 형상을 취한다. 그러나 인간이 자기 고유의 독자적인 형상을 취하는 것이 아니다. 그에게 형상을 선사하고 새로운 형상으로 보존되도록 하는 것은, 항상 예수 그리스도 자신의 형상일 뿐이다. 다시 말해 그 형상은 예수 그리스도의 형상을 모방하거나 재생한 것이 아니라, 인간에게서 형상을 취하신 그리스도 자신의 형상이다. 거듭 말하지만, 인간은 그에게 낯선 형상인 하나님의 형상으로 변화되는 것이 아니라, 인간 자신에게 속해 있던 본질적인 형상으로 변화되는 것이다. 하나님이 인간이 되셨기 때문에, 인간은 인간이 된다. 그러나 인간은 하나님이 되지 않는다. 즉, 형상의 변화를 이루었고 또 이룰 수 있는 것은 인간이 아니다. 오직 하나님 자신이 그분의 형상을 인간의 형상으로 변화시킨 것이다. 그리하여 인간은 하나님이 되는 것이 아니라, 하나님 앞에 존재하는 인간이 된다.

그리스도를 통하여 인간의 형상은 하나님 앞에서 새롭게 창조되었다. 장소나 시간, 풍토나 인종, 개인이나 사회, 종교나 취향의 문제가 아니라, 단연 인류의 생명에 관한 문제에서 인간은 자기의 형상과 소망을 인식했다. 그리스도의 사건은 온 인류에게 일어난 사건이었다. 인류 가운데 소수만이 자신의 구원자의 형상을 알고 있다는 사실은 도무지 해명할 수 없는 신비다. 모든 인간에게서 자기 형상을 취하기 위해 성육신하신 분의 갈망은 오늘날까지도 충족되지 않고 있다. 인간의 몸을 입으신 그분은 단지 적은 무리 속에서만 자기 형상을 취할 수 있었다. 그것이 바로 교회다.

그러므로 "형성"이란 우선 예수 그리스도가 그분의 교회에서 형상을 취하는 것Gestaltgewinnen을 의미한다. 여기서 형상을 취하는 주체는 예수 그리스도의 형상 자체다. 이 사실에 대한 깊이 있고 분명한 묘사로서, 신약성경은 교회를 그리스도의 몸Leib Christi이라고 부른다. 그 몸이 바로 형상이다. 교회는 그리스도를 숭배하는 자들의 종교 단체가 아니라, 인간에게서 그 형상을 취하신 그리스도다. 그러나 그리스도의 몸은 교회라고 불리는 것이 허락된다. 그 이유는 예수 그리스도의 몸에 진실로 **참 인간** 그리고 모든 인간이 받아들여졌기 때문이다. 이제 교회는 진실로 온 인류에게 타당한 형상을 지니고 있다. 그 형상을 따라 형성되어 가는 모습이 인류의 모습이다. 교회 안에서 일어난 일은 상징적이고 대리적인 것으로서 전 인류에게 일어난다. 그러나 교회가 예수 그리스도의 형상과 나란히 자기 고유의 독자적인 형상을 갖는 것이 아니라는 사실은 아무리 강조해도 지나치지 않다. 다시 말해, 교회는 예수 그리스도와 나란히 자기 고유의 독자적인 본질이나 권리, 권위나 존엄성을 요구할 수 없다. 교회는 인류 가운데 그리스도가 실제로 형상을 취한 한 부분일 뿐 다른 어떤 것이 아니다. 중요한 것은 오직 예수 그리스도의 형상Gestalt Jesu Christi이며, 그 외에 다른 어떤 형상도 있을 수 없다. 교회는 그리스도 안에서 인간이 되고, 심판받고, 새로운 생명으로 깨어난 인간들의 모임이다. 무엇보다도 교회는 본질상 전혀 인간의 종교적 기능에 관계된 기관이 아니다. 교회는 모든 관계를 통하여 세상 안의 그리스도의 현존재 내에 있는 온 인류와 상대한다. 교회는 종교가 아니라 그리스도의 형상을 위해 존재한다. 교회는 한 무리의 인간들 속에서 그리스도의 형상을 이루기 위해 존재한다. 만일 이 관점에서 조금이라도 벗어난다면, 우리는 불가피하게 우리가 이미 탈피한 저 윤리적 또는 종교적 세계의 형성이라는 강령으로 되돌아가는 것이 되고 만다.

이제 우리는 기독교 윤리적인 의미에서 형성에 대해 말할 수 있으려면, 오직 우리 시선을 그리스도의 형상에 둘 때만 가능하다는 사실을 알게 되었다. 형성이란 그리스도의 형상으로부터 떨어져 나온 어떤 독자적인 과정이나 상태가 아니다. 우리가 형성을 말할 때는 예수 그리스도의 형상에 의하여, 예수 그리스도의 형상으로 향하는 오직 하나의 형성만이 있을 뿐이다. 기독교 윤리학의 출발점은 그리스도의 몸이며, 교회의 형상 안에 있는 그리스도의 형상이다. 즉, 그리스도의 형상대로 교회를 형성하는 것이다. 교회에서 일어난 일은 실제로 전 인류에게 해당된다. 그러므로 형성 개념은 간접적으로 모든 인간을 위한 것이라는 의미를 가진다. 그러나 교회는 이른바 세상을 위한 본보기로 세워져 있는 것이 아니다. 우리는 오직 다음과 같은 사실에 의해서만 형성과 세상에 대해 말할 수 있다. 즉, 인류가 속해 있는 참 형상, 이미 받았지만 이해하지도 받아들이지도 못하는 참 형상, 곧 인간에게 속한 예수 그리스도의 형상을 향해 말해지고, 그리고 그렇게 함으로써 인류가—예수 그리스도의 형상이 어느 정도 선취되고 있는—교회 안으로 함께 이끌려 들어왔다는 사실에 의해서만 형성과 세상에 대해 말할 수 있다. 결국 세상의 형성에 대해 말할 때도 오직 예수 그리스도의 형상을 의미할 뿐이다.

그리스도의 형상은 모든 시대, 모든 장소에 걸쳐 하나이며 동일하다. 그리스도의 교회도 인류의 모든 세대를 초월하여 하나다. 그럼에도 그리스도는 그에 따라 모든 세상이 형성되어야 하는 어떤 원칙이 아니다. 그리스도는 오늘 여기서, 모든 시대에 맞는 하나의 체계를 선포하는 분이 아니다. 그리스도는 어떤 희생도 감수하며 반드시 실천해야만 하는 추상적 윤리를 가르치는 분이 아니다. 그리스도는 본질상 교사나 입법자가 아니라, 인간 곧 우리와 같은 현실의 인간이다. 따라서 그리스도는 우리가 시대의 특정한 학설을 추종하는 생도가 된다거나, 그런 학설의 대표자나 옹호자가 되기를 바라지 않으신다. 그리스도는 우리가 인간이 되기를, 하나님 앞에서 현실 인간이 되기를 원하신다. 그리스도는 어떤 윤리학자처럼 선에 대한 이론을 사랑하는 것이 아니라, 현실 인간을 사랑하셨다. 그리스도는 어떤 철학자가 그랬듯이 "보편타당한 것" Allgemeingültigen에 관심을 갖지 않고, 현실 인간을 구체적으로 돕는 일에 관심을 가지셨다. 그리스도의 마음은 "하나의 보편적 행위의 원리가 보편적 입법의 원리"칸트가 될 수 있는가 하는 문제로 번민하지 않았다. 그리스도의 마음은 지금 나의 이웃이 하나님 앞에서 인간으로 존재하도록 하는 데 나의 행동이 도움이 되는가를 근심했다. 하나님은 이념, 원리, 강령, 보편타당성, 율법으로 오신 것이 아니라는 말이다. 하나님은 인간이 되셨다. 이 말은 그리스도의 형상이 분명 하나이고 동일하지만, 현실 인간 안에서 아주 다양한 방법으로 형상을 취하기를 원한다는 사실을 뜻한다. 그리스도는 이상을 관철시키기 위해 인간의 현실성을 폐기하는 분이 아니다. 그리스도는 모든 현실적인 것을 희생시킴으로 자신이 원하는 바를 실현하는 분이 아니다. 그리스도는 현실이 현실로 나타나게 하는 분이며, 현실을 긍정하는 분이다. 그렇다. 그리스도 자신이 친히 현실 인간이 되셨다. 그렇게 함으로써 모든 인간적 현실의 근거가 되셨다. 따라서 그리스도의 형상에 따른 형성이란 이중적 의미를 내포한다. 첫째, 그리스도의 형상은 하나이며 언제나 동일하다. 그리스도의 형상은 일반적인 이념이 아니라, 오직 유일무이한 분으로서 성육신하시고, 십자가에 못 박히시고, 부활하신 하나님으로 존재한다. 둘째, 그리스도의 형상으로 인하여 현실 인간의 형상이 보존되고, 현실 인간은 그리스도의 형상을 덧입게 된다.

구체적 장소

이제 우리는 모든 추상적인 윤리에서 벗어나 구체적인 윤리로 향하게 되었다. 우리는 단 한 번 영원히 선한 것이 무엇인가를 논하려는 것이 아니다. 영원히 선하다고 말할 수 있고 말해야만 하는 것이 무엇인가를 논하려는 것이 아니다. 우리는 그리스도가 어떻게 **우리 가운데 오늘 여기서**[unter uns heute und hier] 형상을 취하는가를 논하고자 한다. 단번에 영원히 선한 것이 무엇인가를 논하려는 시도는 그 질문 자체에 부딪쳐 좌초하고 말 것이다. 즉, 그 진술이 너무 일반적이고 형식적이어서 내용면에서 아무 의미도 담아내지 못하거나, 생각할 수 있는 모든 경우의 수를 구하여 개개의 경우 무엇이 선인가를 미리 예단하려는 시도에서 끝없는 궤변에 빠져들어 보편타당한 것에서도, 구체적인 것에서도 정당성을 상실할 것이다. 구체적인 기독교 윤리는 형식주의와 결의론을 초월한다. 왜냐하면 형식주의와 결의론은 선한 것과 현실적인 것 사이의 싸움에서 출발하지만, 기독교 윤리는 세상이 하나님과 인간 예수 그리스도와 이루게 된 화해Versöhnung에서 출발하기 때문이다. 이 화해는 하나님이 현실 인간을 받아들이고 용납하심으로써 이루어졌다.

우리는 그리스도가 어떻게 우리 가운데 오늘 여기서 형상을 취하는가를 묻고 있다. 또 우리가 어떻게 그분의 형상과 같은 형상을 덧입게 되는가를 묻고 있다. 이 물음 속에는 "우리 가운데",unter uns "오늘",heute "여기서"hier라는 말이 무엇을 의미하는가 하는 좀 더 어려운 문제도 숨어 있다. 모든 시대와 장소에 걸쳐 타당한 선이 무엇인가를 확증하는 것이 불가능하다면, 도대체 어떤 시대와 장소에서 우리의 질문이 대답될 수 있는가? 우선 우리가 지금 다루는 모든 것은 전체 인류의 단면이라는 사실에 대해 잠시라도 의문을 품어서는 안 될 것이다. 인간은 그가 살아가는 역사의 단면마다 단연코 그리스도 안에서 받아들여진 인간으로 존재한다. 그러므로 이러한 단면에 관해 말하는 모든 것은 언제나 그 단면 너머 전체를 가리키고 있다. 그럼에도 우리는 구체적으로 어떤 시간과 장소를 생각하는가 하는 물음에 답해야만 한다. 우리가 그리스도의 형상을 통한 형성을 말하려고 한다면 그렇다. 그것은 우선 아주 일반적으로 우리가 경험하고 사는 것과 관련된 시간과 공간이다. 그것은 우리에게 현실로 주어져 있는 시간과 공간이다. 즉, 우리에게 구체적인 질문을 던지고 과제를 주며, 책임을 지우는 시간과 장소이다. 따라서 "우리 가운데", "오늘", "여기서"라고 말할 때, 그것은 우리가 구체적인 결정을 내리고 마주 대하며 살아가는 영역을 가리키고 있다. 물론 이 영역은 개별적으로 매우 다양하고 광범위하여, 그와 같은 규정은 결국 완전한 개인주의로 도피해 버리는 결과로 이어진다고 생각할 수도 있다. 이러한 생각에 대하여 우리는 우리의 역사를 통해 객관적으로 추상화되지 않고는 거기서 도망칠 수 없었던 특정한 경험이나 책임, 결단의 연관성 속에 세워져 있다고 반박할 수 있다. 우리가 개개의 것들을 알든 알지 못하든, 우리는 실제로 그와 같은 연관성 속에 살아가고 있다. 더 나아가 이 연관성은 아주 특별한 방식으로 그 특성을 드러낸다. 그것은 그리스도의 형상이 우리 시대에 이르기까지 의식적으로 긍정되고 승인되며 지탱되어 온 근거가 된다. 말하자면, 우리는 역사적 존재로서 그리스도에 의해 선택된 인류 역사의 단면 속에 있다. 그리고 이미 그리스도의 형상을 이루어 가는 과정 한복판에 있다. 이러한 의미에서 우리가 말하려 하고 말해야만 하는 영역을 서구 세계에 한정시키고자 한다. 즉, 지금까지 그리스도의 형상을 통해 하나가 된 유럽과 미국에 거주하는 민족들에 관해 다루고자 한다. 그런데 이 영역을 좀 더 좁혀서 독일에만 국한시킨다면, 그리스도의 형상이 서구 유럽을 하나로 통일하고 있다는 사실을 무효로 만들 것이다. 그렇게 되면 서구 유럽에서는 어떤 민족도 단독으로 존재할 수 없으며, 또 단독으로 존재할 수 있다고 생각하는 것 자체가 불가능하다는 사실도 무력해질 것이다. 그렇다고 해서 그 영역을 너무 넓게 확대하면, 오직 서구 세계에서만 볼 수 있는 독특하고도 비밀스런 사실들을 놓치게 될 것이다.

지금부터 다룰 내용은 서구 세계의 형성을 위한 어떤 강령을 전개하려는 것이 아니다. 여기서 우리는 그리스도의 형상이 어떻게 서구 세계에서 형상을 이루어 가는지에 대해 말하고자 한다. 그것은 추상적이거나 궤변적이지 않아야 하며, 아주 구체적으로 다루어져야만 한다. 이와 동시에 예수 그리스도의 형상 외에는 다른 형상이 등장할 수 없다는 사실을 분명히 해야 한다. 오직 예수 그리스도만이 세상을 이기신 분이며, 세상과 화해하신 분이기 때문이다. 오직 예수의 형상만이 도움을 줄 수 있다. 우리 가운데 오늘 여기서 구체적으로 그분의 형상을 이루는 것에 대한 모든 것은 철저하게 예수 그리스도의 형상과 연관되어야 한다. 다른 한편으로는 예수 그리스도가 인간이 되셨다는 사실이, 그리스도가 우리 가운데 오늘 여기서 그분의 형상을 이루기를 원하신다는 보증이 된다.

형성으로서의 윤리학은 모험이다. 즉, 예수 그리스도의 형상이 우리가 사는 세상 안에서 형상을 이루는 것에 대해 말하고자 하는 모험이다. 그것은 추상적이거나 궤변적이지 않아야 한다. 또 하나의 강령이 되어서는 안 되며, 순수한 숙고로만 끝나서도 안 된다. 여기서는 구체적인 판단과 결단이 감행되어야 한다. 여기서는 결단과 행동이 개개인의 양심에 맡겨질 수 없으며, 복종을 요구하는 구체적인 계명과 지침이 존재한다.

형성으로서의 윤리학은 오직 자신의 교회 안에 현존하시는 예수 그리스도의 형상에 근거해서만 가능하다. **교회는 예수 그리스도의 형상을 이루도록 선포하는 곳이며, 그 일이 구체적으로 일어나는 장소다.** 기독교 윤리는 이 사실을 선포하고, 그리스도의 형상을 이루도록 섬기는 데 그 목적이 있다.

유산과 몰락

우리는 단지 서구 기독교 영역에서만 역사적 유산에 관해 말할 수 있다. 분명 아시아 지역에도 전래되어 온 유산들이 있으며, 더욱이 그것은 우리가 가진 유산보다 더 오래되었다. 그러나 그 유산은 아시아의 실존적 특징인 무시간성Zeitlosigkeit에 참여한다. 그리하여 서구적 실존과 가장 밀접한 관계가 있는 일본에서조차 역사는 신화적 성격을 띤다. 오늘날 일본 헌법(편집자 주: 1940년 성안됨) 제1조는 황제의 혈통이 태양신에게서 유래한다는 신앙, 곧 천황이라 불리는 테노Tenno에 대한 신앙을 의무화하고 있다. 시간성의 의식과 결부되어 모든 신화화를 거부하는 역사적 유산의 개념은, 오직 어떤 특정한 장소와 시간에 하나님이 역사 속으로 들어오심으로써만 가능하다. 즉, 인간이 의식하든 의식하지 못하든, 예수 그리스도 안에서 하나님이 인간이 되셨다는 사실이 사고방식을 결정하는 경우에만 가능하다. 이때 역사는 거룩하게 신화화되지 않고도 진지하게 받아들여진다. 역사에 대한 하나님의 긍정과 부정은 역사의 매 순간마다 끝도 없고 해소할 수도 없는 긴장을 가져온다. 하나님의 긍정과 부정은 예수 그리스도의 성육신과 십자가 사건에서 인지된다. 역사는 허무하게 사라지는 과거의 운반자가 아니라, 예수 그리스도의 삶과 죽음을 통해 비로소 참으로 시간적인 것이 된다. 바로 이 시간성 속에서 역사는 하나님에 의해 긍정된 역사가 된다. 그러나 역사적 유산에 대한 물음은 과거가 지닌 영원히 타당한 가치에 대한 무시간적 물음이 아니다. 여기서 스스로 역사 속에 세워진 인간은 현재Gegenwart에 대한 결산을 하게 된다. 즉, 현재가 그리스도 안에서 하나님에 의해 어떻게 받아들여지고 있는가 하는 결산 말이다.

선조들Die Väter은 우리가 제사를 드리고 숭배해야 할 조상이 아니다. 계보에 대한 관심은 너무 쉽게 신화화의 오류에 빠지게 한다. 신약성경은 이미 이 사실을 잘 알고 지적하고 있다.딤전 1:4 선조들은 하나님이 역사 속으로 들어오신 사건에 대한 증인이다. 예수 그리스도가 1900년 전 이 세상에 오셨다는 사실은 아무 증명도 필요 없다. 이 역사적 사실은 우리 시선을 다시 선조들에게로 돌리게 하고, 역사적 유산에 대한 물음을 일깨워 주는 것이다.

역사적 예수 그리스도는 우리 역사와 연속선상에 있다. 그러나 예수 그리스도는 이스라엘 유대 민족에게 약속된 메시아였다. 따라서 우리 선조들의 계보는 예수 그리스도의 출현 배후에 있는 **이스라엘 민족**Volk Israel에게로 소급된다. 서구 역사는 하나님의 뜻에 의해 이스라엘 민족과 뗄 수 없이 연결되어 있다. 이는 발생사적인 것뿐만 아니라 참되고 끊임없는 대결에서도 그러하다. 유대인은 그리스도의 문제를 명백하게 한다. 유대인은 하나님의 자유로운 은혜의 선택과 동시에 버림받은 진노의 표징이다. "하나님의 인자하심과 준엄하심을 보라."롬 11:22 유대인을 서구 세계에서 추방하는 것은 그리스도를 추방하는 것과 같다. 예수 그리스도가 유대인이었기 때문이다.

그리스-로마의 고대griechisch-römische Antike는 전혀 상이하면서도 매우 간접적인 방식으로 우리의 역사적 유산에 속한다. 여기서도 우리는 기독교 이전 시대 민족 고유의 과거와 다른 관계를 맺고 있다.

고대는 예수 그리스도의 출현에 대해 이중적인 관계를 가지고 있다. 고대는 하나님의 때가 차서, 하나님이 성육신하신 시대다. 고대는 그 성육신하신 하나님을 받아들인 시대이며, 기독교 메시지를 널리 전하기 위해 하나님이 사용하신 세계다. 사도 바울이 그의 로마 시민권으로 황제에게 호소했다는 사실은, 로마가 그리스도의 종 된 입장에 있었다는 것을 분명하게 시사한다. 그러나 동시에 고대에는 하나님의 임재의 가장 거룩한 표징인 십자가가 더할 나위 없는 치욕과, 하나님으로부터 멀리 떨어져 있음을 상징하기도 했다. 고대는 이처럼 그리스도에 대한 이중적 관계 속에서 우리에게 역사적 유산이 된다. 한편으로 그리스도와 가깝고, 다른 한편으로는 그리스도에게 저항하는 이중적인 관계에서 그렇다.

고대와 기독교 사이의 연관성을 대표하는 것이 **로마 유산**이라면, 기독교를 적대시하고 저항하는 것은 **그리스 유산**이다. 서부 유럽 민족인 프랑스, 네덜란드, 영국, 이탈리아 등의 나라들은 주로 고대 로마적 유산을 추구했던 데 비해, 고대에 대한 독일인의 태도는 주로 그리스 문화를 통해 규정되었다. 로마의 유산은 불멸의 전통 속에서 로마가톨릭교회를 통해 우리 시대까지 이어졌다. 그에 반해, 종교개혁 시대에는 즉각적인 **그리스적 근원**die griechischen Quellen으로의 복귀가 일어났다. 서구 민족들에게 있어서 고대와의 관계는 확실히 중요하다. 고대는 특히 그 내용이 기독교적인 교육과 정치 영역에서 삶의 확고한 형식이 되었다. 프랑스, 네덜란드, 영국의 휴머니스트들은 고대와 기독교를 화해시키는 데 기여했다. 독일에서는 고대와 기독교 사이의 긴장 내지 단절이 그리스 문화에 대한 편애로 강하게 부각되었다. 이러한 경향이 서구 휴머니스트들에게는 거의 화가 치밀어 오를 정도였다. 빈켈만으로부터 니체에 이르기까지 독일에는 그리스 유산의 의식적인 반기독교적 현재화가 존재한다. 고대 유산과의 관계에서 독일이 서구의 다른 민족들과 매우 다른 입장을 보이는 이유는, 의심의 여지 없이 종교개혁을 통해 독일에서 발견한 복음의 형상에서 찾을 수 있다. 니체는 오직 독일 종교개혁의 토양에서만 자라날 수 있었다. 여기서 은혜를 거스르는 자연의 모순은 자연과 은혜의 화해에 통명스럽게 맞선다. 참고로 자연과 은혜의 화해는 로마 유산에서 발견된다. 이 점에서 니체는 독일 종교개혁 신학에 의해 긍정적인 평가를 받을 수 있다. 이와 반면, 다른 서구 민족들에게 니체는 도무지 이해할 수 없는 인물이다.

서구에서 진정한 고대 유산은 오직 그리스도와의 관계 안에서만 존재한다. 이 관계가 끊어지면, 고대는 무시간적인 박물관에 속한 것이 되고 만다. 고유한 의미에서 고대는 오직 그리스도를 통해서만 역사적 유산이 된다고 말할 수 있다. 그리스도의 **성육신**Menschwerdung이 기독교적 인식 전면에 보다 강하게 부각될 때, 고대와 기독교는 서로 화해를 추구하게 된다. 그리스도의 **십자가**Kreuz가 기독교 선포에서 지배적일 때는 그리스도와 고대 사이의 단절이 매우 강조된다. 그러나 그리스도는 성육신하신 분인 동시에 십자가에 못 박히신 분이다. 그러므로 성육신과 십자가 둘 다 동등한 방식으로 이해되어야 마땅하다. 이러한 이유로 고대의 역사적 유산을 올바르게 수용하는 일은 여전히 해결되지 못한 서구 세계의 과제로 남아 있다. 어쩌면 이 과제에 대한 공동의 해결책을 찾는 과정에서 서구의 다른 모든 민족과 독일 민족은 서로 가까이 다가설 수 있을 것이다.

기독교 이전 시대 우리의 고유한 **민족적 과거**völkische Vergangenheit는 고대에 대해서 독특한 차이점을 보인다. 그 차이는 역사적 유산과의 관계에 있는 것이 아니라, 자연적 성장의 연속적인 관계에 있다. 이는 독일 역사가 그리스도와의 만남 이후에야 비로소 존재하게 되었다는 반론의 여지가 없는 사실에 기초한다. 특히 로마적 기독교의 형상에서 그 이유를 찾을 수 있다. 마찬가지로 영국이나 프랑스 역사에도 이와 같은 사실이 적용된다. 교황 관구인 로마로부터의 이탈조차도 영국이나 독일이 기독교 이전 시대 자기 민족 고유의 과거로 복귀하는 결과를 초래하지 못했다. 영국에서 로마 유산은 본질적인 모습 그대로 현재까지 이르고 있다. 그 점에서 종교개혁의 새로운 교리는 아무것도 바꾸어 놓은 것이 없다. 독일에서 로마와의 단절은 역사적인 로마적 유산의 기반을 공격한다. 그러나 여기서도 로마 유산의 자리에 기독교 이전 시대 그들 고유의 과거를 대치하려는 생각은 없다. 그 이유는 그들이 무책임하게 민족적인 유산을 잊어버려서가 아니라, 기독교 이전의 과거에는 진정한 역사적 유산이 존재하지 않았기 때문이다. 기독교 이전 시대 민족 고유의 과거와 접촉점을 찾으려는 새로운 시도는 역사의 신화화와 손잡는 것에 불과하다. 서구 세계에서 역사의 신화화는 이미 존속할 전망이 없다. 따라서 우리에게 기독교 이전의 민족적 과거는 온전히 자연적인 것으로만 남아 있다. 다시 말해 민족적 특징으로 남아 있을 뿐이며, 만일 원한다면 종족으로서 존재하는 것에 불과하다. 그것은 역사적 유산이 아니며, 역사적 유산이 될 수도 없다.

그러나 우리의 고유한 **기독교 역사**christliche Vergangenheit는 사정이 매우 다르다. 기독교 역사는 역사적 유산이며, 무엇보다도 서구의 공동 유산이다. 예수 그리스도는 서구를 하나의 역사적 통일체로 만들었다. 역사의 획을 그은 이 사건은 서구 세계 전체를 흔들어 놓았다. 서구의 통일은 단순한 이념이 아니라 **역사적 현실**geschichtliche Wirklichkeit이다. 그리고 그 유일한 근거는 바로 그리스도다. 위대한 정신적 운동이 일어나면, 그것은 이제 서구 전체에 속한 것으로서 영향을 미친다. 서구 세계에서 일어나는 여러 전쟁마저도 결국 서구의 통일을 목표로 한다. 그런 전쟁은 기독교 이전 시대나 오늘날 아시아에 여전히 일어날 가능성이 있는 몰살의 전쟁 또는 파멸의 전쟁이 아니다. 따라서 유럽에서 일어나는 전쟁은 결코 전면전이 될 수 없다. 전면전은 자기 민족의 보존을 목적으로 하는 경우라면, 모든 가능한 수단이 동원된다. 자기 목적에 유용한 것은 모두 정당하며 또 허용된다. 서구 세계에서 전쟁은 처음부터 전쟁 수행에 있어서 허용되는 것과 허용되지 않는 것, 바른 수단과 범죄적인 수단 사이를 구별하고 있다. 무죄한 자를 죽이거나 고통스럽게 하는 것, 강탈하는 것 등, 어쩌면 효과적일지라도 반기독교적인 그런 수단은 포기해야 한다. 이는 공의로운 하나님이 세상을 다스리신다는 믿음이 있을 때만 가능하다. 그러므로 서구 세계에서 전쟁이란 항상 쌍방이 기꺼이 수긍하는 하나님의 심판 앞으로 부름받는 것과 같은 성격을 띠었다. 기독교 신앙을 잃어버렸을 때 비로소 인간은 승리를 자기 것으로 만들기 위해 범죄적인 수단까지 포함해 취할 수 있는 모든 수단을 동원한다. 그렇게 되면, 하나님의 역사적 심판의 요구 아래 통일을 목표로 하는 기독교 민족들 사이의 기사도적인 전쟁은 설 자리를 잃게 된다. 결국 자기편에 유리하면 범죄적인 수단까지 허용하는 전면전이 일어나게 된다. 그리고 무장한 자든 무장하지 않은 자든, 적이라면 무조건 범죄자로 취급한다. 이와 같은 전면전이 발생한다면, 그때에야 비로소 서구의 통일이 위협받고 있다고 말할 수 있다.

예수 그리스도의 형상을 통한 서구의 통일은 **우리 역사의 초창기**Frühzeit unserer Geschichte부터 우리가 물려받은 유산이다. 교황과 황제는 이 통일의 형성을 위해 서로 경쟁했다. 예수 그리스도가 교황과 황제 위에 궁극적 통일로서 존재한다는 사실은 반박의 여지가 없다. 교황제는 그리스도의 지상 대리자로서의 역할을 수행하기 위한 최고의 기독교적 권위를 요구한다. 동시에 지상에서 기독교 왕국을 실현하기 위한 최고의 정치적 권위를 요구한다. 황제 제도는 최고의 정치적 권위를 근거로 하여, 그것이 바로 최고의 기독교적 전권을 부여받은 것과 같은 의미라고 주장한다. 서구의 통일의 형상은 교황에게는 로마교회이고, 황제에게는 로마제국이다. 교황과 황제는 상대방의 몰락을 꾀하지 않는다. 그들은 공동으로 또는 서로 대립하면서 교회와 제국의 통일을 위해 투쟁한다. 또한 신앙과 정치적 형태에 있어서 서구의 통일을 위해 투쟁한다. 그들은 그들의 가장 깊은 요구에서 함께 승리하거나, 아니면 함께 멸망할 뿐이다. 서구 세계의 신앙의 분열과 아울러 제국도 몰락한다. 기독교의 몸,corpus christianum[1] 곧 예수 그리스도의 위임을 받아 황제와 교황이 함께 통치하며 하나가 되었던 서구 기독교 역사의 질서는 종교개혁과 함께 붕괴되었다. 그러나 중세기 유산은 여전히 로마교회의 형상 속에서 우리 시대 안으로 들어와 있다. 로마교회는 교황 체제다. 로마교회는 독일이 내적으로 붕괴되던 바로 그 시대에 강력한 항의를 통해 이러한 인식을 표명했다. 오직 **하나의** 교회와 **하나의** 신앙만이 존재하며, 기독교는 교회를 인도하고 양 떼를 아버지처럼

1. 교회와 국가가 영적으로나 법률적으로 하나의 통일체를 이루고 있으며, 그러한 몸의 눈에 보이지 않는 머리가 그리스도라는 중세기적 관점을 나타내는 용어다.—옮긴이

보살펴 줄 목자장을 필요로 한다는 것이 로마교회의 포기할 수 없는 주장이다. 그 목자장은 눈에 보이는 한 사람으로서 머리가 되어야 한다. 교황제가 존재하는 한, 상실된 서구 제국과 기독교의 몸에 대한 동경은 남아 있을 것이다. 그 가운데 황제와 교황은 서로 앞다투어 서구 기독교 세계의 통일을 위한 파수꾼 역할을 자처할 것이다.

종교개혁Reformation과 함께 신앙의 통일성은 깨어졌다. 루터가 그렇게 되기를 원한 것은 아니었다. 오히려 그의 관심은 오직 교회의 참된 일치에 있었다. 그러나 그는 성경 말씀에 압도되어 교회의 일치는 정치권력을 통해 성취될 수 없으며, 오직 그분의 말씀과 성례전 가운데 살아 계신 예수 그리스도 안에서만 성취될 수 있다는 사실을 분명하게 인식했다. 그리하여 루터는 로마 전통에 근거를 둔 교회의 구조를 깨부수었다. 오직 성경 말씀에 전적으로 복종하는 교황만이 통일된 기독교의 목자가 될 수 있다. 그러나 교황은 전통에 사로잡혀 성경 말씀에 전적으로 복종하지 못했기 때문에 교회의 통일이 깨어진 것이다. 기독교의 몸은 그 참된 구성 요소인 그리스도의 몸corpus Christi과 세상으로 분리된다. 그리스도는 교회에서

검으로 다스리지 않고, 오직 그분의 말씀으로 다스린다. 오직 예수 그리스도의 참된 말씀 아래 신앙의 통일성이 존재한다. 그러나 칼은 세상 정권의 소유다. 세상 정권은 자신의 직무를 올바르게 인식하는 가운데, 그 고유의 방식으로 동일한 주 예수 그리스도를 섬긴다. 땅이 존속하는 한, 이 땅에는 두 개의 왕국이 존재한다. 이 둘은 절대 서로 혼동되어서는 안 되지만, 그렇다고 서로 분리되어서도 안 된다. 그것은 하나님의 말씀이 선포되는 말씀의 왕국과 검의 왕국, 교회의 왕국과 세상의 왕국, 영적 직무의 왕국과 정치권력의 왕국이다. 칼은 결코 교회와 신앙의 통일을 이룩할 수 없으며, 설교는 결코 백성을 지배할 수 없다. 그러나 두 왕국의 주인은 예수 그리스도 안에서 자기를 계시하시는 하나님이다. 그분이 말씀의 직무와 칼의 직무를 통해 세상을 다스리신다. 이 직무를 수행하는 자들은 하나님 앞에서 최종 결산을 해야 한다. 오직 하나의 교회가 있을 뿐이다. 그것은 오직 예수 그리스도의 말씀으로 다스려지는 신앙의 교회다. 이 교회는 결코 없어지지 않는 참된 보편적인 교회다. 이 교회는 로마교회 속에도 여전히 감추어진 채 존재한다. 이 교회는 그리스도의 몸corpus Christi이며, 그것이 서구 세계의 참된 통일이다. 서구의 정치적 통일이라는 문제는 루터에게 절박한 것이 아니었다. 그는 이 정치적 통일은 황제에 의해 보장된다고 믿었다. 그런데 루터의 친구들은 제후들이 무력으로 황제에게 항거할 권리를 승인해 줄 것을 그에게 강력히 요구했다. 이러한 요구가 어렵게 관철되자 비로소 정치적인 분열도 분명해졌다. 그러나 루터의 입장을 따라가 보면, 결국 정치적 일치란 정치권력의 직무를 제대로 수행하는 곳이라면 어디서나 성립되는 것이다. 또한 올바른 정치권력은 신앙의 참된 일치를 승인할 때 정치적 일치의 가장 확고한 근거를 발견할 수 있다. 30년 전쟁은 신앙의 분열로 생겨난 서구의 정치적 균열을 드러냈다. 베스트팔렌 평화조약은 이러한 신앙고백의 분열을 서구의 운명이자 유산으로 인증했다. 그로써 인간의 힘으로는 이미 되돌릴 수 없게 된 서구 기독교의 분열에 대한 공동의 책임과 곤경을 인정한 것이기도 하다. 동시에 분열에도 불구하고, 또 분열이 존재하는 현실 속에서도 서구의 통일에 대한 새로운 자각이 싹트게 되었다. 예수 그리스도에 대한 서구 기독교의 죄책은 공동으로 짊어져야 할 책임이다. 가톨릭과 개신교는 그들이 동일하게 부르는 예수 그리스도의 이름 안에 존속하는 서구의 통일을 파괴해서는 안 된다.

그런데 모든 분야에 걸쳐 급속히 거대한 **세속화 과정** **Säkularisierungsprozeß**이 진행되었으며, 오늘날 우리가 서 있는 곳은 세속화의 최극단이라고 말할 수 있다. 프로테스탄트 측에서는 두 왕국에 대한 루터의 가르침을 오해하여, 세상과 자연적인 것의 해방과 성화를 주장했다. 또 정치권력, 이성,Vernunft 경제, 문화가 제각기 자율성의 권리를 주장했다. 그들은 이 자율성이 기독교와 모순된다고 전혀 생각하지 않았다. 오히려 그들은 바로 여기가 종교개혁이 요구한 진정한 예배의 자리라고 이해했다. 그 결과 종교개혁의 근본 메시지는 깊은 망각의 세계로 빠져들고 말았다. 즉, 성스러운 것이나 세속적인 것 자체가 문제의 핵심이 아니라, 인간의 성화는 오직 죄를 사하여 주시는 은혜로운 하나님의 말씀으로 말미암는다는 사실이 망각된 것이다. 사람들은 종교개혁을 양심과 이성과 문화에 있어서 인간의 해방으로 보며 자축했고, 세상적인 것 자체를 정당화했다. 성경적이고 종교개혁적인 신앙은 급물살을 타고 세상이 하나님에게서 멀어지도록 하는 데 일조했다. 이로써 합리적이고 경험적인 학문을 꽃피울 수 있는 토양이 마련되었다. 17, 18세기 자연과학자들은 여전히 경건한 그리스도인들이었으나, 점차 하나님에 대한 신앙이 사라지면서 단지 합리적·기계적인 세상만 남게 되었다.

가톨릭 측에서는 세속화 과정이 빠르고 혁명적이며 반교회적으로 진행되었다. 그것은 분명 반기독교적이었다. 가톨릭 일색인 프랑스에서 세속화는 혁명적인 폭발로 나타났다. 그러나 **프랑스 혁명**französische Revolution은 오늘날까지도 현대 서구의 출현을 알리는 신호탄으로 남아 있다. 프랑스 혁명은 놀라운 집중력으로 원초적 무게를 싣고, 수많은 다음 세대들의 사상과 요구, 운동이 한꺼번에 역사의 조명 앞에 모습을 드러내도록 했다. 이성의 제단과 자연의 신격화, 진보에 대한 믿음과 문화비평, 시민 사회와 군중의 봉기, 민족주의와 교회에 대한 적대성, 인권과 독재의 테러, 이 모든 것이 서구 역사 가운데 어떤 새로운 것으로 혼돈 속에서 등장했다. 프랑스 혁명은 엄청난 폭력과 놀라운 왜곡 속에 해방된 인간의 모습을 폭로했다. 여기서 해방된 인간이란 해방된 이성, 해방된 계급, 해방된 민중을 말한다. 프랑스 혁명은 전체 서구 세계에 새로운 인간상에 대한 깊은 두려움을 남겼으며, 오류의 심연에 대한 전율을 안겨 주었다. 사람들은 이 모든 약속과 함께 실제로 뭔가 새로운 것을 감지할 수 있었다. 그러나 또다시 끔찍한 일이 반복되는 것에는 두려움을 느꼈다. 그럼에도 원하든 원하지 않든, 그 새로운 것에 자리를 내어주어야만 했다.

해방된 **이성**ratio은 예기치 못한 두려운 힘을 과시했다. 이성을 자유롭게 행사함으로써 진실성과 명료성, 명확성의 분위기가 조성되었다. 편견과 상류 사회의 허영, 잘못된 형식과 둔감한 정서에 불어온 밝은 이성의 신선한 바람은 분명 유익을 주었다. 모든 문제에 대해 지적인 정직함을 요구하는 것은 해방된 이성의 고귀한 업적이었다. 이는 신앙에 대한 물음에도 마찬가지로 적용되었다. 이 위대한 유산은 오늘날에 이르기까지 서구인에게 포기할 수 없는 도덕적 요구로 남아 있다. 합리주의 시대를 경멸하는 것은 진실에 대한 요구를 제대로 이해하지 못한 데서 나온 의심의 표시다. 분명 지적인 정직함은 모든 사물에 대한 궁극적 언어가 될 수 없다. 이성의 선명함은 자주 현실의 깊이를 희생함으로써 얻어지는 것이기도 하다. 그럼에도 이성의 정직하고 선명한 사용에 대한 내적 의무를 폐기해 버릴 수는 없다. 우리는 이미 레싱과 리히텐베르크 이전 상태로 되돌아갈 수 없게 된 것이다.

그러나 해방된 이성은 그 예측 불가능한 힘을 신앙과 삶에 대한 물음에 의해서가 아니라, 사유의 법칙과 자연의 법칙 사이에 존재하는 비밀스런 일치를 발견함으로써 증명했다. 이성은 작업가설이 되고 발명의 원칙이 되어, 비할 데 없는 **기술**Technik의 도약을 이루어 냈다. 여기서 말하는 기술이란 세계사에서 근본적으로 새로운 것을 말한다. 이집트 피라미드로 시작해서 그리스 신전, 중세기 교회를 거쳐 18세기에 이르기까지 기술은 수공업적인 것이었다. 그런 기술은 종교, 군주, 예술, 사람들이 필요로 하는 것에 봉사하는 기능을 했다. 근대 서구의 기술은 이 봉사자의 자리에서 해방되었고, 본질적으로 봉사자가 아니라 지배자, 나아가 자연의 지배자가 되었다. 이와 같은 상황을 초래한 것은 완전히 새로운 정신이었으며, 그 정신이 소멸된다면 이 상황 역시 종말을 고하게 될 것이다. 그 정신은 사유하고 실험하는 인간 아래 자연을 강제적으로 복종시키는 것이기 때문이다. 기술은 그 스스로가 목적이며, 자기 고유의 혼을 가지고 있다. 기술의 상징은 기계이며, 그것을 이용해 자연을 폭력적으로 정복하고 착취한다. 그로 인해 근대 기술의 민낯에 직면한 순박한 믿음은 모순에 봉착한다. 여기서 순박한 믿음은 하나님이 창조하신 세상에 맞서 그와 반대되는 세상을 세우려는 인간의 오만함을 느낀다. 그뿐만 아니라, 시간과 공간을 정복하려는 기술 속에서 하나님께 반항하려는 의도를 목도한다. 결국 기술이 가져온 혜택은 이러한 악마적인 것 배후에서 퇴색하고 만다.

기술은 오직 서구의 토양에서만 자라날 수 있었다는 사실을 간과해서는 안 된다. 이 말은 기술이 기독교를 통해 형성된 세계, 특히 종교개혁의 토대 안에서 성장할 수 있었다는 뜻이다. 기술이 동양의 여러 나라들 속으로 들어갔을 때는 완전히 다른 의미를 갖게 된다. 그 이유는 기술 고유의 자기 목적성을 상실하기 때문이다. 예를 들어, 이슬람 세계에서 기술의 발전은 그들의 신앙과 이슬람 역사의 건설에 전적으로 기여하는 역할을 한다. 이븐 사우드Ibn Saud는 어떤 담화문에서 다음과 같이 말했다고 전해진다. "나는 유럽 문명과 손잡으려는 것이 아니라, 그것을 아랍인과 아랍인의 혼, 신의 의지에 맞게 이용하려는 것이다. 나는 유럽에서 기계를 사들이도록 했다. 그러나 나는 비종교성을 원하지 않는다. 이슬람 민족들은 그들의 오랜 꿈에서 깨어나야 한다. 그들은 무기를 필요로 하지만, 가장 강한 무기는 신을 믿는 신앙, 신의 율법에 겸손히 복종하는 것이다. 증오는 신으로부터 오지 않았다. 증오로 가득 찬 유럽은 그들 자신의 무기로 멸절할 것이다."

이성의 해방은 창조 세계에 대한 지배권의 획득과 기술의 승리를 가져왔다. 기술 시대는 서구 역사의 참된 유산이다. 우리는 그 유산의 의미를 발견할 수 있어야 한다. 기술 이전 시대로 되돌아가는 것은 불가능하기 때문이다.

이 해방된 이성으로부터 영원한 **인권**Menschenrechte이 출현했다. 사람들은 모든 인간에게 천부적으로 주어진 자유의 권리에서, 법 앞에 만민이 평등하다는 사상에서, 인간의 형상을 지닌 모든 이들이 맺고 있는 형제애의 연대성에서 인권을 발견했다. 인간 본성이 지닌 영원한 권리에 의해 인간은 어두운 강압으로부터, 국가와 교회의 감독으로부터, 사회적·경제적인 압제로부터 스스로를 해방시켰다. 그리고 인간의 존엄성, 자유롭게 교육받을 권리, 자기 업적을 인정받을 권리를 요구하며, 타인이 인권의 형제인지 적인지 주시하게 되었다. 중앙 집권적이고 절대적인 폭력에 의한 통치, 정신적·사회적 독재, 계급적 편견이나 특권, 교회의 권력은 이 맹공격 앞에서 한꺼번에 무너졌다. 여기서 독일 휴머니즘과 이상주의가 생겨났다. 사회적 약자였던 계급이 움직이기 시작했다. "민족의 어떤 계층 또는 어떤 개인에게도 프랑스인의 보편적 권리에 있어서 특권이나 예외는 존재하지 않는다." "법은 보편적 의지의 표현이다."인권선언 우선 시민 계급은 업적의 귀족으로서 태생적 귀족과 어깨를 나란히 하며 동등한 지위를 확보했다. 이성은 혈통에 대항하여 자기의 권리를 만들었다. 그 이후 시민 계급과 이성은 서로 끊을 수 없는 밀접한 관계를 맺게 되었다. 그러나 시민 계급 뒤에 위협적이고 어두운 모습으로 제4계급으로서의 대중이 등장한다. 그들은 대중과 비참함이라는 명칭 외에는 달리 부를 이름이 없는 계층이다. 아무것으로도 존중받지 못하고 스스로 어찌할 도리가 없는 비참함 속에 살 수밖에 없던 수백만의 사람들이 태생적 귀족뿐만 아니라 업적의 귀족에 대항하여 고소하고 권리를 주장하기 시작했다. 대중은 혈통의 법칙뿐만 아니라 이성의 법칙도 똑같이 경멸하며, 스스로 비참의 법칙을 만들어 냈다. 그것은 강력하기는 하지만, 그 생명이 오래 지속될 수 없는 법칙이다. 이 사태가 최고조에 이른 오늘날 우리는 위기의 한복판에 서 있다.

우리가 지금까지 말한 전 인류에 대한 생각과는 현저한 대조를 이루지만, 프랑스 혁명은 근대 **민족주의**Nationalismus의 탄생의 진원지가 되었다. 프랑스 혁명 이전에 존재했던 민족의식은 본질상 군주적이었다. 그러나 혁명은 "짐은 국가다"라는 절대주의로부터 민중을 해방시켰다. 민족이라는 혁명적 개념은 과장된 군주적 절대주의에 대립해서 생겨났다. 민중은 내면적으로나 외면적으로 그들 스스로 역사를 책임질 수 있을 만큼 충분히 성숙하다고 여겼고, 민족의 자유와 발전에 대한 권리, 국민에 의해 결정되는 통치의 권리를 요구했다. "모든 주권의 기원은 국민에게 있다."인권선언 국민이란 혁명적 개념이다. 이는 지배층에 대항하여 민중 편에 서는 것이다. 또한 존재에 대항하여 생성의 편에 서고, 제도에 대항하여 유기적인 것의 편에 서는 것이다. 그것은 위로부터의 사고에 대항하여 아래로부터 사고하는 것이다. 따라서 프로이센을 민족주의가 탄생한 장소이며 또 그 대표적인 예로 보는 것은 역사가들의 우스꽝스런 오류 중 하나다. 왜냐하면 프로이센만큼 민족주의가 낯설고, 심지어 민족주의에 대해 적대적인 국가 형태는 없기 때문이다. 프로이센은 국가이긴 했지만 민족은 아니었다. 프로이센은 지배층과 이미 존재하는 것, 제도의 편에 서 있었다. 물론 프로이센은 프리드리히 대왕이 말한바 "나는 국가의 첫 번째 종이다"라는 명제의 의미에서 루이 14세의 프랑스와는 구별된다. 프로이센은 독일의 민족적 대의를 깊이 불신했다. 그 불신은 독일제국의 기초가 세워진 시기까지, 또 그 이후에도 줄곧 진정한 프로이센 세력의 영역에서 표출되었다. 프로이센은 그 건전한 본능으로 민족이라는 개념 속에 들어 있는 혁명성을 감지했고 그것을 거부했다. 프로이센 제국은 위대한 국민의 혁명과 그 여파가 독일에까지 파급되는 것에 맞서 싸웠다. 민족주의는 국제주의의 반동으로서 등장한다. 이 둘은 똑같이 혁명적이다. 프로이센은 두 가지 운동 모두를 반국가적인 것으로 간주하여 대항했다. 프로이센은 민족주의적인 것도 국제주의적인 것도 원치 않았다. 이로써 프로이센은 혁명이 그랬던 것보다 더 서구적으로 사고했다.

그러나 혁명은 관철되었다. 기술, 대중운동, 민족주의 등은 혁명이 낳은 서구의 유산이다. 이 세 가지는 모두 서로 긴밀한 관계에 있지만, 동시에 서로 예리하게 대립한다. 기술이 대중을 낳고 대중은 다시 고도의 기술을 요구하는 것이 사실이지만, 그럼에도 기술 자체는 더욱 강력하고 정신적으로 월등한 개개인의 능력을 필요로 한다. 기술자와 기업가는 대중에 속하지 않는다. 여기서 문제가 되는 것은 장기적으로 대중화 과정이 심화되면, 정신적 업적은 차츰 평준화된다는 사실이다. 그리하여 기술은 정지 상태에 이르고, 결국 기술의 전적인 붕괴를 낳게 된다. 기술과 대중은 민족적 집단 속에서 생겨나고 서로 결속하기도 하지만, 불가피하게 민족주의라는 한계를 극복하려는 경향이 있다. 대중과 민족주의는 이성적인 것에 대해 적대적이고, 기술과 대중은 반민족주의적이며, 민족주의와 기술은 대중에 대해 적대적이다.

프랑스 혁명은 서구의 새로운 정신적 통일을 이룩했다. 프랑스 혁명은 이성과 대중, 국민으로서의 인간을 해방함으로써 성립되었다. 해방을 위한 투쟁에서 이들 구성 요소는 서로 힘을 합하여 싸웠으나, 바라던 자유를 얻은 뒤에는 철천지 원수가 되었다. 말하자면, 서구의 새로운 통일은 이미 몰락의 씨를 자기 안에 품고 있었다. 더 나아가 이는 분명 역사의 근본 법칙이기도 하며, 절대적 자유에 대한 갈망은 인간을 가장 극단적인 노예 상태로 몰아넣는다는 사실을 여실히 보여준다. 기계의 주인이 기계의 노예가 되고, 기계는 인간의 원수가 된 것이다. 만들어진 것이 만든 자를 대적한다. 타락의 기이한 반복이라고나 할까! 대중의 해방은 단두대에 의한 공포정치로 막을 내렸다. 민족주의는 불가피하게 전쟁을 불러왔다. 절대적 이상으로서의 인간 해방은 인간을 자기 파멸로 이끌어 갔다. 프랑스 혁명이 열어 놓은 길의 마지막에는 다름 아닌 허무주의가 기다리고 있었다.

프랑스 혁명이 유럽에 가져온 통일과 오늘날 우리가 직면한 그 통일의 위기는 다름 아닌 **서구의 무신성**abendländische Gottlosigkeit이다. 그것은 그리스, 인도, 중국, 서구의 개별 사상가들이 표명하는 무신론과는 완전히 구별된다. 그것은 하나님의 존재에 대한 이론적인 부정이 아니다. 오히려 그것은 그 자체가 종교이며, 더욱이 하나님에 대한 적대감에서 나온 종교다. 바로 이 점에서 그것은 서구적이다. 그것은 자신의 과거를 떨쳐 버릴 수 없고, 본질상 종교적일 수밖에 없는 무신성이다. 바로 그것 때문에 사람들의 눈에 비친 서구의 무신성은 그토록 절망적으로 무신적이다. 서구의 무신성은 볼셰비즘의 종교에서부터 기독교회 한복판까지 편만하게 스며들어 있다. 이 무신성은 바로 독일에 있지만, 앵글로색슨계 국가들에서도 기독교적 무신성이 뚜렷하게 나타난다. 그것은 생각할 수 있는 모든 기독교의 형태에서—민족적이건, 사회적이건, 합리적이건, 신비적이건 모두—성경이 말하는 살아 계신 하나님, 곧 그리스도를 대적하고 있다. "새로운 인간을 만들어 내는 공장"이 볼셰비즘의 것이든 기독교의 것이든, 그들의 하나님은 **새로운 인간**der neue Mensch이다. 모든 이교와 근본적으로 다른 점이 있다면, 이교는 인간의 모습 안에서 신들이 숭배되는 반면, 서구적 무신성은 하나님의 모습 안에서 인간이 숭배된다. 다시 말해, 예수 그리스도의 모습 안에서 인간이 숭배되는 것이다.

그리스도인의 자유에 대한 루터의 위대한 발견과 인간의 본질적 선에 대해 말하는 가톨릭의 그릇된 교리는 똑같이 인간 우상화에서 끝나고 말았다. 그러나 인간 우상화를 바르게 이해하면, 그것은 바로 허무주의를 선언하는 것임을 알 수 있다. 성경적 하나님 신앙의 붕괴와 모든 하나님의 계명과 질서의 붕괴는 결국 인간 스스로를 파멸시키고 만다. 거기서 모든 가치의 와해를 내포하고 있는 무제약적인 활력론Vitalismus[2]이 나온다. 그리고 그것은 궁극적인 자기 파괴와 허무Nichts에 이르러서야 비로소 멈추어 선다.

프랑스 혁명 이후 서구 세계는 본질적으로 교회에 대해 적대적이 되었다. 교회에 대한 적대적인 공격은 현대 민중 선동가들에게 특별히 성공적이었다. 전 유럽의 광활한 전선에 걸쳐 교회에 대한 강렬한 분노가 번져 나갔다. 그럼에도 교회를 탈퇴하는 사람들의 수가 현저하게 적었다는 점은 한 가지 중대한 사실을 말해 준다. 즉, 그것은 반교회적 적대성의 모호함이다. 서구의 무신성은 단순히 반교회적 적대성과 동일시될 수 없는 것이다. 우리가 절망적인 무신성hoffnungslose Gottlosigkeit이라고 칭하는, 종교적·기독교적으로 장식된 무신성이 있다. 그러나 이와 나란히 반종교적·반교회적인 것을 대변하는 희망찬 무신성verheißungsvolle Gottlosigkeit도 존재한다. 이는 대체로 교회를 타락하게 만든 경건한 무신성fromme Gottlosigkeit에

2. 생기론(生氣論)이라고도 불리며, 무생물과 달리 모든 생물에는 목적을 실현하는 특별한 생명력이 있다는 이론이다.—옮긴이

대한 저항이다. 그런 저항은 부정적이기는 하지만, 어떤 의미에서 참된 하나님 신앙과 참된 교회 유산을 지켜 주는 역할을 한다. 하나님은 경건한 자의 할렐루야보다 무신론자의 저주를 더 즐거이 들으신다는 루터의 말이 이 경우에 해당한다. 희망찬 무신성은 절망적인 무신성과 마찬가지로 특수한 서구적 현상의 하나다. 본질적인 교회에 대한 적대성에도 불구하고, 교회와 완전히 단절한 사람들의 수가 상대적으로 아주 적다는 것은 이와 같은 배경에서 이해할 수 있다. 어떤 이들은 경건한 무신성에서 공허 속으로 추락하는 것을 막아 줄 마지막 보루를 찾으려고 한다. 그러나 그들이 추락을 면하는 일은 극히 드물다. 또 어떤 이들은 참된 하나님 신앙을 가능케 하는 장소로부터 단절될 경우에 대비하여, 희망찬 무신성을 최후의 보루로 남겨 놓기도 한다. 그러나 이 경우에도 교회를 떠난 것인지는 분명하지 않다. 그런 일은 절망적인 무신성에서도 희망찬 무신성에서도 일어날 수 있다. 여기서 교회를 떠나는 것이 과연 참된 하나님 신앙에서 가능한가 여부와, 그것이 특정한 상황에서는 필연적이라는 문제는 별개로 하더라도 그렇다.

이제 우리는 앵글로색슨계 국가들, 특히 미국에서 특

별하게 전개된 발전에 대해 사유할 필요성이 있다. 미국에서의 혁명은 프랑스 혁명과 거의 동시대에 일어났고, 정치적 연관성이 전혀 없는 것도 아니다. 하지만 이 둘은 근본적으로 철저하게 구별된다. 미국 민주주의는 해방된 인간der befreite Mensch에게 근거를 두고 있지 않다. 그와 정반대로 미국 민주주의의 기초는 하나님 나라이며, 지상의 모든 권력이 하나님의 주권에 의해 제한된다. 만일 미국 역사가가 미합중국 헌법은 원죄와 인간 마음의 사악성을 아는 이들에 의해 쓰여진 것이라고 말할 수 있으려면, 그것이 프랑스 혁명의 인권선언과 확실히 구별된다는 사실에 주목해야 한다. 모든 인간은 천부적으로 권력에 대한 욕망이 있다. 그러므로 지상의 권력자뿐만 아니라 각 개인도 마찬가지로 유일한 하나님의 권세를 통해 권력을 무제한 남용하는 것을 억제해야 한다. 사실 이러한 사상은 칼뱅주의를 기원으로 한다. 그런데 이 사상이 본질상 칼뱅주의와 상반되는, 미국으로 도망친 비국교도들의 영성주의에서 유래한 이념과 결부되어 나타났다. 비국교도들은 지상의 하나님 나라는 국가 공권력이 아닌, 오직 신자 공동체에 의해 세워질 수 있다고 믿었다. 교회는 사회 및 정치 질서의 원칙들을 선언하고, 국가는 그 원칙들을 실천할 수 있도록 기술적인 수단들을 제공한다. 교회와 국가라는 서로 완전히 다른 사고의 노선이 민주주의의 요구에서 합치된 것이다. 이처럼 미국의 사고를 규정하는 것은 열광적인 영성주의다. 바로 여기서 매우 주목할 만한 현상이 나타난다. 그것은 민주주의를 기독교적으로 형성하려는 시도가 서구 대륙에서는 결코 성공하지 못한 반면, 앵글로색슨계 국가에서는 민주주의가 기독교적 국가 형태로 통용되고 있다는 사실이다. 영성주의자들을 대륙에서 박해하고 추방한 것은 결국 정치적으로 엄청난 결과를 초래했다. 그럼에도 앵글로색슨계 국가들은 극심한 세속화 현상에 시달려야 했다. 그 원인은 두 가지 직무, 곧 두 왕국 개념의 구별을 잘못 해석했기 때문이 아니라, 그 반대로 열광주의에 근거하여 국가와 교회라는 두 가지 직무와 두 왕국 사이를 잘못 구별했기 때문이다. 기독교적 원칙에 따라 세계를 건설하려는 신자 공동체의 요청은, 교회가 세상에 부응함으로써 완전히 부패해 버리는 결과에 이르렀다. 이러한 경향은 뉴욕의 교회 주보를 살펴보는 것만으로 충분히 확인할 수 있다. 이 경우에 극단적인 반기독교적 적대성이 명백하게 드러나지 않는 이유는, 두 가지 직무가 완전히 구별되어 있지 않기 때문이다. 그러나 무신성은 감추어진 상태로 존속하고 있다. 그리하여 교회는 고난의 복을 빼앗긴 것은 물론, 고난을 통해 생겨난다고 해도 좋을 거듭남의 복마저 빼앗기고 말았다.

예수 그리스도의 형상을 통해 이루어진 통일성의 상실과 함께 서구 세계는 허무Nichts와 마주하게 되었다. 고삐 풀린 폭력들이 저마다 미친 듯이 날뛰고, 존재하는 모든 것이 파멸의 위협에 직면했다. 여기서 문제가 되는 것은 여러 위기들 가운데 하나가 아니라, 이러한 현상이 마지막 때와 맞물려 있다는 점이다. 서구 세계는 자신이 처한 순간의 유일무이성을 감지하며 허무 속으로 자기를 내던지고 있다. 그리스도인들은 최후의 심판이 가까이 다가왔다고 서로 이야기한다. 서구 세계가 빠져들고 있는 이 허무는 부흥했던 민족 역사의 자연적인 종말이나 사멸, 몰락이 아니다. 그것은 특수한 서구적 허무,ein spezifisch abendländische Nichts 곧 반항적이고 폭력적이며, 인간에게도 신에게도 적대적인 허무다. 그것은 존재하는 모든 것을 폐기해 버리는 허무이며, 하나님을 대적하는 모든 세력이 최고도로 힘을 행사하는 허무다. 허무가 하나님 자리를 차지해 버린 것이다. 아무도 그 목표와 잣대를 알지 못한다. 그것의 지배는 절대적이다. 그것은 존재하는 모든 것에 반反신적인 입김을 불어넣는 창조적인 허무ein schöpferisches Nichts다. 그것은 외견상 새로운 삶을 일깨우는 것처럼 보이지만, 실상 삶의 고유한 본질을 집어삼킨다. 그리고 나중에는 죽은 외피만 남겨 둔 채 모든 것을 허물어뜨린다. 삶, 역사, 가족, 민족, 언어, 신앙 등, 이렇게 열거해 보면 끝이 없겠지만, 허무는 어떤 것도 용납하지 않는다. 결국 그 모든 것이 허무의 희생물로 전락하고 마는 것이다.

허무의 심연 앞에서 역사적 유산에 대한 물음은 퇴색해 버린다. 즉, 역사적 유산을 물려받아서 현재를 살고 미래를 위해 전수해 준다는 식의 의미를 상실한다. 미래도 없고, 과거도 없다. 오직 허무로부터 해방된 순간과, 다음 순간을 붙들려는 의지만 남아 있을 뿐이다. 어제의 것은 이미 망각 속으로 사라지고, 내일의 것은 오늘의 의무를 부과하기에는 너무 멀리 있다. 지나간 시대의 회색 지대를 영광스럽게 함으로 과거의 짐을 떨쳐 버리고, 다가올 수천 년을 말하면서 내일의 과제에 대한 책임을 회피한다. 영속적인 것도 없고, 책임을 지는 자세도 없다. 마지막 장면이 끝나는 즉시 기억 저편으로 사라지는 영화는 이 시대가 보이는 깊은 망각의 표지다. 세계사적 의미를 가진 사건도 전대미문의 범죄와 마찬가지로, 쉽게 망각하는 영혼에게는 아무 흔적도 남기지 못한다. 미래를 가지고 위험한 도박을 한다. 상상할 수도 없는 금액의 돈을 내건 추첨과 빈번하게 노동자의 하루 품삯을 삼켜 버리는 도박은 미래의 공간에서 거의 실현 불가능한 요행을 찾고 있다. 과거와 미래를 상실한 이들의 삶은 극도로 잔인한 순간의 쾌락과 모험적인 도박 사이를 오가며 흔들린다. 개인 및 직업적 영역에서 천천히 성숙해 가는 모든 내면의 성장 과정이 급격히 중단된다. 개인의 운명은 존재하지 않으며, 따라서 개인의 품격도 존재하지 않는다. 진지한 긴장감, 내적으로 필연적인 기다림의 시간들은 참을 수 없는 것이 되었다. 그것은 노동의 영역에서뿐만 아니라 애욕의 영역에서도 마찬가지다. 서서히 찾아오는 고통은 죽음보다 두려운 것이 되었다. 죽음의 위협을 통해 삶을 형성해 가던 고난의 가치는 잘못 인식되고, 더 나아가 경멸스러운 것이 되고 말았다. 건강이냐 죽음이냐 하는 양자택일이 있을 뿐이다. 진지한 긴장감은 견딜 수 없는 것이 되었다. 고요함, 기존의 것, 본질적인 것은 무가치한 것으로 치부된다. 자신의 길에 대한 진지한 모색과 "위대한 확신들"große Überzeugungen의 태도는 바람 부는 대로 항해를 맡기는 경솔함에 자리를 내어준다. 정치의 영역에서는 순간을 무반성하게 향락하는 것이 마키아벨리즘의 간판을 내걸고 행세하며, 도박적인 태도가 영웅주의와 자유로운 행위로 불린다. 마키아벨리즘도 아니고, 영웅주의적인 것도 아닌 것은 "위선"Heuchelei으로 치부된다. 이는 권리에 대한 인식과 시대가 요구하는 필연성 사이에서 길고도 고된 투쟁을 하는 것이 진정한 서구 정치의 본질임을 더 이상 이해하지 못하기 때문이다. 또한 그것이 바로 많은 것들을 포기하면서도 진실로 자유로운 책임을 다하는 정치 행위임을 알지 못하기 때문이다. 그리하여 사람들은 불행하게도 강한 것을 약한 것과 혼동하고, 역사적 연대성을 타락과 혼동한다. 영속적으로 존재하는 것이 아무것도 없으므로, 모든 형태에서 역사적 삶의 근거와 신뢰가 깨어진다. 진리에 대한 신뢰가 없으므로, 궤변적인 선전이 그 자리를 차지한다. 공의에 대한 신뢰가 없으므로, 유용한 것이 정당한 것으로 인정된다. 더 나아가 확고한 터전에 기초한 타인에 대한 무언의 신뢰조차도, 얼마 안 가서 서로가 서로를 의심하는 눈초리로 바뀌게 된다. 도대체 남아 있는 것이 무엇이냐고 묻는다면, 그 대답은 오직 하나뿐이다. 그것은 허무 앞에서의 불안 Angst vor dem Nichts 이다. 오늘날 우리가 관찰하게 되는 경악할 만한 사실은 인간이 허무 앞에서 고유의 판단력, 인간됨, 이웃 등의 모든 것을 포기한다는 것이다. 이러한 불안이 인간 양심을 저버리고 횡행하는 곳에서는 목적의 달성을 위해 아무 제한도 두지 않게 된다.

여기서 깊은 심연으로의 추락을 막아 줄 최종 보루는 오직 두 가지가 있을 뿐이다. 그 하나는 새로운 신앙 각성의 기적이고, 다른 하나는 성경이 "막는 자" κατέχων, 살후 2:7 라고 부르는 힘이다. 즉, 강력한 물리적 힘을 동원해 심연으로 추락하지 못하도록 효과적으로 막아 내는 공권력 Ordnungsmacht 이다. 기적은 역사적으로 도달 가능하거나 실현 가능한 모든 것을 초월하여, 세상 너머 위로부터 개입하는 하나님의 구원 행위다. 즉, 아무것도 없는 무에서 새 생명을 창조하는 행위이며, 그것이 죽은 자의 부활이다. "막는 자" das Aufhaltende 는 세상 역사 한가운데서 하나님의 통치를 통해 역사하는 힘이며, 악에 한계를 그어 주는 역할을 한다. "막는 자" 자체는 하나님이 아니며, 죄가 없는 것도 아니다. 그러나 세계를 붕괴로부터 지키기 위해 하나님이 친히 사용하시는 도구다. 하나님의 기적이 선포되는 곳은 **교회**Kirche다. "막는 자"는 질서를 지키고 유지하는 국가의 힘이다. 두 가지 권위는 본질상 서로 구별되지만, 위협적인 혼돈에 직면해서는 서로 긴밀한 협력 관계를 맺는다. 그러므로 세계를 파괴하려는 힘은 이 둘을 똑같이 불구대천의 원수로 증오한다.

서구 세계는 역사적 유산 자체를 받아들이길 거부하고 있다. 서구 세계는 그리스도에게 적대적이다. 이는 우리 시대가 처한 특수한 상황이며, 이것이야말로 진정한 붕괴다. 모든 기존의 것이 해체되는 가운데, 그리스도의 교회는 중세와 종교개혁적 유산의 파수꾼으로 존재한다. 무엇보다도 "어제나 오늘이나 영원토록"히 13:8 동일하신 예수 그리스도 안에서 하나님의 기적의 증인으로 존재한다. 이 교회 옆에 "막는 자", 곧 질서를 유지하는 공권력이 여전히 효과적으로 붕괴를 막고 있다. 교회의 과제는 다른 어떤 것과도 비교할 수 없다. 기독교 공동체corpus christianum는 산산이 깨어졌다. 그리스도의 몸

corpus Christi은 적대적인 세상과 마주하고 있다. 그리스도를 아는 지식을 가진 후에 그분을 배반한 세상을 향해, 교회는 예수 그리스도가 살아 계신 주님임을 증거해야 한다. 교회는 역사적 유산의 계승자로서, 종말의 날을 기다리는 가운데 역사의 미래에 대한 책임을 져야 한다. 모든 것의 종말을 조망하면서도, 역사에 대해 책임지는 자세를 견지해야 한다. 교회는 종말을 하나님께 맡길 뿐 아니라, 역사의 지속 가능성도 맡겨야 한다. 교회는 두 가지 가능성 모두를 주시해야 한다. 교회는 자기 고유의 과제를 신실하게 수행함으로써, 다시 말해 부활하신 예수 그리스도를 선포함으로써 파괴의 영에 치명상을 입힌다. "막는 자", 곧 질서를 유지하는 공권력은 교회를 자신의 동맹자로 여기며, 그 질서를 구성하는 요소로서 여전히 존재하는 모든 것들은 교회 가까이로 나아온다. 정의, 진리, 학문, 예술, 교육, 인간성, 자유, 애국 등은 오랜 시간 미로를 헤맨 끝에 다시 그들의 근원으로 돌아온다. 교회의 메시지가 중심이 되면 될수록, 교회는 더욱더 큰 영향력을 갖게 된다. 파괴의 영에 대해서는, 교회의 고난이 과거 교회가 행사하던 정치적 힘보다 훨씬 위협적임을 보여준다. 그러나 교회는 살아 계신 주 예수 그리스도를 증거함으로써, 교회의 관심이 단순히 과거를 보존하는 데 있지 않음을 분명히 한다. 교회는 질서를 유지하는 공권력에게도 주님의 말씀을 듣고 그분에게로 돌아올 것을 강력히 촉구한다. 교회는 자기에게 나아오는 자들과 그 가까이에 머물기 원하는 자들을 배척하지 않는다. 교회는 질서를 유지하는 공권력의 성공 여부를 세상을 통치하시는 하나님께 맡긴다. 교회는 국가 공권력과의 구별을 분명히 하면서, 그들과 성실한 동맹 관계를 유지해 나간다. 그 관계 속에서 교회는 선조들의 복과 죄책이 담긴 역사적 유산을 미래에 전수하는 과제 역시도 세상의 통치자이신 하나님께 맡긴다.

죄책, 칭의, 갱신

죄 고백

여기서 다룰 주제는 우리 안에 예수 그리스도의 형상을 이루는 일에 관한 것이다. 즉, 심판받고 새롭게 하심을 입은 참 인간의 문제를 다루고자 한다. 심판받고 새롭게 하심을 입은 참 인간은 예수 그리스도의 형상 안에 있다. 다시 말해, 예수 그리스도와 동일한 형상을 취한 인간이 바로 심판받고 새롭게 하심을 입은 참 인간이다. 오직 그리스도 안에 받아들여진 인간만이 참 인간이며, 오직 그리스도의 십자가에 의해 깊이 찔림을 받은 인간만이 심판받은 인간이다. 그리고 그리스도의 부활에 참여하는 인간만이 새롭게 하심을 입은 인간이다. 하나님이 그리스도 안에서 인간이 되신 이래, 그리스도 없는 인간에 대한 모든 사상은 아무 결실 없는 추상적 관념일 뿐이다. 예수 그리스도의 형상 안에 받아들여진 인간과 상반된 인간상은 스스로 자신의 창조자요, 심판자요, 갱신자인 인간이다. 그런 인간은 자신의 본래적인 존재를 잃어버린 채 살기 때문에 언젠가는 자멸하고 만다. 인간이 그리스도에게서 떨어져 나온 것은 곧 자기 고유의 본질에서 벗어난 것이다. 이는 자기 자신을 배반한 것과 똑같다.

오직 그리스도에 대한 죄를 인식할 때, 자신을 돌이킬 수 있는 회심의 길이 열린다. 여기저기서 범하는 잘못이나 실수, 추상적인 법률 위반이 아니라, 그리스도를 배반하고 그분에게서 떨어져 나온 모습을 죄로 인식해야 한다. 즉, 우리 안에 그분의 형상을 이루려 하시며, 본래 우리의 형상으로 인도하기 원하시는 그리스도의 형상에 대한 배반을 죄로 인식해야 한다. 참된 죄 인식은 해체나 타락의 경험을 통해 생겨나는 것이 아니라, 오직 그리스도의 형상 자체와 대면하여 만나는 순간 이루어진다. 다시 말해, 어느 정도 그리스도의 형상과 교제가 이루어지고 있다는 것이 전제가 된다. 바로 그렇기 때문에 참된 죄 인식은 기적이라고 말할 수 있다. 어떻게 그리스도를 배반하고 떠난 자가 그리스도와 교제하는 것이 가능하겠는가? 그것은 그리스도 자신이 그분을 배반하고 떠난 자를 굳게 붙들고 계시며, 그분과의 교제가 끊어지지 않도록 지켜 주시기에 가능하다. 결국 죄 인식은 그리스도의 은혜로만 가능하다. 즉, 그리스도를 배반하고 떠난 자를 그리스도의 손으로 굳게 붙들어 주시는 은혜 안에서 죄 인식이 이루어진다. 이러한 죄 인식 속에서 그리스도와 동일한 형상을 취하는 과정이 시작된다. 이 점에서 죄 인식은 스스로 시도하고 아무 결실 없이 끝나는 다른 모든 인식과 구별된다.

이 죄 인식Schulderkenntnis이 실제로 일어나는 장소가 교회다. 그러나 이 말을 오해해서는 안 된다. 즉, 교회가 존재하고 행하는 것 외에, 부가적으로 참된 죄 인식이 일어나는 장소라는 식으로 이해해서는 안 된다. 오히려 교회는 그리스도의 은혜로 말미암아 그리스도에 대한 죄를 인식하게 된 사람들의 공동체다. 교회가 죄 인식의 장소라는 말은 동일한 것에 대한 다른 표현이다. 만일 그렇지 않다면 교회는 교회 될 수 없을 것이다. 오늘날 교회는 그리스도의 은혜로 말미암은 능력에 붙잡혀서 개인의 죄를 고백할 뿐 아니라, 예수 그리스도를 배반하고 떠난 서구 세계의 죄를 인식하고 고백하며, 그 죄에 대한 책임을 짊어지는 사람들의 공동체다. 교회는 예수께서 세상 한가운데 그분의 형상을 이루어 나가시는 곳이다. 그러므로 오직 교회만이 개인과 공동체가 거듭나고 새로워지는 장소가 될 수 있다.

예수 그리스도를 배반한 죄책이 타인에게서 확인되는 것으로 생각하지 않고, 바로 자기 자신이 그리스도를 배반한 죄인임을 고백하는 사람들이 있다는 사실은 경이롭다. 왜냐하면 바로 그것이 살아 계신 그리스도의 현존에 대한 표징이기 때문이다. 죄 고백은 옆에 있는 공범자를 곁눈질하지 않고 이루어진다. 모든 죄를 자기 자신이 짊어진다는 의미에서 이 죄 고백은 철저하게 배타적이다. 여전히 죄를 계산하며 경중을 따지고 있다면, 그것은 예수 그리스도의 형상 앞에 죄 고백을 하는 것이 아니다. 거기에는 자기 의를 내세우는 열매 없는 도덕성이 있을 뿐이다. 개개의 잘못이 아니라, 그리스도의 형상이 죄 고백의 근원이다. 그러므로 죄 고백은 무조건적이며 완전하다. 그리스도는 우리의 죄를 아무 조건 없이 짊어지시고, 우리의 죄를 대신해 자신을 죄인이라고 선언하셨다. 또한 이로써 우리가 죄 없다고 선언하시며 우리를 자유케 하셨다. 다른 어떤 것도 아닌, 바로 이렇게 하신 그리스도가 우리로 하여금 죄를 고백하도록 강권하신다. 그리스도의 은혜를 주목할 때, 우리는 타인의 죄를 주목하는 눈에서 완전히 자유로워진다. 그리고 그리스도 앞에 무릎을 꿇고, "나의 죄 나의 가장 큰 죄"mea culpa, mea maxima culpa라고 고백하게 된다.

이 죄 고백과 함께 세상 모든 죄가 교회와 그리스도인들 위로 떨어진다. 그리고 여기서 죄를 부인하지 않고 고백하면 용서의 가능성이 열린다. 도덕주의자들은 전혀 이해할 수 없게, 진짜 죄인이 누구인지 아예 찾으려고도 하지 않으며, 죄에 합당한 형벌과 선에 합당한 보상을 요구하지도 않는다. 악인이 자신의 악에 대해 책임을 지지 않는다("불의를 행하는 자는 그대로 불의를 행하리라"는 계 22:11의 의미에서 그러하다). 이 사람들은 진실로 모든 죄를 자신이 짊어진다. 그들은 영웅 심리로 희생을 결심한 것이 아니며, 단지 그리스도에 대한 자신의 죄로 압도당했을 뿐이다. 이 순간 그들은 더 이상 "주모자들"에 대한 정의로운 응징을 생각할 수조차 없게 된다. 오직 자신의 크나큰 죄를 용서받은 사실만 생각할 수 있을 뿐이다.

우선 각 개인의 죄를 마치 공동체에 독을 퍼뜨리는 원천으로 인식하는 가운데 매우 사적으로 죄 고백을 하는 경우가 있다. 개인의 가장 은밀한 죄라 할지라도, 그 죄는 그리스도의 몸을 더럽히고 파괴한다.고전 6:15 우리 몸의 지체 속에 숨어 있는 정욕으로 말미암아 살인, 시기, 분쟁, 전쟁이 일어난다.[약 4:1 이하] 내가 지은 죄는 극히 하찮은 것에 불과하다며 안심할 수 없다. 죄의 경중을 따지는 것이 아니라, 나의 죄가 그 모든 일에 책임이 있다는 사실을 인식하는 것이 중요하다. 나는 무질서한 욕망에 이끌려 죄를 범하고, 말을 해야 할 순간에 비겁하게 침묵하는 죄를 범한다. 나는 폭력 앞에 위선적이며 진실하지 못한 죄를 범한다. 나는 가장 비천한 처지에 있는 형제를 긍휼히 여기지 않고 그를 부인하는 죄를 범한다. 나는 그리스도에게 신실하지 못하고 그분을 배반하는 죄를 범한다. 다른 사람도 똑같이 이런 죄를 범하고 있다는 것이 그대와 무슨 상관이란 말인가? 나는 타인이 지은 모든 죄를 용서할 수 있다. 그러나 나 자신의 죄는 내가 결코 용서할 수 없는 죄로 남아 있다. 이것은 죄된 현실을 병적이고 자기중심적으로 왜곡한 것이 아니다. 죄를 재어 보거나 항변하지 않고, 오직 자신의 죄에서 아담의 죄를 인식하는 것이야말로 참된 죄 고백의 본질이다. 이 인식을 무의미한 것[ad absurdum]으로 증명해 보이고자 하는 시도는 아무 소용이 없다. 왜냐하면 공동체 전체의 죄를 자신의 죄로 인식하는 무수한 개인들이 있기 때문이다.

이러한 수많은 개인들이 모여 교회라고 하는 전체로서의 나를 형성한다. 그들 속에서, 그리고 그들을 통해 교회는 자신의 죄를 고백하고 인식하는 것이다.

교회는 모든 시대에 예수 그리스도 안에서 자신을 계시하신 하나님을 공개적으로 분명하게 선포하지 못한 죄를 고백한다. 또 자기 옆에 다른 신들을 두는 것을 결코 용납하지 않는 유일하신 하나님을 분명하게 선포하지 못한 죄를 고백한다. 교회는 두려움에 휩싸여 회피하고 위험한 타협을 했던 죄를 고백한다. 교회는 자주 파수꾼의 직무와 위로의 직무를 부인했다. 그리하여 교회는 추방당하고 멸시받는 자들에게 교회가 마땅히 베풀어야 할 긍휼을 자주 기피했다. 교회는 외쳐야 할 때 침묵했다. 교회는 무죄한 자들의 피가 하늘을 향해 부르짖는 것을 목도하면서도 침묵했다. 교회는 마땅히 해야 할 말을 찾지 못했고, 제때 적절한 방법으로 말하지 못했다. 교회는 신앙의 배반에 맞서 피 흘리기까지 싸우지 못했으며, 대중의 무신성에 대한 책임이 있다.

교회는 예수 그리스도의 이름을 망령되이 일컬은 죄를 고백한다. 교회는 세상 앞에서 그리스도의 이름을 부끄러워하며, 그리스도의 이름이 사악한 목적을 위해 악용되는 데 힘껏 항거하지 못했다. 교회는 그리스도의 이름을 빙자하여 자행되는 폭력과 불의를 방관했다. 교회는 지극히 거룩한 이름이 공공연히 조롱당할 때도 반박하지 못하고 방조함으로써 그들에게 일조했다. 교회는 하나님의 이름을 망령되이 일컫는 자를 하나님이 반드시 벌한다는 사실을 잘 알면서도 그랬다.

교회는 안식일을 상실하고 예배를 황폐케 한 죄, 주일의 안식을 경시하도록 만든 죄를 고백한다. 교회는 불안에 떨며 안식하지 못하고, 노동 시간을 초과하여 노동력을 착취하도록 일조한 죄를 고백한다. 이 모든 것이 예수 그리스도에 대한 교회의 설교가 힘이 없고, 예배의 생명력을 상실한 결과다.

교회는 부모의 권위가 깨어진 것에 대해 책임이 있음을 고백한다. 교회는 노인을 경시하고 청춘을 우상화하는 일에 반대 목소리를 내지 못했다. 청년들이 교회를 떠날까 봐, 교회의 미래를 잃어버리게 될까 봐 두려웠기 때문이다. 마치 교회의 미래가 청년들이라는 듯이 그랬다! 교회는 혁명적인 청년들에 맞서, 과감하게 부모에게 주어진 신적 위엄을 선포하지 못했다. 교회는 단지 "청년들과 함께하려는" 매우 세속적인 노력만 강구했다. 그 결과 교회는 무수한 가정이 파괴되고, 자녀들이 부모를 거역하고, 청년들이 자기를 우상화하는 일에 일조했다. 결국 교회는 그들이 그리스도를 배반하고 떠나도록 방치한 책임이 있음을 고백한다.

교회는 야만적인 폭력의 자의적 행사, 무수한 죄 없는 사람들의 육체적·정신적 고통, 압제, 증오, 살인을 목격했지만, 그들을 위해 목소리를 높이지 않았고 서둘러 도울 방도를 강구하지도 못했음을 고백한다. 교회는 예수 그리스도의 형제들 중 가장 약하고 힘없는 자들의 생명에 대해 책임이 있음을 고백한다.

교회는 남녀 간의 성 문제에서 모든 질서가 붕괴되는 것을 목도하면서도 길을 제시하고 도움을 주는 말을 찾지 못했음을 고백한다. 교회는 순결을 경멸하는 성 개방 선언에 대해 타당하면서도 강력하게 맞설 방도를 알지 못했다. 교회는 기껏해야 도덕적인 분개에 그칠 뿐이었다. 따라서 교회는 청년들의 순결과 건강에 대한 책임이 있음을 고백한다. 교회는 우리 몸이 예수 그리스도의 몸에 속해 있다는 사실을 강력하게 선포하는 책임을 다하지 못했다.

교회는 가난한 자들이 약탈과 착취를 당하고, 강한 자들이 부를 축적하며 부패해 가는 것을 침묵으로 방관한 죄를 고백한다.

교회는 중상모략과 고발, 명예훼손으로 인해 삶이 유린당한 무수한 사람들에 대해 책임이 있음을 고백한다. 교회는 중상하는 자들이 자기들의 불의함을 뉘우치도록 도전하지 못했고, 그 희생자들을 그들의 손에 그대로 방치해 두었다.

교회는 안전, 평온, 평화, 재물과 영예를 갈망한 죄를 고백한다. 교회가 구하지 말아야 할 그런 것들을 탐함으로써, 인간의 욕망을 제어하기는커녕 오히려 장려하는 죄를 범한 것을 고백한다.

교회는 모든 십계명을 어긴 죄를 고백한다. 교회는 그렇게 함으로써 그리스도를 배반한 죄를 고백한다. 교회는 하나님의 진리를 분명하게 증거하지 못했다. 교회는 모든 진리 탐구, 모든 학문이 하나님의 진리 안에서 근원을 인식할 수 있음을 분명하게 증거하지 못했다. 교회는 하나님의 공의가 본질상 모든 참된 정의의 고유한 원천임을 제대로 선포하지 못했다. 교회는 하나님의 돌보심을 신뢰하도록 하지 못했다. 교회는 인간의 모든 경제 활동이 이러한 하나님의 돌보심을 기초로 그 사명을 다하도록 인도하지 못했다. 교회는 스스로 침묵함으로써 책임적 행동에서 멀어지는 죄를 범했다. 교회는 옳다고 깨달은 진리를 위해 기꺼이 고난당하며 진리 편에 서는 용기를 저버렸다. 교회는 정치권력이 그리스도를 배반한 것에 대해 책임이 있음을 고백한다.

이상에서 말한 것이 너무 심하게 들리는가? 자신이 아주 의롭다고 생각하는 몇몇 사람들은 이의를 제기하며, 책임은 교회가 아닌 다른 이들에게 있다는 사실을 입증해 보이려고 하지 않겠는가? 몇몇 교회 지도자들은 이 모든 말을 모욕적으로 여기며, 세상 심판자의 자리에 앉아 죄의 무게를 달아보고 경중을 따지려 들지 않겠는가? 사방에서 우겨쌈을 당하고, 모든 면에서 활동을 저지당하고 있는 처지가 아닌가? 교회는 손발이 묶여 버린 상태가 아닌가? 세상 모든 권력이 교회를 적대시하고 있지 않은가? 도대체 교회는 지켜야 할 최후의 것, 예배와 공동생활마저 위태로워지는 것을 감수하고 반기독교적 세력에 대항하여 투쟁해야만 하는가? 이런 생각은 불신앙에 기인한다. 불신자들은 죄 고백을 통해 세상 죄를 지고 가신 예수 그리스도의 형상을 다시 덧입게 된다는 사실을 알지 못한다. 이들은 죄 고백을 단지 위험천만한 도덕적 추락으로 인식하는 것이다. 자유로운 죄 고백freies Schuldbekenntnis은 우리가 해도 되고 안 해도 되는 선택 사항이 아니다. 왜냐하면 우리는 오직 죄 고백을 통해서만 교회 안에 예수 그리스도의 형상이 드러나도록 할 수 있기 때문이다. 또한 죄 고백을 통해서만 그리스도의 형상이 이루어지도록 할 수 있기 때문이다. 만약 우리가 죄 고백을 거부한다면, 그것은 그리스도의 교회이기를 그만두는 것과도 같다. 교회의 죄 고백이 생명력을 잃고 시들해지는 것은 그리스도에게 씻을 수 없는 죄를 범하는 것이다.

교회가 죄 고백을 한다고 해서, 사적인 죄 고백이 필요 없다는 뜻은 아니다. 교회는 죄 고백을 통해 사람들이 죄를 고백하는 공동체 안으로 들어오도록 초청한다. 오직 그리스도에 의해 심판받은 자로서만, 타락한 인류는 그리스도 앞에 설 수 있다. 교회는 만나는 모든 사람을 이 심판 아래로 초청한다.

칭의와 치유

예수 그리스도는 인간의 모든 죄를 대신 짊어지고 용서하심으로써 교회와 개인을 의롭다고 인정하셨다. 교회와 개인은 예수 그리스도를 통해 자신의 죄 가운데 심판받은 자로서 의롭게 되었다. 이러한 교회와 개인의 칭의는 그리스도의 형상에 참여하는 가운데 이루어진다. 그 형상은 하나님에 의해 심판받은 분의 형상이다. 또한 죄인의 죽음에 내어줌을 당한 분의 형상이며, 하나님에 의해 새 생명으로 살리심을 받은 인간의 형상이다. 그 형상은 진실로 하나님 앞에 서 있는 인간의 형상이다. 그러므로 우리는 공공연하게 죄인의 죽음 속으로 함께 이끌려 들어간 자로서, 십자가의 수치를 나눠 져야만 한다. 오직 그렇게 할 때에만 교회와 개인은 새로운 의와 새로운 생명으로 살리심을 받은 분의 영광스러운 교제에 참여하게 된다.

오직 교회의 신적 칭의 안에, 그리스도를 배반한 서구 세계의 칭의가 있다. 교회의 신적 칭의는 교회를 완전한 죄 고백과 십자가의 형상 속으로 이끌고 들어간다. 오직 교회의 신적 갱신 안에, 서구 세계의 갱신이 있다. 교회의 신적 갱신은 교회를 부활하시고 살아 계신 예수 그리스도와의 사귐으로 인도한다.

전 서구 세계가 예수 그리스도에 대한 신앙으로 의롭게 된다거나 새로워지는 일은 결코 가능하지 않을 것이다. 그 때문에 서구의 칭의와 갱신이라는 말은 아예 가당치도 않은 허풍에 불과한 것일까? 여기서 교회의 칭의와 갱신을 말하는 것은, 서구의 칭의와 갱신을 말하는 것과 전혀 다른 의미라는 사실을 염두에 두어야 한다. 교회는 그리스도에 대한 신앙을 통해, 곧 그리스도의 형상 아래 복종함으로써 의롭게 되고 새롭게 된다. 반면, 역사적·정치적 형태로서의 서구는 교회의 신앙을 통해 단지 간접적으로만 "의롭게 되고 새롭게 될" gerechtfertigt und erneuert 수 있다. 교회는 신앙 가운데 모든 죄를 용서받고, 은혜로 말미암아 새로운 시작을 경험한다. 각 민족에게 있어서는, 질서와 정의와 평화, 예수 그리스도에 대한 교회의 자유로운 선포가 회복됨으로써 죄책이 상흔을 남긴 채 아물 뿐이다. 따라서 각 민족은 그들에게 남겨진 죄책의 유산을 짊어진다. 그러나 하나님의 은혜로운 통치를 통해, 각 민족에게 저주로 시작된 일이 마침내 그들 역사에서 복이 될 수 있다. 뻔뻔하기 짝이 없던 폭력이 정의로 바뀌고, 혼란으로부터 질서가 세워지며, 피 흘리는 투쟁에서 평화가 이루어질 수 있다. 왕관을 취하는 과정에도 처음에는 독단적이고 폭력적이었을 수 있지만, 왕관 자체가 지닌 내적인 힘, 곧 정치권력에게 주어진 거룩한 제도의 힘에 의해 점진적으로 치유되고 상처가 아물어 간다는 사실이 자주 증명된다. 정의를 무시하고 약자를 짓밟던 제국주의적 침략 정책이 시행되던 시기에도, 언제나 다시 정의와 평화로 회귀하려는 점진적인 변화의 움직임이 뒤따랐다. 그뿐만 아니라 폭력으로 희생된 사람들에 대해서 보상이 주어지는데, 이 또한 죄책의 치유를 위한 전환 과정을 의미한다. 그렇다고 해서 지은 죄가 정당화되거나, 소멸되거나, 용서받는 것은 아니다. 죄책은 여전히 그대로 남아 있으며, 다만 죄로 인해 찢긴 상처가 상흔을 남긴 채 아물게 된다. 교회와 개별 신자들에게는 죄 용서를 통해 선사되는 죄책과의 완전한 단절과 새로운 시작이 가능한 반면, 각 민족이 겪은 역사에서는 언제나 점진적인 치유 과정이 있을 뿐이다. 부당한 방법으로 왕권을 손에 넣었다고 하더라도, 그가 통치하는 과정에서 정의와 질서와 평화를 일궈 낸다면, 그는 왕권을 포기하도록 강요받을 필요가 없다. 만약 정복한 나라를 평화와 번영과 행복으로 인도한 정복자가 있다면, 정복한 나라이므로 다시 돌려주어야 한다는 식의 단순한 공식을 적용시킬 수 없다. 왕권을 포기함으로써, 정복을 철회함으로써 보다 심한 무질서와 죄책이 발생할 수도 있다. 교회와 개별 신자들의 삶에서 과거의 죄책은 회개와 용서를 통해 영속성이 깨어진다. 그러나 각 민족이 겪은 역사에서는 그 죄책이 그대로 남아 있다. 여기서 중요한 것은 과거의 죄책이 실제로 치유되고 있는가 하는 문제다. 그리하여 바로 이때 민족들 사이에는 대내외적으로 정치적인 논쟁이 이루어지며, 일종의 용서에 대해 말하게 된다. 그것이 비록 예수 그리스도를 믿는 자에게 주어지는 용서에 비한다면, 희미한 그림자 정도에 지나지 않을지라도 말이다. 여기서 잘못을 범한 측이 그 불의에 대해 완전한 보상을 해야 한다는 식의 요구는 포기된다. 과거는 인간의 능력으로 복구할 수 없으며, 역사의 수레바퀴는 되돌려 놓을 수 없다는 것은 주지의 사실이기 때문이다. 이미 입은 상처를 모두 치유할 수는 없다. 중요한 것은 그 상처가 아물기는커녕 더 커지게 되는 일은 없어야 한다는 것이다. "눈은 눈으로, 이는 이로"출 21:24라는 보복의 율법은 각 민족을 심판하시는 하나님에게만 속하는 법으로 남아 있다. 인간의 손에서 보복의 율법이 행해지면 또 다른 불행을 초래할 뿐이다. 역사 안에서 행해지는 용서는, 오직 죄가 남긴 상처가 치유되는 것을 전제로 한다. 즉, 폭력이 정의가 되고, 무법이 질서가 되고, 전쟁이 평화가 될 때만 가능하다. 그러나 이 일이 일어나지 않는다면, 다시 말해 변함없이 불의가 지배하고 계속해서 새로운 상처를 입힌다면, 당연히 용서를 말할 수 없다. 그런 경우라면, 불의를 막는 일과 범법자들로 하여금 자신의 죄를 깨닫도록 하는 일이 선행되어야 한다.

그러므로 서구 세계의 "칭의와 갱신"Rechtfertigung und Erneuerung은 오직 정의와 질서와 평화가 어떤 방법으로든 다시 재건됨으로써 가능하다. 이를 위해서는 과거의 죄를 "용서해야"vergeben 한다. 보복적 조치를 통해 과거의 사건들을 마치 일어나지 않은 것처럼 되돌릴 수 있으리라는 모든 환상을 버려야 한다. 그리고 예수 그리스도의 교회가 모든 용서와 칭의, 갱신의 원천으로서 각 민족 가운데 자기 역할을 수행할 수 있어야 한다. 과오의 정도가 각기 다르다 할지라도, 그리스도를 배반한 죄책은 서구 세계가 공동으로 짊어져야 할 책임이다. 그렇기에 그 칭의와 갱신도 전 서구 세계가 공동으로 나눠 져야만 한다. 서구의 민족들 중 어느 한 민족이라도 제외된 상태에서 서구 세계의 구원을 시도한다면, 그것은 실패로 끝날 것이 분명하다.

IV.

궁극적인 것과
궁극 이전의 것

궁극적 말씀으로서의 칭의

모든 그리스도인의 삶의 근원과 본질은 하나의 사건에서 결정된다고 해도 과언이 아니다. 그것은 바로 오직 은혜로 말미암은 죄인의 칭의라고 하는 종교개혁 선언이다. 그 사람이 본래 어떤 인물인지가 아니라, 오직 이 사건 속에서 의롭게 된 존재가 그리스도인의 삶을 천명한다. 여기서 인간 삶의 광범위하고 긴 여정은 어느 한 순간에 포착되고, 한 지점에 집약된다. 삶 전체가 은혜로 말미암아 의롭다 함을 받은 사건 속에 에워싸여 있다. 무슨 일이 일어난 것일까? 한마디로 한 인간의 존재나 행위, 또는 그가 받는 고난에 의해 파악될 수 없는 궁극적인 일이 일어난 것이다. 인간의 삶은 마치 안팎으로 자물쇠가 단단히 채워져 있는 칠흑같이 캄캄한 갱도와도 같다. 거기서 인간은 속수무책으로 점점 더 깊은 심연으로 빠져 들어 간다. 그런데 이러한 인간 삶의 잃어버린 갱도를 하나님의 말씀이 강력한 힘으로 뚫고 들어온다. 이때 사람들은 처음으로 구원의 빛 아래 하나님과 이웃을 인식하며, 지금까지 살아온 삶의 미로는 붕괴된다. 이제 인간은 하나님과 형제들을 위해 자유로운 존재가 된다. 인간은 자신을 사랑하시고 품어주시는 하나님이 존재한다는 사실을 깨닫는다. 그의 옆에 있는 형제는 자신과 똑같이 하나님의 사랑을 받는 형제임을 마음으로 깨닫는다. 그리고 미래는 교회와 함께하시는 삼위일체 하나님의 손 안에 있음을 인식한다. 그는 믿고, 그는 사랑하며, 그는 소망한다. 인간 삶의 과거와 미래는 모두 하나님의 현존 안에 하나가 된다. 모든 과거는 용서의 말씀을 통해 포용되고, 모든 미래는 하나님의 신실하심 안에 소중하게 간직된다. 과거의 죄는 예수 그리스도 안에 있는 하나님의 사랑으로 말미암아 깊은 심연 속으로 가라앉아 버리고 극복되며, 미래는 더 이상 죄가 없는, 하나님으로부터 오는 삶이 된다.요일 3:9 이 삶은 영원부터 영원까지 펼쳐져 있으며, 영원부터 영원까지 지속되는 삶이다. 세상이 창조되기도 전에 선택되어 영원한 구원에까지 이르는 삶이다. 이 삶은 자신이 교회의 지체이며, 삼위일체 하나님을 찬송하는 창조 세계의 일원임을 인식한다. 이 모든 일은 그리스도가 인간에게 가까이 다가오실 때 일어난다. 그리스도 안에서 이 모든 일이 진리이며 현실이다. 이것은 꿈이 아니다. 이제 인간은 그리스도의 임재를 경험하는 삶을 살게 된다. 그의 삶은 더 이상 잃어버린 삶이 아니라, 의롭게 된 삶이다. 그의 삶은 오직 은혜로 말미암아 의롭게 된 삶이다.

그러나 오직 은혜로 의롭게 될 뿐 아니라, 또한 오직 믿음으로 의롭게 된다. 성경과 종교개혁은 이렇게 가르친다. 사랑 또는 소망이 아니라, 오직 믿음이 삶을 의롭게 한다. 다시 말해 오직 믿음만이 삶을 새로운 기초 위에 세우고, 오직 이 새로운 기초만이 내가 하나님 앞에 살아갈 수 있는 의로움을 선사해 준다. 여기서 말하는 기초는 바로 주 예수 그리스도의 삶과 죽음과 부활이다. 이 기초 없이는 하나님 앞에서의 삶이 의롭다 함을 받을 수 없다. 그런 삶은 사망과 정죄에 내어줌을 당할 뿐이다. 예수 그리스도의 삶과 죽음, 부활에 기초하여 사는 것이 하나님 앞에서 의롭다고 인정받는 삶이다. 그러므로 믿음이란, 이러한 기초를 찾아서 굳게 붙잡는 것을 의미한다. 또 이 기초에 삶의 닻을 내리고, 이 기초에 의해 굳게 붙들린 삶을 사는 것을 의미한다. 이처럼 믿음은 삶의 근거를 나 자신 밖에außerhalb meiner selbst 있는 기초 위에 두는 것이다. 다시 말해, 내 삶의 근거를 영원하고 거룩한 기초인 그리스도 위에 세우는 것을 의미한다. 믿음이란, 예수 그리스도의 시선에 붙들려서 사는 삶이다. 믿음이란, 그분 외에는 다른 어떤 것에도 시선을 빼앗기지 않는 것을 의미한다. 동시에 자아의 속박에서 벗어나 예수 그리스도를 통해 자유로워지는 것을 의미한다. 믿음은 우선 무언가 일어나도록 하는 것이다. 그 후에야 비로소 그 사건 안에서 믿음은 행동이 된다. 그러나 앞에서 말한 두 단어만으로 믿음에 담긴 신비를 표현하는 것은 역부족이다. 오직 믿음만이 확실한 것이며, 믿음 외부에 있는 것은 모두 의심에 불과하다. 오직 예수 그리스도만이 믿음을 확증해 주신다. 나의 삶이 의롭게 되었다는 것은 내가 주 예수 그리스도를 믿고 산다는 것을 의미한다. 그러므로 나의 삶이 의롭다 함을 받는 길은 오직 믿음밖에 없다.

그러나 결단코 단지 믿음만으로가 아니다. 믿음은 그리스도가 참으로 현존하신다는 사실을 의미하므로, 믿음에는 또한 사랑과 소망이 함께한다. 믿음이 사랑과 소망과 함께하지 않는다면, 그것은 거짓 믿음이다. 그것은 가식적인 믿음이며, 위선적이고 꾸며 낸 믿음으로 결코 의롭다 함을 받을 수 없다. 또한 믿음이 회개와 사랑의 행위를 동반하지 않는다면, 그것은 믿음만으로 의롭게 된다는 교리의 미숙아에 지나지 않는다. 그것은 죽은 믿음이다. 믿음과 악한 의도는 단 한 순간도 나란히 공존할 수 없다. 의롭다 함을 받는 사건 안에서, 모든 것이 인간에게 선사된다. 그러나 오직 믿음만으로 의롭게 된다. 그리스도와의 만남에서 모든 것, 곧 그리스도의 인격과 소유가 모두 인간의 것이 되는 놀라운 일이 일어난다. 그러나 나의 삶은 오직 그리스도에게 속한 그분 고유의 것에 의해서만 의롭게 된다. 나의 삶은 결코 그분 것을 나 자신의 것으로 취하는 데서 의롭게 될 수 없다. 그렇게 인간의 머리 위로 하늘 문이 열린다. 예수 그리스도 안에서 하나님이 선사하신 구원의 기쁜 소식이 하늘로부터 기쁨의 함성이 되어 땅 위에 울려 퍼진다. 인간은 믿고, 그리고 믿음으로써 그리스도를 영접한다. 이제 그는 모든 것을 가진 인간이다. 이제 그는 하나님 앞에서 사는 인간이다.

이 일이 일어나기 전까지, 인간은 삶이 무엇인지 결코 알지 못했다. 그는 자기 자신을 이해하지 못했다. 그는 단지 자신의 가능성 또는 행위를 통해 자신을 이해하려고 노력할 뿐이었다. 그런 식으로 자신의 삶을 정당화하려고 애쓸 뿐이었다. 인간은 그렇게 자기 자신 앞에, 또 자신이 만들어 낸 하나님 앞에 스스로 의롭게 되려고 발버둥 쳤다. 그럼에도 살아 계신 하나님의 가능성과 사역에 도저히 도달할 수 없었고, 하나님의 가능성과 사역으로 살아가는 삶을 이해할 수도 없었다. 낯선 기초에 근거한 삶, 낯선 능력과 낯선 도움에 의지한 삶, 그것은 인간에게 낯설기만 했다. 그리스도가 인간을 그분의 방식대로 의롭게 해주셨을 때, 인간은 이 삶을 발견했다. 인간은 그의 생명을 그리스도 안에서 잃었고, 이제 그리스도가 그의 생명이 되셨다. "이제는 내가 사는 것이 아니요 오직 내 안에 그리스도께서 사시는 것이라."갈 2:20 그리스도인의 삶 Christliches Leben은 그리스도가 사시는 삶Christusleben이다.

도입 부분에서 우리는 죄인을 의롭다고 한 사건이 궁

극적인 것이라고 말했다. 이는 아주 엄격한 의미에서 그렇다. 죄인에 대한 하나님의 긍휼은 오직 하나님의 궁극적인 말씀으로 들려지기를 원한다. 또 우리는 그것을 오직 궁극적인 말씀으로만 들을 수 있다. 그렇지 않으면 아예 들을 수조차 없다. 이 말씀의 궁극성은 이중적 의미를 담고 있다. 첫째, 그것은 질적으로qualitativ 궁극적인 말씀이다. 즉, 그 내용이 궁극적인 말씀이다. 하나님의 은혜를 초월하는 하나님의 말씀은 존재하지 않는다. 하나님 앞에서 의롭게 된 삶, 그 이상의 삶은 존재하지 않는다. 하나님 앞에서 의롭게 된 삶은 이전의 모든 것과 완전히 단절된 삶이기 때문이다. 그 삶은 궁극 이전의 것Vorletzten과의 완전한 단절을 의미한다. 다시 말해, 이것은 결코 지금까지 걸어온 삶의 여정에 대한 자연적 또는 필연적 종말을 의미하지 않는다. 이것은 이전의 삶을 철저히 단죄하고 무가치하게 여기는 것을 의미한다. 이것은 다른 어떤 것으로도 강요할 수 없는 하나님의 자유롭고 고유한 말씀이다. 따라서 결코 변개할 수 없는 궁극적 말씀letztes Wort이자, 궁극적 현실letzte Wirklichkeit이다. 이것은 자기 나름의 방법으로 의롭게 되려는 모든 시도를 배제한다. 궁극적 말씀에 도달하는 방법에는 루터의 방법이나 바울의 방법이 있을 수 없다. 바울의 길, 곧 율법을 자랑하고 이로써 그리스도를 대적하는 길도, 또 루터의 길, 곧 수도원에 들어가 절망하며 율법에 걸려 넘어지는 길도 궁극적 말씀에 의해서 의롭게 될 수 없다. 의롭게 되기는커녕, 그들이 걸어간 길은 궁극적 심판에 이를 수밖에 없었다. 그리스도로 말미암아 하나님의 은혜로 의롭게 된 것은 그들의 죄가 아니라, 죄인 바울과 죄인 루터였다. 그러므로 궁극적 말씀은 동시에 궁극 이전의 방법들과 사건들에 대한 심판이기도 하다. 따라서 궁극적 말씀은 질적인 면에서 루터의 길이나 바울의 길로 향하는 우리의 시선을 처음부터 금지한다. 그것은 우리가 다시 한번 걸어갈 수 있는 길이 아니다. 그것은 이미 유죄 선고를 받은 길이다. 엄밀히 말해, 우리는 간음한 여인이나 십자가 위의 강도, 그리스도를 부인한 베드로, 그리스도를 대적하는 일에 열심이던 바울의 길을 반복해서는 안 된다는 사실을 잘 알고 있다. 이와 마찬가지로 우리는 루터가 걸어간 길을 답습해서는 안 된다. 질적으로 궁극적인 말씀은 단번에 모든 인간의 방법을 배제해 버린다. 그것은 바로 용서의 말씀이며, 오직 용서를 통해 의롭다고 하는 말씀이기 때문이다. 말하자면, 오늘날 기독교 회중이 종종 듣게 되는 다음과 같은 설교의 내용은 무의미하고 잘못된 것이다. 그들은 하나님의 궁극적인 말씀을 들을 수 있으려면, 우선 막달라 마리아처럼, 걸인 나사로처럼 되고, 십자가 위의 강도처럼 되어야 한다고 설교한다. 마치 이 희미한 "주변 인물들"과 같이 되어야만 궁극적 말씀을 들을 수 있다는 듯이 설교하는 것이다. 이를 통해 그들은 하나님 말씀의 궁극성을 역설하려고 무진 애를 쓰지만, 실상은 말씀을 파묻어 버리는 결과를 가져온다. 기독교 메시지의 내용은 우리가 성경의 인물들 중 한 사람과 같이 되어야 한다는 것이 아니라, 그리스도 자신과 같이 되어야 한다고 말하고 있다. 다른 어떤 방법을 통해서가 아닌, 오직 믿음만이 우리가 그리스도와 같이 되도록 인도한다. 그렇지 않으면 복음은 그 가치, 그 존귀한 가치를 상실할 것이다. 값진 은혜는 값싼 은혜가 되고 말 것이다.

죄인을 의롭다고 하시는 하나님의 말씀은 또한 **시간적으로**zeitlich 궁극적 말씀이다. 궁극적 말씀은 항상 궁극 이전의 어떤 것을 전제로 한다. 행위, 고난, 활동, 소원, 패배, 생성, 간구, 소망 같은 것들을 예로 들 수 있다. 즉, 이런 것들이 최후의 순간을 마주하여 아주 진지하게 서 있다. 이미 시간 속에서 고소의 대상이 된 자만이 의롭다고 인정받을 수 있다. 의롭다 함은 피조물의 범죄를 전제로 한다. 모든 시간이 은혜의 시간이 아니라, 지금, 바로 지금, 최종적으로 지금 이 순간이 "구원의 날"고후 6:2이다. 은혜의 시간은 궁극적 시간이다. 지금 나에게 주시는 하나님의 말씀 외에 아무것도 계산에 넣을 수 없다는 의미에서 그렇다. 즉, 우리는 결코 나중에 다시 은혜의 말씀이 주어질 것이라고 기대할 수 없다. 하나님이 허락하시는 시간, 기다리시는 시간, 준비하시는 시간이 있다. 그리고 궁극 이전의 것das Vorletzte을 심판하고 종지부를 찍는 궁극적 시간letzte Zeit이 있다. 궁극적 말씀을 듣기 위해 루터는 수도원을 거쳐야 했고, 바울은 율법의 경건을 추구하는 과정을 거쳐야 했다. 십자가 위의 강도는 자신의 죄로 인해 십자가에 달려야만 했다. 우리는 각자 주어진 인생길을 걸어가야만 한다. 우리는 궁극 이전의 것에 속한 인생 여정을 철저히 횡단해야만 한다. 우리 각자는 궁극 이전의 것에 속한 무거운 짐 아래 신음할 수밖에 없다. 그런데 궁극적 말씀이 주어지면 그것은 궁극 이전의 것의 성취가 아니라, 궁극 이전의 것과의 완전한 단절을 의미할 뿐이다. 궁극적 말씀 앞에 섰을 때, 루터와 바울은 십자가 위의 강도가 처한 형편과 전혀 다르지 않았다. 그러므로 목적에 이르는 길이 분명하게 정해져 있지 않더라도, 우리는 하나의 인생길을 택해서 걸어가야만 한다. 그 길을 끝까지 걸어가야 하며, 하나님이 끝이라고 정해 놓은 그곳까지 가야만 한다. 말하자면, 궁극적인 것에 의해 철저히 지양되고 무효화될 것이 자명함에도 궁극 이전의 것은 존속한다.

그러나 죄인을 의롭다고 인정하시는 하나님의 은혜의 말씀은 궁극적 말씀으로서의 자기 위치를 결코 벗어나지 않는다. 궁극적 말씀은 단순히 획득된 결과로서 알게 되는 것이 아니다. 궁극적 말씀은 마지막에 등장하든 처음에 등장하든, 전혀 무관한 것이 아니라는 뜻이다. 궁극 이전의 것에서 궁극적인 것에 이르는 길은 결코 폐지할 수 없고 건너뛸 수 없다. 말씀은 궁극 이전의 것으로 되돌아갈 수 없는 궁극적인 것이다. 그렇지 않다면 말씀은 계산할 수 있는 하나의 상품으로 전락하여, 그 신적 본질을 강탈당할 것이다. 그러면 은혜는 값싼 것으로 변질되고 더 이상 선물이 될 수 없을 것이다.

궁극 이전의 것

오직 은혜와 믿음으로 의롭게 된다는 것이 모든 면에서 궁극적인 말씀letztes Wort이다. 그런 이유에서 이제 우리는 궁극 이전의 것에 관해서도 말해야만 한다. 그것은 궁극 이전의 것이 어떤 고유한 가치가 있어서가 아니라, 궁극적인 것과의 관계를 분명하게 드러내기 위해서다. 궁극적인 것을 말하기 위해서는 반드시 궁극 이전의 것을 말해야만 한다. 이제 우리의 과제는 이 관계를 이해할 수 있게 하는 것이다.

여기서 인간이 궁극적인 것만으로 살 수 있는가 하는 물음이 제기되는데, 그 물음에 대한 답은 주어져 있지 않다. 믿음이 이른바 시간적으로 연장될 수 있는 것인가 하는 물음도 제기된다. 즉, 믿음은 항상 인생의 수많은 시간 범주, 또는 하나의 시간 범주 안에 궁극적인 것으로만 실재하는가 하는 물음이다. 여기서 우리는 과거의 믿음에 대한 기억이나, 자신이 확신하는 바를 반복하는 것에 관해 말하는 것이 아니다. 우리는 삶을 의롭게 하는 살아 있는 믿음에 관해 말하고 있다. 우리는 이 믿음이 매일 매 순간 실현 가능한지, 또 실현해야만 하는지를 묻고 있다. 또 우리는 궁극적인 것을 위해 궁극 이전의 과정을 반복해서 횡단해야만 하는지를 묻고 있다. 다시 말해, **우리는 그리스도인의 삶 가운데서 궁극 이전의 것에 관해 묻고 있다.** 즉, 궁극 이전의 것을 부인하는 것이 경건한 자기기만인가, 또는 궁극 이전의 것을 자기 나름대로 진지하게 다루는 것이 죄인가를 묻고 있다. 이렇게 함으로써 우리는 말씀, 곧 복음이 시간 속으로 들어와 확장될 수 있는가를 묻고자 한다. 그것이 어느 때든 동일한 방식으로 말해질 수 있는가를 묻고자 한다. 그리고 여기서도 궁극적인 것은 궁극 이전의 것과 구별되는가를 묻고자 한다. 이것을 명백히 하기 위해서, 나는 왜 심각한 상황에 직면하면 자주 "궁극 이전"vorletztes의 태도를 취하기로 결정하는가 하는 문제를 숙고해 보려고 한다. 예를 들어, 사랑하는 사람의 죽음으로 깊은 실의에 빠져 있는 자를 대하는 태도를 생각해 볼 수 있다. 그 상황에서 나는 왜 내가 잘 아는 말씀, 내가 마음만 먹으면 언제든 사용할 수 있는 성경 말씀으로 위로하지 못하는 것일까? 나는 왜 슬픈 사건을 만나 마음이 무너져 내린 사람과 슬픔을 함께 나눈다는 표시로 침묵을 지키는 쪽을 택하는 것일까? 더욱이 그 사람이 그리스도인인 경우에도 그렇게 하는 이유는 무엇일까? 나는 왜 자주 궁극적인 것을 말해야 함에도 불구하고 입을 열 수 없는 것일까? 그 대신 왜 철저하게 궁극 이전의 것에 속한 인간적 연대성을 선택하는 것일까? 이런 태도는 궁극적인 말씀의 능력에 대한 불신에서 나오는 것일까? 아니면, 인간을 두려워하는 마음에서 나오는 것일까? 어쩌면 이런 태도를 취하게 되는 정당한 이유를 객관적으로 찾을 수도 있지 않을까? 내가 말씀을 알고 그것을 자유롭게 인용할 수 있다는 것, 이른바 상황을 영적으로 다스린다는 것은 무엇을 의미하는가? 그것은 단지 외관상 궁극적인 것의 모습을 취할 뿐, 실상은 철저히 궁극 이전의 것에 불과한 것이 아닐까? 의식적으로 궁극 이전의 것에 머무는 것은, 어쩌면 하나님이 그분의 때에 말씀하실 궁극적인 것에 대한 참된 암시가 아닐까? 물론 하나님이 오직 인간의 입을 통해 말씀하신다고 하더라도 말이다. 그러므로 이 궁극적인 것을 위해 궁극 이전의 것이 거듭 말해져야 할 필요성이 있지 않을까? 더 나아가 그 일을 무겁게 짓눌린 양심이 아니라, 선한 양심으로 할 수 있어야 하지 않을까? 이러한 질문은 어느 특수한 경우뿐 아니라, 근본적으로 그리스도인이 함께 살아가는 삶의 모든 영역에 해당된다. 이는 무엇보다도 기독교 상담의 전 영역을 포괄하는 질문이기도 하다. 위에서 말한 개별적인 경우들은 그리스도인이 함께 살아가는 일상적 삶에서 수없이 발생하며, 그가 속한 교회의 모든 선교적인 활동 영역에서도 마찬가지다.

그리스도인의 삶에서 궁극적인 것과 궁극 이전의 것 사이의 관계는 두 가지 극단적 형태로 해소될 수 있다. 그것은 "급진적인" 것과 타협이라는 두 가지 형태다. 그러나 타협에 의한 해결도 극단적 해결책이라는 사실을 금방 알아차릴 수 있다.

급진적 해결책radikale Lösung은 단지 궁극적인 것만을 고려하므로, 거기에는 궁극 이전의 것과의 완전한 단절이 있을 뿐이다. 이때 궁극적인 것과 궁극 이전의 것은 상호 배타적인 대립 관계에 있다. 그리스도는 모든 궁극 이전의 것의 파괴자요 원수이며, 모든 궁극 이전의 것은 그리스도에게 적대적이다. 그리스도는 세상이 때가 차서 불태워지도록 넘겨질 것이라는 표징이다. 여기에는 어떤 구별도 없다. 모든 것이 심판대 앞에 세워진다. 하나의 구별이 있다면 그것은 그리스도의 편이냐, 그리스도를 반대하느냐 하는 것뿐이다. "나와 함께 아니하는 자는 나를 반대하는 자요."마 12:30 모든 인간의 행위에서 궁극 이전의 것은 죄이며 그리스도를 부인하는 것이 된다. 다가오는 종말에 직면하여 그리스도인에게는 오직 궁극적 말씀과 궁극적 행동이 있을 뿐이다. 그 후의 세상이 어떤 모습이 될 것인지는 더 이상 중요하지 않다. 그리스도인은 거기에 대해 아무 책임도 없다. 세상은 타락해야만 한다. 그리스도의 말씀 아래 모든 세상 질서는 붕괴될 것이며, 그때는 전부Alles가 아니면 무Nichts이다. 하나님에게서 나오는 궁극적 말씀은 은혜의 말씀이다. 그런데 그때는 이 궁극적 말씀도 모든 저항을 무너뜨리고 경멸하는 율법의 냉혹한 채찍이 된다.입센의 "브란드의 모습" 참조

또 하나의 해결책은 **타협**Kompromiß이다. 여기서 궁극적 말씀은 원칙상 모든 궁극 이전의 것으로부터 분리된다. 궁극 이전의 것은 그 존재 권리를 자기 안에 보존하고, 궁극적인 것으로 인해 위협당하거나 위험에 처하지 않는다. 세상은 여전히 존속하고 종말은 아직 도래하지 않았다. 그러나 궁극 이전의 것은 하나님이 창조하신 세상을 위해 책임적인 행동을 해

야 한다. 또 인간을 있는 모습 그대로 계산에 넣어야 한다.도스토옙스키의 "대심문관" 궁극적인 것은 전적으로 일상적인 것 저편에 있다. 그렇게 함으로써 마침내 존재하는 모든 것이 영원히 의롭게 되도록 하는 역할을 수행한다. 또 기존하는 모든 것에 무거운 짐이 되는 고소로부터 형이상학적인 성화의 역할을 수행한다. 자유로운 은혜의 말씀이 은혜의 법이 되는 것이다. 즉, 모든 궁극 이전의 것을 의롭게 하고, 지키고, 보존하는 은혜의 법이 되는 것이다.

위에서 언급한 두 가지 해결책은 똑같이 극단적이고, 똑같이 진리와 오류를 내포하고 있다. 이 해결책들이 극단적인 이유는 궁극적인 것과 궁극 이전의 것을 상호 배타적인 대립 관계에 두기 때문이다. 따라서 어떤 경우에는 궁극 이전의 것이 궁극적인 것에 의해 파괴되고, 다른 경우에는 궁극적인 것이 궁극 이전의 영역에서 배제된다. 어떤 경우에는 궁극적인 것이 궁극 이전의 것을 용납하지 않고, 다른 경우에는 궁극 이전의 것이 궁극적인 것을 용납하지 않는다. 두 해결책 모두 자기 안에 똑같이 정당하면서도 필연적인 사상을 가지며, 그것이 다른 쪽에는 허용할 수 없는 절대적인 것이라고 여긴다.

급진적 해결책은 모든 것의 종말을 생각하며, 모든 생각의 출발점이 심판과 구원의 하나님이다. 타협적 해결책은 모든 생각의 출발점이 창조와 보전의 하나님이다. 전자는 종말이 절대적이며, 후자는 이미 존재하는 것이 절대적이다. 그리하여 창조와 구원, 시간과 영원은 해소될 수 없는 충돌 속으로 빠져든다. 그 결과 하나님 자신의 통일성은 깨어지고, 하나님에 대한 신앙은 붕괴된다. 극단적 해결책을 대표하는 자들에게는 그리스도가 그들이 생각하는 의미에서 극단적으로 행동하지 않았음을 말해 주어야 한다. 이와 마찬가지로 타협적 해결책을 지지하는 자들에게도 그리스도가 타협하지 않았음을 말해 주어야 한다. 그리스도인의 삶은 급진주의도 타협주의도 아니라는 사실을 분명히 해야 한다. 두 견해 중 어느 편이 더 중요한지를 따지며 논쟁하는 것은 예수 그리스도의 유일한 중대성 앞에 아무 의미도 없다. 예수 그리스도는 두 견해 모두 중요하지 않다는 사실을 폭로하신다. 순수 기독교 이념도 그 자체로는 중요하지 않으며, 인간의 이념도 그 자체로는 중요하지 않다. 중요한 것은 오직 예수 그리스도 안에서 하나된 하나님의 현실과 인간의 현실이다. 중요한 것은 어떤 종류의 그리스도인지가 아니라, 예수 그리스도 자신이다. 예수 그리스도 안에는 극단주의나 타협주의 대신, 하나님의 현실과 인간의 현실이 나타난다. 기독교는 그 자체로 존재하는 것이 아니다. 기독교가 그 자체로 존재한다면, 그것은 이 세상을 파괴하고 말 것이다. 인간도 그 자체로 존재하는 것이 아니다. 인간이 그 자체로 존재한다면, 그는 하나님을 배제하게 될 것이다. 둘 다 단순히 이념에 불과하다. 오직 하나님이며 인간Gott-menschen이신 예수 그리스도만이 현실로서 존재한다. 그리고 그리스도로 인해 이 세상은 종말을 위해 무르익을 때까지 보존된다.

극단주의Radikalismus는 의식적이든 무의식적이든 항상 이미 존재하는 것에 대한 증오에서 생겨난다. 기독교 극단주의는 세상에서 도피하려는 것이든 세상을 개선하려는 것이든, 창조에 대한 증오에서 생겨난다. 극단주의자는 하나님이 창조하신 세계를 용서할 수 없다. 대심문관 이야기에서 급진적 예수상을 만들어 낸 이반 카라마조프와 같이, 그들은 창조세계와 함께 몰락하고 만다. 악이 세상에서 권력을 잡으면, 그리스도인에게는 극단주의라는 독소가 주입된다. 있는 그대로의 세상과 화해하는 것은 그리스도를 통해 그리스도인에게 주어진 선물이다. 그러나 극단주의는 이 화해를 그리스도를 배반하고 부인하는 것으로 간주한다. 그러면 인간과 세상에 대한 냉담과 의심과 경멸이 그 자리를 차지해 버린다. 모든 것을 믿고, 모든 것을 참으며, 모든 것을 소망하는 사랑의 자리에 악에 대한 바리새인적인 사랑의 거절이 들어서게 된다. 악한 세상을 하나님의 사랑으로 사랑하는 사랑요 3:16은 사라지고, 경건한 사람들의 폐쇄된 집단 안에서만 사랑하는 제한된 사랑이 자리하게 된다. 세상을 끝까지 섬기는 예수 그리스도의 열린 교회는 사라지고, 초기 기독교의 이상이라고 말하는 교회가 나타난다. 그러나 그것은 살아 계신 예수 그리스도의 현실을 기독교적 이념과 혼동하는 것에 불과하다. 이처럼 악하게 된 세상은 그리스도인까지도 악하게 만드는 데 성공한다. 세상을 붕괴시키고 그리스도인을 극단적으로 만드는 것은 동일한 병균이다. 무신론자의 증오든 경건한 자의 증오든, 어느 경우에도 그것은 세상에 대한 증오다. 어느 경우에도 창조 신앙Schöpfungsglauben에 대한 거부다. 그러나 바알세불과 더불어 악마를 쫓아낼 수는 없다.

타협은 항상 궁극적인 것에 대한 증오에서 생겨난다. 기독교적 타협 정신은 오직 은혜로 말미암는 죄인의 칭의에 대한 증오에서 생겨난다. 이 타협을 통해 세상과 삶은 오직 은혜로 말미암는 칭의가 자기 영토를 침입하지 못하도록 막는다. 사람들은 세상적인 방법으로만 이 세상을 살아갈 수 있어야 한다. 이때 궁극적인 것은 세상에서의 삶의 형태를 결정하는 데 아무 발언권도 갖지 못한다. 궁극적인 것에 대한 물음, 곧 세상의 삶에 대한 권위를 하나님의 말씀에 두려는 시도 자체가 이미 급진주의로 간주된다. 또한 기존의 세상 질서와 그 질서에 매여서 살아가야 하는 인간에 대한 사랑의 결여로 평가된다. 그리스도를 통해 그리스도인에게 선사된 세상에서의 자유, 세상을 거부할 수 있는 권리요일 2:17는 부자연스럽고 창조를 거스르는 행위로 간주된다. 그것은 세상과 인간에 대한 무지이며, 더 나아가 적대적 행위라는 비난을 받는다. 그들은 궁극적인 것에 대해 단념하고, 전혀 보잘것없는 세상 지혜에 순응하여 살아가야 한다고 주장한다. 그렇게 하는 것이야말로 참으로 세상을 향해 열려 있는 자세이며, 그리스도인의 사랑이라고 주장한다.

극단주의는 시간을 증오하고, 타협주의는 영원을 증오한다. 극단주의는 인내를 증오하고, 타협주의는 결단을 증오한다. 극단주의는 현명함을 증오하고, 타협주의는 단순함을 증오한다. 극단주의는 척도를 증오하고, 타협주의는 무한성을 증오한다. 극단주의는 실재하는 것을 증오하고, 타협주의는 말씀을 증오한다.

두 가지 태도 모두 똑같이 반그리스도적이라는 사실이 이 대립에서 아주 분명해진다. 여기서 서로 적대 관계에 있는 것들이 그리스도 안에서는 하나이기 때문이다. 따라서 그리스도인의 삶에 대한 물음은 극단주의나 타협주의에서가 아니라, 오직 예수 그리스도에게서 결정되고 해답이 주어진다. 오직 그리스도 안에서만 궁극적인 것과 궁극 이전의 것 사이의 관계가 해소된다. 예수 그리스도 안에서 우리는 성육신하시고, 십자가에 달리시고, 부활하신 하나님을 믿는다. 성육신 안에서 우리는 피조물을 향한 하나님의 사랑을 알게 된다. 십자가를 통해 우리는 모든 육체에 대한 하나님의 심판을 알게 된다. 부활을 통해 우리는 새로운 세상에 대한 하나님의 뜻을 알게 된다. 이 세 가지 요소를 분리시키는 것보다 더 큰 오류는 없을 것이다. 왜냐하면 세 가지 요소는 제각각 전체를 담고 있기 때문이다. 그러므로 성육신의 신학, 십자가의 신학, 부활의 신학에서 하나만 절대적으로 강조함으로써, 서로 대립하는 신학을 만드는 것은 올바르지 않다. 그런 시도는 그리스도인의 삶에 대한 사고에도 오류를 불러일으킨다. 성육신 신학에만 기초를 둔 기독교 윤리는 쉽게 타협적인 해결책을 추구할 것이다. 오로지 예수의 십자가와 부활에만 근거를 둔 기독교 윤리는 극단주의나 열광주의에 빠져들기 쉽다. 오직 세 가지 요소가 통일될 때에만 충돌이 해소된다.

예수 그리스도는 **참 인간**der Mensch이다. 이 말은 하나님이 창조된 현실 세계 속으로 들어오셨음을 뜻한다. 또한 우리가 하나님 앞에 인간일 수 있으며 인간이어야 함을 뜻한다. 인간 존재를 파괴하는 것은 죄다. 그것은 인간을 구원하시려는 하나님을 방해하는 행위다. 그럼에도 예수 그리스도의 인간 되심은 기존 세상과 인간 본질을 확증해 주는 것만을 의미하지 않는다. 예수께서는 "죄 없는"ohne Sünde 인간이었다.히 4:15 이것이 결정적으로 중요하다. 인간들 가운데 예수께서는 극도로 가난한 삶을 사셨고, 결혼도 하지 않았으며, 범법자로 죽으셨다. 따라서 예수 그리스도의 인간 되심은 이미 인간에 대한 이중의 유죄 선고를 내포하고 있다. 즉, 죄에 대한 절대적인 유죄 선고와 인간의 기존 질서에 대한 상대적인 유죄 선고가 그것이다. 그러나 이 판결 속에서도 예수께서는 참으로 인간이었고, 또 우리가 인간이기를 원하신다. 예수께서는 인간 현실을 따로 독립시키거나 파괴하지 않고, 궁극 이전의 것으로 존재하도록, 곧 궁극 이전의 것이 자기 방식대로 진지하게 받아들여지도록 하신다. 이 말은 궁극 이전의 것은 궁극적인 것의 껍데기가 되어 진지하게 받아들여지기를 원치 않는다는 뜻이기도 하다.

예수 그리스도는 십자가에 **못 박히신 분** **der Gekreuzigte**이다. 이는 하나님이 타락한 창조 세계에 대해 최종적인 유죄 판결을 선언하신 것을 의미한다. 예수 그리스도가 십자가에서 버림받은 것은, 하나님이 전 인류를 아무도 예외 없이 내버리셨음을 의미한다. 예수의 십자가는 세상에 대한 사형 선고다. 여기서 인간은 자신의 인간됨을 자랑할 수 없다. 여기서 세상은 자신의 신적 질서를 자랑할 수 없다. 여기서 인간의 영광은 십자가에 달려 몸이 찢기고, 피투성이가 되고, 침 뱉음을 당한

분의 얼굴을 마주하면서 종말을 고한다. 그럼에도 예수의 십자가는 단순히 창조 세계의 파괴를 의미하지 않는다. 십자가라는 죽음의 표지 아래 인간의 삶은 계속 이어진다. 만약 인간이 십자가를 경멸하면 심판에 이르는 삶이 되고, 반대로 십자가 죽음을 자신에게 유효한 것으로 존중하면 구원에 이르는 삶이 된다. 궁극적인 것은 십자가에서 모든 궁극 이전의 것alles Vorletzte에 대한 심판으로서 현실이 된다. 동시에 궁극적인 것이 행하는 심판 앞에 자기를 낮추고 복종하는 궁극 이전의 것을 위해서는 은혜로서의 현실이 된다.

예수 그리스도는 **부활하신 분**der Auferstandene이다. 이는 하나님이 사랑과 전능으로 사망의 종말을 고하고 새로운 창조와 새 생명을 선사하신 것을 의미한다. "이전 것은 지나갔다."고후 5:17 "보라, 내가 만물을 새롭게 하노라."계 21:5 부활은 옛 세상 한가운데 이미 세상의 종말과 미래의 궁극적 표지로서, 동시에 살아 있는 현실로서 동튼다. 예수께서는 인간으로 부활하셨고 인간에게 부활을 선사하셨다. 그러므로 인간은 인간으로 머물러 있다. 새롭게 부활한 인간은 옛사람과는 어떤 면에서도 같지 않음에도 그렇다. 이미 그리스도와 함께 부활했음에도, 인간은 죽음이라는 한계에 이르는 날까지 궁극 이전의 세계에 머물러 있다. 궁극 이전의 세계는 예수 그리스도가 들어오신 곳이며, 십자가가 서 있는 곳이다. 그러므로 땅이 존속하는 한, 부활도 궁극 이전의 것을 없애지는 못한다. 그러나 영생, 곧 새 생명은 점점 더 강력하게 지상의 삶 속으로 뚫고 들어와, 지상에서 자기 영역을 일궈 나간다.

이제 성육신과 십자가와 부활은 그 통일성과 구별이 분명해진 것 같다. 그리스도인의 삶은 성육신하시고, 십자가에 못 박히시고, 부활하신 예수 그리스도와 함께 살아가는 삶이다. 그분의 말씀은 오직 은혜로 말미암는 죄인의 칭의라는 메시지 가운데 우리와 만난다. 그리스도인의 삶은 성육신의 능력 안에서 인간으로 존재하는 것을 의미한다. 그리스도인의 삶은 십자가의 능력 안에서 심판받고 은혜를 덧입는 것을 의미한다. 그리스도인의 삶은 부활의 능력 안에서 새 생명 가운데 살아가는 것을 의미한다. 어느 하나도 다른 것 없이는 존재할 수 없다.

지금까지 살펴본 바에 의하면, 궁극 이전의 것에 관한 물음에 다음과 같이 대답할 수 있다. 즉, 그리스도인의 삶은 궁극 이전의 것을 파괴하거나 제재를 가하는 것을 의미하지 않는다. 따라서 그리스도 안에서 하나님의 현실이 세상의 현실과 만나며, 우리로 하여금 이 실재적인 만남에 참여하도록 한다. 이는 모든 극단주의와 타협주의를 초월하는 만남이다. 그리스도인의 삶이란, 그리스도와 세상의 만남에 참여하는 삶이다.

이제는 궁극적인 것에 의해 궁극 이전의 것을 위한 공간이 확실하게 보장된다는 사실이 분명해졌다. 그러므로 우리는 궁극 이전의 것을 좀 더 자세히 볼 필요가 있다.

길 예비

궁극 이전의 것이란 무엇인가? 그것은 궁극적인 것에 선행하는 모든 것, 곧 오직 은혜로 말미암는 죄인의 칭의에 선행하는 모든 것이다. 다시 말해, 궁극적인 것이 발견된 시점으로부터 궁극 이전의 것이라 불리는 모든 것을 일컫는다. 동시에 궁극적인 것에 선행하기 위해 궁극적인 것을 따르는 모든 것을 일컫는다. 궁극 이전의 것은 그 자체로 존재하는 것이 아니다. 그것이 무엇이든 그 자체로 궁극 이전의 것이라고 주장할 수 없다. 그것은 궁극적인 것을 통해서만 비로소 궁극 이전의 것이 된다. 이는 궁극적인 것이 그 효력을 상실하는 순간 궁극 이전의 것으로 바뀐다는 뜻이다. 궁극 이전의 것은 궁극적인 것을 위한 조건이 될 수 없고, 궁극적인 것만이 궁극 이전의 것을 위한 조건이 된다. 궁극 이전의 것은 그 자체로 어떤 상태가 아니며, 그에 선행하는 것에 대한 궁극적인 것의 판결이다. 은혜로 말미암는 죄인의 칭의에 대해서는 구체적으로 다음 두 가지를 궁극 이전의 것이라 말할 수 있다. 그것은 **인간됨과 선함**das Menschsein und das Gutsein이다. 예를 들어, 인간됨이 은혜로 말미암는 칭의의 조건으로 제시된다면, 그것은 잘못이며 궁극적인 것의 자리를 빼앗는 일이다. 인간됨이 무엇인가는 궁극적인 것에 의해 비로소 인식 가능하기 때문이다. 따라서 인간됨은 은혜로 의롭게 된다는 진리를 통해 전제되고 확증된다. 그럼에도 인간됨은 은혜로 의롭게 되는 진리에 선행하며, 궁극적인 것으로부터 바라볼 때 궁극적인 것에 선행해야만 한다. 말하자면, 궁극 이전의 것으로 인해 궁극적인 것의 자유가 소멸되는 것이 아니며, 궁극적인 것의 자유를 통해 궁극 이전의 것이 효력을 얻게 된다. 따라서 이제는 모든 필요한 조건 아래, 가령 인간됨은 은혜로 의롭게 되기 위한 궁극 이전의 것이라고 말해야 한다. 오직 인간만이 의롭게 될 수 있는 것은, 의롭게 된 자만이 "인간"이 되기 때문이다.

이제 여기서 결정적으로 중요한 사실이 도출된다. 즉, 궁극 이전의 것은 궁극적인 것을 위해 보존되어야 한다는 사실이다. 궁극 이전의 것을 임의로 파괴하는 일은 궁극적인 것에 심한 타격을 입힌다. 예를 들어, 인간의 삶에서 인간됨에 속한 조건들이 박탈된다면, 인간의 삶은 은혜와 믿음을 통해 의롭게 되는 일이 심각한 방해를 받게 된다. 물론 그 일이 아예 불가능하다는 말은 아니다. 보다 구체적으로, 여기에 노예가 있다고 가정하자. 만약 그가 말씀 선포를 전혀 들을 수 없을 정도로 시간의 자유가 박탈된 상태라면, 그는 어떤 경우에도 하나님의 말씀을 통해 의롭게 되는 신앙으로 인도될 수 없다. 이 사실에서 오직 은혜로 말미암는 죄인의 칭의라는 하나님의 궁극적인 말씀 선포와 함께, 궁극 이전의 것에 대한 배려가 있어야 한다는 결론이 도출된다. 궁극 이전의 것이 파괴됨으로써 궁극적인 것이 방해받지 않도록 해야 한다는 의미에서 그렇다. 말씀 선포자는 그가 전하는 말씀을 사람들이 들을 수 있도록 모든 가능한 조치를 취해야 한다. 그렇지 않으면, 그는 말씀이 자유롭고 평탄하게 전달되기 위한 요구를 충족시키지 못한 것이다. 말씀을 전하기 위해서는 그 길이 예비되어야 한다. 말씀 자체가 그것을 요구한다.

말씀을 위한 길 예비Wegbereitung für das Wort가 지금까지 궁극 이전의 것을 다룬 목적이다. "너희는 주의 길을 준비하라. 그의 오실 길을 곧게 하라. 모든 골짜기가 메워지고 모든 산과 작은 산이 낮아지고 굽은 것이 곧아지고 험한 길이 평탄하여질 것이요 모든 육체가 하나님의 구원하심을 보리라."눅 3:4 이하 분명 그리스도가 오실 때는 그분이 자기의 길을 여실 것이다. 그리스도는 "길을 여는 자"미 2:13이기 때문이다. "그가 놋문을 깨뜨리시며 쇠빗장을 꺾으셨음이로다."시 107:16 "그는 권세 있는 자를 그 위에서 내리치셨으며 비천한 자를 높이셨도다."눅 1:52 그리스도의 오심은 원수에 대한 승리의 행진이다. 그러나 그분이 능력으로 오실 때 인간을 진노 가운데 멸하지 않도록 우리는 길을 예비해야 한다. 그분이 그분을 겸손히 기다리는 자들을 만나시도록 우리는 길을 예비해야 한다. 이러한 길 예비에 대한 부름이 그리스도의 오심에 선행한다. 그런데 길 예비는 단지 내면적으로만 일어나는 사건이 아니다. 그것은 눈으로 볼 수 있을 만큼 가장 확연히 모양이 드러나는 행동이다. "골짜기마다 돋우어질 것이요."사 40:4 인간의 삶이 깊은 비참에 처해 있다면 이제 일으켜 세워야 한다. 비천한 자, 굴욕당한 자도 일으켜 세워야 한다. 부자유, 빈곤, 무지와 같은 인간의 비참한 상황은 그리스도의 은혜로운 도래에 방해가 된다. "산마다, 언덕마다 낮아질 것이요."사 40:4 그리스도가 오시려면, 모든 교만한 자들과 높은 지위에 있는 자들은 자기를 낮추어야 한다. 그리스도와 그분의 은총에 방해가 되는 세력, 부, 지식의 방편이 존재한다. "굽은 것이 곧아질 것이요."눅 3:5 그리스도의 길은 반듯하게 곧은길이다. 거짓과 죄책, 자신의 노동, 자신의 업적,시 9:17 자기애 속에는 인간을 얽어매는 함정이 있다. 그런 것들은 은총이 임하는 것을 특별히 어렵게 만든다. 따라서 그리스도가 인간에게 오시는 길은 반듯하게 곧은길이 되어야 한다. "험한 길이 평탄하여질 것이요."눅 3:5 반항, 고집, 거절 등이 인간을 너무 완고하게 만들기에, 그리스도는 반항하는 자들을 진노로 깨뜨리실 수밖에 없다. 그리스도의 은혜로운 도래에 대해 문이 굳게 닫혀 있으며, 그분이 문을 두드려도 열리는 문이 없기 때문에, 그분은 더 이상 은총으로 인간에게 임하지 않으신다.

인간이 예비하고 있든 그렇지 않든, 그리스도는 확실히 오시며 친히 자기의 길을 여신다. 아무도 그분의 오심을 가로막을 수 없다. 그러나 우리는 은혜 가운데 오시는 그분에게 저항할 수 있다. 은혜를 받아들이는 것을 특별히 어렵게 만드는 마음과 생활, 세상의 상태가 있다. 그것은 믿음의 가능성을 무한히 곤란하게 하는 것들이다. 그러나 이는 곤란하게 하여 방해한다는 뜻일 뿐, 불가능하게 한다는 의미가 아니다. 우리는 길이 평탄해지고 장애물이 제거된다고 해도, 은혜를 강제로 끌어내릴 수 없음을 잘 알고 있다. 우리는 그리스도의 은혜로운 도래를 위해 여전히 "놋문을 깨뜨리고 쇠빗장을 꺾어 버려야"시 107:16 한다는 사실을 잘 알고 있다. 그리고 마지막에는 은혜가 스스로 자기의 길을 열고 평탄하게 만들 것이다. 오직 은혜로 불가능을 가능케 해야 하며, 오직 은혜로 거듭거듭 불가능을 가능하게 만들어 가야만 한다. 그러나 이 모든 것이 은혜의 도래를 위해 길을 예비해야 할 우리의 책임을 면하게 해

주는 것은 아니다. 우리는 은혜의 도래를 방해하고 곤란하게 하는 것들을 제거해야만 한다. 우리가 어떤 상태로 은혜와 만날 것인가는 결코 사소한 문제가 아니다. 우리에게 오는 것이 항상 은혜로만 다가오지는 않기 때문이다. 심한 치욕을 당하고 버림받은 자들, 빈곤 속에 무력하게 내던져진 자들이 하나님의 의와 선하심을 믿는 것은 어려운 일이다. 그 삶이 무질서와 방종에 깊이 찌들어 있는 자들이 믿음 안에서 하나님의 계명을 듣는 것은 어려운 일이다. 배부르고 권세 있는 자들이 하나님의 심판과 하나님의 은혜를 이해하기란 쉽지 않다. 이단에 빠져 낙담하고 내적 질서를 잃어버린 자들이 다시 예수 그리스도에게 마음으로부터 헌신하는 단순한 믿음을 회복하기란 쉽지 않다. 이렇게 말하는 것은 이런 사람들을 변호하기 위함이 아니며 낙심하도록 하기 위함도 아니다. 그들은 바로 이 타락과 깊은 죄, 곤궁의 심연 속으로 하나님이 예수 그리스도 안에서 자기를 낮추고 들어오셨음을 알아야 한다. 권리를 빼앗긴 자, 비천한 자, 착취당한 자들이 하나님의 공의와 은혜에 특별히 가까움을 알아야 한다. 삶의 질서를 잃고 방황하는 자들에게 예수 그리스도의 도움과 능력이 주어진다는 사실을 알아야 한다. 진리는 방황하고 절망하는 자들이 다시 든든한 기초 위에 설 수 있도록 돕기 원한다는 사실을 알아야 한다.

그러나 이 모든 것은 길 예비라는 과제를 배제하지 않는다. 오히려 그것들은 예수 그리스도의 오심을 믿는 모든 사람에게 무한한 책임을 지운다. 굶주린 자는 빵을, 집 없는 자는 거처를, 권리를 빼앗긴 자는 권리를, 고독한 자는 사귐을, 방종에 빠진 자는 질서를, 노예는 자유를 필요로 한다. 굶주린 자를 굶주린 채로 내버려 두는 것은 하나님과 이웃에 대한 모독이다. 하나님은 이웃의 곤궁에 가장 가까이 계신 분이기 때문이다. 그리스도의 사랑은 내 것인 동시에 굶주린 자의 것이기도 하다. 이 그리스도의 사랑으로 인해 우리는 굶주린 자와 함께 빵을 나눠 먹고, 나의 집에 그들의 자리를 마련해 준다. 만약 굶주린 자가 믿음으로 나아오지 못한다면, 그 죄는 그에게 빵을 나눠 주길 거절한 자 위로 떨어진다. 굶주린 자에게 빵을 주는 것은 은혜의 도래를 위한 길 예비이다.

그러나 여기서 일어나는 일은 궁극 이전의 것에 속한다. 굶주린 자에게 빵을 주는 것만으로는 아직 그에게 하나님의 은혜와 의롭게 하심을 선포한 것이라 할 수 없다. 그가 빵을 받았다는 것이 곧 그가 믿음 안으로 들어와 있음을 의미하지는 않는다. 그러나 궁극적인 것을 알고 궁극적인 것을 위해 이런 일을 하는 자에게, 궁극 이전의 것은 궁극적인 것과 관계되어 있다. 그것이 궁극적인 것에 선행하는 궁극 **이전의** 것Vor-Letztes이다. 은혜의 도래는 궁극적인 것이다. 그러나 우리는 길 예비에 관해 말해야 하며, 궁극 이전의 것에 관해 말해야만 한다. 그것은 궁극 이전의 것을 부인하는 극단주의로 인해 뼈아픈 실패를 맛보고, 이제 자신이 궁극 이전의 것 배후로 밀려날 위험에 처한 자들을 위해서다. 다른 한편으로, 궁극 이전의 것에 깊이 고착되어 만족하고 안주한 결과, 이제 자신이 궁극적인 것을 위한 요구를 해야 하는 자들을 위해서이기도 하다. 그러나 결론적으로, 무엇보다 아직 한 번도 이 궁극 이전의 것에 도달하지 못한 자들을 위해 궁극 이전의 것을 말하고자 한다. 지금까지 아무도 그들을 섬기지 않았고, 아무도 그들의 길 예비를 돕지 않았다. 이제 그들에게도 하나님의 말씀과 궁극적인 것, 은혜가 미칠 수 있도록 필요한 도움을 주어야 한다.

그리스도인이 되기 위해 먼저 노예에게는 자유를, 권리를 빼앗긴 자에게는 권리를, 굶주린 자에게는 빵을 주어야 한다고 말한다면, 그것은 명백한 오해다. 그리스도인이 되기 위해 우선적으로 모든 가치 질서가 회복되어야 하는 것은 아니라는 말이다. 그 점에 대해서는 신약성경과 교회 역사가 증언해 주고 있다. 상대적이기는 하지만, 세상이 아주 정상적으로 보이는 시대에 신앙으로부터 멀어지는 현상이 특히 심각하게 나타난다는 것은 경악할 만한 사실이다. 따라서 그리스도를 위한 길을 예비한다는 것은 단순히 어떤 바람직하고 목적에 맞는 상황을 만들어 내거나, 사회개혁 강령을 실현하는 문제가 아니다. 길 예비는 분명 눈에 보이는 세계에 구체적으로 개입하는 것이며, 굶주림이나 배부름과 같은 너무도 구체적이고 가시적인 행위에 속한 것이다. 그럼에도 모든 것은 길 예비라는 행위가 하나의 영적 현실이라는 사실에 달려 있다. 길 예비는 세상의 조건을 개혁하기 위한 것이 아니라, 그리스도의 오심을 목적으로 하기 때문이다. 주님의 은혜로운 도래는 오직 영적인 길 예비에 뒤따른다. 이 말은 사람들이 예수 그리스도를 영접할 준비를 하는 데 요구되는 가시적 행위는, 오실 주님 앞에 자기를 낮추는 겸손한 행위, 곧 회개의 행위가 되어야 한다는 뜻이다. 다시 말해, 회개의 행위가 있어야만 한다. 길 예비란 회개를 의미한다.[마 3:1] 회개는 구체적인 전환을 말하며, 행동을 요구한다. 결국 길 예비는 회복되어야 할 아주 특정한 상태를 눈앞에 그리고 있다. 그것이 목표로 하는 상태를 적극적으로 표현하려고 할 때, 우리는 인간됨[Menschsein]과 선함[Gutsein]이라는 두 가지 규정에 도달하게 된다.

오직 주님이 도래하실 때 비로소 인간됨과 선함은 완성에 이르게 될 것이다. 그러나 오실 주님으로부터 이미 한 줄기 빛이 비쳐 와서 인간됨과 선함을 밝혀 준다. 그 빛은 올바른 준비와 기대가 어떠해야 하는지를 보여준다. 무엇이 인간됨이며 무엇이 선함인가는 이미 오셨으며, 다시 오실 주님을 통해서만 알 수 있다. 그리스도가 오시기 때문에, 우리는 인간이어야 하고 선해야 한다. 그리스도는 지옥이 아니라, "자기 땅"[sein Eigentum, 요 1:11]에 오신다. 그분 자신이 창조한 세상에 오신다. 그 세상은 비록 타락했음에도 그분의 창조 세계로 존속하는 세상이다. 그리스도는 악마에게 오시는 것이 아니라, 인간에게 오신다. 분명 죄를 범하고 잃어버린바 되었으며 정죄받은 인간일지라도, 그분은 인간에게 오신다. 비록 타락한 피조물일지라도 그것은 여전히 피조물이며, 죄를 범한 인간일지라도 그는 여전히 인간이다. 이는 그리스도가 인간에게 오신다는 사실에서 분명해진다. 또한 그리스도가 그들을 죄와 악마의 권세에서 속량하신다는 사실에서 분명해진다. 그리스도를 생각하면, 이 타락한 세상은 하나님이 그리스도의 오심을 위해 지키고 보존하신 세상임을 알 수 있다. 그리고 우리는 세상에서 **인간으로서** als Menschen 주어진 질서 안에서 **선량하게** gut 살 수 있고 선량하게 살아야 함을 알 수 있다. 그러나 인간이 사물이 되고 상품이 되고, 기계가 되어 버린 경우가 있다. 기존 질서가 자의적으로 파괴되고 "선악"이 더 이상 구별되지 않는 경우가 있다. 거기서는 세상의 보편적인 죄와 상실성에 더하여, 특수한 장애물이 그리스도를 영접하지 못하도록 가로막는다. 거기서는 세상이 스스로 자기를 파괴하고 결국 악마적으로 전락해 버릴 위험이 있다. 타락하고 잃어버린 세상 한가운데서도 하나님 앞에는 분명한 구별이 있다. 그것은 인간이 결혼의 질서를 지키는가 파괴하는가의 구별이며, 인간이 법을 지키는가 자의적으로 행하는가의 구별이다. 결혼의 질서를 지키고 법을 수호한다고 해도 인간이 죄인이라는 사실에는 변함이 없다. 그러나 거기에는 궁극 이전의 것이 고려되고 진지하게 받아들여지는 것과 그렇지 않은 데서 오는 구별이 있다. 그것은 길 예비에 속한다. 다가올 궁극적인 것을 위해 궁극 이전의 것을 존중하고, 그 효력이 발생하도록 하는 것은 길 예비에 속한 일이다.

만일 하나님의 말씀을 듣기 원한다면, 나는 설교를 들으러 가야 한다. 이것이 말씀을 통해 이루어지는 하나님의 계시의 본질적 특징이다. "믿음은 들음에서 나기"롬 10:17 때문이다. 말하자면, 길 예비를 위한 마지막 행위는 말씀이 내게로 올 수 있도록 하는 것이다. 여기서 궁극 이전의 것에 속한 마지막 행위는 하나님이 즐거이 말씀하고자 하시는 그 장소로 내가 나아가는 것이다. 기존 질서를 지키면서 교회에 출석하는 것은 궁극 이전의 영역에서 제공되는 최종적인 경계다. 우리 조상들도 그와 같이 말할 수 있었다. 이는 누구나 이러한 요구에 응할 수 있는 외적인 가능성과 신체적인 힘, 내적인 평정심과 사고력이 있다는 것을 전제로 한다. 그러나 이 전제 조건이 더 이상 적용되지 않는 상황이 발생할 수 있다. 그리하여 전적으로 외적인 이유 때문에 설교로의 초청에 응할 수 없으면, 궁극 이전의 것에 대한 배려는 다른 곳으로 옮겨 가게 된다. 그러면 우선 설교로의 초청을 듣고 따를 수 있도록 외적인 환경을 조성하는 데 심혈을 기울여야 한다. 이는 먼저 인간은 다시 인간이 되지 않으면 안 된다는 것을 의미할 수 있다. 우리가 이런 식으로 말할 수 있기 위해서는 그렇다. 오실 주님을 위한 길 예비는 이 과제를 우선적으로 다루지 않는다면 진지하게 받아들여지지 않는다. 인간에 대한 긍휼과 모든 인간에게 기꺼이 오시는 그리스도 앞에서의 책임이 이 일을 행하도록 우리를 강권하는 것이다.

그러나 이 모든 것에도 불구하고 오직 오실 주님 자신이 길을 예비하실 수 있다는 사실은 아무리 강조해도 지나치지 않다. 오직 주님만이 인간을 전혀 새로운 인간됨과 선함으로 인도하실 수 있다. 그리스도를 위한 모든 길 예비의 종착역은 우리 자신이 결코 그 길을 예비할 수 없다는 인식에 있음을 분명하게 알아야 한다. 길 예비에 대한 요구는 어떤 경우든지 우리를 회개로 인도한다는 점도 분명히 해야 한다. "주 예수여, 당신이 친히 그 선하심과 긍휼하심으로 이 거룩한 시간에 가련한 저를 위해 예비하소서!"발렌틴 틸로 바로 그 점에서 그리스도를 위한 길 예비는 그리스도에게로 가는 나 자신의 모든 길과 구별된다. 우리가 처음에 이미 언급했듯이, 궁극적인 것에 이르는 데는 어떤 "방법"Methode이나 길도 존재하지 않는다. 길 예비는 다른 모든 방법과 다르다. 길 예비는 그리스도 자신이 그 길을 가셔야 한다는 분명한 인식에서 나온다. 그것은 그리스도에게로 가는 우리의 길이 아니라, 우리에게로 오시는 그분의 길이다. 그 길은 예비되어야 한다. 그 길은 그분이 친히 자기를 위해 길을 예비하신다는 인식 안에서만 예비될 수 있다. 여기서 방법이란 궁극 이전의 것에서 궁극적인 것에 이르는 길이다. 길 예비는 궁극적인 것에서 궁극 이전의 것에 이르는 길이다. 그리스도는 그분의 의지, 그분의 권세, 그분의 사랑으로 오신다. 그분은 아무리 큰 장애물이 있더라도 모두 극복하실 수 있으며 극복하실 것이다. 주님은 자기의 길을 친히 예비하시는 분이다. 이러한 사실이, 아니 **오직** 이러한 사실만이 우리로 하여금 주의 길을 예비하는 자가 되게 한다. 주님이 이런 분인데, 우리가 어떻게 주의 길을 예비하는 자가 되기를 바라지 않겠으며, 어떻게 주의 길을 예비하지 않을 수 있겠는가! 또 우리가 어떻게 오실 그분에 의해서 주의 길을 예비하는 자가 되고, 그분을 진지하게 기다리는 자가 되도록 우리 자신을 내어드리지 않을 수 있겠는가! 우리가 그리스도를 기다리는 까닭에, 우리는 주의 길을 예비하는 삶을 사는 것이다. 우리가 그리스도의 오심을 아는 까닭에, 오직 그 때문에 우리는 주의 길을 예비하는 것이다.

오직 그리스도만이 믿음을 창조하신다.[1] 그러나 믿음의 가능성을 보다 쉽게 혹은 보다 어렵게 만드는 요인들이 존재한다. 완고함과 냉혹함에도 정도가 있다. 오직 그리스도만이 우리를 궁극적인 것에 이르도록 하신다. 즉, 하나님 앞에 의로운 삶을 살도록 하신다. 그럼에도 불구하고, 아니 바로 그런 까닭에 궁극 이전의 것이 소멸되거나 축소되지는 않는다. 언젠가는 궁극 이전의 것이 궁극적인 것에 의해 삼켜질 것이다. 그러나 땅이 존속하는 한, 궁극 이전의 것은 여전히 필요하며 자기 권리를 보장받는다.

그리스도인의 삶은 내 안에 궁극적인 것이 시작된 삶이다. 그리스도인의 삶은 내 안에 사시는 예수 그리스도의 삶이다. 그러나 여전히 궁극적인 것을 기다리는 궁극 이전에 속

1. 『나를 따르라』 제1장 참조.

한 삶이기도 하다. 그리스도인의 삶에 대한 열성은 오직 궁극적인 것에 있다. 그러나 궁극 이전의 것도 그 삶의 열성을 공유한다. 궁극 이전의 것이 결코 궁극적인 것과 혼동될 수 없다는 점에서 그러하다. 또한 궁극 이전의 것이 궁극적인 것에 대해 하나의 유희처럼 간주될 수 있다는 점에서 그러하다. 따라서 궁극적인 것과 궁극 이전의 것은 똑같이 고유한 중요성을 보유한다. 여기서 다시 한번 예수 그리스도와 그분이 세상에 오신다는 현실 앞에 어떤 종류의 극단적인 기독교도 있을 수 없다는 사실이 분명해진다. 마찬가지로 어떤 종류의 타협적인 기독교도 불가능하다는 사실이 분명해진다.

서구 기독교의 영적 상황은 우리의 논점과 관련하여 다음과 같은 특징을 보인다. 지난 2백 년간 궁극적인 것에 대한 의문이 꾸준히 제기되어 왔고, 그 경향은 점점 더 심각해지고 있다. 그와 동시에 궁극적인 것과 밀접한 관계에 있는 궁극 이전의 것은 존립을 위협받으며, 거의 붕괴될 지경에까지 내몰리고 있다. 궁극 이전의 것이 붕괴된 만큼 궁극적인 것도 경시되고 그 가치가 땅에 떨어지는 악순환이 일어난다. 궁극적인 것과 궁극 이전의 것은 서로 밀접하게 연결되어 있기 때문이다. 궁극적인 것이 힘 있게 선포되어야만 궁극 이전의 것도 힘을 얻는다. 궁극 이전의 것이 보존되어야만, 궁극적인 것도 보호받는다. 다른 한편으로, 오늘날 서구 기독교 내에 궁극 이전의 것을 고수하며 그것을 계속 지켜 나가고자 굳게 결심한 다양한 계층의 수많은 사람들이 있다. 그러나 그들은 자신이 지키려는 궁극 이전의 것과 궁극적인 것의 연관성을 분명하게 인식하지 못한다. 분명 그들은 궁극적인 것에 대해 적대적이지 않으나, 궁극적인 것을 단호하게 긍정하지 못하는 것도 사실이다. 궁극적인 것의 상실은 언젠가 필연적으로 궁극 이전의 것이 붕괴되는 결과로 나타날 것이다. 만약 궁극적인 것을 기초로 궁극 이전의 것을 다시 한번 주장하고 관철하지 못한다면 그렇다. 타락한 세상에서 어떤 인간적이고 선한 것을 발견한다면, 그것이 무엇이든 예수 그리스도 편에 속해 있다. 예수 그리스도가 오직 깨어지고 상한 자들과 악인들에게 가까이 있다고 설교한다면, 그것은 전적으로 복음을 축소한 것이다. 아버지의 탕자에 대한 사랑만 강조되어 집에 있는 아들에 대한 사랑이 보잘것없어 보인다면, 그 역시 복음을 축소한 것이다. 분명 우리가 말하는 인간적이며 선한 것은 예수 그리스도에게 속한 인간적이며 선한 것과 다르다. 그것은 심판을 견딜 수 없다. 그러나 예수께서는 계명을 다 지킨 젊은이를 사랑하셨다.막 10:17 이하 인간적인 것과 선한 것이 그 자체로 어떤 가치가 있는 것은 아니다. 그러나 그것은 예수 그리스도를 위해 요구될 수 있고 요구되어야 한다. 특히 이미 경험한 궁극적인 것과의 관계가 무의식적인 잔재로 존재할 경우에는 더욱 그렇다. 이와 같은 처지에 있는 사람을 즉각 비그리스도인으로 간주하고 그의 불신앙을 고백하도록 강요하는 것이 어쩌면 더 진중하게 보일지도 모른다. 그러나 자신을 감히 그리스도인이라 칭하지 못하는 그런 사람을 그리스도인으로 주장하며, 그가 그리스도에 대한 신앙고백을 하기까지 인내심을 가지고 돕는 것이 보다 기독교적인 태도일 것이다. 다음 두 장은 이러한 관점에서 이해할 수 있을 것이다.

자연적인 것

자연적인 것이라는 개념은 프로테스탄트 윤리에서 신용을 잃고 말았다. 어떤 쪽은 자연적인 것을 보편적인 죄성이라는 어둠 속에 완전히 파묻어 버렸고, 다른 쪽은 정반대로 자연적인 것에 태고적 역사성이라는 광채를 부여했다. 그러나 두 경우 모두 악하게 오용되기는 마찬가지였다. 결국 자연적이라는 개념은 프로테스탄트 사상에서 완전히 배제되고 가톨릭 윤리에 떠맡겨졌다. 이는 프로테스탄트적 사고에 있어서 심각한 실질적 손실을 의미한다. 왜냐하면 그때 자연적인 삶의 크고 작은 실제 문제들을 다루는 데 방향성을 상실했기 때문이다. 복음에 대해서도 자연적인 것이라는 의미는 모호해졌다. 개신교회는 자연적인 삶의 긴급한 문제에 대해 길을 제시할 수 있는 분명한 언어를 잃어버렸다. 개신교회는 수많은 사람들이 인생의 중대한 결정을 내려야 할 때, 어떤 대답이나 도움도 줄 수 없었다. 그리하여 점점 더 하나님의 은혜를 정통적이고 정적으로 변호하는 입장을 취하게 되었다. 은혜의 빛 앞에서 모든 인간적이고 자연적인 것이 죄의 밤 속으로 가라앉아 버렸기 때문에, 사람들은 인간적이고 자연적인 것 내부에 있는 상대적 차이에 주의를 기울이지 않게 되었다. 그렇게 함으로써 혹여 은혜가 은혜 되지 않을까 봐 두려웠던 것이다. 궁극적인 것과 궁극 이전의 것 사이의 올바른 관계를 개신교적 사고방식이 제대로 이해하지 못하고 있다는 사실이 자연적이라는 개념에서 극명하게 드러났다. 이러한 손실의 결과는 중대하고 광범위하게 나타났다. 타락한 피조 세계 내부의 상대적 차이가 분명하지 않을 때, 그것은 방종과 무질서에 길을 활짝 열어 주는 결과를 초래했다. 자연적인 삶은 구체적인 결단과 질서에 있어서 더 이상 하나님 앞에 책임 있는 자세로 서려고 하지 않았다. 하나님의 말씀이 자연적인 것에 대한 유일한 반명제가 되었다. 다시 말해, 자연적인 것에 대한 반명제가 더 이상 비자연적인 것이 아니었다. 하나님의 말씀 앞에 자연적인 것과 비자연적인 것이 똑같이 정죄되었기 때문이다. 이는 자연적인 삶의 영역에서의 완전한 와해를 의미한다. 자연적이라는 개념은 복음에 의해 재발견되어야만 한다. 우리는 피조된 것과 구별하여 자연적인 것을 말한다. 그것은 타락이라는 사실을 포함시키기 위함이다. 우리는 죄된 것과 구별하여 자연적인 것을 말한다. 그것은 피조됨이라는 사실을 포함시키기 위함이다. 자연적인 것das Natürliche은 타락 후에 예수 그리스도의 오심을 지시하는 것이다. 비자연적인 것das Unnatürliche은 타락 후에 예수 그리스도의 오심에 대해 자기를 닫고 있는 것이다. 그리스도를 향하는 것과 그리스도에 대해 자기를 닫아버린 것의 차이는 분명 상대적이다. 자연적인 것이 그리스도의 오심을 강요할 수 없고, 비자연적인 것이 그리스도의 오심을 불가능하게 할 수도 없다. 두 경우 모두 실제로 그리스도가 오시는 것은 은혜의 사건이다. 자연적인 것은 그리스도의 오심을 통해 비로소 궁극 이전의 것으로서 자신의 성격을 확증하게 된다. 비자연적인 것도 궁극 이전의 것을 파괴하는 것으로서 자신의 존재를 명확히 드러낸다. 그리스도 앞에서도 자연적인 것과 비자연적인 것 사이의 구별이 존속하며, 그것은 중대한 손실 없이는 해소될 수 없는 것이다.

탄생하는 자연nasci-natura에서 유래한 자연적인 것의 개념은 피조된 피조물creare-creatura에서 유래한 피조적인 것과는 구별된다. 자연적인 것은 단어의 유래에 상당히 부합하는 독립의 순간과 자기 발전의 순간을 내포하고 있다. 타락으로 인해 "피조물"Kreatur은 "자연"Natur이 된다. 피조물이 가진 하나님과의 직접성은 자연적인 삶의 상대적 자유로 변한다. 이 자유 안에 자유의 올바른 사용과 그릇된 사용 사이의 구별이 있다. 따라서 자연적인 것과 비자연적인 것 사이의 구별이 주어진다. 다시 말해, 그리스도에 대해 상대적으로 열린 자세가 있는가 하면, 상대적으로 닫힌 자세도 있다. 그러나 중요한 것은 이 상대적인 자유를 하나님과 이웃에 대한 절대적인 자유와 혼동해서는 안 된다는 사실이다. 절대적인 자유는 오직 이미 오신 하나님의 말씀이 스스로 만들어 내고 선사하는 자유다. 상대적인 자유 역시 중요한 것으로 존속하는데, 그리스도는 하나님과 이웃을 위해 그 자유를 선사하셨다.

자연적인 삶을 단순히 그리스도와 함께하는 삶을 위한 전 단계로만 이해해서는 안 된다. 자연적인 삶을 확증해 주는 분은 바로 그리스도다. 그리스도가 친히 자연적인 삶 속으로 들어오신 것이다. 자연적인 삶은 그리스도의 성육신으로 인해 비로소 궁극적인 것을 지시하는 궁극 이전의 것이 된다. 그리스도의 성육신으로 인해, 우리는 비로소 자연적인 삶을 요구할 권리와 자연적인 삶을 살아갈 권리를 갖게 된다.

자연적인 것은 어떻게 인식되는가? 자연적인 것은 하나님이 타락한 세상 속에 보존해 놓으신 삶의 형상이다. 이 삶의 형상은 그리스도를 통해 의롭게 하심과 구원, 갱신을 지향한다. 말하자면, 자연적인 것에는 형식적인 규정과 내용적인 규정이 있다. 형식적으로 자연적인 것은 하나님의 보존 의지와 그리스도에 대한 지향을 통해 규정된다. 그러므로 형식적인 면에서 자연적인 것은 오직 예수 그리스도에 의해 인식될 수 있다. 자연적인 것의 내용적 규정은 보존된 삶의 형상 자체이며, 그것은 온 인류를 포괄한다. 이 내용적인 면에 의해서만 이제 인간의 "이성"Vernunft은 자연적인 것을 인식하는 기관이 된다. 이성은 인간 안에 있는, 자연적인 것을 초월한 숭고한 신적 인식이나 질서의 원리가 아니다. 그것은 그 자체로 보존된 삶의 형상의 일부다. 현실 속에서 전체적인 것과 보편적인 것을 통일로서 의식하고 "인지하는"vernehmen 역할을 하는 부분이 이성이다. 말하자면, 이성은 전적으로 자연적인 것에 속한다. 이성은 주어진 조건에서 자연적인 것을 의식적으로 인지하는 기관이다. 자연적인 것과 이성은 마치 보존된 삶의 존재 형상Seinsgestalt과 의식 형상Bewußtseinsgestalt의 관계처럼 작용한다. 이성이 자연적인 것을 파악하는 데 적합하다는 근거는 어디에 있는가? 그 근거는 자연적인 것을 창조하는 이성의 자발적인 능력이나, 자연적인 것에 잘 적응하는 이성의 신적 능력에 있는 것이 아니다. 이성의 적합성은 세상의 다른 부분과 마찬가지로 이성도 함께 이끌려 들어간 타락의 실상에 그 근거가 있다. 물론 이성은 이성이기를 멈추지 않는다. 그러나 이제 이성은 타락한 이성이다. 이성은 타락한 세상에 이미 주어진 것만을 인지하며, 그것도 내용적인 측면에서만 인지한다.

이성은 기존의 것에서 보편적인 것을 인지해 낸다. 이성이 인지해 낸 것과 마찬가지로, 기존의 자연적인 것도 보편적인 것이다. 그것은 인간의 본성 전체를 포괄한다. 이성은 자연적인 것을 보편적인 법칙으로 인식하며, 이는 경험적인 확증 가능성과는 무관하다.[2]

2. 이상의 진술은 다음의 관점에서 가톨릭 이론과 구별된다. 1) 우리는 이성을 타락과 전면적으로 관계된 것으로 보지만, 가톨릭 교리는 이성이 본질상 완전한 것을 보존한다고 본다. 2) 가톨릭 교리에 의하면, 이성은 자연적인 것의 형식적 규정을 이해할 수 있다. 이는 첫째 원리와 관련된다. 우리의 견해는 이성의 주관적 자발성이 아니라, 객관적으로 주어진 것에 자연적인 것이 근거한다는 점에서 계몽주의적 견해와 구별된다.

여기서 다음과 같은 아주 중요한 결론이 도출된다. 즉, 자연적인 것은 결코 타락한 세상 내부의 어떤 부분, 어떤 권위에 대한 규정일 수 없다. 자연적이라는 것은 보존된 세상 안에서 개인이나 공동체, 제도에 자리를 정해 주거나 결정한다는 뜻이 아니다. 자연적이라는 것은 이미 자리가 정해지고 결정되어 있으며, 개인, 공동체, 제도가 각기 일정한 역할을 부여받은 상태를 말한다. 자연적인 것은 자의적 설정으로 규정되는 것이 아니다. 만약 개인이나 공동체를 통해서든 제도를 통해서든 임의로 설정된 것이라면, 그것이 무엇이든 이미 존재하는 자연적인 것에 부딪쳐 필연적으로 붕괴하고 만다. 그것은 필연적으로 자멸의 길로 들어선다. 자연적인 것에 손상을 입히고 폭력을 가하는 자는 누구나 결국 그 자신이 고통당하게 된다.

그것은 동시에 자연적인 것이 보존된 삶에 참된 보호처를 제공한다는 사실에 근거한다. 따라서 "이성"을 통해 자연적인 것을 인식하는 것은, 보존된 삶의 "근본 의지"Grundwille를 통해 자연적인 것을 긍정하는 것과 상응한다. 그러나 여기서도 알아야 할 점은 이 "근본 의지"가 타락 후에도 손상을 입지 않고 남아 있어 신적 질서를 긍정하게 만드는, 이른바 신적

잔여물이 아니라는 사실이다. 근본 의지는 이성과 마찬가지로 타락 이후 보존된 세상 속에 깃들어 깊이 침몰해 있다. 그러므로 이성과 마찬가지로 근본 의지도 오직 자연적인 것의 내용적 측면을 향하고 그것을 긍정한다. 왜냐하면 근본 의지는 자연적인 것 가운데서 삶의 보호처를 보고 발견하기 때문이다. 자연적인 것은 비자연적인 것에 맞서 삶을 보존한다. 자연적인 것을 향해 가는 것은 항상 삶 자체다. 삶 자체가 거듭 비자연적인 것에 맞서, 비자연적인 것이 실패하도록 하는 역할을 한다. 여기에 육체적·정신적 건강의 회복이 중요한 궁극적인 근거가 있다. 개인의 삶이든 공동체의 삶이든, 삶은 자기 자신의 의사다. 비자연적인 것이 삶을 파괴하기 때문에, 삶은 비자연적인 것을 배척한다. 삶이 비자연적인 것의 힘에 맞서 자기를 지키지 못하고 절대적으로 필요한 저항력을 소진하게 되면, 그때 비로소 비자연적인 것은 파괴적인 힘으로 삶에 대한 승리를 획득한다.[3]

3. 이 점에 있어서 프리츠 큉켈의 성격론에 관한 책은 타당하다. 거기서 큉켈은 반복해서 "생명"이 정신적으로 부자연스런 상태와 병의 치료를 위한 본래적이고 최종적인 방법임을 밝히고 있다.

자연적인 것을 파괴하는 것은 삶을 파괴하는 것을 의미한다. 그런 일이 일어나면 지식과 삶의 의지는 무질서와 혼란에 빠지고, 잘못된 대상을 지향하게 된다. 비자연적인 것은 삶의 적이다.

그런데 도대체 어떻게 해서 자연적인 것이 손상을 입게 될 수 있는가? 이는 보존된 삶의 상대적인 자유를 통해 충분히 설명된다. 상대적인 자유가 오용됨으로써 타락한 세상 안에 주어져 있던 것이 자기가 자연적인 것의 근원이라고 선언해 버리는 것이다. 그로써 자연적인 삶을 와해시키는 것이다. 그러면 이제 비자연적인 것과 자연적인 것 사이에 발생한 싸움에서 한동안 비자연적인 것이 폭력을 행사하며 우위를 점하게 될 것이다. 왜냐하면 비자연적인 것은 본질상 조직을 갖추고 일사불란하게 움직이지만, 자연적인 것은 조직화를 허용하지 않고 단순히 존재하는 특성이 있기 때문이다. 예를 들어, 부모에 대한 존경을 파괴하는 것은 조직화될 수 있지만, 부모에 대한 존경 자체는 단순히 행해지는 것이며 본질상 조직화될 수 없다. 이런 이유로 자연적인 것은 일시적으로 비자연적인 것에 압도당할 수 있다. 그러나 긴 안목으로 보면 비자연적인 모든 조직은 파괴되지만, 자연적인 것은 존속하고 스스로의 힘으로 관철해 나간다. 삶 자체가 자연적인 것의 편에서 있기 때문이다. 물론 그 사이에 삶의 외적 형식에는 해결하기 어려운 혼돈과 혁명적인 전환이 발생할 수도 있다. 그러나 삶이 지속되는 한, 자연적인 것은 다시 활로를 뚫고 나아간다.

이러한 맥락에서 타락한 세상의 경계선에서 유지되는 인간 역사에 대한 낙관주의는 근거와 타당성을 갖는다. 그러나 이 낙관주의는 죄가 점진적으로 극복되어 간다는 사상과 아무 관련이 없다. 아마도 이것은 충분히 규명되었으리라고 본다. 여기서 말하는 낙관주의는 철저하게 내재적인 것으로서, 자연적인 것에 근거를 두고 있는 낙관주의다. 물론 성경에 의하면 모든 면에서 자연적인 것의 파괴 역시 다가올 세상 종말의 징조에 속한다.[눅 21:16] 바로 여기서 내재적 낙관주의도 그 한계를 갖고 있다. 이런 낙관주의는 성경의 예언으로 인해 역사적 원리와 진정제 역할에서 단번에 밀려난다. 낙관주의가 전혀 근거가 없는 것은 아니지만, 결국 순수하게 내재적인 것으로 머물 수밖에 없는 이유이기도 하다. 낙관주의는 결코 확실한 소망이 되지 못한다.

이러한 전제 아래 우리는 타락한 후에도 그리스도의 오심을 지향하며, 하나님에 의해 보존된 삶의 형상으로서 자연적인 것에 가까이 다가갈 수 있다.

자연적인 삶

자연적인 삶은 형성된 삶이다. 자연적인 것은 삶 자체에 깃들어 거기에 봉사하는 형상이다. 그러나 삶이 이 형상에서 분리되어, 자기를 독자적인 것으로 선언해 버리면 엄청난 파국을 맞는다. 즉, 삶이 자연적인 것의 형상을 통해 섬기기를 원치 않으면, 결국 삶 자체가 뿌리까지 흔들리고 마는 것이다. 자기를 절대화하고, 자기를 목적으로 여기는 삶은 스스로 파멸하게 된다. 활력론Vitalismus은 필연적으로 허무주의로 이어지며, 모든 자연적인 것의 파괴로 끝날 수밖에 없다. 자기 자신이 목적이 된 삶은 엄밀한 의미에서 무Nichts이며, 심연이고 나락이다. 그 삶은 끝도 없고 목적도 없이 움직일 뿐이다. 그 삶은 허무 속으로 회오리처럼 빨려 들어가는 운동일 뿐이다. 활력론은 모든 것을 이 말살의 움직임 속에서 산산이 부숴 버리기 전까지 결코 멈추지 않는다. 개인적인 삶에도 사회적인 삶에도 이러한 활력론이 존재한다. 이는 삶이란 목적을 위한 수단일 뿐 아니라 목적 자체이기도 하다는, 그 자체로는 타당한 통찰에서 나온 그릇된 절대화에 기인한다. 이러한 통찰은 개인적인 삶과 마찬가지로 사회적인 삶에도 적용된다. 하나님은 생명을 원하고 그 생명이 살아갈 수 있도록 하나의 형상을 부여하신다. 삶은 홀로 내던져진 상태에서는 단지 파멸의 길로 달려갈 뿐이기 때문이다. 동시에 이 형상은 삶이 다른 삶을 섬기고 세상을 섬기도록 하는 역할을 한다. 즉, 제한된 의미에서 삶이 목적을 위한 수단이 된다. 자기 목적으로서 삶의 절대화가 있듯이, 목적을 위한 수단으로서 삶의 절대화도 있다. 여기서 전자에 해당하는 활력론이 삶을 파괴한다면, 동일하게 후자도 삶을 파괴하는 결과를 초래한다. 이 역시 개인의 생활뿐 아니라 공동생활에도 적용된다. 우리는 이러한 오류를 삶의 기계화라는 말로 표현할 수 있다. 여기서 각 개인은 오로지 전체를 위한 이용 가치로만 평가된다. 공동체도 단지 어떤 상위 개념의 제도, 조직, 이념을 위한 이용 가치에 따라 이해된다. 집단적인 것은 신이 되고, 전체주의적 기계화 과정에서 개인과 공동체의 삶은 희생된다. 여기서 삶은 와해되고, 본래 삶에 봉사할 목적으로 존재하는 형상이 삶에 대해 무제한적인 지배권을 행사한다. 그리하여 삶의 모든 자기 목적성이 지양되고, 삶은 허무 속으로 가라앉아 버린다. 기계화가 모든 삶을 말살하고 나면, 삶으로부터 자기가 필요로 하는 힘을 끌어다 쓰던 기계화도 저절로 붕괴되는 것이다.

자연적인 삶은 활력론과 기계화의 양극단 사이에 있다. 다른 말로 표현하면, 자연적인 삶은 자기 목적으로서의 삶과 목적을 위한 수단으로서의 삶 사이에 있다. 활력론과 기계화는 앞서 기술한 의미에서 똑같이 자연적인 삶에 있어서 절망의 표현, 삶에 대한 적대감, 삶에 대한 권태감, 삶에 대한 무능의 표현이다. 어쩌면 그것이 무의식적이라 할지라도 그렇다. 자연적인 것에 대한 감각은 비자연적인 것에 밀려서 자리를 내준다. 예수 그리스도를 통해 삶의 자기 목적성은 피조성으로 이해된다. 삶은 하나님의 나라에 참여하는 것으로서, 목적을 위한 수단으로 이해된다. 반면, 자연적인 삶의 영역에서 삶의 자기 목적성은 삶에 부여된 권리로 나타난다. 또 목적을 위한 수단으로서의 삶은 삶에 부과된 의무로 표현된다. 따라서 그리스도와 그분의 오심을 위해, 자연적인 삶은 특정한 권리와 의무를 지고 살아야만 하는 것이다. 이러한 권리나 의무가 부인되고, 폐기되고, 파괴되는 곳에는 심각한 장애물이 있어 그리스도의 오심을 가로막는다. 그러면 주어진 삶을 경외함으로 지키고, 그 삶을 창조주를 섬기는 데 바치려는 감사의 마음이 뿌리째 흔들리고 만다.

기독교 윤리에서 먼저 권리를 말하고 그 후에 의무를 말하는 것은 이상주의적 사고방식을 가진 자에게는 낯설게 들릴지도 모른다. 그러나 우리는 칸트 윤리가 아니라, 성경의 입장에서 말하려고 한다. 바로 그런 이유로 우리는 먼저 자연적인 삶의 권리에 대해 말해야만 하는 것이다. 즉, 삶에 주어진 것이 무엇인지를 우선적으로 말한 다음, 삶으로부터 요구되는 것이 무엇인지를 말해야 한다. 하나님은 요구하기 전에 주시는 분이다. 자연적인 삶의 권리 안에서 영광을 받는 이는 피조물이 아니라 창조주인 것이다. 또 이 자연적인 삶의 권리로 인해 하나님의 선물이 풍성하다는 사실이 인정된다. 권리는 하나님 앞에 있는 것이 아니라, 순수하게 주어진 자연적인 것이 인간에게 권리인 것이다. 자연적인 삶의 권리는 타락한 세상 한복판에 하나님의 창조의 영광이 반사되는 것이라 할 수 있다. 이 권리는 인간이 자신의 이해관계에 따라 요구하는 것이 아니라, 하나님이 보장해 주시는 것이다. 그러나 의무는 권리에서 나온다. 이는 마치 과업Aufgabe이 재능Gabe에서 나오는 것과 같다. 의무는 권리 안에 포함되어 있다. 우리는 자연적인 삶의 영역에서 언제나 먼저 권리를 말하고, 그 후에 의무에 대해 말해야 한다. 그렇게 함으로써 우리는 자연적인 삶에서 복음을 위한 자리를 마련할 수 있다.

각자에게 자신의 것을

자연적인 것과 함께 주어진 권리의 가장 보편적인 도식이 있다. 그것은 "각자에게 자신의 것을"Suum cuique이라고 천명한 로마법이다. 이 명제에는 자연적인 것의 다양성과 거기에 속한 권리의 다양성 및 그 다양성 안에 보존되어 있는 권리의 통일성이 동일한 방식으로 표현되어 있다. 자연적인 것과 함께 주어진 권리의 통일성과 다양성 중 어느 하나라도 상실된다면, 이 명제는 오용되고 만다. 그런 경우 사람들은 "자신의 것"das

Seine을 "동일한 것"das Gleiche으로 이해하려고 한다. 그리하여 자연적인 것의 다양성이 추상적인 법을 위해 파괴되거나, "자신의 것"을 자의적이고 주관적으로 규정하게 된다. 그러면 권리의 통일성은 방임된 자유의 깃발 아래 폐기된다. 두 경우 모두 자연적인 것이 짓밟히는 결과를 초래한다. 각자에게 속한 "자신의 것"은 그때그때 아주 다양하며 동일하지 않다(그렇다고 해서 자의적이라는 말은 아니다). 그러나 자연적으로 주어진 것에는 객관적 근거가 있다. 따라서 그것은 보편적이다(그렇다고 해서 추상적이거나 형식적이라는 말은 아니다).

자연적으로 주어진 것에 뿌리박은 권리, 곧 "천부의 권리"Recht, das mit uns geboren ist가 존재한다면, 그것은 외부에서 오는 권리로 인해 소멸되거나 파괴되어서는 안 된다. 그렇지 않으면 자연적인 것 자체가 비자연적인 권리에 대항하여 혁명으로 내닫는 사태가 발생할 것이다. "각자에게 자신의 것을"이라는 원칙은 모든 실증적 권리에 앞서 자연적인 것 속에 이미 부여된 권리가 상위에 있음을 인정한다. 이는 동시에 자연적인 것을 자의적이고 혁명적인 도발에서 보호하는 길이기도 하다. 나 자신의 권리가 자연적인 권리에 속한 것처럼, 타인에게도 똑같이 주어진 권리를 인정하는 것이 중요하다. 다시 말해, 타인의 자연적인 권리를 존중할 때에만 나 자신의 자연적인 권리도 보장된다. 그러나 여기서 이미 "각자에게 자신의 것을"이라는 원칙은 한계에 부딪친다. 이 원칙은 주어진 자연적인 권리가 서로 조화롭게 일치할 수 있다는 전제를 기초로 하기 때문이다. 말하자면, 근본적으로 서로 모순되는 자연적인 권리는 존재하지 않는다는 전제에 기초하고 있다. 그러나 이런 전제를 충족시키지 못할 수도 있다. 즉, 자연적인 것에 근거를 둔 권리들 사이에 갈등이 발생할 수 있다. 그러면 불완전성, 오해, 불합리성과 같은 권리 개념으로 접근할 수밖에 없다. 그런데 이것은 있는 그대로의 세상 구조 자체를 근거로 문제의 원인을 찾지 않는다. 다시 말해, 자연적인 것 가운데 역사하는 죄에서 근거를 찾지 않는다. "각자에게 자신의 것을"이라는 최고 원칙은 자연적인 것 자체에 주어진 권리들 사이의 모순을 염두에 두지 않는다. 그러나 자연적인 권리에 엄연히 존재하는 모순은 실증적인 권리, 곧 자연의 외부로부터 주어지는 권리를 요구한다. 말하자면, 신적 권리와 세속적 권리

가 그것이다.[4]

그러나 "각자에게 자신의 것을"이라는 원칙에 한계가 있다고 해서, 그것이 가진 상대적인 정당성까지 폐지할 수 없다. 자연적으로 주어진 것들 안에 있는 권리가 구현될 때, 그때는 세상이 모순으로 가득할지라도 창조주의 뜻과 선물이 영화롭게 된다. 그리고 예수 그리스도가 성령을 통해 각자에게 그 자신의 것을 주실 때가 되면, 동시에 모든 권리의 성취로 나아가게 된다. 그러므로 이 원칙을 보존하고 중시하는 것이야말로, 진정한 의미에서 궁극적인 것에 의해 규정되는 궁극 이전의 것이라고 할 수 있다.

그러나 "각자에게 자신의 것을"이라는 원칙에는 또 하나의 결정적인 전제, 곧 그에 대한 논쟁이 거듭거듭 삶의 자연적인 기반을 뒤흔들어 놓음에도 결코 피할 수 없는 전제가 내포되어 있다. 이 전제는 "각 사람이",ein jeder 곧 개개인이 자연적인 권리를 가지고 세상에 태어난다는 것이다. 이러한 명제

4. 편집자 주: 여기에 다음과 같이 연필로 쓴 메모가 있다. "나중에 자세히 발전시켜야 할 필요가 있다! 자연적인 권리에 대해 다루는 이번 장의 결론 부분에서, 아니면 선에 대해 다루게 될 다음 장에서."

는 자연적인 권리가 오직 공동체에 부여되었으며 개인에게 부여된 것이 아니라고 생각하는 사람들에 의해 반박된다. 여기서 개인은 공동체를 위해 봉사하는 목적을 위한 수단에 지나지 않는다. 이 경우 공동체의 행복이 개인의 자연적인 권리 위에 있다. 이 명제는 사회적 행복주의Sozialeudämonismus를 선언하는 원리이며, 동시에 개인이 가진 모든 권리의 굴종을 의미한다. 그렇게 될 때 자연적인 삶 자체가 공격을 받고, 개인적인 권리의 파괴와 함께 모든 권리의 파괴로 가는 길이 활짝 열린다. 이는 결국 혼동의 길로 통하게 된다. 사회적 행복주의의 결과가 반복해서 폭력의 지배로 이어지고, 종국에는 공동체의 권리마저 부인해 버리는 것은 결코 우연이 아니다. 개인의 권리는 공동체의 권리를 수호하는 힘이고, 반대로 공동체는 개인의 권리를 수호하고 변호해 준다. 개인에게 자연적으로 부여된 권리가 존재한다는 사실은, 개인을 창조하고 그에게 영원한 생명을 선사하신 하나님의 뜻으로 말미암은 것이다. 우리가 인정하든 인정하지 않든, 자연적인 삶 속에는 이러한 사실이 거듭 표출되고 있다. 이 사실은 사회적 행복주의라는 비자연Unnatur에 맞서 저항하고 그것을 성공적으로 극복하는 힘이기도 하다. 하나님은 개인을 창조하고, 그를 영원한 생명으로 부르셨다. 이것이 자연적인 삶 속에서 영향력을 행사하는 현실이다. 이를 무시하는 것은 매우 위험한 결과를 야기한다. 그 때문에 자연적인 삶 속에는 개인의 권리를 고려해야 할 책임을 가진 이성이 존재한다. 비록 자연적인 권리에 대한 신적인 배경을 인식하지 못한다 하더라도, 이것이 바로 이성이 해야 할 일이다. 따라서 사회적 행복주의에 대한 자연적인 대적자는 언제나 이성이다. 이성이라는 기관은 타락한 세상 현실을 "인지하고",vernehmen 그 현실에 대한 의식으로 인도한다. 한편으로, 사회적 행복주의는 의지의 힘을 "비이성적" unvernünftiger이고 또 납득할 수 없게 과대평가하면서 맹목적인 의지주의Voluntarismus와 공동 전선을 구축한다. 그렇게 하여 사회적 행복주의는 자연적인 삶 자체의 현실에 맞선다. 맹목적인 의지는 자신이 다른 어떤 것보다도 현실에 가까이 있다고 주장한다. 그러나 이 맹목적 의지보다 이성이 현실에 더 가까이 있다는 사실은 의지주의가 도달할 수 없는 진리다. "각자에게 자신의 것을"이라는 원칙은 이성의 가장 뛰어난 인식이다. 이러한 인식을 통해 이성은 현실에 맞게, 자연적인 삶 안에서 하나님에 의해 개인에게 주어진 권리를 인정한다. 이성은 사실 하나님을 알지 못함에도 불구하고 그렇다.

이제는 내용적인 면에서 자연적인 삶의 권리에 대해 말해야 하므로, 그 권리를 보증하는 문제를 거듭 다루게 될 것이다. 이 자연적인 삶의 권리를 강력히 옹호하는 자가 누군가? 여기서 우리는 이미 말한 내용을 반복하지 않을 수 없다. 즉, 이 권리를 바로 하나님이 옹호하신다는 사실이다. 그러나 하나님은 이 목적을 위해 언제나 삶 자체를 사용하신다. 다시 말해, 삶 자체가 자연적인 것을 짓밟고 유린하는 모든 폭력에 맞서 대항하게 한다. 그리고 그 시기가 빠르든 늦든 언젠가는 반드시 이겨 내고야 만다. 여기서는 개개인의 일생을 초월하여 긴 안목의 시간적 범위가 고려되어야 한다. 자연적인 삶의 영역에서는 개개인의 삶이 아니라, 종족으로서 인간의 삶을 유지하는 것이 중요하기 때문이다. 또한 자연적인 삶은 필연적으로 개인의 삶을 거듭 초월하기 때문이다. 파괴된 개인의 권리가 당대에는 회복되지 못할 수도 있다. 그렇지만 이 일이 자연적인 삶의 저항력을 키우는 밑거름 역할을 하고, 다음 세대나 그다음 세대에 가서는 다시 권리를 되찾아 오는 것이다. 여기서 제기되는 신정론Theodizee 문제는 차후 논의하게 될 것이다. 만약 삶 속에 내재하는 권리를 강력히 옹호하는 이가 하나님이며 또 그분을 통한 삶 자체라고 한다면, 개개인이 자신의 자연적인 권리를 수호하기 위해 취할 수 있는 행동은 영향력 측면에서 그 의미가 지극히 미약할 것이다. 그가 실제로 취할 수 있는 행동은 여전히 간과해서는 안 될 일들을 다각도로 헤아려 보는 정도일 것이다. 그러나 그는 어떤 경우에도 자신의 가장 강력한 동지가 삶 자체라는 사실을 염두에 두어야 한다. 개인이 자신의 자연적인 권리를 방어해도 **되는가**darf 하는 물음은 분명 긍정적인 대답이 주어진다. 어떻게 그리고 언제 개인이 자신의 권리를 방어해야 **하는가**soll 하는 물음은 차후에 결정해야 할 또 다른 문제다. 여기서는 권리를 보증하는 이는 하나님이며 개인이 아니라는 사실을 믿고 견지해 나가는 자세가 중요하다. 개개인은 어떤 상황에도 이 사실을 신뢰하고 자신의 권리를 수호해야 한다.

신체적 삶의 권리

신체적인 삶은 우리 자신은 아무것도 행한 것 없이 그저 받은 것으로서, 그 보존의 권리를 자기 안에 지니고 있다. 그것은 우리가 쟁취하거나 획득해야 하는 권리가 아니다. 그것은 본래적 의미에서 "천부적"mit uns geboren으로 받은 권리다. 그것은 우리가 원하기도 전에 이미 존재하며, 존재하는 것 자체에 근거를 둔 권리다. 하나님의 뜻에 의해 지상의 인간의 삶은 신체적인 삶으로 존재한다. 그러므로 신체는 온전한 인간을 위해 보존될 권리가 있다. 죽음과 함께 모든 권리가 소멸되기 때문에, 신체적인 삶의 보존은 모든 자연적 권리의 기초가 된다. 또한 바로 이런 이유로 특별한 중요성을 가진 것으로 인정된다. 자연적인 삶의 본래적 권리는 고의적인 상해나 폭력, 살해로부터 자연을 보존한다. 이 말은 매우 무미건조하고 비영웅적으로 들릴지도 모른다. 그러나 신체는 무엇보다도 희생을 목적으로 존재하는 것이 아니라, 보존되기 위해 존재한다. 신체를 희생할 권리와 의무는 다른 고차적인 관점에서 승인될 수 있다. 그러나 이 승인은 이미 신체적인 삶의 유지를 위한 본래적 권리를 전제로 한다.

신체적인 삶은 삶이 그렇듯 목적을 위한 수단인 동시에 목적 자체이기도 하다. 신체를 순전히 목적을 위한 수단으로만 이해하는 것은 이상주의적 사고방식일 뿐 기독교적이지 않다. 수단은 목적에 도달하는 순간 즉시 사라져 버린다. 이는 육체가 불멸하는 영혼의 감옥이라는 사상에 상응하는데, 이때 영혼은 죽음과 함께 몸을 영원히 떠난다는 것이다. 그러나 기독교의 가르침에 의하면 몸은 보다 고차적인 가치를 지니고 있다. 인간은 신체적인 존재이며, 영원에 이르러서도 그렇게 존속한다. 신체성과 인간 존재는 서로 분리될 수 없이 관련되어 있다. 따라서 하나님이 인간 실존의 형식으로 원하신 신체성은 그 자체가 목적이기도 하다. 분명 이것은 신체가 고차적인 목적에 종속되어 있다는 사실을 배제하지 않는다. 그러나 여기서 중요한 것은 목적을 위한 수단으로뿐만 아니라, 목적 자체로서 신체적인 삶의 권리가 보존되어야 한다는 사실이다. 신체의 자기 목적성은 자연적인 삶에서 신체에 대한 기쁨으로 표현된다. 만약 신체가 단지 목적을 위한 수단일 뿐이라면, 인간은 신체적인 기쁨에 대해 아무런 권리도 갖지 못할 것이다. 그러면 신체적인 향유는 최소한의 유용한 범위를 벗어나지 못한다. 그리고 그것은 모든 신체적 삶과 관련된 문제들, 곧 의식주, 휴식, 오락, 성생활 등을 기독교적으로 판단할 때 엄청난 결과를 초래할 것이다. 그러나 신체가 자기 목적성을 가진다면, 신체적인 기쁨의 권리가 주어진다. 비록 그것이 어떤 고차적인 목적에 종속되어 있다고 하더라도 그렇다. 기쁨은 다른 목적을 위한 수단으로 인식되는 순간, 이내 사라져 버린다는 것이 그 본질적 속성이다. 차후에 행복에 대한 권리를 다룰 때, 우리는 이 문제로 다시 돌아올 것이다. 신체의 기쁨은 자연적인 삶 내부에 존재하는, 하나님이 인간에게 약속하신 영원한 기쁨을 지시하는 것이다. 인간에게서 신체적인 기쁨의 가능성이 박탈된다면, 곧 신체가 순전히 목적을 위한 수단으로만 사용된다면, 신체적인 삶에 대한 근원적 권리가 침해되고 만다. "사람이 먹고 마시며 수고하는 것보다 그의 마음을 더 기쁘게 하는 것은 없나니 내가 이것도 본즉 하나님의 손에서 나오는 것이로다."전 2:24 "사람마다 먹고 마시는 것과 수고함으로 낙을 누리는 그것이 하나님의 선물인 줄도 또한 알았도다."전 3:13 "너는 가서 기쁨으로 네 음식물을 먹고 즐거운 마음으로 네 포도주를 마실지어다. 이는 하나님이 네가 하는 일들을 벌써 기쁘게 받으셨음이니라. 네 의복을 항상 희게 하며 네 머리에 향 기름을 그치지 아니하도록 할지니라. 네 헛된 평생의 모든 날 곧 하나님이 해 아래에서 네게 주신 모든 헛된 날에 네가 사랑하는 아내와 함께 즐겁게 살지어다. 그것이 네가 평생에 해 아래에서 수고하고 얻은 네 몫이니라." 전 9:7 이하 "청년이여 네 어린 때를 즐거워하며 네 청년의 날들을 마음에 기뻐하여 마음에 원하는 길들과 네 눈이 보는 대로 행하라. 그러나 하나님이 이 모든 일로 말미암아 너를 심판하실 줄 알라." 전 11:9 "아, 먹고 즐기는 일을 누가 나보다 더 해보았으랴." 전 2:25[5]

인간의 주거 공간은 동물들의 서식처와는 다르다. 그곳은 단지 악천후나 밤으로부터 보호받기 위한 수단이나, 어린 자녀를 돌보는 장소가 아니다. 그곳은 인간이 가족과 소유물

5. 편집자 주: 본회퍼의 예비 노트에는 다음과 같은 문장이 있다. "심리적 이타성이라는 것이 있는데, 이는 적나라하게 드러난 이기주의보다 더 나쁜 것이다. 사실 '영적으로' 이타적인 경우에는 자기 소원을 표현하는 데 있어서 아름다운 자유가 있다."

의 안전을 보장받고 평안히 개인적인 삶의 기쁨을 누릴 수 있는 장소다. 먹고 마시는 것은 단지 육체의 건강을 유지하는 목적에 유용할 뿐만 아니라, 신체적인 삶에 자연적인 기쁨을 주는 것이기도 하다. 의복은 신체를 가리기 위한 필요만 충족시키는 것이 아니라, 신체를 아름답게 장식하는 기능도 해야 하는 것이다. 휴식은 단순히 노동력의 효율을 증가시키는 목적만 있는 것이 아니라, 몸이 필요로 하는 안식과 기쁨을 선사해주는 것이기도 하다. 오락은 본질상 어떤 목적에 종속되어 있지 않으며, 신체적인 삶이 목적 자체라는 사실을 가장 명백하게 보여준다. 성은 생식을 위한 수단일 뿐만 아니라, 이 특정한 목적과는 별도로 결혼한 두 사람이 서로 사랑하는 기쁨을 나누기 위한 것이기도 하다. 이상에서 살펴본바, 신체적인 삶의 의미는 결코 특정 목적을 수행하는 것으로 끝나지 않는다. 신체적인 삶의 의미는 그 안에 내재하는 기쁨의 요구가 채워져야만 하고, 그때 비로소 그 의미가 충족된다는 사실을 알 수 있다.

신체적인 삶이 얼마나 강하게 기쁨을 추구하는지는 아마도 다음과 같은 사실에서 가장 분명하게 드러날 것이다. 즉,

신체가 어떤 필요한 목적을 성취하기 위해 혹독한 긴장을 견디며 일해야 하는 상황에도, 그렇게 봉사하는 데서 기쁨을 경험할 수 있다는 사실이다. 그러나 이는 어떤 목적을 이루기 위한 몸의 유용성뿐 아니라, 몸의 자기 목적성도 마땅한 권리를 인정받는 경우에만 가능하다.

몸은 개개인에게 언제나 "내 몸"mein Leib이다. 몸은 어떤 경우에도, 심지어 결혼한 사이에도 그것이 나에게 속하는 것과 똑같은 의미로 타인에게 속할 수 없다. 내 몸은 나를 공간적으로 타인과 구별해 주고, 내가 한 인간으로서 타인과 마주 서게 한다. 내 몸에 대한 침해는 나의 개인적 실존에 대한 공격이다. 내가 타인을 합당하게 예우하는 것은 그의 신체적인 삶과 분명한 거리를 유지하는 데서 나타난다. 신체적 징벌은 징벌을 당하는 자가 아직 독립적인 존재로 인정받지 못할 경우에만 정당성을 갖는다. 즉, 징벌을 통해 독립성의 결여가 드러나고, 그리하여 필요한 독립성을 요구하기 위한 목적이 분명할 때만 정당성을 갖는다. 누가 독립된 존재로 인정될 수 있는가에 대해 분명한 규칙을 세울 필요는 없다. 그러나 어린이의 한계는 우선 일반적인 표준이 될 수 있을 것이다. 고유의 자연적 권리를 자각하는 성인은 독립적인 존재로 간주해야 할 것이다. 범죄자에 대한 신체적 형벌은 전혀 다른 의미를 갖는다. 대표적인 예를 들면, 범죄자의 만행과 저열함을 응징하기 위해 의식적으로 그의 명예를 박탈하려고 의도하는 경우가 있을 것이다. 또 타인의 신체를 침해한 데 대해 범죄자의 신체에 대한 처벌이 요구되는 경우도 있을 것이다.

자유롭고 독립된 인격들 가운데서 타인의 신체를 의식적으로 침해하는 것은, 인간의 첫 번째 자연적 권리의 파괴를 의미한다. 따라서 이는 인간의 자연적 삶에 대한 근본적인 권리 침해이며 파괴를 뜻하는 것이다. 자연적인 삶의 첫 번째 권리는 신체적 생명이 자의적인 살해를 당하지 않도록 보존하는 데서 성립된다. 무고한 생명이 고의적으로 살해된다면, 그때는 자의적인 살해에 관해 말해야만 한다. 이러한 맥락에서 볼 때, 타인의 생명에 대한 의식적인 공격을 시도하지 않은 경우라면 모두 무고한 생명이다. 또 죽어 마땅한 범죄를 저지르지 않은 모든 생명은 무고한 생명이다. 전쟁에서 적을 죽이는 것은 자의적인 살해가 아니다. 적군이 개인적으로는 죄가 없다 하더라도, 그는 의식적으로 나의 민족에 대한 자기 민족의 공격에 가담했기 때문이다. 따라서 그는 연대 책임을 져야만 한다. 타인의 생명을 침해한 범죄자를 죽이는 것은 명백히 자의적이지 않다. 전쟁에서 민간인이 희생된다 해도, 그것이 직접 의도한 것이 아니라면 자의적이지 않다. 군사적으로 필요한 조치에 따른 불행한 결과로 민간인이 희생된 것이라면, 그것도 자의적이지 않다. 그러나 나의 생명에 대해 어떤 공격도 할 수 없는 무력한 포로나 부상자를 죽이는 것은 자의적인 살해다. 격정에 사로잡혀서 또는 어떤 유익을 위해 무고한 사람을 죽이는 것은 자의적인 살해다. 무고한 생명에 대한 의식적인 살해는 모두 자의적인 것이다.

이 마지막 문장은 모순이 없지 않다. 여기서 제기되는 문제는 안락사 개념과 함께 논할 수 있을 것이다. 근본적인 물음은 다음과 같다. 더 이상 살 가치가 없는 무고한 생명을 고통을 주지 않는 방법으로 죽이는 것이 용인될 수 있을까? 이 물음의 배경에는 환자에 대한 배려와 건강한 사람에 대한 배려라는 이중의 동기가 숨어 있다. 그러나 모든 내용적인 고찰에 앞서 근본적으로 확실히 해두어야 할 것이 있다. 그것은 인간의 생명을 죽여도 좋다는 결정은 결단코 여러 가지 근거를 들어 종합적으로 이루어질 수 없다는 사실이다. 결국 다음의 둘 중 하나가 선택의 여지로 남는다. 하나는, 인간의 생명을 죽여도 좋다는 결정이 어떤 한 가지 이유로 너무도 강력하여 시행될 수밖에 없는 경우다. 다른 하나는, 그 근거가 강력하지 않아서, 아무리 많은 다른 근거들이 있더라도 그 결정이 결코 정당화될 수 없는 경우다. 타인의 생명을 죽이는 일은 오직 단 하나의 절대적인 필요성에 의해서만 가능하다. 그러면 거기에 반대되는 이유가 아무리 많고 선하더라도 실행될 것이다. 그러나 타인의 생명을 죽이는 일은 결코 다른 많은 가능성들 중 하나가 될 수 없다. 그것이 아무리 훌륭한 근거를 가진 가능성이라고 하더라도 마찬가지다. 타인의 생명을 살릴 책임 있는 가능성이 조금이라도 남아 있다면, 생명을 부정하는 것은 자의적인 살해이고 살인이다. 살해와 살려 두는 것은 이러한 결정에 있어서 동등한 위치에 있지 않다. 생명을 아끼고 지키는 것은 생명의 말살에 비할 수 없는 우선권을 가진다. 생명은 자기를 위해 모든 것을 요구할 수 있으나, 살해를 위해서는 오직 하나의 이유가 있을 뿐이다. 이 사실을 망각할 때, 우리는 생명의 창조자와 보존자를 부정하게 된다. 안락사의 권리가 다양한 근거로 뒷받침되고 있다면, 거기서 인간은 아예 처음부터 불의를 행하는 것이다. 이렇게 함으로써 그는 유일하고 절대적으로 타당한 이유가 없다는 사실을 간접적으로 시인하고 있을 뿐이다.

따라서 우리는 이 문제를 다루면서 개별적 근거들을 파악하고, 그중 어느 것이 결정적인 것인가를 연구해야 한다. 우리는 결코 하나의 근거가 가지는 약점을 다른 근거를 통해 보완하려고 시도해서는 안 된다. 극심한 고통을 당하는 불치병 환자에 대한 배려를 명분으로 내세워, 그의 생명을 고의적으로 끝내도록 요구할 수 있을까? 이런 문제가 제기될 때, 환자의 동의나 소원이 전제되어야 함은 말할 필요도 없다. 그러나 그 소원이 분명하지 않거나 분명히 표현될 수 없다든지, 혹은 백치의 경우처럼 삶의 갈망이 잘못 표시될 때는 더 이상 환자에 대한 배려를 명분으로 내세우지 못한다. 치료가 거의 불가능해 보이는 정신 질환자조차도, 그 고통에도 불구하고 삶에 대해 얼마나 강한 애착을 가지고 있는지 누가 알겠는가? 그런 가련한 삶에서도 행복을 얻기 위해 얼마나 애쓰고 있는지 누가 다 헤아릴 수 있겠는가? 심지어 이와 같은 경우 삶에 대한 욕구가 특별히 강하며 억제할 수 없다는 것이 통례다. 말하자면, 여기서도 환자에 대한 배려가 그 생명을 끊기 위한 근거로 제시될 수 없다. 또 근거가 되어서도 안 된다. 이와는 반대로, 심한 우울증 환자가 자신의 생명을 끊어 주기를 간청하는 경우도 있을 것이다. 그러나 이 경우에도 우리는 그것이 자신에 대해 제대로 판단할 수 없는 환자의 요구라는 사실을 간과해서는 안 된다. 만약 그런 환자의 요구에 응한다면, 그것은 삶에 애착을 가진 백치의 경우와 마찬가지로, 살 권리는 죽이는 권리에 대해 우위에 있다는 원칙에 주의하지 않은 것이다. 그러나 이제 불치병 환자가 또렷한 의식으로 자기 생명을 끊는 데 동의하고, 더욱이 그렇게 하기를 원하는 경우를 생각해 보자. 그렇다면 환자의 소원이 안락사를 적용할 만한 필연적이고 명백한 요구를 내포한다고 할 수 있을까? 이 경우에도 환자의 요구가 필연적이며 강제권을 가진다고 아무 의심 없이 말할 수 없다. 다시 말해, 환자의 생명은 그래도 살 권리를 요구한다고 말할 수 있다. 의사는 여전히 환자의 소원뿐만 아니라, 환자의 생명에 대해 의무를 지고 있기 때문이다. 타인의 생명을 죽이는 문제는 다음과 같은 물음으로 발전한다. 그것은 중병에 걸린 환자가 자기 생명을 스스로 끊어도 되는가, 이때 타인의 도움을 받아도 되는가 하는 물음이다. 이 문제는 자살 문제와 연관시켜 다루고자 한다. 예를 들어, 의사가 환자의 생명을 인공적으로 연장하기 위한 모든 노력을 그만두는 경우가 있을 것이다. 예를 들어, 의사가 결핵에 걸린 백치를 요양소로 보내 치료받도록 조처하지 않을 수 있다. 의사가 환자를 그렇게 다루는 것은 생명을 의식적으로 빼앗는 것과 차이가 없다고 볼 수 있으며, 분명 심각한 문제가 된다. 그럼에도 죽게 내버려 두는 것과 죽이는 것 사이에는 명백한 차이가 있음을 분명히 하는 것이 중요하다. 일반적으로 삶에서 어떤 경우에도 죽음을 지연시키기 위해 할 수 있는 모든 방법을 다 동원하기란 불가능할지 모른다. 그러나 이 경우에도 의식적으로 죽이는 것과는 결정적인 차이가 있다. 이상에서 살펴본바, 환자에 대한 배려는 결코 인간의 생명을 죽여야 할 필연성에 대해 타당한 근거가 될 수 없다는 결론이 나온다.

그러면 건강한 사람들에 대한 배려의 차원에서 무고한 생명을 죽이는 것은 필요하다고 말할 수 있을까? 이 물음에 대한 긍정적인 대답은 다음과 같은 사실을 전제로 한다. 즉,

모든 생명은 사회 공동체를 위해 일정한 유용성이 있어야 한다는 것이다. 유용성이 사라지면, 그 생명은 더 이상 삶에 대한 정당한 권리를 갖지 못하고, 경우에 따라서는 말살될 수도 있다는 견해다. 이처럼 극단적인 사고방식은 피하더라도 삶의 권리를 사회적 유용성 또는 무용성의 관점에서 평가하는 사고방식은 여전히 남아 있어, 예외 없이 무고한 생명의 문제를 다루는 데 이용되곤 한다. 그러나 이러한 차별적인 평가는 분명 삶에서 실행될 수 없다. 왜냐하면 그런 사고방식은 용인될 수 없는 결과를 초래하기 때문이다. 예를 들어, 이 차별적인 평가는 전쟁이나 생명이 위급한 상황에서 사회적으로 보다 가치 있는 사람들이 가치가 적은 무용한 사람들을 위해 기꺼이 희생하는 것을 금하게 될 것이다. 그러나 결국 삶의 권리라는 관점에서 볼 때 사회적 가치의 유무에 따른 인간의 구별은 성립될 수 없다는 사실이 드러난다. 사회적으로 유용한 사람들은 사회적 약자를 위해 기꺼이 헌신할 준비가 되어 있다. 강한 자는 약한 자를 위해, 건강한 자는 병든 자를 위해 헌신하는 것이 실상이다. 사실 강한 자는 약한 자가 그에게 어떤 유용성이 있는지 묻지도 않는다. 어쩌면 약한 자 편에서는 유용성에 대해 말할 수도 있을 것이다. 그러나 약자의 곤궁은 강자에게 새로운 과제로 다가오며, 그것이 그로 하여금 사회적 가치를 발휘하도록 한다. 강한 자는 약한 자로 인해 자기 힘이 약화되는 것을 느끼는 것이 아니라, 보다 고상한 행위를 하도록 하는 자극을 받게 된다. 사회적 유용성을 상실한 자의 생명을 말살하려는 사상은 강한 자에게서가 아닌, 약한 자에게서나 나올 수 있는 비열한 생각에 불과하다.

무엇보다도 이 사상은 삶이 단지 사회적 유용성에 기초한다는 그릇된 전제에서 나온다. 이 사상은 하나님이 창조하고 보존하시는 생명은 사회적 유용성과는 무관하게 내재하는 권리innewohnendes Recht가 있다는 사실을 간과한 데서 기인한다. 삶의 권리는 존재하는 것im Seienden에 근거하며, 어떤 가치에 근거를 두고 있지 않다. 하나님 앞에 가치 없는 생명이란 없다. 생명 자체가 하나님에 의해 그 가치를 부여받았기 때문이다. 하나님이 생명의 창조주이며 보존자, 구원자라는 사실은 가장 가련한 인생조차도 하나님 앞에서 살 가치가 있는 존재가 되도록 한다. 부잣집 대문 앞에 버려진 걸인 나사로는 개들이 와서 헌데를 핥을 정도로 비참한 인생이었다. 그는 사회적 유용성이 전혀 없었고, 사회적 유용성을 근거로 삶을 판단하는 자들의 희생물에 불과했다. 그러나 하나님이 그를 영원한 생명을 얻을 가치가 있는 한 인간으로 보셨다. 하나님 안에서가 아니라면, 어디서 삶에 대한 궁극적인 가치 기준을 찾을 수 있을까? 주관적인 삶의 긍정에서 찾을 것인가? 이런 관점에서 보면, 대다수의 천재는 백치에 비해 월등한 가치가 있을 것이다. 아니면, 사회 공동체의 판단에서 찾을 것인가? 그러면 사회적으로 가치 있는 생명과 가치 없는 생명 사이의 판단이 매 순간 필요에 따라 결정될 것이다. 그 기준은 머지않아 자의성에 내맡겨지고, 결국 때마다 이런저런 인간 집단이 말살의 판결을 받게 될 것이다. 그리하여 살 가치가 있는 생명과 살 가치가 없는 생명 사이를 구별하는 일은 생명 자체를 파멸로 몰아갈 것이다. 이 점이 근본적으로 명확해졌으니, 이제 우리는 겉보기에 무용하고 무의미해 보이는 삶이 순수하게 사회적 유용성이라는 면에서 어떤 의미가 있는지에 대해 논할 필요가 있을 것이다. 그것은 이른바 살 가치가 없어 보이는 불치병 환자가 오히려 건강한 사람, 의사, 간호사, 친척 등으로 하여금 사회적 희생과 참된 영웅주의라는 가장 고귀한 가치를 실천케 하는 촉매로 작용한다는 사실이다. 우리는 건강한 사람이 병든 사람을 위해 행하는 헌신이 사회 공동체를 위한 진정으로 최고의 유용성을 창출해 낸다는 사실을 결코 간과해서는 안 될 것이다.

치료 불가능한 중증 유전병은 공동체에 심각한 문제이며, 확실히 위험이 된다는 사실을 부인할 수 없다. 하지만 그 위험을 제거할 수 있는 방법이 단지 생명을 말살하는 것뿐인가 묻지 않을 수 없다. 그리고 이 물음에 대해 분명하게 "아니오"라고 답할 수 있다. 보건의 관점에서 이런 환자는 격리시키는 것만으로도 충분하다. 경제적 관점에서도 그들을 보살피는 일이 결코 국민의 생계를 심각하게 위협하지 못한다. 그들을 부양하는 데 필요한 국가의 지출은 사치품 소비에 비하면 극히 작은 규모다. 더욱이 건강한 사람은 각자의 미래에 대한 불확실성 때문에라도, 다시 말해 아주 자연적인 이유로 병자를 위해 언제나 어느 정도 부담할 준비가 되어 있기도 하다.

그런데 유전적 불치병을 공동체의 존속을 위협하는 것으로, 마치 전쟁터에서 우리를 공격해 오는 적이라도 되는 것처럼 바라보는 것이 옳은가? 여기서 두 가지 차이를 고려해

볼 수 있다. 첫째로, 이 공격은 생명을 말살하는 것이 아닌 다른 수단을 통해 방어할 수 있다는 것이다. 둘째로, 유전병에 걸린 환자는 무고한 생명이라는 사실이다. 우리가 여기서 죄책을 말하고자 한다면, 그것은 환자가 아니라 사회 공동체에 해당한다. 그러므로 만일 사회 공동체가 환자를 죄인 취급하고 그 대가로 자기를 정당화하려 한다면, 그것은 역겨운 바리새주의라 할 것이다. 무고한 자를 살해하는 것은 아주 극단적인 의미에서 자의적이다.

태어날 때부터 백치인 경우에도 **인간의** 생명을 다루는 문제가 되는가 하고 묻는다면, 그것은 너무도 천박한 물음이라서 아예 대답할 필요조차 없다. 인간에게서 태어난 생명은 병든 생명이라 할지라도, 너무도 불행한 **인간의** 생명이라고 말할 수 있을 뿐 달리 표현할 길이 없다. 인간의 생명이 그토록 끔찍스럽게 변형된 모습으로 나타날 수 있다는 사실이 건강한 사람에게 깊은 숙고의 기회를 주는 것이다.

이상에서 고찰한 모든 것이 한계에 봉착할 수도 있을 것이다. 예를 들어, 한 척의 배 위에 페스트가 발생하는 상황이 있을 수 있다. 달리 환자를 격리시킬 방법은 없고, 인간적인 판단으로는 건강한 사람들을 구하는 길이 환자의 죽음을 통해서만 가능하다면 어떻게 할 것인가? 이런 경우라면, 그 결정은 당사자의 자유로운 판단에 맡길 수밖에 없을 것이다.

건강한 사람을 위해 병든 사람의 무고한 생명을 말살하는 것을 용인한다는 명제는 어디서 나온 것일까? 그것은 근본적으로 사회적·경제적·위생적인 근거에서 나온 것이 아니라, 세계관에 뿌리를 박고 있다. 여기서 행해지는 것은 인간 사회를 무의미한 질병으로부터 해방시키려는 초인적인 시도다. 이는 운명과의 싸움이라 할 수 있다. 이렇게도 말할 수 있는데, 그것은 타락한 세상의 본질과 벌이는 싸움이다. 이를 추구하는 사람들은 합리적 수단을 통해 새롭고 건강한 인류를 창조할 수 있다고 생각한다. 이 사상에는 건강을 최고 가치로 여기며, 건강을 위해 다른 모든 가치를 희생할 수 있다는 사고가 저변에 깔려 있다. 인간 생명의 합리화Rationalismus와 생물화Biologisierung는 이러한 헛된 시도와 연관이 있고, 그렇게 되면 삶에 대한 모든 피조물의 권리가 파괴된다. 그리고 마지막에는 사회 공동체의 모든 권리가 파괴되고 만다.

이제 우리는 다음과 같은 결론에 도달한다. 건강한 사

람에 대한 배려를 내세워 무고한 생명을 고의로 살해할 권리란 존재하지 않는다. 이로써 안락사 문제는 부정적으로 결론짓게 된다. 성경은 다음의 말씀으로 이러한 판단을 요약하고 있다. "무죄한 자를 죽이지 말라."출 23:7

자살

동물과 달리 인간은 자신의 생명을 강제로 소유하지 않는다. 인간에게는 자신의 생명을 긍정하거나 부정할 자유가 있다. 인간은 동물과 달리 자기 자신을 자발적으로 죽음에 내어줄 수 있다. 동물은 신체적 생명과 동일하지만, 인간은 자신을 신체적 생명과 구별할 수 있다. 인간은 자신의 신체적 생명에 대한 자유를 가지고 있으며, 이 자유는 그가 생명을 자유롭게 긍정하도록 한다. 그가 가진 자유는 그의 신체적 생명을 초월하도록 하며, 신체적 생명이 보존해야 할 선물인 동시에 희생으로 바쳐질 수도 있음을 알려 준다. 오직 인간만이 죽음의 자유가 있기 때문에, 신체적 생명을 보다 고귀한 선을 위해 희생할 수 있다. 자신의 생명을 버림으로써 희생할 자유가 없다면, 하나님을 위한 자유도 있을 수 없고, **인간다운** 삶도 있을 수 없다.

인간에게 주어진 생명의 권리는 자유를 통해 지켜져야 한다. 다시 말해 생명의 권리는 절대적인 것이 아니라, 자유라는 조건이 있어야 하는 권리다. 생명의 권리에는 생명을 희생 제물로 드리고 기꺼이 헌신할 자유가 있다. 말하자면, 희생이라는 의미에서 볼 때 인간은 죽음에 대한 자유와 권리가 있다. 그러나 단지 자기 자신의 생명을 말살하는 것이 아니라, 자신을 희생해서 얻고자 하는 선善이 생명을 바치는 목적인 경우에만 그러하다.

죽음의 자유와 함께 인간에게는 비길 데 없는 힘이 주어지는데, 그것은 쉽게 오용될 수도 있다. 인간은 사실상 이 죽음의 자유로 인해 지상에서 운명의 주인이 될 수 있다. 인간은 자유로운 결단에 따라 스스로 죽음을 택함으로써 패배를 모면하기도 하며, 그렇게 해서 결국 운명에 대한 승리를 쟁취한다. "죽음은 분명하다"Patet exitus라는 세네카의 말은 생명에 대한 인간의 자유 선언이다. 자신의 명예와 업적을 위해 싸우는 사람이 있을 수 있다. 가장 사랑하는 사람을 앗아 간 혹독한 운명에 맞서 싸우다 삶이 완전히 무너져 버린 사람도 있을 수 있다. 그때 죽음의 자유를 실행에 옮김으로써 운명에 대해 승리할 용기가 그에게 남아 있다면, 이 도피의 기회를 사용하지 않도록 그를 설득하기란 어려운 일이다. 참으로 인간은 그와 같은 행위를 통해 맹목적이고 비인간적인 운명에 맞서 자신의 인간성을 과시하게 된다. 운명에 맞서 인간의 능력을 발휘하게 된다는 것도 의심의 여지가 없다. 이렇게 하는 것은 어쩌면 인간성의 참된 의미를 오해한 것이라 할지라도 그렇다. 자살은 특수한 인간적 행위이며, 그것이 고귀한 인간을 통해 거듭 찬동되고 정당화되어 왔다는 사실은 놀라운 일이 아니다. 자살이 자유 안에서 행해지는 한, 그것이 비겁하고 연약한 행위라는 편협하고 도덕적인 비판을 넘어선다. 자살은 인간으로서 행하는 궁극적이고 극단적인 자기 정당화인 것이다. 순수하게 인간적인 측면에서 본다면, 심지어 어떤 의미로는 실패한 인생이 스스로 택한 보상 행위라고 볼 수 있다. 자살의 본래 요인은 대부분 그 행위를 초래하는 절망이 아니라, 절망 속에서도 여전히 가장 숭고한 자기 정당화를 성취하려는 인간의 자유다. 인간이 행복과 성공을 통해 자신을 정당화할 수 없다면, 그는 절망 속에서 자신을 정당화할 수 있는 것이다.

인간이 자신의 삶에 대한 권리를 신체적인 삶을 통해 관철시킬 수 없다면, 그는 자신의 신체를 부정함으로써 그렇게 할 수도 있는 것이다. 인간이 세상으로부터 자신의 권리를 인정받을 수 없다면, 그는 최후의 고독 속에서 스스로 승인하는 방법을 취할 수도 있는 것이다. 자살은 인간적으로 의미를 잃어버린 삶에 마지막 인간적인 의미를 부여하는 인간의 시도다. 자살행위라는 사실에 직면하여, 우리는 무의식적인 전율의 감정에 사로잡히는 것을 느낀다. 이는 그 행위가 사악한 것이어서가 아니라, 그 행위 배후에 있는 두려운 고독과 자유에 우리 시선이 향하기 때문일 것이다. 그 행위 속에서 생명의 긍정이 오직 생명을 부정하는 가운데 여전히 성립되고 있다.

그럼에도 자살은 비난받아 마땅한 것이라고 말해야만 한다면, 그것은 도덕이나 인간의 법정에서가 아니라, 오직 하나님의 법정에서만 타당하다. 자살자는 오직 그의 생명의 창조자요 주인이신 하나님 앞에 죄를 범한 것이다. 하나님이 살아 계시므로 자살은 불신앙의 죄로 비난받아 마땅하다. 그러나 여기서 불신앙은 윤리적 결함이 아니다. 불신앙은 고귀한 동기에서도 나올 수 있고, 비천한 동기에서도 나올 수 있다.

불신앙은 악에서와 같이 선에서도 살아 계신 하나님을 고려하지 않는다. 이것이 바로 죄인 것이다. 불신앙은 인간이 자기를 정당화하기 위해 마지막 가능성으로 자살을 택하는 이유가 된다. 왜냐하면 불신앙은 의롭게 하시는 하나님을 믿지 않기 때문이다. 불신앙은 자살마저도 인간의 운명을 하나님의 손에서 벗어나게 할 수 없음을 의심스러운 방법으로 숨긴다. 불신앙은 인간에게 신체적인 생명이라는 선물을 주신 창조주를 인정하지 않는다. 그분이 피조물을 처분할 권리를 가진 유일한 분임을 인정하지 않는다. 여기서 우리는 자연적인 삶의 권리가 자기 자신 안에 있는 것이 아니라, 하나님 안에 있다는 사실과 마주하게 된다. 자연적인 삶에서 인간에게 주어진 죽음의 자유는 하나님에 대한 신앙 안에 있지 않다면 오용하게 된다.

오직 하나님만이 어떤 목표로 삶을 이끌어 갈지 알고 계시므로, 삶의 최후에 대한 권리는 그분에게 속해 있다. 오직 하나님만이 삶을 의롭게도 하고, 내쳐 버리기도 하는 유일한 분이다. 하나님 앞에서는 자기 정당화 자체가 순전히 죄이기 때문에 자살도 죄가 된다. 인간 위에 하나님이 계신다는 사실 외에는 자살을 비난할 필연적인 근거가 없다. 이와 같은 사실이 자살로 인해 부인되는 까닭이다.

동기의 저속함이 자살을 비난하게 하지는 못한다. 인간은 저속한 동기로 살아남을 수도 있고, 고상한 동기로 죽음을 택할 수도 있다. 신체적인 삶 자체는 인간에 대한 궁극적인 권리가 없다. 인간은 신체적인 삶에 대해 자유로우며, "삶은 최고의 선이 아니다." 아리스토텔레스가 말한 대로 어떤 인간 사회도 개인의 신체적 삶에 대해 궁극적인 권리의 근거가 될 수 없다. 인간에게는 본래 사회 공동체에서 자유롭게 스스로 처신할 수 있는 궁극적인 권리가 주어져 있다. 사회는 자살을 처벌할 수도 있을 것이다(영국에서는 그렇게 한다. 아리스토텔레스의 "불명예", 『니코마코스 윤리학』 III, 11 참조). 그러나 사회가 자살자의 생명에 대한 강제적 권리를 가지고 있다고 믿게 할 수는 없다. 결국 자살은 뉘우칠 기회가 없으므로 용서가 불가능하다는 기독교에서 널리 통용되는 이유로는 충분하지 않다. 많은 그리스도인들이 갑작스런 죽음으로 인해, 미처 회개하지 못한 죄를 안고 가기 때문이다. 여기에 최후의 순간에 대한 과대평가가 있다. 위에서 언급한 근거들은 모두 완전하지 못하다. 그 근거들이 어느 정도 타당성은 있지만 결정적인 것은 언급되지 않았고, 따라서 절대적인 것이 아니다.

생명의 창조자요 주인이신 하나님이 생명의 권리 자체를 인정하신다. 인간은 자신의 삶을 정당화하기 위해 자기 자신에게 손을 댈 필요가 없다. 인간은 그렇게 할 필요가 없으므로, 그렇게 해서는 안 된다. 성경 어디에도 자살을 분명히 금지하지 않고 있다는 사실은 주목할 만하다. 그러나 성경에서 자살이 반복해서 중대한 죄의 결과로 나타난다는 사실도 주목할 만하다. 물론 항상 그렇다는 말은 아니지만, 그 예로 반역자 아히도벨과 유다의 경우가 있다. 성경은 여기서 자살을 정당화하는 것이 아니라, 자살을 금하는 대신 절망에 빠진 자를 은혜와 회개로 나아오도록 초청하고 있다. 자살이라는 극한 상황에 있는 자는 금지나 계명을 듣는 것이 아니라, 오직 신앙과 구원과 회개로 부르시는 하나님의 은혜로운 음성을 들을 수 있을 뿐이다. 자기 자신의 힘에 호소하는 율법은 절망하는 자를 구원할 수 없고, 더욱 깊은 절망 속으로 몰아넣을 뿐이다. 삶에 절망한 자에게는 오직 타인의 구원 행위를 통해서만 도움이 주어진다. 즉, 자기 자신의 힘이 아닌 하나님의 은혜로 말미암아 사는 새로운 삶이 주어져야만 하는 것이다. 더 이상 살아갈 힘이 없는 자에게 살아야 한다는 명령은 아무 도움도 되지 않는다. 그는 오직 새로운 영Geist에 의해서만 도움을 받을 수 있다.

하나님은 삶에 지친 사람들에게도 삶의 권리를 보증해 주신다. 하나님은 인간에게 보다 위대한 것을 위해 자기 생명을 걸 자유를 주신다. 그러나 하나님은 자유가 인간 자신의 삶을 거슬러 자의적으로 사용되는 것을 원치 않으신다. 인간은 자기 자신에게 손을 대서는 안 된다. 비록 타인을 위해 자기 생명을 희생해야 하는 경우에도 그렇게 해서는 안 된다. 인간은 세상에서의 삶이 비록 고통스럽더라도 생명을 주신 하나님의 손에 온전히 자신을 맡겨야 한다. 고통에서 벗어나기 위해 생명을 자기 마음대로 처리해서는 안 된다. 인간은 죽은 후에도 이 세상 삶에서 그에게 너무 혹독하다고 생각했던 하나님의 손에 들어가게 된다.

이와 같은 일반적 원칙보다 곤란한 것은 개별적인 상황에 대한 판단이다. 자살은 고독에서 빚어지는 행위이므로, 궁극적이고 결정적인 동기는 거의 항상 숨겨지기 마련이다.

외적인 삶의 파탄으로 인해 빚어진 행위라 할지라도, 그 행위의 가장 깊은 내적 원인은 타인의 눈에 가려져 있다. 삶을 희생할 자유와 자살을 위한 자유의 오용 사이의 경계선은 종종 인간의 눈으로는 거의 식별이 불가능하다. 그러므로 개별 행위에 대한 판단 근거는 존재하지 않는다. 분명 자기 생명에 손을 대는 것은, 자기 생명의 위험을 무릅쓰고 꼭 필요한 일을 하는 것과 구별된다. 그러나 모든 형태의 자기 살해를 예외 없이 자살과 동일시하는 것은 근시안적 태도일 것이다. 즉, 자기 살해가 타인을 위해 자기 생명을 의식적으로 희생하는 행위일 경우, 적어도 우리는 여기서 인간적 인식의 한계에 도달하기 때문에 판단을 보류하지 않을 수 없다. 단지 배타적이고 의식적으로 자기 개인만을 생각하고 취해진 행위인 경우에만 자기 살해는 자살이 된다. 그러나 누가 감히 이러한 배타성과 의식적인 성격에 대해 확신 있게 말할 수 있겠는가? 적에게 붙들려 구금된 사람이 심한 고문으로 인해 자기 민족이나 가족, 친구를 배반할까 두려워 스스로 생명을 끊는 경우가 있을 수 있다. 또 어떤 정치가가 굴복하지 않으면 자기 국민에게 보복을 가할 것이라는 적의 위협을 받고 있다면, 그 정치가는 오직 자유로운 죽음을 통해서만 자기 국민의 쓰라린 상처를 면하게 할 수 있다고 판단할지도 모른다. 이때 자기 살해는 희생의 동기가 아주 강하게 나타나기 때문에, 그것을 비난받아 마땅한 행위로 정죄하는 것은 불가능하다. 또 불치병 환자가 자신을 돌보는 가족이 겪는 물질적·정신적 고충을 분명하게 인식하고, 그의 결단을 통해 가족이 무거운 짐을 벗도록 행동할 수도 있다. 이 경우 물론 자기 자신에게 손을 대는 것에 대해 여러 가지 생각을 할 수 있겠지만, 그럼에도 그를 정죄하는 것은 불가능하다. 이런 경우들을 고려할 때, 생명을 희생할 자유 앞에 자살 금지를 절대화하는 것은 근거가 희박하다. 고대 교부들조차도 그리스도인의 자기 살해는 어떤 특정한 상황에서 허락될 수 있다고 보았다. 폭력에 의해 순결이 위협당하는 상황을 예로 들 수 있다. 그렇지만 아우구스티누스는 이러한 주장을 반박하며 자살 금지를 절대화했다. 그러나 위에서 언급한 경우들은, 다음과 같은 그리스도인의 명백한 의무와 구별하는 것이 근본적으로는 거의 불가능해 보인다. 즉, 그리스도인이라면 배가 침몰할 때 자신이 죽으리라는 사실을 알면서도 구명선의 마지막 자리를 타인에게 양보할 수 있다. 또 어떤 사람은 날아오는 탄환으로부터 친구를 지키기 위해 자신의 몸을 대신 희생하기도 한다. 여기서는 인간의 자기 결단이 죽음의 원인이 된다. 직접적인 자기 살해와 자기 생명을 하나님의 손에 맡기고 생명을 희생하는 것 사이에는 명백한 차이가 있음에도 그렇다. 그러나 순전히 사적인 문제로 인한 자살은 전혀 다르다. 예를 들어, 자신의 명예훼손, 성적인 정열, 경제적 파산, 도박 빚이나 중대한 개인적 과실 등으로 인한 자살이 있을 수 있다. 즉, 타인의 생명을 보호하기 위한 목적이 아니라, 단지 자신의 삶을 정당화하기 위한 자살은 분명 그 사정이 다르다. 물론 여기서도 어떤 구체적인 경우에는 자기희생의 성격이 전혀 없는 것은 아니다. 그러나 여기서는 치욕과 절망으로부터 자기 자신을 구하려는 동기가 다른 모든 동기보다 우위에 있다. 말하자면, 불신앙이 행위의 궁극적 근거가 된다. 여기에는 하나님이 실패한 삶에도 다시 의미와 권리를 부여하실 수 있다는 믿음이 없다. 바로 그 좌절을 통과하면서, 인생이 비로소 본래의 충만함에 도달할 수 있다는 사실을 믿고 있지 않다. 그로 인해서 삶을 끝내는 것이 스스로 자신의 삶에 의미와 권리를 다시 부여할 수 있는 인간의 마지막 가능성으로 남게 된 것이다. 그것이 비록 자신을 말살하는 순간일지라도 그렇다. 여기서도 다시금 자살에 대해 순수하게 윤리적 판결을 내리는 것은 불가능하다는 사실이 분명해진다. 오히려 자살은 무신론적 윤리에서라면 성립할 수 있을 것이다. 자살의 권리는 오직 살아 계신 하나님 앞에서만 부정된다.

그러나 모든 외적인 이유와는 별개로 신자들이 특히 빠지기 쉬운 자살의 유혹이 있다. 그것은 하나님이 주신 자유를 자신의 삶을 거슬러 오용하려는 유혹이다. 즉, 자기 삶의 불완전함에 대한 증오, 하나님의 충만함과 반대되는 지상에서의 모순 가득한 삶의 경험, 그 경험으로 인한 비애와 삶의 의미에 대한 의심 등이 그리스도인을 위험한 순간으로 몰아넣을 수 있다. 루터는 그와 같은 문제에 대해 자신의 경험을 통해 많은 것을 말할 수 있었다. 시련의 시간에 자살행위를 막을 수 있는 어떤 인간적·신적 율법은 존재하지 않는다. 그런 시련 속에서는 오직 은혜의 위로와 형제가 드리는 중보 기도의 힘만이 도움이 될 수 있다. 이때 자살의 유혹을 견뎌 내게 하는 것은 삶의 권리가 아니라, 하나님의 용서 아래 계속 살아가도록 도우시는 은혜다. 하나님의 은혜가 혹독한 시련으로 실패한 인간을 품고 붙들어 주지 못할 것이라고 누가 말할 수 있겠는가?

생식과 생명의 탄생

신체적인 생명을 유지하는 권리에는 생식의 권리가 포함된다. 그러나 인간은 동물과 달리 일반적인 종족 보존의 어두운 무의식적 충동에 의해 지배되지 않는다. 인간의 생식에 대한 충동은 자기 자녀를 원하는 의식적인 의지로 나타난다. 인간에게 생식은 단순히 종족 보존을 위한 필연성이 아니라 개인적 결단이다. 그러므로 인격적 존재로서 인간은 배우자를 개인적으로 선택할 권리가 있다. 이 말은 결코 배우자 선택에 있어서 개인적 소원만 고려하면 된다는 것을 의미하지 않는다. 그러나 적어도 결혼에 대한 동의, 곧 개인의 자유로운 결단이 결혼의 전제임을 의미한다. 자기 자녀를 가지고 싶다는 갈망에는 아내나 남편을 선택할 자유도 포함되어 있다. 왜냐하면 결혼 상대는 자신이 낳을 아이의 엄마 또는 아빠가 되어야 하기 때문이다. 인간은 이 고유의 선택을 통해 동시에 인류의 번식이라는 종족 보존 기능도 수행하게 된다. 인간은 결혼을 통해 가장 보편적인 면을 가장 사적인 면과 연결시킨다. 결혼에서 중요한 것은 두 사람이 인간으로서 자유로운 결단에 기초해 연합하는 것이다. 이러한 권리는 인간 본성이 존속하는 한 인간 본성에서 기인한다. 온갖 이유를 들어 이 권리를 부정하려는 것은 자연적인 생명의 힘 앞에 성공할 수 없다는 사실이 거듭 증명되었다. 그 이유라는 것이 전적으로 개인적인 것이든, 보편적 인간성에 기초를 두고 있든 결과는 마찬가지다. 계급적인 이유도, 경제적인 이유도, 세계관적이고 종교적인 이유도, 생물학적인 이유도 그 어느 것도 자기 자녀를 가질 수 있는 인간의 권리에 개입할 수 없다. 즉, 이런 것들이 결혼 상대를 선택할 인간의 권리에 이의를 제기하지 못한다. 인간의 생식에 대한 의지는 단순히 계급적·경제적·종교적·생물학적인 의무로 해석될 수 없다. 물론 각자의 선택에는 이 모든 관점이 고려될 것이며 고려되어야만 한다. 그러나 이런 이유들이 인간의 자유로운 결정을 부정할 수 없다. 결혼은 개인이 개인과 연합하는 것이며, 인간이 인간과 연합하는 것이다. 경제적인 이유나 종교의 차이, 사회적·민족적인 요소가 개인의 결단에 작용하기는 하겠지만, 그것이 이 결단을 금하거나 예단하도록 할 수 없다. 그 이유는 자기 아이를 가지려는 의지 및 배우자를 자유롭게 선택할 권리, 곧 인간의 결혼은 모든 인간 질서 가운데 가장 오래된 것으로 앞서 말한 이차적인 요소가 결코 좌지우지할 수 없기 때문이다.

인간의 결혼은 인간 사회의 다른 어떤 기관이 형성되기도 전부터 존재해 왔다. 결혼은 첫 인간의 창조와 함께 주어진 것으로서, 결혼의 권리는 인류의 시초에 깃들어 있다.

결혼 상대가 어느 특정 종교에 속해야 한다는 요구는 결혼의 권리를 제한하는 것이다. 예를 들어, 로마가톨릭교회의 결혼 교리는 신앙고백이 다른 배우자와의 결혼을 인정하지 않으며 그것을 축첩으로 간주한다. 이는 본래 결혼이 가진 자연적 특성과 자연적 권리를 박탈하고, 결혼을 자연 질서가 아닌 은혜와 구원의 질서로 바꿔 놓은 것이다. 결혼의 권리를 민족적·국가적으로 제한하는 것도 전적으로 여기에 상응한다. 이 경우에도 결혼이 가진 보편적·인간적 권리를 박탈하고, 그것을 순전히 민족적인 질서로 선언한 것이다. 두 경우 모두 결혼의 부요함, 곧 하나님이 원하시는 인류의 생식은 자의적으로 과소평가된다. 낯선 권위들이 다음 세대의 방향과 형성에 대해 주장하고, 하나님의 창조의 풍성함을 저해하는 것이다. 창조의 풍성함은 특정한 인간 유형을 만들도록 강요하는 것이 아니라, 결혼하여 자기 자녀를 가지려는 인간의 의지를 통해 성장하고 발전하기를 원한다. 그런데 창조의 풍성함을 거스르면, 세상의 자연적 질서도 그릇되게 침해하게 된다. 그것이 교회 또는 민족의 다음 세대를 안전하게 지키려는 의도에서 시도된 것일 수도 있다. 하지만 그것은 자연적 억제나 선택에 대한 신뢰가 거의 없으므로, 인간이 가진 놀라운 힘을 스스로 거세하는 것과 다를 바 없다. 결혼은 교회를 **통해** 이루어지는 것도 아니며, 국가를 **통해** 이루어지는 것도 아니다. 제도나 기관을 통해 비로소 결혼의 권리가 부여되는 것도 아니다. 결혼은 두 사람의 당사자가 내린 결정을 **통해** 이루어진다. 결혼이 국가나 교회 **앞에서** 공개적으로 거행되는 것은, 결혼과 그 안에 내재된 권리를 국가 및 교회가 공식적으로 승인하는 것 이상의 의미는 없다. 그리고 이것이 루터교회의 가르침이다.

실제로 결혼 성립의 권리를 국가적으로나 교회적으로 제한하는 곳에서는 위에서 말한 것들의 타당성과는 별도로 국가 및 교회의 권위에 대한 복종의 의무가 일반적 문제로 생겨난다. 그러나 이 문제는 우리의 논의의 맥락에서 아직은 취급할 수 없다. 어쨌든 결혼이 자유로운 선택에 의해 이루어지지 않으면, 다시 말해 결혼에 대한 국가적인 제한이 있는 경우에 다음과 같은 사실에 주의해야 한다. 즉, 자연적 제한과 자연적 선택은 사회 공동체에 심각한 손상을 입히는 탈선과 과오를 막는 데 충분한 보증을 줄 수 없다는 사실이다. 여기서 자연적인 것은 국가의 실증법에 의해 필연적인 제한과 규제를 받는다. 새로 태어날 생명의 권리를 인정하는 것은 결혼 당사자 마음대로 처리할 수 없는 하나의 독립된 권리로서 결혼과 연결되어 있다. 새로운 생명의 권리를 근본적으로 인정하지 않는다면, 결혼은 결혼이기를 그만두는 것이다. 그것은 결혼이 아니라, 단순히 사적인 관계에 불과할 것이다. 그러나 이 권리가 인정될 때, 결혼을 통한 새로운 생명의 탄생을 자기의 뜻에 따라 허락하시는 하나님의 자유로운 창조 능력이 보장된다. 모태에 있는 생명을 살해하는 것은 새로운 생명에게 하나님이 부여하신 삶의 권리를 말살하는 행위다. 여기서 태아를 이미 한 인간으로 볼 것인가, 그렇게 하지 않을 것인가의 문제를 논하는 것은 다음과 같은 단순한 사실을 혼란에 빠뜨릴 뿐이다. 그것은 바로 하나님이 한 인간을 창조하길 원하셨으나, 이 새로운 인간은 고의적으로 생명을 빼앗겼다는 사실이다. 그것은 살인이라는 말 외에는 달리 표현할 길이 없다. 이런 행위를 초래한 동기는 매우 다양할 것이다. 만약 그것이 극도의 인간적 또는 경제적 무력감과 곤궁에서 나온 절망적인 행위라면, 그 죄과는 각 개인이 아니라 사회 공동체에 더 무겁게 다가온다. 이때 가난한 사람들은 어쩔 수 없이 그 일을 저지른 경우에도 쉽게 밖으로 드러나는 반면, 부유한 사람들은 그런 방자한 행위를 덮어 버릴 수 있다는 점을 염두에 둘 필요가 있다. 이 모든 것은 의심의 여지 없이 그와 같은 일을 당한 자에 대해서 전적으로 개인적이고 영혼을 위로하는 태도를 가질 것을 역설한다. 그러나 개개인의 사정을 고려하더라도, 그것이 살인 행위라는 사실에는 변함이 없다.[6]

6. 산모의 생명이 위급한 경우, 태아를 죽이는 것에 대해 로마가톨릭교회 측에서 표명한 강한 부정은 특히 일반적인 실천 면에서 진지하게 고려되어야 한다. 태아가 하나님으로부터 삶의 권리를 부여받았고, 또 충분히 살 수 있는 상태인데도 태아를 고의적으로 죽이는 것은 엄격히 문제 삼아야 할 행위다. 그 행위가, 그대로 두면 자연사를 맞을 산모의 생명을 구하려는 목적에 의한 것이라도 마찬가지다. 산모의

그러나 태어날 생명의 권리를 침해하는 것은, 결혼 후에 근본적으로 새로운 생명의 탄생이 저지되는 경우, 또 아예 아이를 가지려는 의지가 없는 경우에도 존재한다. 그런 태도는 결혼의 의미 자체에 근본적으로 모순된다. 그뿐만 아니라, 아이의 출생을 통해 하나님이 결혼에 부여하신 복에도 모순된다. 물론 구체적이고 책임적인 산아제한은 결혼에서 후손을 근본적으로 부정하는 것과는 구별된다.[7] 인간의 생식에는 자기 자녀를 가지려는 의지가 중요하므로, 단순히 맹목적인 충동대로 행해서는 안 된다. 그러면서 특별히 하나님의 기쁘신 뜻에 맡긴다고 스스로 주장하고 말 것이 아니라, 책임적인 이성이 그 결정에서 자기 몫을 감당해야만 하는 것이다. 사실 어떤 구체적인 경우에는 산아제한을 요구할 수밖에 없는 중차대한 이유가 있을 수 있다. 최근 백여 년간 산아제한은 매우 시급한 문제로 부각되고 있다. 그리고 모든 교파에서 광범

생명은 하나님의 손에 달려 있다. 그러나 태아의 생명은 자의적으로 말살된다. 산모의 생명과 태아의 생명 사이의 가치 문제는 인간이 결정할 사안이 아니다.

7. 이와는 달리, 로마가톨릭 교리 2, 8, 13항에서는 피임과 낙태를 동일시하여 이 둘을 모두 살인으로 규정한다.

위하게 긍정적인 의미로 해결하고자 하는 노력을 보여 왔다. 이러한 사실을 단순히 신앙의 타락으로 보거나 하나님에 대한 신뢰의 결여라고 판단할 수는 없다. 그것은 의심할 것도 없이 모든 삶의 영역에서 기술의 발달로 인해 자연에 대한 지배가 성공적으로 증대된 것과 관계가 있다. 유아 사망률의 감소와 평균 수명의 현저한 증가는 그 예가 될 것이다. 이는 광범위한 의미에서 자연 상태에 대해 기술이 가져다준 압도적인 승리와도 연관이 있다. 유럽의 전체 인구수는 출생률의 절대적인 감소에도 불구하고 지난 백여 년간 두 배 이상 증가했다. 유아 사망률의 감소는—종족 보존이라는 관점에서 볼 때—이제 종족 보존을 보장하기 위해서 보다 적은 출산을 요구하고 있다. 여기서 우리는 기술을 비난하는 태도를 취할 수 있을 것이다. 예를 들어 대가족의 무거운 짐을 더 이상 짊어지길 원하지 않는다는 이유로, 기술이 인간을 게으르고 비도덕적으로 만들었다고 불평할 수 있다. 그러나 바로 과학기술의 진보로 인해 비로소 유럽 인구가 이처럼 놀라운 속도로 증가할 수 있었음을 간과해서는 안 된다. 그러므로 오늘날 널리 시행되고 있는 산아제한은 거의 감당할 수 없을 정도인 유럽의 인구 증가를 막기 위한 자연적인 반동이라고 생각할 수 있다. 말하자면, 인간 본성이 회복을 위해 자연적으로 휴식을 취하는 것이다. 물론 이런 일반적인 고찰이 산아제한 자체의 정당성 여부를 묻는 물음을 피해 가지는 못한다. 산아제한을 행할 권리는 가톨릭의 도덕 신학Moraltheologie에서, 곧 가톨릭의 고해 교리에서는 근본적으로 부정된다. 그 결과 다음과 같은 난관에 봉착하는데, 가톨릭의 도덕 신학도 결혼 생활에서 계속 아이가 태어나는 것을 피해야 할 경우가 있다는 사실을 인정하기 때문이다(그런 경우는 물론 극히 드물다). 그렇다고 해서 가톨릭의 도덕 신학이 이 문제를 맹목적인 자연의 충동에 맡겨 버린다거나, 이 영역에서 상호 간에 감당해야 할 인간의 책임과 이성을 배제하는 것이라고 비난한다면 그것은 잘못이다. 그러나 가톨릭의 도덕은 이런 목적을 달성하기 위해 원칙적으로 하나의 수단밖에는 인정하지 않는다. 그것은 완전한 금욕이다.[8] 그

8. 주로 고해를 행하는 데 따르는 어려움 때문에 여러 가지 결의론적 해결 방법이 고려된다. 거기서는 분명 임신을 방해하지 않으면서도, 의식적으로 임신이 되는 것을 어렵게 할 수 있는 갖가지 방법이 허락된다. 그러나 그와 같은 해결책은 궁극적으로 양심을 가볍게 하거나 깨끗하게 할 수 없다. 따라서 진지한 고해 신부들은 가톨릭의 원칙을 위태롭게 하는 그런 방법을 분명하게 거부했다. 근본적으로 원칙을 포

러나 이로써 결혼의 신체적 토대는 훼손되고 기본 권리가 박탈된다. 결국 결혼 자체가 부정되고 파괴되는 위험에 빠지고 만다. 더욱이 그것은 대다수의 사람들이 도달할 수 없는 요구이기도 하다. 그리고 이런 과오를 고해석에 앉아 회개한다고 해서 그 후로 다시는 그 죄를 되풀이하지 않으리라고 생각하는 것은 곤란하다. 가톨릭의 도덕 신학은 결혼의 자연스러운 목표인 생식을 고의로 방해하는 것은 반자연적이라고 규정하고, 거기에 그들의 엄격주의Rigorismus의 기초를 두고 있다. 가톨릭의 도덕 신학은 자주 주장되듯이—칸트가 처음 그랬듯이!—결혼의 유일한 목적을 생식에 국한시킨다. 그러나 가톨릭의 도덕 신학은 결혼의 이차적인 목적, 곧 성의 결합을 결혼의 일차적인 목적인 생식과 모순되지 않게 하려고 시도한다. 이와 같은 논증은 전적으로 타당한 듯 들리지만, 그것은 해결할 수 없는 난관에 봉착하고 만다. 분명 피임의 부자연스러움은 제거할 수 있겠지만, 그 대신 육체적 결합이 없는 결혼의 부자연스러움이 등장하게 된다. 결국 책임 있는 이성

기하고, 단지 기술적으로 어떤 피임법을 사용하는지에 따라 구별되는 인간성의 연약함에 대한 "양보"는 도덕 신학에서 사라진다면 좋을 것이다.

의 역할이 이제부터는 성적 결합을 포기하려는 결심으로 나타나든지, 아니면 성적 결합을 하면서 당혹감을 느낄 수밖에 없을 것이다. 그러나 이 둘은 행위의 자연성의 관계에서 보면 원칙적으로 아무런 차이도 없다. 무제한적인 맹목적 충동대로 사는 것도, 결혼 생활에서 금욕적 태도를 취하는 것도, 피임 기구를 사용하는 것도 여기서 제기된 문제를 해결하지 못한다. 세 가지 가능한 방법 중 어느 하나도 원칙적으로 다른 방법보다 더 나은 것이라고 단정 지을 수는 없다. 이러한 사태에서는 인간의 양심이 그릇된 방식으로 흐려지거나 억압되지 않도록 해야 한다는 사실이 무엇보다도 중요하다. 물론 하나님의 계명을 위해 가장 엄격한 것이 요구될 필요도 있을 것이다. 그러나 여기서는 그렇게 해야 할 이유가 명백하다고 볼 수 없다. 그러므로 우리는 이 문제를 하나님 앞에서 책임적인 양심의 자유에 맡겨야만 할 것이다. 이런 영역에서는 어떤 종류의 불순한 엄격주의도 바리새주의로 시작해서 하나님께 완전히 등을 돌리기까지 가장 처참한 파국을

초래할 수 있기 때문이다.[9]

이 문제를 다룰 때 우리는 결혼의 온전함을 위하여, 생식의 권리와는 별도로 결혼한 당사자 간의 사랑에 기초한 완전한 신체적 결합의 권리를 인정해야 한다.[10] 물론 이 둘은 본질적으로 서로 분리될 수 없이 밀접하게 연관되어 있다. 그럼에도 이러한 자연적 권리는 그것이 바로 인간의 권리이기 때문에 이성적으로 받아들여야 한다.[11] 본성과 이성이 각각의 상황에서 서로 어떤 관계를 맺어야 할지는 오직 개개의 경우에

9. 이런 원칙에 따른 가톨릭의 도덕적 입장이 수많은 남성들을 고해석으로부터 철저히 몰아냈다는 사실에는 의심의 여지가 없다. 가톨릭교회가 이런 상황을 분명히 목도하면서도 감수하고 있다면, 그것은 그들이 가진 확신을 말하는 것이겠지만, 결국 예측할 수 없는 결과를 초래할 수 있을 것이다.

10. 이것은 결혼의 성경적 이해와 일치한다. 결혼은 생식이 아니라, 한 남자와 한 여자의 연합에 기초를 두고 있다. 이때 여자는 "그를 위하여 돕는 배필"(창 2:18)로서 남자에게 주어진 것이며, "둘은 한 몸을 이룰 것이다"(창 2:24). 그러나 이러한 결합이 열매를 맺는 것은 하나님의 명령이 아니라(성경적 사고방식에서 명령으로 이해하는 것은 불가능하며, 합리적인 기계 문명 시대에 와서야 비로소 그렇게 이해될 수 있었다), 하나님이 주신 복이다(창 1:28). 사도 바울도 결혼에서 성 자체의 권리를 생식의 목적과는 별개의 것으로 인정했다(고전 7:3 이하; 출 21:10). 창세기 38장에서 말하는 죄는 가톨릭의 도덕 신학에서 전제하는 것처럼 결혼의 오용이 아니라, 자기 형제에게 후손을 얻도록 해주어야 하는 형제의 의무를 거부함으로써 율법을 지키지 않은 데서 성립된다.

11. 벧전 3:7

맞게 각자 결정하고 책임을 져야 한다. 그러나 이성이 선택한 수단을 사용하는 데 있어서 원칙적으로 아무 차이가 없다는 사실을 솔직하게 시인해야 한다. 이때 본성과 이성이 서로 조화를 이루어 결혼에서 발생하는 모든 문제를 아예 언급하지 않을 수 있다면, 그것은 매우 큰 행운이라 할 것이다. 왜냐하면 그런 경우에는 내적인 갈등에서 오는 수많은 고통을 모면할 것이기 때문이다. 오늘날 우리 세대에서 이런 행운이 상대적으로 소수의 사람들에게만 허락되어 있다는 사실은 우리가 책임 있게 다루어야 할 무거운 짐이다. 그러나 그 행운이 주어졌음에도 불신으로 인해 개의치 않는다면, 더 이상 아무도 거기에 대해 책임질 수 없게 될 것이다. 결론적으로 기독교 신앙은 이런 행운을 은혜를 통해 얻게 된다는 사실을 인식한다. 이와 같은 인식에 대해서는 차후에 다시 상세히 논하고자 한다.

원치 않는 자녀의 출생을 막을 수 있는 가장 극단적인 방법은 본인의 자유에 의해, 또는 국가 법률을 통해서 강제적인 불임수술을 시행하는 것이다. 그러나 이 문제에 대해 올바른 판단을 내리려면, 무엇보다도 개인의 삶에 개입하는 것이 얼마나 중대하고 심각한 사안인가를 숨기지 않아야 한다.[12] 인간의 신체는 그 자체로 고유한 불가침의 권리가 있기 때문이다. 나 자신이든 타인이든, 하나님이 주신 내 몸의 어느 부분에 대해서도 마음대로 처리할 절대적 권리를 주장할 수 없다. 말하자면, 여기에 신체의 불가침성의 경계선이 있다. 분명 몸 전체를 보존하기 위한 목적으로 몸의 병든 부분을 절제할 수 있다. 사실 불임수술도 오직 이러한 질병의 경우에만 고려된다. 그러나 불임수술이 몸 전체의 생명을 보존하기 위한 것이 아니라, 어떤 신체적 기능에 위험한 결과를 미연에 방지하여 그 기능을 계속 유지할 수 있도록 하려는 목적에서 이루어지는 것이라면 생각해 볼 여지가 있다. 만일 그 기능을 사용하는 것을 단념한다면 불임수술은 불필요하기 때문이다. 여기서 강한 물리적 압박을 받고 있는 특정한 신체적 기능의 회복 가능성을 위해, 자기 자신의 신체의 불가침성을 희생할 것인가 하

12. 여기서 불임수술이 원하는 결과를 달성할 수 있는지 여부는 검토할 수 없다. 또 어떤 병에 걸렸을 때 불임수술이 정당화될 수 있는지 여부도 알 수 없다. 그것은 의학적인 문제다. 여기서는 특정한 경우에 불임수술이 의학적으로 의미가 있고 유용하다는 전제에서 출발한다.

는 물음이 제기된다. 이 물음에 대해서는 명백한 대답을 제시할 수 없다. 신체적인 충동이 너무 강한 경우 각 개인의 양심적 판단에 따라 자기 자신이나 타인의 삶에 위협이 되지 않게 하려는 목적으로, 곧 전체 생명을 보존하기 위한 목적으로 불임수술을 실시한다면 악하다고 볼 수 없을 것이다. 그러나 경험상 자기 절제가 가능하다면 임의적인 불임수술은 허락되지 않는다. 두 경우 모두 생식의 자연적 권리와 새로 태어날 생명의 권리에 대한 침해가 어느 정도 발생한다. 그러나 후자의 경우 질병으로 인해서 본성을 죽이는 데 그 근거가 있다.

국가적으로 강제된 불임수술은 민족 전체의 생명을 보존한다는 필요성과 금욕 생활의 가능성에 대한 국가의 불신에 기초하여 정당성을 부여받는다. 의심할 여지도 없이 강제적인 불임수술은 인간 생명의 불가침성이라는 인간 권리를 심각하게 침해하는 것을 의미한다. 그래서 이러한 경계선이 한번 무너지고 나면, 곧이어 다른 모든 경계선도 무너질 위험이 압도적으로 크다. 이는 최후의 책임에 있어서도 그러할 것이다. 예를 들어, 전쟁에서 국가가 인간의 신체를 요구하는 것은 전적으로 인간 신체의 불가침성에 한계선이 있음을 보여준다. 그러나 전쟁에서는 인간의 신체적 생명에 대한 직접적인 침해는 발생하지 않으며, 여기서는 언제나 어느 정도 생명의 위험에 대한 방어 가능성이 존재한다는 점에서 불임수술과는 구별된다.

다른 한편, 원치 않는 자녀의 출생을 막기 위한 방법으로 신체에 대한 직접적인 침해를 피하는 방법을 모색할 수 있다. 예를 들어, 환자의 격리와 같은 우회적인 방법이 있다. 이런 방법은 막대한 경제적 손실이 따른다는 점에서, 개인이나 사회의 한계를 벗어나는 위험을 분명히 주시하는 곳에서만 이의 없이 받아들여질 것이다. 물론 불임수술이 국가 법률로 제정된 경우라면, 환자와 의사의 태도 결정은 정부 기관에 대한 복종의 의무에 달려 있을 것이다. 그러므로 이 문제는 아직 논의할 수 없다.[13] 이상에서 시도된 모든 고찰은 다음과 같은

13. 로마가톨릭교회는 불임수술을 절대적으로 거부한다(1930년 3월 12일 발표된 교황의 교서 「정결한 결혼에 대하여」와 도덕 신학 참조). 그뿐만 아니라 의사들에게도 이러한 수술을 금지시켰는데, 그 이유는 첫째, 인간은 자기 몸을 "자연적 목적에 맞게 사용하도록 허락되었다"는 인간과 그 신체의 관계에 근거하며, 둘째로 개인의 신체에 대한 정치권력의 한계에 근거한다. 그럼에도 전자의 경우 생명의 보존을 위해 수술의 권리를 인정하며, 후자의 경우에도 환자의 강제적 격리를 허락한다. 루드비히 루

예수의 말씀 앞에서 그 한계에 도달한다. "네 오른 눈이 너로 실족하게 하거든 빼어 내버리라. 네 백체 중 하나가 없어지고 온몸이 지옥에 던져지지 않는 것이 유익하니라."마 5:29 여기서 언급된 모든 자연적 권리의 폐지를 둘러싼 문제는 하나님 나라에 대한 믿음과 관련하여 차후에 다시 다루고자 한다.

신체적 삶의 자유

신체적 삶을 보존하기 위해서는 신체의 자유가 자의적으로 침해되지 않도록 보호해야 한다. 인간의 몸은 결코 타인의 무제한적 권력의 손아귀에 붙잡히거나, 타인의 목적을 위한 수단으로 전락해서는 안 된다. 살아 있는 인간의 몸은 언제나 인간 그 자체이다. 인간의 몸에 폭력을 가하고, 착취하고, 고통을 주고, 자의적으로 자유를 박탈하는 것은 창조와 함께 인간에게 부여된 권리의 중대한 침해이며, 무엇보다도 자연적 삶

란트(*Handbuch der praktischen Seelsorge*, 359)는 심지어 심각한 정신병의 경우 거세를 허락할 수 있는 가능성을 고려한다. 이와 같은 경우에 불임수술을 원칙적으로 그릇된 행위로 판단할 수 있는가 하는 것은 어려운 문제로 남는다.

에 대한 다른 모든 침해와 마찬가지로 머지않아 자기들이 받을 벌을 자초하는 행위다.

폭행은 부당한 폭력을 통해 강제로 타인의 몸을 자신의 이기적 목적을 위해 이용하는 것이며, 이는 특히 성적인 영역에서 행사된다. 이러한 폭력에 반하여 인간에게는 자신의 몸, 특히 자신의 성을 자유롭게 주거나 거절할 수 있는 권리가 있다. 특별한 경우에는 개인의 신체적 힘이 공공의 복리를 위해 강제로 동원될 수도 있다. 그러나 인간의 성은 어떤 경우에도 그런 강제에서 제외된다. 어떤 이유에서든지 결혼이나 성적 결합을 강요하는 시도는 인간의 신체적 자유에 대한 무조건적인 침해다. 그것은 성생활의 근본 진실과 갈등을 일으키며, 자연적 방어기제로서 어떤 외적인 침범도 허용치 않는 한계선을 나타내는 수치심을 불러일으킨다. 이는 성적인 측면에서 인간 신체의 본질적 자유가 자연적인 수치심으로 표출되는 것이다. 이러한 수치심의 파괴는 모든 성적인 질서와 결혼 질서의 해체를 의미한다. 더 나아가 모든 공공질서를 해체하는 것이라 하겠다. 분명 수치심은 다양한 형태로 형성될 수 있다. 그럼에도 수치심의 불변하는 본질은 자연적인 것에 근거하며, 모든 형태의 폭력으로부터 인간의 신체적 자유를 수호한다. 이 자유는 인간이 가진 신체성의 비밀을 지켜 준다.

인간의 신체에 대한 착취는 인간의 신체적 힘이 타인에 의해, 또는 제도에 의해 무제한적으로 점유되는 경우를 말한다. 이러한 실상을 우리는 인간의 노예화라고 부른다. 이것은 단순히 고대 노예제도를 가리키는 말이 아니다. 분명 노예제도라는 개념은 부정되지만, 자유롭게 되었다는 인간을 사실상 완전히 노예화하는 사회제도가 있다. 이러한 사회제도보다 차라리 인간의 본질적 자유를 더 잘 보존한 노예제도가 역사적으로 존재했다. 이 점에서 노예제도라는 이름이 아니라, 노예제도의 실상을 비난한 토마스 아퀴나스를 비롯해 많은 교부들의 태도는 이해할 만하고 타당하다. 이러한 노예화의 실상은 인간이 타인의 권력에 의해 사실상 물건처럼 취급되는 곳이라면, 인간이 전적으로 타인의 목적을 위한 수단이 되어 버린 곳이라면 어디든지 존재한다. 인간이 일자리를 선택할 자유가 없는 곳에서는 언제나 이 위험이 존재한다. 그리고 자신의 일자리를 다른 곳으로 옮길 가능성이 없거나, 자기 노동의 전체량을 스스로 결정할 가능성이 없는 곳에도 이 위험은 존재한다. 그런 곳에서는 노동자의 신체적 힘이 무제한으로 사용되며, 그 결과 타인의 노동의 이용 가치를 보호하기 위한 한계도 때로는 어떤 특별한 이유에서 깨어져 결국 노동력의 완전한 소모로 끝나기도 한다. 이로써 인간은 자신의 신체적 힘을 갈취당하고, 그 몸은 전적으로 강자의 착취 대상이 되고 만다. 인간의 신체적 자유가 파괴되는 것이다.[14]

신체에 고통을 가하는 것은 정신적으로 미숙한 자를 자립적인 존재로 교육하기 위한 목적으로 이루어지는 신체적 징계와는 구별된다. 또한 타인의 몸에 죄를 범한 비천한 자에게 신체적 상해를 가하여 자신의 파렴치함을 깨닫고 뉘우치도록 하는 보복적인 형벌과도 구별된다.[15] 신체에 고통을 가하는 것은 자의적이고 잔인한 방법으로 신체를 고통스럽게 만드는 것으로서, 이때 일반적으로 권력이 악용된다. 특히 어떤 필요한 자백이나 진술을 강요하기 위한 목적으로 신체에 고통이 가해진다. 이런 경우 몸은 전적으로 타인의 목적을 이루

14. 이러한 내용은 "노동"에 관한 장에서 계속 다루고자 한다(편집자 주: 해당 내용은 발견되지 않았다).

15. 위에서 기술한 것을 참조하라.

기 위한 수단으로 오용된다. 지배자가 권력을 휘두르며 쾌감을 느끼는 데 이용되거나, 특정한 정보를 알아내려는 목적을 위해 오용됨으로써 치욕을 당한다. 무고한 신체에 고통을 가할 때 그 고통의 감도感度는 잔혹한 방법으로 이용된다. 고문이 진실을 알아내는 방법으로 부적절하다는 사실은 별도로 하더라도, 고문은 인간에 대한 가장 심한 모욕이다. 실제로 진실을 찾으려는 목적이라면 고려될 수도 있겠지만, 대개 진실을 찾는 것이 목적인지가 의문스러운 경우가 많으므로 더욱 그러하다. 인간에 대한 가장 심각한 모욕으로서 신체적 폭력은 그 폭력을 통해 손상된 명예를 회복하고자 하는 깊은 증오심과 자연스러운 신체적 충동을 야기한다. 신체적 능욕을 당한 자는 자기에게 고통을 준 인간에 대한 신체적 복수를 추구하게 된다. 그런 까닭에 여기서도 인간의 신체적 자유의 침해는 사회 공동체의 근간을 무너뜨린다.

무방비 상태의 무고한 사람을 체포하거나 구금함으로써 자유를 박탈하는 것은 인간의 몸과 더불어 주어진 자유에 대한 침해다. 아프리카의 흑인들을 사냥하여 미국의 노예로 수송했던 일을 그 예로 들 수 있다. 인간이 폭력적인 방법으로, 부당하게 자신의 주거지나 일자리, 가족으로부터 격리되는 경우가 있다. 자신의 신체적 권리를 행사하지 못하고 마치 죄인처럼 취급당하는 경우도 있다. 이때 그는 신체적 자유와 결부되어 있는 명예를 박탈당한 것이다. 무고한 자가 자유와 명예를 빼앗기는 곳에서, 범죄자는 처벌을 면하고 공공연한 명예를 누리며 살게 될 것이다. 이는 모든 공공질서의 붕괴를 의미하며, 따라서 언젠가 자연적인 삶의 권리 회복이 뒤따르는 것은 당연한 이치일 것이다.

정신적 삶의 자연적인 권리

인간의 정신적 삶은 현실을 대하는 방식에서 세 가지 근본적인 태도가 있다. 그것은 판단, 행위, 유희(오락과 즐거움)이다. 이러한 방식으로 인간은 자신이 속한 현실과 자유롭게 마주하며, 그 현실 속에서 그의 인간됨을 증명한다.[16]

16. 편집자 주: 이번 장은 미완성으로 남았다. 본회퍼의 예비 노트를 보면, 다음과 같은 내용을 다루고자 계획했음을 알 수 있다.

"신체적 삶의 자연적 권리, 정신적 삶의 자연적 권리, 노동과 재산에 대한 자연적 권리(이러한 제목에 관하여 또 다른 노트에 다음의 문장이 포함되어 있다. "나는 내 재산, 내 생명 등을 기꺼이 바칠 수 있다. 그러나 내 가족이나 내 민족의 재산은 내게 속한 것이 아니므로, 나는 그것을 바칠 수 없다. 그것 자체가 나의 것보다 더 위대한 권리가 있어서가 아니라, 각 개인이 자신의 삶과 재산을 취급할 자유를 지키기 위해서 타인의 재산을 보호해야 할 의무가 나에게 주어졌기 때문이다."), 교제의 자연적 권리, 경건의 자연적 권리, 행복의 자연적 권리, 정신적·신체적 삶에서의 정당방위."

마지막으로 쓰기 시작한 부분에는 **교양**이란 무엇인가 하는 문제를 다룬 메모가 있다.

"숙련가, 전문가도 아니고, 경건한 마음도 아니고, 박식한 사람도 아니고, 자기 능력을 스스로 도야하는 사람도 아니고, 사교적 능력 자체도 아니고, 합목적성의 관점에서 생각하는 것도 아니다.
세상에 대한 개인적·인간적 질서에 대한 지식.
자연적·정신적인 현존재의 **총체**와의 관계(특수화가 아니다).
전체성 속에서 움직일 수 있고, 항상 주권자로 서 있으며, 세상 전체를 받아들이고 감당하는 것.
합목적성이 아니라 자유.
지성의 절도(지식의 한계)와 넓이.
언어의 자유로운 구사.
열린 마음, 새로운 것에 대해서도 열려 있는 것.
흑인이 춤추는 영화를 보고 웃는 것은 교양이 없는 것이다.
노동을 극도로 경멸하는 것은 교양이 없는 것이다.
어느 특정한 계층을 경멸하는 것은 교양이 없는 것이다.
순간적인 약점을 악용하는 것은 교양이 없는 것이다.
자연이나 정신적 삶의 기본적인 관계와 과정에 대해 무지한 것은 교양이 없는 것이다.
어떤 것이 자기와 다르다고 그것을 조소하는 것은 교양이 없는 것이다.
자기의 '교양'을 과시하는 것은 교양이 없는 것이다.
야심을 가지고 노력하는 것과 과도한 열성은 교양이 없는 것이다.
교양의 자명성.
'인간이 배우고 다시 잊어버리는 것'—현재 소유하고 있지 않지만, 구체적인 삶의 현장에서 정신적으로 이용할 수 있는 것.
직접적으로 이용 가치가 없는 일에 관심을 갖는 것(인문적 교육).
가족, 우정, 소그룹을 통한 교양.
교양은 성장하는 것이다('획득'이 아니다)."

V.

그리스도, 현실, 선—
그리스도, 교회, 세상

현실의 개념

기독교 윤리 문제를 다루고자 한다면, 누구나 직면하게 되는 아주 특별한 요구가 있다. 그것은 윤리 문제에서 일반적으로 제기되는 두 가지 질문을 아예 처음부터 부적합한 것으로 배제하고 들어가야 한다는 것이다. 즉, "내가 어떻게 선하게 되는가?"와 "내가 어떻게 선한 일을 할 수 있는가?"라는 일반 윤리적인 질문을 포기해야 한다. 그리고 이러한 질문과는 완전히 동떨어진 매우 색다른 질문을 던져야 한다. 그것은 바로 하나님의 뜻을 묻는 질문이다. 이러한 요구는 매우 결정적인데, 그것이 궁극적 현실에 대한 결정이며 이로써 신앙의 결단이 전제되기 때문이다. 윤리적인 물음이 본질적으로 자기 자신의 선함Gutsein과 선한 행위Tun des Guten를 문제 삼는다면, 이는 이미 궁극적 현실이 자아와 세상이라고 결론지은 것을 의미한다. 그러면 내가 선하다는 것, 세상은 나의 행위를 통해 선하게 된다는 것이 모든 윤리적 성찰의 목적이 된다. 그러나 자아와 세상의 현실 자체가 아주 다른 궁극적 현실에 깊이 깃들어 있음을 보여준다면, 윤리 문제는 완전히 새로운 양상을 띠게 된다. 여기서 궁극적 현실이란 바로 창조주이며 화해자, 구속자이신 하나님의 현실을 말한다. 그러므로 궁극적으로 중요한 것은, 내가 선해진다거나 세상의 상태가 나를 통해서 개선된다거나 하는 일이 아니다. 이때 윤리 문제의 핵심은 어디서든 하나님의 현실die Wirklichkeit Gottes이 궁극적 현실die letzte Wirklichkeit임을 증명하는 일이 된다. 하나님의 선하심을 증명하는 것은 나와 세상이 선하지 않을 뿐 아니라, 철저히 악하다는 사실을 인정해야 하는 위험까지도 기꺼이 감수하는 일이다. 하나님을 궁극적 현실로 믿는다면, 하나님이 선하신 분der Gute임을 증명하는 것이 모든 윤리적 노력의 기초가 된다. 하나님 안에서 보고 인식하지 않으면, 모든 것이 왜곡되어 나타난다. 율법이나 규범과 같이 이른바 우리에게 주어진 모든 것은 하나님을 궁극적 현실로 믿지 않는다면 추상적인 것일 뿐이다. 하나님 자신이 궁극적 현실이라는 사실은, 주어진 세상이 그것을 통해 승화되어야 할 하나의 이념이 아니고, 세속적인 세상의 모습에 종교적인 착색을 가하는 것도 아니다. 하나님 자신이 궁극적 현실이라는 사실은, 하나님 자신의 증거와 그분의 계시를 믿음 안에서 긍정하는 것을 의미한다. 하나님이 단지 하나의 종교적 이념에 불과하다면, 이른바 "궁극적" 현실의 배후에는 신들의 몰락과 죽음이라는 최후의 궁극적 현실이 있을 것이라고 가정하지 못할 까닭이 없다. 오직 궁극적 현실이 계시, 곧 살아 계신 하나님의 자기 증거에서 나온 경우에만 궁극적 현실의 요구가 충족된다. 그때 궁극적 현실과의 관계에서 총체적인 삶에 대한 결단이 이루어진다. 이 궁극적 현실을 인식한다는 것은, 단지 현실을 점점 더 깊이 단계적으로 발견해 가는 것을 의미하지 않는다. 궁극적 현실의 인식은 모든 현실 인식의 전환점인 동시에 핵심이다. 여기서 궁극적 현실은 궁극적인 동시에 최초의 현실die erste Wirklichkeit로 증명된다. 또 처음이요 마지막, 알파와 오메가로 증명된다. 그분 없이 사물과 율법을 바라보고 이해하는 것은 모두 추상적이며,

근원과 목적에서 빗나가고 만다. 자신의 선함이나 세상의 선함에 대한 모든 질문은 하나님의 선하심을 묻기 전에는 불가능한 물음이다. 도대체 인간이나 세상의 선함이라는 것이 하나님 없이 무슨 의미가 있겠는가? 궁극적 현실로서의 하나님은 자기를 알리고, 증거하고, 계시해 주시는 분이다. 그는 예수 그리스도 안에 계신 하나님, 바로 그분이다. 그러므로 선에 대한 물음은 오직 그리스도 안에서 그 대답을 찾을 수 있다.

기독교 윤리의 근원은 고유한 자아의 현실이나 세상의 현실이 아니다. 그렇다고 규범이나 가치의 현실도 아니다. 기독교 윤리의 근원은 예수 그리스도 안에서 자신을 계시하신 하나님의 현실이다. 이것이 기독교 윤리의 문제를 다루고자 하는 모든 사람에게 무엇보다 먼저 정직하게 제기되어야 할 요구다. 이 요구는 우리로 하여금 최후의 결단을 내리게 하는 문제를 제기한다. 그것은 우리 자신이 삶에서 어떤 현실을 고려하며 살 것인가에 대한 물음이다. 즉, 하나님이 계시하시는 말씀의 현실을 기대하며 살 것인가, 아니면 지상의 불완전한 현실을 고려하며 살 것인가에 대한 물음이다. 또 부활을 기대하며 살 것인가, 아니면 죽음을 생각하며 살 것인가에 대한 물음이다. 자기 스스로의 힘으로는, 또 자기의 선택에 기초해서는 결코 이 문제에 대한 올바른 판단을 내릴 수 없다. 왜냐하면 이 문제는 이미 주어져 있는 대답을 전제로 하기 때문이다. 즉, 우리가 어떤 판단을 내리든지, 하나님은 이미 계시의 말씀을 주셨다는 사실이 전제가 된다. 그뿐만 아니라, 그릇된 현실 속에서도 하나님 말씀의 참된 현실 없이는 살아갈 수 없다는 사실이 전제가 된다. 궁극적 현실에 대한 물음은 우리가 더 이상 벗어날 수 없는 대답을 통해 이미 궁극적 현실 속에 들어와 있도록 만든다. 다시 말해, 궁극적 현실에 대한 물음 자체가 그것의 근원이 되는 예수 그리스도 안에서 하나님의 계시의 현실 안으로 우리를 인도해 들이는 것이다.

기독교 윤리는 그리스도 안에서 하나님이 계시하신 현실이 피조물 가운데서 실현되어 가는 것을 다룬다. 그것은 마치 교의학이 예수 그리스도 안에 나타난 하나님의 계시의 현실성이 참된가를 다루는 것과도 같다. 다른 모든 윤리에서는 당위Sollen와 존재,Sein 이념과 실현, 동기와 결과의 대립 관계를 통해 그 특징이 규명되지만, 기독교 윤리의 경우 현실Wirklichkeit과 실현,Wirklichwerden 과거와 현재, 역사와 사건(신앙)의 관계가 등장한다. 아니면 모호한 개념들 대신 사실 자체를 분명하게 지칭하기 위해 예수 그리스도와 성령의 관계가 등장한다. 선에 대한 물음은 예수 그리스도 안에서 계시된 하나님의 현실에 참여하는 문제다. 선das Gute은 존재하는 것에 대한 평가가 아니다. 예를 들어, 나의 본질, 나의 관점, 나의 행위, 혹은 세상의 어떤 상태의 가치를 평가하는 것이 아니다. 또한 선은 그 자체로 성립되고 존재하는 것을 확증해 주는 술어가 아니다. 선은 실재das Wirkliche 그 자체이다. 선은 추상적이지 않다. 선은 하나님의 현실로부터 이탈된 실재가 아니라, 오직 하나님 안에 있는 현실을 소유한 실재다. 선은 이 실재 없이는 존재하지 않는다. 즉, 선은 보편적 형식이 아니며, 이러한 실재는 선이 없다면 존재할 수 없다. 선하려는 의지Gutseinwollen는 오직 하나님 안에 있는 실재를 향한 갈망으로서 존재한다. 선하려는 의지 자체를 자신의 목적이나 삶의 소명으로 생각하면, 비현실적인 모순에 빠져들고 만다. 그리하여 선을 추구하는 참된 노력은 구도자가 열렬히 도를 닦는 행위로 변하고 만다. 선 자체는 삶의 독립된 주제가 아니다. 만일 선을 삶의 독립된 주제로 생각한다면, 그것은 가장 어리석은 돈키호테식의 과

대망상이다. 오직 현실에 참여하는 가운데 우리는 선에 참여한다.

오직 의지나 정신적 행위, 인격만 선할 수 있다거나, 혹은 성과, 업적, 성공, 지위 등도 선이라고 불러야 한다는 고루한 논쟁이 있다. 또 둘 중 어느 것이 선행되어야 한다거나, 어느 것에 더 중요성을 부여해야 한다는 논쟁이 있다. 이 논쟁은 신학에까지 파급되어, 다른 어떤 분야에서보다도 심각한 오류를 불러일으켰다. 그러나 이것은 철저하게 전도된 질문 설정에서 나온 결과다. 이런 논쟁은 근원을 따져 보면 본질상 하나인 것을 분리하고 있다. 즉, 선과 현실, 인간과 그의 성취 사이를 깨뜨려 놓는다. "좋은 나무는 아름다운 열매를 맺나니"마 7:17 라는 말씀에서 그리스도가 인격과 행위 사이에 이런 구별을 하신 것이라고 반론한다면, 그것은 예수의 이 말씀의 의미를 정반대로 곡해하는 것이다. 여기서 의미하는 바는 인격이 먼저고, 그다음에 선한 행실이 따라온다는 것이 아니다. **오직 둘이 함께** 선하거나 악하다는 것이다. 다시 말해, 이 양자를 하나의 통일체로 이해해야 한다는 말이다. 미국의 종교철학자 라인홀드 니부어가 도덕적 인간과 비도덕적 사회라는 두 개념을 통해 이끌어 낸 구별이 이와 동일한 것이다. 여기서 말하는 개인과 사회의 분리는 인격과 행위의 분리와 마찬가지로 추상적이다. 이런 경우에 분리 불가능한 것이 분리되고, 서로 고립되어 생명을 잃은 각 부분이 그 자체로 관찰된다. 그 결과로 나온 것이 오늘날 "사회 윤리"Sozialethik라는 이름으로 형성되는 완전한 윤리적 아포리아다. 선을 존재와 당위의 일치로 본다면, 사회보다 개인을 윤리적으로 선호하는 당위에 맞서 현실 사회는 분명 엄청난 저항을 일으키게 될 것이다(바로 이러한 윤리적 개념은 그 사회적 기원이 개인주의 시대임을 알게 하는 냄새를 풍긴다). 선에 대한 물음은 이미 만들어진 어떤 윤리적 척도에 고착화시킨 후 행위의 동기나 성과를 진단하는 방식으로 폭을 좁혀서는 안 된다. 심정 윤리Gesinnungsethik는 결과 윤리Erfolgsethik와 마찬가지로 피상적인 차원에 머물러 있다. 왜냐하면 심정을 궁극적 윤리의 현상으로 진단할 권리는 어디에도 없기 때문이다. "선한" 심정도 인간적인 의식과 무의식의 매우 어두운 배경에서 나올 수 있으며, 종종 "선한 심정"에서 가장 악한 것이 나오기도 한다는 사실을 간과할 수 없다. 마치 행위의 동기에 대한 물음이 결국 혼돈스러운 과거의 미궁 속으로 빠져들어 가는 것처럼, 성과에 대한 물음도 결국 언제나 미래의 안개 속에서 흩어져 버린다. 둘 중 어느 방향으로 가더라도 확고하게 정해진 한계선은 존재하지 않는다. 그리고 분명한 판단을 하기 위해서 우리 자신이 임의로 정한 지점을 고수하고자 한다면 그 정당성을 확보할 수 없다. 사실 인간은 반복해서 그런 자의적인 확고한 한계 설정으로 돌아오곤 하는데, 그 이유는 언제나 시대의 흐름에 따른 필요성의 문제 때문이다. 그러면 이것은 시류에 따라 동기 윤리Motivethik의 선상에 서기도 하고, 성공 윤리의 선상에 서기도 한다. 그러나 근본적으로 둘 중 어느 것도 다른 것에 선행할 수 없다. 두 경우 모두 선의 문제는 추상적이며, 현실로부터 분리되어 떨어져 나온 상태이기 때문이다. 선이란 자연과 은총이 우리에게 제공하는 척도와, 우리가 현실로 묘사하는 존재들 사이의 조화가 아니다. 선은 현실이며, 하나님 안에서 보이고 인식되는 현실 자체이다. 선의 문제는 인간의 동기와 목적, 그의 이웃과 그를 둘러싸고 있는 모든 피조물을 함께 포괄한다. 즉, 선의 문제는 하나님 안에 보존된 전체로서의 현실을 포괄한다. "하나님이 보시기에 심히 좋았더라."창 1:31 이 하나님의 말씀은 창조 세계 전체에 대한 것이다. 선은 전체적인 것을 갈망한다. 선은 인간의 마음 전체를 요구할 뿐 아니라 인간의 행위 전체를 요구하며, 그에게 주어진 이웃과 더불어 인간 전체를 갈망한다. 어느 한 부분만 선하다고 한다면 그것이 무슨 의미가 있겠는가? 예를 들어 행위는 악하지만 동기는 선하다든지, 혹은 그 반대로 말해진다면 그것이 무슨 의미가 있겠는가? **인간은 그의 인격과 행실로 규정되는 개인으로서뿐 아니라, 그가 몸담고 있는 인간 공동체와 피조물의 일원으로서 분리될 수 없는 전체다.** 이처럼 분리될 수 없는 전체가, 곧 하나님 안에 근거를 두고 인식되는 현실이 선의 문제를 주목하는 것이다. 이 불가분한 전체는 기원으로 말하자면 "창조"를 의미하고, 목적으로 말하자면 "하나님의 나라"를 의미한다. 이 양자는 똑같이 우리로부터 멀리 떨어져 있으며, 똑같이 우리와 가까이 있다. 하나님의 창조와 하나님의 나라는 오직 예수 그리스도 안에 나타난 하나님의 계시에 의해서만 우리에게 현재적이기 때문이다.

분리될 수 없는 전체로서 하나님의 현실에 참여하는 것이 선에 대한 기독교적 물음의 의미다. 여기서 오해를 피하기 위해 현실이란 말이 무엇을 의미하는지 좀 더 명확하게 밝힐 필요가 있다.

윤리적 기초를 현실 개념에 두는 방법에는 기독교적인 것과 전혀 다른 것도 있다. 그것은 실증적·경험적인positivistisch-empirisch 현실 개념이다. 이는 규범 개념Normbegriff을 윤리에서 전적으로 배제하려고 시도하는데, 오직 사실적이고 삶에 유익한 행동 방식을 이상화하는 것만이 이 현실 개념의 목적이기 때문이다. 여기서 선이란 근본적으로 편리한 것이며 유용한 것이고, 현실에 도움이 되는 것을 말한다. 따라서 여기에는 보편적인 선이 존재하지 않으며, 단지 때마다 "현실"에 의해 결정되는 끝없이 다양한 선이 있을 뿐이다. 이러한 견해를 이상주의적인 현실 개념보다 선호하는 이유는 의심의 여지 없이 전자가 후자보다 훨씬 더 "현실에 가깝다"Wirklichkeitsnähe는 사실에 있다. 여기서 선이란 비현실적인 것의 불가능한 "실현"으로 성립되는 것이 아니다. 즉, 윤리적 이념을 구현하는 데서 성립되는 것이 아니라, 무엇이 선인지를 가르치는 것이 현실 그 자체다. 그러나 여기서 의미하는 현실이 이런 요구를 만족시킬 수 있는가 하는 것이 문제다. 이와 동시에 실증적 윤리의 기초가 되는 현실 개념은 경험적인 확증의 비속卑俗한 개념이라는 사실이 드러난다. 그것은 궁극적 현실, 곧 하나님 안에 현실의 기원이 있다는 사실을 부정한다. 그러나 이처럼 비속하게 이해된 현실은 선의 근원이 될 수 없다. 왜냐하면 그것은 각각의 것, 기존의 것, 우연한 것, 순간적인 합목적성에 완전히 굴복하도록 요구할 뿐이기 때문이다. 그것은 궁극적 현실을 인식하지 못하며, 따라서 선의 통일성을 파괴하고 체념해 버린다.

기독교 윤리는 선의 근원이 되는 현실에 대하여 이와는 다른 의미로 말한다. 기독교 윤리에 있어서 하나님의 현실은 내적·외적으로 존재하는 모든 것의 궁극적 현실이기 때문이다. 이 말은 기존하는 세상의 현실이 오직 하나님의 현실을 통해서만 현실을 소유할 수 있다는 뜻이기도 하다. 하나님의 현실이 결코 단순한 이념이 아니란 것을 기독교 신앙은 다음과 같은 사실을 근거로 추론한다. 그것은 하나님의 현실이 현세상 한가운데서 그분 자신을 증거하며 계시하고 있다는 사실이다. **예수 그리스도 안에서 하나님의 현실은 세상의 현실 속으로 이미 들어와 있다.** 하나님의 현실과 마찬가지로 세상의 현실 문제가 그 답을 얻을 수 있는 장소는 오직 예수 그리스도의 이름으로 표시되어 있다. 그 이름 안에 하나님과 세상이 모두 포함되어 있다. 그 안에 만물이 보존되어 있다.골 1:16 이제부터는 예수 그리스도를 말하지 않고는 하나님에 대해서도, 세상에 대해서도 올바르게 말할 수 없다. 예수 그리스도를 떠나서 생각하는 현실 개념은 모두 추상적이 되고 만다. 선에 대한 모든 사고는 당위가 존재에 대항하거나, 그와 반대로 존재가 당위에 대항하여 상대를 굴복시키려고 한다. 이러한 사고방식은 예수 그리스도 안에서 선이 현실이 될 때 극복된다. 예수 그리스도는 어떤 이상이나 규범과도 동일시될 수 없으며, 어떤 존재와도 동일시될 수 없다. 존재하는 것에 대한 이상의 적대성, 존재하는 것에 대한 이념의 열광적인 실현, 이러한 것은 당위가 목적 달성을 위한 유효성Zweckdienliche에 희생되듯이 선과는 동떨어진 것이 될 수 있다. 당위뿐만 아니라, 목적에 부합하는 유효성도 그리스도 안에서 전혀 새로운 의미를 갖는다. 화해할 수 없는 당위와 존재의 대립적인 관계는 예수 그리스도 안에서, 곧 궁극적 현실 안에서 화해하게 된다. 이러한 현실에 참여하는 것이 선에 대한 물음이 갖는 참된 의미다.

그리스도 안에서 하나님의 현실과 세상의 현실에 동시에 참여할 수 있는 기회가 우리에게 주어진다. 둘 중 어느 하나가 없다면, 다른 하나에도 참여할 수 없다. 하나님의 현실이 하는 일은, 나로 하여금 온전히 세상의 현실 안에 서도록 하는 것이다. 그리고 내가 세상의 현실 가운데 서면, 나는 세상의 현실이 하나님의 현실 안에서 이미 감당되고, 용납되고, 화해되어 있음을 알게 된다. 이것이 인간 예수 그리스도 안에 나타난 하나님 계시의 비밀이다. 기독교 윤리는 이제 그리스도 안에서 주어진 하나님의 현실과 세상의 현실이 우리의 세상 가운데 어떻게 실현되는가를 묻는다. 여기서 "우리의 세상"은 그리스도 안에 있는 하나님의 현실과 세상의 현실 외부에 존재하는 어떤 것이 아니다. 또 그리스도에 의해 감당되고 용납되고 화해된 세상에 속하지 않은 상태를 일컫는 것도 아니다. 이것은 우리의 상황과 우리 시대에 맞게 이제야 비로소 어떤 "원칙"에 적용되는 것을 의미하는 것도 아니다. 이것은 오히려 우리와 우리 세상을 이미 오랜 시간 붙들고 보존해 오신 예수 그리스도 안에 있는 현실이 어떻게 지금 현재적으로 역사하도록 할 것인지에 대한 물음이다. 다시 말해, **오늘 우리가**

어떻게 예수 그리스도 안에서 하나님과 세상의 현실에 참여할 수 있는가 하는 물음이다. 이 말은 나는 세상의 현실 없이 그리스도의 현실을 경험하지 못하고, 그리스도의 현실 없이 세상의 현실을 경험하지 못한다는 뜻이기도 하다.

두 영역의 사고

이러한 연구를 계속 진행하고자 할 때, 전통적인 기독교 윤리의 사고방식이 거상巨像과 같이 우리 앞을 가로막고 있다. 신약 시대 이후 기독교 윤리가 시작된 이래로 의식적이든 무의식적이든 두 개의 영역이 서로 충돌한다는 식의 생각은 윤리적 사고의 근본적인 흐름이 되어 모든 것을 결정해 왔다. 그 하나는 신적이고 거룩하며 초자연적인 기독교적 영역이며, 다른 하나는 세상적이고 속되고 자연적인 비기독교적 영역이다. 이러한 사고방식은 중세 시대가 절정에 이르렀을 때 첫 전성기를 맞이했다. 두 번째 전성기는 종교개혁 이후 등장한 유사 종교개혁적pseudoreformatorisch 사고방식에서 나타났다. 이 사고방식에서는 전체 현실Wirklichkeitsganze이 두 부분으로 분리되며, 윤리적 노력은 분리된 두 부분이 서로 바른 관계를 맺고 발전할 수 있도록 하는 것이다. 스콜라 철학에 의하면 자연의 왕국은 은혜의 왕국에 굴복하고, 유사 루터주의Pseudoluthertum에서는 그리스도의 율법에 맞서 세상 질서의 자율성이 선포된다. 급진적 신비주의Schwärmertum에서는 선택받은 자들의 공동체가 적대적인 세상에 맞서 지상의 하나님 나라를 건설하기 위해 투쟁한다. 이러한 사고방식으로 인하여 도처에서 그리스도의 사건은 전체 현실 내부에서 일어나는 하나의 파편적이고 부분적인 일이 되고 말았다. 이는 그리스도 안에 있는 현실 외부에 다른 현실들이 있음을 가리킨다. 따라서 그 현실들에 이르는 데는 그리스도를 통한 방법뿐 아니라, 그들 고유의 길이 나란히 존재하게 된다. 결국 그리스도 안에 있는 현실을 제아무리 중요한 것으로 여긴다 하더라도, 그것은 항상 다른 현실들과 병행하는 하나의 부분적인 현실에 불과하다. 전체 현실이 성스러운 영역과 속된 영역, 기독교적 영역과 세상적인 영역으로 분할되어, 두 개의 영역 가운데 어느 하나에만 속할 가능성이 열리게 되는 것이다. 말하자면, 세상적인 실존과는 아무 관계도 맺지 않는 영적 실존과, 자기 자신의 자율성을 주장하며 성스러운 영역에 맞서 자율적 권리를 행사하는 세상적인 실존이 존재하게 된다. 중세기 수도승과 19세기의 문화적 프로테스탄트가 이 두 영역의 가능성을 대표한다. 중세 역사 전반에 걸쳐서는 종교적인 영역이 세상적인 영역 위에 있다는 주장이 지배적이었다. 즉, 은혜의 왕국regnum gratiae이 자연의 왕국regnum naturae보다 우위에 있다는 주장이 팽배했다. 이와는 달리, 근대에 들어오면서 나타난 두드러진 특징은 종교적인 영역에 대한 세상적인 영역의 독립이 끊임없이 진행되어 왔다는 점이다. 그리스도와 세상이 서로 부딪치고 반목하는 영역으로 간주된다면, 인간에게 남아 있는 가능성은 다음과 같다. 그 하나는 전체로서의 현실을 포기하고, 자기 자신을 두 영역 중 어느 하나에 두는 것이다. 즉, 세상 없이 그리스도를 얻고자 하든지, 아니면 그리스도 없이 세상을 얻고자 하는 것이다. 둘 중 어느 것을 택하든지 인간은 자기 자신을 기만하게 된다. 다른 하나는 두 영역에 동시에 발붙이고 살려는 것인데, 그렇게 함으로써 인간은 영원한 갈등의 존재가 되고 만다. 이러한 사고는 종교개혁 이후 등장했으며, 그것이 기독교적 실존의 형상에 걸맞은 유일한 현실인 것처럼 거듭 주장되어

왔다.

두 영역의 사고방식이 주는 매력으로부터 벗어나기란 매우 어려운 일일지 모른다. 그렇지만 이러한 사고방식은 성경뿐 아니라 종교개혁적인 사고방식에도 철저히 모순되고, 결과적으로 현실을 지나쳐 버리게 한다. 두 개의 현실이 존재하는 것이 아니라, **오직 하나의 현실**이 존재할 뿐이다. 그것은 그리스도를 통해 세상의 현실 가운데 나타난 하나님의 현실이다. 그리스도에게 참여함으로써 우리는 하나님의 현실과 세상의 현실 안에 동시에 서게 된다. 그리스도의 현실은 세상의 현실을 그 안에 포함하고 있다. 세상은 그리스도 안에 나타난 하나님의 계시와 별개로 자기 고유의 현실을 가지고 있지 않다. 그리스도 안에 있는 세상을 보고 인식하지 않으면서 "기독교적"이 되고자 하는 것은 예수 그리스도 안에 나타난 하나님의 계시를 부인하는 것이다. 그러므로 두 개의 영역이 존재하는 것이 아니라, 하나님의 현실과 세상의 현실이 서로 하나로 통일된 영역이 존재할 뿐이다. 다시 말해, 오직 **그리스도가 실현되는 하나의 영역**이 존재할 뿐이다. 그러므로 기독교 역사를 거듭 지배해 왔던 두 영역을 주제로 하는 사고방식은 신약성경과 거리가 먼 것이다. 여기서 중요한 것은 오직 그리스도의 현실이 실현되는 일이다. 즉, 그리스도의 현실이 이미 그리스도의 현실에 의해 둘러싸여 소유되고 점유된 현 세상 가운데 실현되는 일만 남아 있다. 서로 경쟁 관계에 있는 두 영역이 나란히 공존하면서 경계선의 문제로 싸우고 있는 것이 아니다. 마치 두 영역의 경계선이 역사의 결정적인 문제라는 듯이 취급해선 안 된다는 말이다. 세상의 전체 현실은 이미 그리스도 안으로 이끌려 들어와서 그분 안에 집중되어 있다. 그리하여 역사의 운동은 오직 중심 되신 그리스도로부터 출발하여 중심 되신 그리스도를 향하여 나아가는 것이다.

두 영역의 사고방식은 세상적-기독교적, 자연적-초자연적, 속된-성스러운, 이성적-계시적이라는 대립 개념을 궁극적이고 확고부동한 대립쌍으로 이해한다. 그리고 이 대립 개념으로 모든 실제 상황을 서로 배타적인 것으로 설명하고자 한다. 그러나 이러한 사고는 그리스도의 현실 안에서 그와 같은 대립 개념이 근원적인 통일을 이루고 있음을 인식하지 못한 결과다. 그리하여 근원적인 통일 대신 그런 대립쌍을 모두 포괄하는 종교적 체계 또는 세속적 체계로 강제적인 일치를 이루고자 애쓰게 된다. 이처럼 강제된 체계 안에서는 고착된 대립 관계가 존속한다. 그리스도 안에서 하나님의 현실과 세상의 현실을 인식하게 되면 이런 문제들은 전혀 달라진다. 여기서는 세상과 자연적인 것, 속된 것과 이성은 처음부터 하나님 안에 속해 있다. 이 모든 것은 "그 자체로" 존재하는 것이 아니다. 하나님의 현실 속에서가 아니라면, 그리스도 안에서가 아니라면, 그들의 현실은 어느 곳에도 존재하지 않는다. 그러므로 사실상 세상적인 것의 개념은, 매 순간 그리스도 안에서 하나님으로부터 받아들여졌으며 받아들여지는 그런 움직임 가운데 보여지는 것임을 알 수 있다. 그리스도 안에서 하나님의 현실이 세상의 현실 속으로 들어온 것처럼, 기독교적인 것은 세상적인 것 안에 존재할 수밖에 없다. 또한 "초자연적인 것"은 오직 자연적인 것 안에, 성스러운 것은 오직 속된 것 안에, 계시적인 것은 오직 이성적인 것 안에 존재한다. 그리스도 안에서 성취된 하나님의 현실과 세상 현실의 일치는 반복된다. 좀 더 정확하게 말하면 거듭 인간에게서 실현된다. 그렇다고 해서 기독교적인 것과 세상적인 것이 동일하다는 말은 아니다. 또한 자연적인 것은 초자연적인 것과, 계시적인 것은 이성적인 것과 동일하지 않다. 이들 사이에 존재하는 일치는 오직 그리스도의 현실 안에서 이루어진다. 다시 말해, 궁극적인 현실에 대한 신앙으로 말미암아 주어진 일치다. 이러한 일치는 세상적인 것과 기독교적인 것, 그리고 다른 대립쌍들이 서로 상대방에 대해서 고착된 독립성을 주장하기를 그만둘 때 지켜질 수 있다. 다시 말해, 서로 논쟁을 하면서 그들 공동의 현실을 확증하게 된다. 즉, 그리스도의 현실 안에서 그들의 통일성을 확증해 나가는 것이다. 루터가 로마교회의 성역화에 대항해서 세상적인 것을 논쟁의 마당으로 끌어들였던 것처럼, 세상적인 것이 독립하여 자기를 절대화할 위험—이는 종교개혁 이후 얼마 지나지 않아 발생했으며, 19세기 독일의 문화적 프로테스탄티즘에서 최고조에 달한다—으로 몰아가는 세속화 현상 속에서는 기독교적인 것, "성스러운 것"이 세상적인 것에 맞서 토론의 장을 만들어 반박할 수 있어야 한다. 양자의 경우 중요한 것은 과정이라고 할 수 있다. 즉, 둘 다 동일한 과정을 거치게 되는데, 예수 그리스도가 하나님과 세상의 현실임을 바라보도록 방향을 제시하는 것이 중요하다. 그리스도 안에 있는 현실에서 떨어져 나와 자립한 기독교적인 것에 맞서, 루터는 보다 나은 신앙심이라는 이름 아래 세상적인 것의 도움으로 대항했다. 이와 마찬가지로 오늘날 기독교적인 것이 세상적인 것에 맞서 싸우는 논쟁의 무기도 보다 나은 세상성Weltlichkeit[1]이라는 이름으로 사용되어야 할 것이다. 그렇다고 해서 그 자체가 목적이 되어 다시 고착화된 예배 형식으로 돌아가서는 안 된다. 두 개의 왕국에 대한 루터의 가르침은 오직 이러한 논쟁적인 일치라는 의미에서만 수용될 수 있으며, 이 가르침은 본래 그런 의미였음이 명백하다.

고착화된 사고방식으로서의 영역 사고Raumdenken는 신학적으로 말하면 율법적인 사고다. 그 이유를 제시하는 것은 매우 쉬운 일이다. 세상적인 것이 독자적인 영역으로서 스스로를 위해 존재한다면, 세상이 그리스도 안에 받아들여진 상태라는 사실을 부인하게 된다. 즉, 세상 현실의 근거가 계시의 현실 속에 있다는 사실이 부인되고, 결국 온 세상에 효력을 미치는 복음도 부정된다. 이렇게 되면 세상은 그리스도 안에서 하나님에 의해 화해된 영역으로 인식될 수 없다. 그러면 세상

1. 일반적으로 세상성(Weltlichkeit)은 영성(Spritualität)이나 종교성(Religiosität), 신앙심(Christlichkeit)에 반대되는 표현으로 쓰인다.—옮긴이

은 온전히 기독교적인 것의 요구 아래 있든지, 아니면 자기 고유의 법을 가지고 그리스도의 법에 대항하는 영역으로 인식된다. 다른 한편 기독교적인 것이 독립된 영역으로 나타나는 곳에서는, 하나님이 예수 그리스도 안에서 세상 속으로 들어오셔서 세상과 맺은 사귐이 거절된다. 여기서는 세상의 법을 판단하는 기독교의 법이 수립되어, 하나님과 화목을 이룬 세상을 적대시하며 화해할 수 없는 싸움을 초래한다. 그러나 여기서도 마찬가지로 모든 율법주의는 무법천지로 변하며, 규범주의는 반규범주의가 되고, 완벽주의는 방종으로 흘러가고 만다. 그리스도의 율법에서 이탈하여 독립한 세상은 무절제와 방종으로 빠져든다. 세상으로부터 도피한 신앙심 역시 허식과 부조리, 오만과 방종으로 빠져든다.

이로써 윤리학의 영역 사고는 예수 그리스도 안에서 궁극적 현실의 계시를 믿는 신앙으로 극복되어야 함을 알 수 있다. 이것은 참된 그리스도인은 세상의 현실을 벗어나서 존재할 수 없고, 또 예수 그리스도의 현실을 벗어나서는 참된 세상성이 있을 수 없음을 의미한다. 그리스도인이 세상으로부터 물러나서 머물 장소는 없다. 그것은 외면적으로뿐만 아니라 내면의 영역에서도 마찬가지다. 세상으로부터 도피하려는 모든 시도는 얼마 지나지 않아 세상에서의 죄된 타락으로 끝나고 만다. 어쩌면 성생활의 거칠고 난폭한 죄가 극복되는 곳에서, 똑같이 조야하지만 세상의 눈으로 보면 조금은 덜한 탐욕의 죄, 금전욕의 죄가 불타고 있다는 것은 이미 경험된 사실이다. 세상과 동떨어진 그리스도인의 내면 훈련은 세상의 관찰자의 눈에는 대개 어느 정도 희비극적으로 보일 것이다. 왜냐하면 그리스도인의 내면이 세상과 가장 멀리 떨어져 있다고 스스로 기만하는 곳에서, 예리한 눈을 가진 세상은 거기서 가장 또렷하게 세상 그대로의 모습이 드러나고 있음을 식별해 내기 때문이다. 하나님의 계시로서 예수 그리스도의 현실을 고백하는 자는, 하나님의 현실을 인정하는 동시에 세상의 현실을 인정한다. 그는 그리스도 안에서 하나님과 세상이 화해하는 것을 발견하기 때문이다. 바로 이러한 이유로 그리스도인은 영원한 갈등 속에 살아가는 존재가 아니다. 그리스도 안에서 현실이 **하나**인 것처럼, 그리스도의 현실에 속한 그리스도인은 그 자신도 하나의 온전함을 이룬다. 그의 세상성은 그를 그리스도로부터 분리하지 못하며, 그의 신앙심도 그를 세상으로부터 분리하지 못한다. 그는 완전히 그리스도에게 속해 있으면서, 동시에 완전히 세상 안에 서 있다.

이처럼 그리스도의 현실에 의해서 두 영역의 사고에 마침표를 찍고자 할 때, 우리는 다음과 같은 중요한 물음에 직면하게 된다. 즉, 궁극적으로 고착화된 대립, 그리고 결정적으로 서로 분리된 영역이란 실제로 존재하지 않는가? 예수 그리스도의 교회는 세상의 영역에서 벗어나 있는 장소가 아닌가? 마지막으로, 사탄의 나라는 그리스도의 나라에 절대 발을 들여놓을 수 없지 않은가?

교회가 하나의 영역이라는 사고를 정당화하는 진술이 신약성경에 있다는 사실에는 의심의 여지가 없다. 예를 들어, 신약성경에서 교회는 성전으로, 건물이나 집으로, 몸으로 묘사되고 있다. 그러므로 교회가 지상에 있는 눈에 보이는 하나님의 공동체로 서술된다면, 영역에 관한 사고를 피할 수 없다. 교회가 세상에서 일정한 공간을 차지하고 있는 것도 사실이다. 즉, 교회는 예배를 드리고, 교회 질서를 유지하며, 교제의 삶을 영위하기 위해 일정한 공간을 가지고 있다.[2] 그리고 이 사실이 바로 영역이라는 사고방식이 나타나게 된 출발점이기도 하다. 이러한 점을 간과하여 교회의 가시성을 부정하고, 교회를 순수하게 영적인 권세로만 격하시키는 것은 대단히 위험한 일이다. 그렇게 되면 세상에 나타난 하나님 계시의 사실은 무력해질 것이며, 그리스도 자신은 단지 영적인 존재로만 인식될 것이다. 교회가 세상에서 공간을 차지하는 것은 예수 그리스도 안에 나타난 하나님의 계시에 속한 일이다. 그러나 이러한 공간을 단순히 경험적으로 이해한다면, 그 역시 근본적으로 잘못된 일이라고 하겠다. 하나님이 예수 그리스도 안에서 세상의 영역을 요구하셨을 때, 말구유 외에는 "있을 곳이 없었다."눅 2:7 그럼에도 하나님은 그 좁은 장소에서 세상의 현실 전체를 통일시키고 현실의 궁극적인 근거를 드러내신다. 그러므로 예수 그리스도의 교회 역시 장소, 곧 세상에서의 공간을 차지한다. 그곳은 온 세상에 대한 예수 그리스도의 통치가 증거되고 선포되는 장소다. 교회의 영역은 교회 자체를 위

2. 『나를 따르라』 참조.

해서 존재하지 않으며, 항상 교회를 초월하여 넓게 뻗어 나가는 무언가가 있다. 교회는 세상에서 자신의 존속을 위해 투쟁하는 일종의 문화 단체로 존재하는 것이 아니기 때문이다. 교회는 모든 현실이 예수 그리스도 안에 기초하고 있다는 사실을 증거하는 장소다. 교회는 하나님이 그리스도 안에서 세상과 화목하셨다는 사실이 증거되고 진지하게 받아들여지는 장소다. 교회는 하나님이 세상을 너무도 사랑하셔서 자기 아들을 희생했다는 사실이 증거되고 진지하게 받아들여지는 장소다. 교회의 영역이 존재하는 목적은 세상에서 일부 영역을 차지하기 위해서가 아니라, 세상이 세상 되도록 하기 위해서다. 즉, 세상이 하나님에 의해 사랑을 받고 화목하게 된 세상임을 인식하도록, 또 그렇게 존재하도록 하기 위해서다. 그러므로 교회는 세상에서 그 영역을 확장해 나가기를 원하거나 그렇게 해야만 하는 것이 아니다. 교회는 예수 그리스도에 대한 증거와, 그리스도를 통해 하나님과 세상이 화목한 사실을 증거하기 위해 필요한 영역 이외의 것에는 욕심을 내지 않는다. 교회가 자기 고유의 영역을 지키는 유일한 길은, 자신을 위해서가 아니라 오직 세상의 구원을 위해 힘쓰는 데 있다. 그렇지 않으면 교회는 자기 이익을 위해서 싸우는 "종교 단체"로 변질되고 만다. 그러면 교회는 하나님의 교회와 세상의 교회이기를 포기하는 것이다. 하나님의 교회는 자기 자신을 위해 존재하지 않는다. 다시 말해 종교적인 조직을 만든다든지, 경건한 삶을 영위하기 위한 목적으로 존재하지 않는다. 하나님의 교회에 주어진 첫째 과제는 바로 세상에 대하여 예수 그리스도의 증인이 되는 것이다. 그 목적을 수행할 수 있도록, 성령은 자기를 주심으로써 교회를 영적으로 무장시킨다. 하나님의 교회의 거룩한 삶은 세상에 대한 증거가 올바른 방법으로 이루어지도록 하기 위한 전제가 됨은 두말할 것도 없다. 그러나 하나님의 교회의 참된 거룩은 겉으로 경건한 흉내를 내는 것과는 구별된다. 참된 거룩의 삶이란 사람들이 자연스레 세상에 대해 증거하는 삶을 살도록 인도하기 때문이다. 만약 그들의 증거하는 삶이 무디어져 침묵을 지킨다면, 그것은 교회가 내적으로 부패했다는 증거다. 이는 마치 열매를 맺지 못하는 나무가 죽은 상태라는 증거인 것과도 같다.

우리가 교회의 영역에 관해 말하고자 할 때, 그 영역의 경계선은 예수 그리스도에 대한 교회의 증거를 통해 매 순간

돌파되고, 지양되고, 극복되고 있다는 사실을 알아야 한다. 그리고 교회의 영역에 대한 그릇된 사고가 교회를 올바로 이해하지 못하도록 방해한다는 사실을 분명히 인식하고 이를 제거해야 한다.

지금까지 우리는 그리스도 안에서 하나님과 화목하게 된 세상이라는 의미에서만 세상에 관해 말해 왔다. 또 현실에 관해서도, 항상 하나님에 의해 용납되고, 하나님 안에서 존재하고 화목하게 된 현실로서만 다루었다. 그리고 이러한 의미에서 두 영역의 사고는 부정되어야 했다. 그러나 여기서 다음과 같은 의문이 남는다. 그것은 "세상"이 악마의 권세 아래 있는 "악한" 세상으로 이해되어야 하지 않는가 하는 의문이다. 또한 죄의 현실은 교회를 대적하고 그리스도의 나라를 대적하는 영역으로 이해해야 마땅하지 않는가 하는 의문이다. 다시 말해, 두 영역의 사고를 정당화하는 궁극적이고 고착화된 대립 관계는 그리스도의 나라와 악마의 나라가 대립하고 있다는 사실에서 알 수 있지 않는가 하는 것이다. 언뜻 이와 같은 의문은 긍정적인 대답을 이끌어 낼 것처럼 보인다. 그러나 자세히 들여다보면 이 질문 자체가 이미 명확하지 않음을 알 수 있다. 그리스도와 그분의 원수 악마는 서로 배척하는 대적 관계처럼 보이지만, 악마는 자신의 의지를 거슬러 그리스도를 섬겨야만 한다. 악마는 악을 원하면서도 어쩔 수 없이 항상 선을 행하는 도구로 쓰일 수밖에 없다. 이로써 악마의 영역은 어디까지나 예수 그리스도의 발아래 놓여 있다는 사실이 분명해진다. 반면 세상이 악마의 나라에 속해 있다고 생각하고, 또 악마의 권세 아래 있어 "악의 안에" 놓여 있다고 이해한다면, 바로 여기서 두 영역의 사고는 다시 한계에 이른다. 왜냐하면 "악한" 세상은 다름 아닌 그리스도 안에서 하나님과 화목한 세상이기 때문이다. 그리고 이제 세상은 악마가 아닌 그리스도 안에서 다시 궁극적이고 본래적인 현실을 소유하기 때문이다. 세상은 그리스도와 악마에 의해 분할 점령되어 있지 않다. 세상이 그 사실을 알든 모르든, 세상은 온전히 그리스도의 세상일 뿐이다. 세상은 그리스도 안에 있는 현실을 자각해야 한다. 그렇게 함으로써 자신이 악마에게 속해 있다고 여기는 거짓된 현실을 깨뜨려 버릴 수 있다. 악하고 어두운 세상은 악마의 손에 넘겨져선 안 되는 세상이다. 세상은 육신을 입고 세상 속으로 들어오셔서, 죽으시고 부활하심으로 세상을 되찾으신 분의 요구에 응해야 한다. 그리스도는 자신이 쟁취한 것은 아무것도 포기하지 않으며, 그것을 자기 손으로 확고히 붙들고 계신다. 그리스도에 의해서 악마의 세상과 그리스도의 세상이라는 이분법은 금지되었다. 악마에게 속한 영역과 그리스도에게 속한 영역 사이에 움직일 수 없는 경계선을 정하는 것은, 하나님이 그리스도 안에서 자신과 온 세상을 화목케 하신 현실을 부정하는 것이다.

신약성경의 중심 메시지는 하나님이 세상을 사랑하셔서 그리스도 안에서 자신과 화목케 하셨다는 것이다. 이 메시지는 세상이 하나님과의 화해를 필요로 하지만, 그 스스로는 그렇게 할 능력이 없다는 사실을 전제로 한다. 하나님이 세상을 받아들이신 것은 그분의 긍휼하심으로 말미암은 기적이다. 그러므로 세상에 대한 교회의 태도는 전적으로 세상에 대한 하나님의 태도에 의해 결정된다. 하나님을 적대하는 세상에 대해 사랑이 존재한다.[약 4:4] 이 사랑은 본질상 세상에 속한 것으로, 결코 세상을 향한 하나님의 사랑에서 나온 것이 아니다. 세상 "그 자체"는 자기 자신에 의해서 이해되는 세상이며, 예수 그리스도를 통해 세상에 주어진 하나님의 사랑의 현실을 거부한다. 그렇다. 이것은 하나님의 사랑을 거부함으로써 그리스도를 대적하는 모든 것 위에 임할 하나님의 심판 아래 내던져진 상태다. 세상은 교회와 생사를 건 싸움을 하고 있다. 그럼에도 바로 이러한 세상을 향해서 교회는 하나님과의 화해를 말하며 위로해야 한다. 교회의 사명이자 본질은 세상이 눈먼 채 분노하고 반발하는 하나님의 사랑의 현실을 밝히 드러내는 것이다. 그리하여 잃어버린바 되고 심판 가운데 있는 세상이 끊임없이 그리스도로 말미암는 화해의 사건 안으로 들어오도록 하는 것이다.

우리가 사고와 개념을 형성함에 있어서 익숙하게 사용하던 어떤 이미지를 포기한다는 것은 쉬운 일이 아니다. 그럼에도 우리는 두 개의 영역이라는 사고의 이미지에서 벗어나야만 한다. 이를 위해서 이제 우리는 그것을 대치할 수 있는 똑같이 단순하면서도 명료한 이미지가 있는지 찾아보고자 한다.

이때 우리는 무엇보다도 성육신하시고, 십자가에 못 박히시고, 부활하신 예수 그리스도의 몸 이미지에 우리의 시선을 돌려야 할 것이다. 예수 그리스도의 몸 안에서 하나님은 인간과 하나가 되고, 전 인류는 하나님의 의해 받아들여졌으며,

세상은 하나님과 화목하게 되었기 때문이다. 예수 그리스도의 몸 안에서 하나님은 세상의 모든 죄를 친히 담당하시고 짊어지셨다. 아무리 소망이 없고 아무리 타락한 곳이라 할지라도, 예수 그리스도 안에서 하나님에 의해 용납되지 않고 하나님과 화해할 수 없는 장소란 이 세상에는 존재하지 않는다. 누구든지 예수 그리스도의 몸을 믿음으로 바라본다면, 세상이 상실되었다거나 그리스도와 분리되어 있다고 도저히 말할 수 없다. 그리고 더 이상 교권적인 오만함으로 자신을 세상과 분리할 수 없다. 세상은 그리스도에게 속해 있으며, 오직 그리스도 안에서만 세상다운 세상이 된다. 그러므로 세상은 다른 무엇도 아닌 그리스도 그분만을 필요로 한다. 만일 우리가 그리스도를 오직 교회를 위해 떼어 놓고, 세상에 대해서는 단지 어떤 기독교적인 것이나 율법 정도만 허용하려 한다면, 그것은 모든 것을 위험으로 몰아넣는 행위다. 그리스도는 세상을 위해 죽으셨다. 오직 세상 한가운데서 그리스도는 그리스도가 되신다. 그리스도 이외의 것을 세상에 주려고 하는 것은 불신앙일 뿐이다. 그것이 잘 고안된 교육적인 이유에서라고 할지라도, 그것은 항상 어느 정도 교권주의의 냄새를 풍기게 된다.

거기서는 성육신과 십자가 죽음, 몸의 부활이 진지하게 받아들여지지 않고, 더 나아가 그리스도의 몸은 부인되고 만다.

신약성경에서 그리스도의 몸 개념을 교회에 적용하는 것은 결코 교회가 세상으로부터 분리되어 있음을 표현하려는 목적이 아니다. 그리스도 안에서 하나님이 육신이 되셨다는 신약성경의 진술은 그리스도의 몸 안에서 모든 인간이 용납되고, 선택되고, 감당되었음을 증거한다. 그리고 믿는 자들의 교회는 바로 이러한 사실을 그들의 말과 삶을 통해 세상에 선포한다. 그러므로 그리스도의 몸 개념을 교회에 적용하는 것은 세상으로부터의 분리가 아니라, 오히려 세상을 그리스도의 몸과의 사귐으로 초청하는 것을 의미한다. 사실 세상은 이미 예수 그리스도의 몸에 속해 있다. 이러한 교회의 증거는 세상에서는 낯선 것이며, 그 증거를 가진 교회 자체도 세상에서는 낯설게 느껴진다. 이는 그리스도의 몸 안에서 주어진 세상과의 사귐의 결과로서 항상 다시금 나타난다. 교회가 세상과 구별되는 방법은, 오직 교회뿐 아니라 세상도 하나님에 의해 받아들여진 상태라는 현실을 믿음으로써 가능하다. 다시 말해, 이러한 하나님의 현실이 교회에 유효하다는 사실을 믿는 마음으로 받아들이고, 그것이 온 세상에 대해서도 유효하다는 사실을 증거함으로써 가능하다.

십자가에서 우리에게 드러난 예수 그리스도의 몸이 보여주는 것은 무엇인가? 예수 그리스도의 몸은 죄 가운데 있는 세상이 하나님에 의해서 사랑받는 세상이라는 사실을 믿는 자들에게 보여주고 있다. 동시에 자신의 죄를 인식하고 하나님의 사랑에 자신을 맡긴 자들의 무리인 교회의 모습을 보여주고 있다.

그리스도 안에 기초한 하나님과 세상의 연대성은, 교회와 세상 사이를 분리하고 고착화하는 공간적 경계를 설정할 수 없게 한다. 그렇다고 해서 교회와 세상 사이의 구별 자체가 사라진다는 뜻은 아니다. 여기서 우리는 두 개의 영역이라는 공간적 사고로 되돌아가지 않으면서도 교회와 세상의 구별을 생각할 수 있는 방법이 무엇인지를 묻게 된다. 이 질문에 대해 우리는 성경의 도움을 구해야 하는데, 성경에는 이미 그 대답이 준비되어 있다.

네 가지 위임

다른 모든 피조물과 마찬가지로 세상은 그리스도를 통해서, 그리스도를 위하여 창조되었고, 그 존재 목적은 오직 그리스도 안에 있다.요 1:10; 골 1:16 그리스도 없이 세상에 관해서 말하는 것은 공허한 추상적 개념에 불과하다. 세상이 그 사실을 알든 모르든, 세상은 그리스도와의 관계 속에 존재한다. 그리스도에 대한 세상의 관계는 세상에 존재하는 하나님의 특정한 위임에서 구체화된다. 성경은 이러한 네 가지 위임을 다음과 같이 부르고 있다. 그것은 **노동, 결혼, 정치권력, 교회**이다. 여기서 우리는 신적 질서라는 용어 대신, 신적 위임이라는 용어를 사용하고자 한다. 그렇게 함으로써 신적 위임의 특성이 다른 어떤 규정에서보다도 명확히 부각되기 때문이다. 하나님은 세상에 노동, 결혼, 정치권력, 교회가 존재하기를 원하신다. 그리고 그들이 각기 자기 방식대로 그리스도를 통하여, 그리스도를 향하여, 그리스도 안에서 존재하기를 원하신다. 하나님은 인간을 이러한 모든 위임 아래 두셨다. 각 개인에게 하나의 위임만 주어진 것이 아니라, 모든 인간에게 네 가지 위임이

전부 주어져 있다. 그러므로 "세상 영역"에서 "영적인 영역"으로의 도피란 있을 수 없다. 오직 하나님이 주신 네 가지 위임 아래 그리스도인의 삶을 훈련해야 한다. 또 앞의 세 가지 위임을 "세상적인" 것으로 간주하고, 마지막 위임에 비해서 낮게 평가하는 일도 있을 수 없다. 이들은 모두 세상 한가운데 존재하는 **신적** 위임이기 때문이다. 노동에 대한 것이든, 결혼에 대한 것이든, 정치권력에 대한 것이든, 교회에 대한 것이든 모두 신적 위임을 다루는 것이다. 물론, 이 위임들이 거룩한 것은 오직 그리스도와의 근원적이며 궁극적인 관계 때문이다. 그리스도와의 관계를 떠나서 "그 자체"로 존재한다면, 이러한 위임들은 더 이상 거룩할 수 없다. 이는 마치 세상이 "그 자체"로는 거룩하지 않은 것과도 같다. 노동은 "그 자체"로 거룩하지 않다. 그러나 예수 그리스도를 위한 노동, 하나님이 주신 위임과 목적을 수행하기 위한 노동은 거룩하다. 노동의 신성함은 일반적인 유용성과 가치에 의해 결정되는 것이 아니라, 노동의 근원과 영속성, 그리고 그 목적이 예수 그리스도 안에 근거하고 있는가에 따라서 결정된다. 이는 다른 위임들도 마찬가지다. 이 위임들이 거룩한 것은 이런저런 구체적인 형태에 의한 실제적 존재 가치 때문이 아니라, 오직 그것들이 하나님의 위임으로서 주어져 있기 때문이다. 노동, 결혼, 정치권력, 교회가 **존재하는** 까닭에 신적으로 **위임된** 것이 아니라, 그것들이 하나님에 의해 주어진 위임이어서 존재하는 것이다. 그리고 그들의 존재는 의식적이든 무의식적이든, 오직 신적 위임에 복종하는 경우에 한해서만 신적 위임이 된다. 그러한 위임이 노동, 결혼, 정치권력, 교회의 구체적인 형태를 통해서 지속적이고 자의적으로 파괴되면, 신적 위임은 구체적인 경우에 소멸되어 버린다. 그럼에도 구체적으로 존재하는 것들은 하나님의 위임을 통해서 상대적인 정당성을 부여받는다. 신적 위임에 대해 범하는 개별적인 과오가 신적 위임으로서의 노동, 결혼, 정치권력, 교회가 가진 구체적인 형상을 근본적으로 박탈하지는 못한다. 기존의 결혼 제도나 정치권력 등은 아직 존재하지 않는 것에 선행하여 항상 상대적 우위를 점하고 있다. 개별적인 과오는 이미 존재하는 것을 제거하거나 말살할 권리를 갖지 못한다. 오히려 여기서 중요한 것은 오직 신적 위임 아래 참된 복종의 자리로 돌아오는 것이며, 신적 위임에 대해 참된 책임의 자세를 회복하는 일이다. 이러한 참된 책임은, 신적 위임의 구체적인 형태가 예수 그리스도 안에 있는 그들의 근원과 영속성, 그들의 목적에 부합할 때 성립된다.

성경을 살펴보면, 맨 처음 지음받은 사람에게 이미 노동의 위임이 주어져 있음을 알 수 있다. 아담은 에덴 동산을 "경작하며 지키는"[창 2:15] 사명을 부여받았다. 그리고 타락 후에도 노동은 신적인 훈련과 은혜의 위임으로 존속하게 된다.[창 3:17-19] 얼굴에 땀을 흘려야만 인간은 땅에서 양식을 얻을 수 있는 것이다. 그러나 곧이어 인간이 하는 노동의 모든 영역은 땅을 경작하는 것으로부터 시작하여, 산업과 과학과 예술의 영역을 아우르게 된다.[창 4:17 이하] 낙원에 근거를 두고 있는 노동은 인간이 창조 행위에 참여함을 의미한다. 이러한 노동을 통해서 창조된 사물과 가치의 세계는 예수 그리스도의 영광을 드러내고 그분을 섬기도록 정해져 있다. 이는 하나님의 창조에서 이루어진 것처럼 무로부터의 창조는 아니다. 그러나 하나님의 처음 창조를 기초로 새로운 것을 만들어 낸다. 이러한 위임에서 면제될 수 있는 사람은 아무도 없다. 왜냐하면 하나님의 위임 안에서 노동을 하는 가운데 하늘나라의 모형이 생겨나기 때문이다. 이 모형은 예수 그리스도를 인식하는 사람들에게 상실된 낙원을 떠올리도록 하는 역할을 한다. 가인이 최초로 창조한 것은 도시였다. 그것은 하나님의 영원한 도성에 상응하는 지상 도시였다. 그다음으로 이어진 것은 우리가 지상에서 하늘의 음악을 미리 맛볼 수 있는 바이올린과 피리의 발명이었다. 뒤이어 광산에서 금속재를 발굴하고 가공하는 일이 시작된다. 금속재의 일부는 하늘의 도성이 금과 보석으로 장식되어 있듯이, 지상에 지은 집을 장식하기 위한 목적으로 쓰였다. 또 다른 일부는 응징하고 보복하는 도구로서 정의의 칼을 만드는 데 사용되었다. 노동이라는 하나님의 위임을 통하여 그리스도를 기다리고, 그리스도를 향하여 서며, 그리스도를 환영하는 세상이 만들어지도록 해야 한다. 그리고 세상은 그 스스로 인식하든 그렇지 못하든, 그리스도를 섬기며 영화롭게 하는 세상이 되어야 한다. 무엇보다도 가인의 후예가 이러한 위임을 완성해야 한다는 사실은 인간의 모든 노동 위에 깊은 그림자를 드리운다.

노동과 마찬가지로 결혼의 위임 역시 창조 이후 첫 사람들에게 이미 주어진 것이다. 결혼을 통해 두 사람은 하나님 앞에서 하나가 된다. 이것은 마치 그리스도가 그분의 교회와 하나되는 것과도 같다. "이 비밀이 크도다."엡 5:31 이하 하나님은 이렇게 하나되는 것 위에 열매 맺는 복을 주신다. 즉, 새로운 생명의 탄생이다. 인간은 창조 역사에 동참하면서 창조주의 뜻 안으로 들어간다. 사람들은 결혼을 통해서 예수 그리스도를 섬기고 영화롭게 하기 위해, 또 그분의 나라가 번성하게 되도록 자녀를 낳는다. 이는 결혼이 출산의 장소일 뿐만 아니라, 예수 그리스도에게 순종하는 자녀를 양육하는 곳이라는 의미를 가진다. 부모는 하나님의 위임을 받은 자로서 자녀를 출산하고 양육해야 할 사명이 있다. 또한 자녀에게 하나님의 대리자 역할을 해야 한다. 노동에서 새로운 가치가 창조되는 것처럼, 결혼을 통해서도 예수 그리스도를 섬기는 새로운 인간이 창조된다. 그러나 최초의 인간의 첫아들 가인은 낙원으로부터 멀리 떨어진 곳에서 출생하고, 동생을 죽인 살인자가 되었다. 그러므로 여기서도 이미 우리가 살아가는 세상의 결혼과 가정 위에 어두운 그림자가 던져진 것이다.

정치권력에 대한 하나님의 위임은 노동과 결혼에 대한 하나님의 위임을 전제로 한다. 정치권력의 위임은 그것이 다스리는 세계 안에 이미 두 가지 위임이 존재하고 있으며, 창조주 하나님이 이러한 위임을 통해 창조적인 능력을 행사하고 계심을 알고 있다. 그러므로 정치권력의 위임은 이미 존재하는 두 가지 위임에 필연적으로 의존하게 된다. 정치권력 자체는 생명과 가치를 만들어 내지 못한다. 정치권력은 창조적인 것이 아니며, 하나님의 위임을 통해 그에게 주어진 질서 안에서 창조 세계를 보존하는 역할을 한다. 정치권력은 하나님의 위임을 인정하면서 법을 제정하고, 그 법을 칼의 힘으로 지키도록 강제함으로써 창조 세계를 보호한다. 그러므로 결혼은 정치권력을 통해서 성사되는 것은 아니지만, 정치권력 앞에서 성사된다. 노동의 광대한 영역은 정치권력이 관리해야 하는 대상이 아니다. 그러나 노동의 영역은 정치권력의 감독 아래 종속된다. 나중에 다시 다루겠지만, 노동은 일정한 경계선 안에서 정치권력의 지시를 따라야 한다. 그러나 정치권력은 결코 그 스스로 노동 영역의 주체가 되려고 해서는 안 된다. 그렇게 되면 노동에 대한 하나님의 위임과 정치권력에 대한 하나님의 위임이 똑같이 심각한 위협을 받기 때문이다. 정치권력은 입법과 칼의 위력을 통해서, 예수 그리스도의 현실을 위하여 세상을 보존하는 역할을 수행해야 한다. 모든 사람은 이러한 정치권력에 복종할 의무가 있으며, 그 이유는 바로 그리스도를 위해서다.

교회에 대한 하나님의 위임은 위에서 말한 세 가지 위임과 구별된다. 교회에 주어진 위임은 그리스도의 현실이 선포되고, 교회 질서와 그리스도인의 삶이 실현되도록 하는 데 있기 때문이다. 다시 말해, 교회의 위임은 온 세상의 영원한 구원 문제를 다룬다. 교회의 위임은 모든 인간을 향해 뻗어 나가며, 모든 인간을 위한 것이다. 그것은 물론 다른 세 가지 위임 안에서 이루어진다. 인간은 노동자인 동시에 결혼 상대자, 백성이기도 하기 때문에, 한 인간의 삶에는 여러 가지 위임이 서로 교차한다. 그러므로 그 속에서 모든 위임이 동시에 성취되도록 하는 것이 중요하다. 같은 이유로 교회의 위임도 다른 세 가지 위임에 영향을 미친다. 그 이유는 그리스도인 역시 노동자이며, 결혼 상대자, 백성이기 때문이다. 여기서 이 영역들을 따로따로 분할하는 것은 금지된다. 전인격체로서의 인간이 온 지상의 현실과 영원한 현실 앞에 서 있다. 이러한 현실은 하나님이 예수 그리스도 안에서 인간을 위해 준비해 놓으신 현실이다. 하나님의 제안과 요구에 대해 전폭적으로 응답하며 받아들이는 가운데, 인간은 이 현실에 상응하는 삶을 살아가게 된다. 그 외 나머지 모든 위임은 인간을 분열하고 파괴하기 위해서 주어진 것이 아니다. 그것은 창조주이며 화해자, 구속자이신 하나님 앞에서 인간이 전인격체로 살도록 주어진 것이다. 또 그런 다양성에도 불구하고 현실은 궁극적으로 "하나", 곧 성육신하신 하나님, 예수 그리스도 안에서 하나라는 사실을 인식하게 한다. 교회는 바로 이 사실을 세상을 향해 증거해야 한다. 세상에서의 신적 위임들은 인간을 끝없는 갈등으로 녹초가 되게 하려는 것이 아니라, 전인격체로 살도록 하는 데 그 목적이 있다. 하나님 앞에서 인간은 바로 그런 존재이기 때문이다. 인간은 하나님의 위임들이 불협화음을 일으킨다는 사실을 증명하는 역할을 맡은 게 아니다. 오히려 이론적으로는 불협화음을 일으키는 "그 자체"의 통일이 구체적인 삶과 행동에서 성취되는 유일한 장소가 인간이다. 그러나 이것은 두말할 필요도 없이 예수 그리스도를 통하여 하나님의 성육신과 예수 그리스도의 말구유와 십자가, 부활 안에서 세상이 하나님과 화목하게 되었다는 현실 앞에 설 때만 성립된다. 따라서 하나님의 위임 교리는 예수 그리스도 안에서 우리에게 계시된 것처럼, 하나의 총체적 현실 앞에 인간을 세우는 역할을 한다. 반면, "신분"Stand에 대한 이론의 형태에서는 인간과 현실이 위태롭게 분열되는 방향으로 휩쓸려 갈 위험이 있다. 따라서 여기서도 다시 예수 그리스도의 몸 안에서 하나님과 인간이 하나가 되었다는 현실 가운데 모든 것이 집중된다.

우리는 도입 부분에서 선한 존재와 선한 행위에 대해 묻는 대신, 하나님의 뜻을 물어야 한다고 분명히 말했다. 하나님의 뜻은 그리스도의 현실이 우리에게 실현될 뿐 아니라, 우리가 사는 세상에서도 실현되는 것이다. 다시 말해, 하나님의 뜻은 앞으로 실현되어야 할 무엇을 요구하는 어떤 이념이 아니다. 하나님의 뜻은 이미 예수 그리스도 안에서 하나님의 계시를 통해 이루어진 현실 그 자체이다. 그러나 하나님의 뜻은 이미 존재하는 것과 단순히 동일한 것은 아니다. 만약 그렇다면, 하나님의 뜻은 이미 존재하는 것을 승인하기만 하면 이루어지는 수동적인 모양새가 될 것이다. 하나님의 뜻은 존재하는 것 안에서, 또 존재하는 것을 거슬러 항상 새롭게 실현되길 원하는 현실이다. 하나님의 뜻은 하나님 자신에 의해 이미 성취되었다. 하나님의 뜻은 그리스도 안에서 세상을 하나님 자신과 화목케 하심으로써 이미 성취되었다. 하나님 자신이 이미 성취하신 현실을 무시한 채, 그 자리를 자기 자신의 성취로 대치하려고 해서는 안 된다. 그렇게 되면, 그것은 추상적인 사고 속으로 빠져드는 위험한 퇴보가 될 것이다. 그리스도의 출현 이후 윤리는 오직 한 가지 문제를 다루고 있을 뿐이다. 그것은 바로 하나님의 뜻이 성취된 현실에 참여하고자 하는 것이다. 그러나 이러한 참여는 그리스도 안에서 성취된 하나님의 뜻 가운데 나 자신도 이미 포함되어 있다는 사실에 근거할 때만 가능하다. 이 말은 내가 하나님과 화목하게 되었다는 사실이 기초가 되어야만 함을 의미한다. 하나님의 뜻을 묻는다는 것은 감추어진 것, 미완성인 것에 대한 물음이 아니다. 하나님의 뜻을 묻는다는 것은 이미 계시된 것, 성취된 것에 대한 물음이다. 그러나 그 속에는 한 가지 진정한 문제가 남아 있다. 그것은 나 자신과 나를 둘러싸고 있는 세상이 계시를 통해서, 성취를 통해서 이러한 물음 속에 세워져 있다는 사실이다.

예수 그리스도 안에서 계시되고 성취된 하나님의 뜻은 현실 전체를 아우른다. 현실의 다양성으로 인하여 분열되지 않고 전체에 이를 수 있는 길은, 오직 예수 그리스도에 대한 믿음 안에 있다.

“그리스도 안에는 신성의 모든 충만이 육체로 거하시고”,골 2:9; 1:9 “땅에 있는 것들이나 하늘에 있는 것들이 그로 말미암아 화목하게 되고”,골 1:20 “교회는 그의 몸이니 만물 안에서 만물을 충만하게 하시는 이의 충만함이니라.”엡 1:23 이러한 예수 그리스도에 대한 믿음이 모든 선의 유일한 원천이다.

VI.

역사와 선[1]

1. 이번 장의 최초 초안은 훨씬 짧았으나 계획이 진행됨에 따라 점점 길어져서 전집(G.S. III, 455 이하)에 실렸다.

선과 삶

우리는 이미 돌이킬 수 없는 상황에서 선에 대한 질문을 던진다. 즉, 우리는 살고 있다. 이것은 무엇을 의미하는가? 우리는 어떤 경우에도 마치 삶을 아름답고 선하게 가꿀 수 있다는 듯이 선에 대해 묻고 답할 수 없다는 뜻이다. 우리는 창조주가 아니라 피조물로서 선에 대해 묻고 있다. 만약 내가 살고 있지 않다면, 선이란 무엇인가 하는 문제는 전혀 관심사가 되지 못할 것이다. 즉, 허구로 꾸며 낸 상황이라면 선은 문제가 되지 못한다. 사실 우리는 살면서 선의 문제를 단 한 번도 진지하게 숙고하지 못할 수 있다. 왜냐하면 삶의 추상화 역시도 우리에게는 단지 삶에 매여 있는 자로서 가능할 뿐, 자유 속에서 비로소 실행할 수 있는 것이 아니기 때문이다. 우리는 선 자체가 무엇인지를 묻는 것이 아니다. 우리는 오로지 이미 주어진 삶의 조건 아래, 주어진 삶을 살아가는 우리 자신을 위해 선이 무엇인지를 묻고 있다. 다시 말해 삶을 방관하는 태도가 아니라, 삶 가운데로 깊이 들어가서 선이 무엇인지를 묻고 있다. 우리 삶이 선의 문제에 속해 있는 것처럼, 선에 대한 물음은 그 자체로 우리 삶에 속해 있다. 선에 대한 물음은 우리의 삶에서 제각각 특정하면서도 완결되지 않은 것들, 유일하지만 이미 덧없이 흘러가 버린 상황 한가운데서 제기되고 결정된다. 선에 대한 물음은 인간과 사물, 제도와 권력과의 살아 있는 구속력 한가운데서, 다시 말해 우리의 역사적인 실존 한가운데서 제기되고 결정된다. 그러므로 선에 대한 물음은 삶의 문제나 역사의 문제와 분리시켜 생각할 수 없다.

우리는 고립된 개인이라고 하는 추상화를, 앞에서 이미 진술한 내용과 함께 포기했다. 그러나 이러한 개념은 여전히 윤리적 사고를 지배하고 있다. 여기서 고립된 개인은 명백히 인식된 선과 명백히 인식된 악 사이에서, 그 자체로 본질적인 선이라 여겨지는 절대적인 척도를 가지고 끊임없이 배타적인 결정을 내려야만 하는 자를 일컫는다. 그러나 고립된 개인은 존재하지 않을뿐더러, 그 자체로 본질적인 선이 될 수 있는 절대적인 척도가 우리에게 주어져 있지도 않다. 또한 역사에서 선과 악이 순수한 형상 그대로 나타나는 경우도 드물다. 더욱이 이러한 추상화의 기본 도식은 개별 구성원의 특수한 윤리적 문제를 지나쳐 버린다. 더욱이 역사적인 상황과 역사적인 영향력에서 벗어난 고립된 개인을 윤리적으로 중요하게 다룰 수 있는지도 매우 의문스럽다. 어쨌든 이러한 사고는 비현실적이라는 측면에서 보더라도 무미건조한 이론적 한계점에 봉착하게 된다. 무엇보다도 선 자체에 대한 절대적인 척도는 그와 같은 사고가 아무 모순 없이 전개되어야 한다는 전제를 두고 있다. 그러나 그렇게 되면 선은 죽은 율법이 되어서, 생명과 자유를 모두 희생제물로 바칠 몰록의 신이 되고 만다. 그리하여 그 스스로 참된 당위와의 연관성마저 잃어버린다. 그것은 삶과의 본질적인 관계를 상실한 형이상학적이고 스스로 자족하는 형성물이 되기 때문에, 명백히 인식된 선과 명백히 인식된 악 사이의 결정은 인간의 인식 자체를 결정의 단계에서 배제시켜 버린다. 그것은 윤리적인 것을 이미 선을 지향하는 인식과 여전히 저항하는 의지 사이의 투쟁 속으로 몰아넣는다. 그 결과 인식과 의지를 가진 총체적인 인간이 스스로 주체가 되어 참된 결단을 내릴 수 있는 기회가 박탈된다. 인간은 역사적 상황의 다양성 속에서 오직 행위의 모험을 통해 스스로 선을 찾고 발견해 가는 존재다. 윤리적인 것은 이러한 삶의 추상성 속에서 인간을 실존의 역사성으로부터 이탈시키고 고착된 기본 형식 안으로 끌고 들어간다. 그렇게 하는 이유는 인간을 순전히 사적이고, 순전히 관념적인 진공 상태로 옮겨 놓으려는 목적에서다. 여기서는 삶과의 구체적인 관계가 도외시되고, 특정한 원칙을 실현하는 것이 윤리적 과제가 된다. 그것은 한편으로는 삶을 철저하게 사적인 관심사로 국한시켜 버린다. 즉, 타인은 전혀 고려하지 않고, 자신이 세운 원칙에만 충실한 것을 선이라고 생각한다. 이러한 원칙들은 극단성의 정도에 따라 다양한 삶의 형태를 취한다. 즉, 한 사람의 시민으로서 사적인 삶의 영역으로 도피해 버리는 경우도 있고, 수도원에 들어가는 경우도 있을 수 있다. 다른 한편, 윤리적인 것을 추상적으로 이해하면 열광주의로 치닫게 된다. 여기서도 적용되는 원칙의 성격에 따라 정치적인 열광주의자나 이념주의자로부터 시작하여 온갖 어리석은 강요로 간섭하는 삶의 개혁자들에 이르기까지 다양한 삶의 형태가 있다. 이제 우리는 이러한 시도들이 모두 삶 자체에 부딪쳐 좌절되었으며, 또 항상 좌절하게 될 것이라고 말해야만 하는 시점에 이르렀다. 그러면 우리는 이 실패를 단순히 진부한 방식으로만 이해하려 들지 않을 것이다. 즉, 사적인 성자도 열광주의자도 아니었던 예수의 삶도 실패로 끝났다는 식으로 생각하지 않을 것이다. 여기서 다루고자 하는 것은 미화되고 이상화된 실패에 관한 것이다. 그것은 순간적으로 승리하는 듯해도 항상 실패가 예고되어 있다. 여기서는 삶과 인간의 진정한 만남이 아예 이루어지지 않기 때문에, 그것이 실패의 궁극적인 이유라고 할 수 있다. 달리 표현하면, 여기서는 뭔가 소외된 것, 참되지 못한 것, 인공적인 것, 환상적인 것, 그와 동시에 철저하게 독재적인 것이 마구 날뛰고 있을 뿐이다. 여기서는 인간의 본성에 영향을 미쳐서, 변화시키고 결단을 촉구하는 일이 일어나지 않는다. 이데올로기는 인간에게 실컷 난폭한 짓을 한 후에는 그를 홀로 내버려 두고 떠난다. 이는 마치 악몽이 인간을 괴롭히고, 거기서 깨어나는 순간 이내 사라져 버리고 없는 것과도 같다. 이러한 악몽 같은 기억을 회상하는 것은 쓰라린 일이다. 인간은 그런 경험으로 인해 더 강해지고 성숙해지는 것이 아니라, 오히려 더욱 가련하며 더욱 불신하는 자가 되고 만다. 만약 인간이 이와 같은 불행한 악몽에서 깨어났을 때, 창조주 하나님이 그를 만나 주신다면 그것은 은총이다. 인간은 그분 앞에 오직 피조물로서 살아갈 수 있을 뿐이기에, 창조주 하나님이 계시를 통해서 그의 가련함을 복으로 바꿔 주신다면 그것은 은총이다.

선의 추상화가 삶을 지나쳐 버린다고 비난의 목소리를 높이는 이유는 선이 삶과 대립해서가 아니라, 오히려 참된 대립이 이루어지지 않기 때문이다. 다시 말해, 삶을 직시하지 않고 지나쳐 버리는 것이 문제다. 여기서 삶은 인식할 필요조차 없는 양적인 것이 되어 버린다. 삶은 기껏해야 그것의 근원과 구원을 정신이나 이념이라고 믿는 "자연"의 일부로 이해된다. 그러나 선과 삶을 마치 자연과 정신의 관계처럼 서로 연관시키면, 거기서는 삶의 실제적인 극복이 일어나지 않는다. 그 대신 율법적으로 이해할 수 있는 대립만이 주장된다. 그런 대립의 결과는 화해가 아니라, 고작해야 한편이 다른 편을 폭력으로 정복하는 일뿐이다. 삶을 간과하는 선의 개념은 본질적으로 아무 결실도 맺을 수 없다. 그 속에 삶의 개념이 내포되어 있을지라도 삶의 현실과 상응하지 않을뿐더러, 선과 삶의 대립을 극복하는 데도 적합하지 않다. 이러한 문제는 우리를 삶 자체에 대한 물음으로 인도한다. 그리고 바로 이 물음에 답하는 과정에서 우리는 선의 올바른 이해를 위한 길잡이를 발견할 수 있다.

예수 그리스도는 스스로 "나는 생명이다"요 14:6; 11:25라고 선언하셨다. 예수께서 그렇게 말씀하신 이후, 어떤 기독교 사상이나 철학 사상도 이 주장과 말씀 속에 담긴 현실을 간과할 수 없게 되었다. 예수의 증거는 삶의 본질에 대해 말하려는 모든 시도가 헛되며, 이미 실패했다고 선언한다. 우리가 살아가면서, 우리 삶의 한계인 죽음을 알지 못하고 어떻게 삶이 무엇인지 말할 수 있겠는가? 우리는 다만 삶을 살 수 있을 뿐, 그것을 정의할 수는 없다. 예수의 말씀은 삶에 대한 모든 사고를 그분의 인격에 연결시키고 있다. "나는 생명이다." "나는 … 이다"라는 말 배후로 소급할 수 있는 삶의 문제는 없다. 생명이란 **무엇인가**라는 물음으로부터 **누가** 생명인가라는 대답이 나온다. 생명은 물질이나 본질, 개념이 아니라, 하나의 인격이다. 그리고 그 인격은 특정하고 유일한 인격이다. 그 특정하고 유일한 인격은 다른 인격들 속에도 존재하는 무엇이 아니라, 그들의 "나"Ich 속에 있는 "예수의 나"das Ich Jesu이다. 예수께서는 이러한 "나"로써 삶의 본질을 결정짓는 모든 사상과 개념, 방법들과 첨예하게 맞서신다. 그분은 "나는 생명을 가지고 있다"라고 말씀하지 않고, "나는 생명이다"라고 말씀한다. 그러므로 생명은 예수의 "나", 예수의 "인격"과 결코 분리해서 생각할 수 없다. 예수 자신이 생명임을 **선포할** 때, 이것이 의미하는 바는 단순히 **일반적인** 생명만이 아니라, 바로 나의 생명, 우리의 생명을 뜻한다. 다시 말해, 경우에 따라서 나와도 관계가 있는 형이상학적 영이 아니라, 바로 나의 생명, 우리의 생명을 말하고 있다. 사도 바울은 이것을 "그리스도는 나의 생명",빌 1:21 "우리의 생명이신 그리스도"골 3:4라고 표현했다. 이 말은 가장 객관적이면서, 동시에 역설적인 표현이다. 나의 생명은 나 자신 외부에, 내가 처리할 수 있는 범위 바깥에 있다는 말이다. 나의 생명은 타자이며 낯선 자, 예수 그리스도라는 말이다. 그러나 이 말은 나의 생명이 저 타자 없이는 가치가 없다는 의미가 아니다. 또한 그리스도가 나의 생명에 특별한 성질, 가치 등을 부여해 준다는 의미도 아니다. 이러한 경우, 여전히 생명 자체가 고유의 거점을 확보하는 것이 된다. 이는 그런 것이 아니라, 예수 그리스도가 생명 자체라는 말이다. 이것이 나의 생명에 적용되기 때문에, 마찬가지로 다른 모든 피조물에도 적용된다. "그분이 창조하신 것들 속에서, 그분은 생명이었다."요 1:4[2]

"나는 생명이다." 이것은 예수 그리스도의 말씀이다. 이것은 예수 그리스도의 계시인 동시에 선포이다. 우리의 생명이 우리 자신 외부에, 예수 그리스도 안에 있다는 사실은 결코 우리 자신의 인식에서 나온 결론이 아니다. 그것은 밖으로부터 와서 우리와 만나는 주장이다. 우리는 그것을 믿든지, 아니면 반박하든지 할 수 있을 뿐이다. 이 말씀은 우리를 향하고 있으며, 그것이 바로 말씀이 주어진 목적이기도 하다. 말씀이 우리에게 부딪쳐 오면, 우리는 자신이 생명으로부터, 우리의 생명으로부터 떨어져 나온 상태임을 인식하게 된다. 그리

2. Rudolf Bultmann, *Das Evangelium des Johannes*(『요한복음서 연구』, 허혁 옮김, 성광문화사, 1990), 21 이하 참조.

하여 예수 그리스도의 말씀 속에서 우리 생명에 대한 부정Nein을 듣게 된다. 우리의 생명은 생명이 아니며, 오직 그 안에 생명이 있음을 깨닫는 것이다. 우리는 이 모순 속에서도 여전히 생명에 의해 살아가는데, 이 생명은 바로 예수 그리스도이시다. 예수 그리스도는 모든 생명의 근원, 본질, 목적이 되신다. 또한 우리 생명의 근원, 본질, 목적이 되신다. 생명의 근원으로부터 떨어져 나온 우리의 생명에 대한 부정이 의미하는 것이 있다. 그것은 타락한 생명과 생명이신 예수 그리스도 사이에는 종말과 멸망과 죽음이 존재한다는 사실이다. 그리스도의 말씀 속에서 우리가 듣게 되는 부정은 우리 자신에게 죽음을 가져온다. 그러나 우리에게 죽음이 선사됨으로써, 이 부정은 새로운 생명에 대한 은밀한 긍정, 생명이신 예수 그리스도에 대한 긍정이 된다. 이 생명은 우리 스스로 줄 수 없는 생명이다. 이 생명은 전적으로 외부로부터, 전적으로 생의 저편에서 우리에게 오는 생명이다. 그러나 우리와 멀리 동떨어져 있는 낯선 생명이 아니며, 우리와 무관한 생명도 아니다. 이 생명은 우리의 고유한 생명이자 현실의 생명, 매일의 생명이다. 이것은 죽음과 부정의 징표 아래 감추어져 있는 새로운 생명

바로 그것이다.[3] 이제 우리는 이러한 부정과 긍정의 긴장 관계 속에서 살아간다. 예수 그리스도와의 관계 속에서가 아니면, 더 이상 우리의 생명에 관해서 말할 수 없다. 생명의 근원, 본질, 목적이신 예수, 곧 우리 생명의 근원, 본질, 목적이신 예수 그리스도를 떠나서는, 우리는 단지 생물학적이고 이념적인 추상적 개념들에 도달하게 될 뿐이다. 또 우리가 피조물인 동시에 화목하게 된 자, 구속함을 받은 자임을 간과해도 마찬가지다. 우리는 피조물로서 화목하게 되고, 구속함을 받은 자로서 예수 그리스도 안에 있는 우리의 근원과 본질과 목적을 발견한다. 그 속에서 우리의 생명은 긍정과 부정 사이에서 펼쳐진다. 다름 아닌 이러한 긍정과 부정 속에서 우리는 그리스도가 우리 생명임을 인식할 수 있다. 그것은 창조와 화해와 구속에 대한 긍정이다. 동시에 그것은 생명의 근원과 본질과 목적에서 벗어난 타락한 삶 위에 선고된 심판과 사망에 대한 부정이다. 그러나 그리스도를 아는 자라면, 아무도 부정 없는 긍정, 또는 긍정 없는 부정을 들을 수 없다.

3. Rudolf Bultmann, *Das Evangelium des Johannes*, 308 참조.

그것은 피조물, 생성, 성장, 번창, 열매, 건강, 행복, 능력, 성과, 가치, 성공, 위대함과 명예에 대한 긍정이다. 간단히 말해, 생명력을 꽃피우는 것에 대한 긍정이다. 그것은 모든 현존재 안에 내재되어 있는 생명의 근원과 본질과 목적에서 떨어져 나온 타락에 대한 부정이다. 이 부정은 죽음, 고통, 빈곤, 단념, 희생, 굴종, 비천, 자기 부인 등을 의미한다. 그러나 그 속에는 이미 다시금 새로운 생명에 대한 긍정이 포함되어 있다. 그 생명은 긍정과 부정이 나란히 존재한다고 해서 붕괴되지 않는다. 예를 들어, 무제한한 생명력의 전개와 나란히 금욕적이고 정신적인 생활 태도가 서로 매임을 받지 않고 병존한다. 또한 "기독교적인 것"과 나란히 "창조된 그대로의 것"ein Schöpfungsgemäßes이 병존한다. 그렇다고 해서 그 생명이 예수 그리스도 안에 있는 긍정과 부정의 통일성을 잃어버리지도 않는다. 예수 그리스도 안에서 **하나**가 된 새 생명은 긍정과 부정 사이에서 펼쳐진다. 그리하여 모든 긍정 속에 이미 부정이 인식되고, 모든 부정 속에 이미 긍정이 인식된다. 생명력과 자기 부정의 전개, 성장과 사멸, 건강과 고통, 행복과 단념, 성취와 겸손, 명예와 비천, 이 모든 것은 서로 해소될 수 없는 모순 가운데 있으면서도 살아 있는 통일성을 형성한다.

한쪽이 다른 쪽과 대립하여 독립적이 되고, 상대에게 도전하여 자기를 과시하고자 하면, 그런 시도는 삶의 통일성을 회복 불가능한 상태로 파괴해 버린다. 그러면 생명력 윤리 Vitalitätsethik라는 추상적 개념이 나타나게 된다. 이는 이른바 예수의 윤리라고 불리기도 하는데, 산상수훈과 전혀 무관한 자율적인 삶의 영역을 다루는 잘 알려진 이론이다. 이것은 특별히 깊은 현실 인식의 열정을 가지고 나타나서 삶의 통일성을 파괴하는 데까지 이르고 만다. 그 인식은 삶에 비극적이고 영웅적인 어두운 광채를 부여할 뿐, 예수 그리스도 안에서 선사된 삶의 현실은 지나쳐 버리기 때문이다. 잘못된 추상화의 결과로 인간은 영원히 해소될 수 없는 갈등 속에 사로잡혀 있지만, 인간의 실천적 행동으로는 이 갈등을 극복할 수 없으며, 거기서 마모되고 소진될 뿐이다. 이 모든 것이 신약성경이나 예수의 말씀과는 전혀 거리가 멀다는 사실은 더 이상 증명할 필요조차 없다. 그리스도인의 행동은 생명력과 자기부정, "세상적인" 것과 "기독교적인" 것, "자율적인 윤리"와 "예수의 윤리" 사이의 치유할 수 없는 균열에 대한 쓰라린 체념에 기초하고 있지 않다. 그리스도인의 행동은 세상과 하나님의 완전한 화해로 인한 기쁨에서 나온다. 예수 그리스도 안에서 완성된 구속 역사의 평화와, 모든 것을 아우르는 생명이신 예수 그리스도가 그리스도인의 행동의 원천이다. 예수 그리스도 안에서 하나님과 인간이 하나가 되었기 때문에, 예수로 인하여 그리스도인의 행동 속에서 "세상적인 것"과 "기독교적인 것"이 하나가 된다. 이 둘은 영원한 적대 원리로서 서로 대립하는 것이 아니다. 그리스도인의 행동은 예수 그리스도 안에서 이루어진 하나님과 세상의 일치, 곧 삶의 통일성에서 샘처럼 솟아난다. 삶은 그리스도 안에서 자신의 통일성을 재발견한다. 그것은 분명 긍정과 부정의 모순 속에 있지만, 그 모순은 그리스도를 믿는 사람들의 구체적인 행동 속에서 항상 새롭게 극복된다.

여기서 다시 선의 문제로 되돌아가 보자. 그러면 우리는 잠정적으로 다음과 같은 것을 말할 수 있다. 선은 어떤 경우에도 삶의 추상화에 관한 문제를 다루지 않는다. 다시 말해, 선은 삶과 무관한 특정 이상이나 가치의 실현 문제를 다루지 않는다. 선은 삶 자체를 문제 삼고 있다. 선이란 삶이며, 현실 속에서의 삶이다. 그것은 그 근원과 본질과 목적 안에서의 삶이다. "그리스도는 나의 생명"빌 1:21이라고 말할 때와 동일한 의미로서의 삶이다. 선은 삶의 성질을 일컫는 말이 아니라, "삶"Leben 그 자체다. 선하다는 것은 "사는"leben 것이다.

구체적으로 이러한 삶은 긍정과 부정의 모순 가득한 통일성 속에 존재한다. 이 삶은 나 자신의 외부에서 발견된다. 다시 말해, 예수 그리스도 안에서 발견되는 삶이다. 예수 그리스도는 인간인 동시에 하나님이시다. 예수 그리스도 안에서 인간과 하나님의 근원적이고 본질적인 만남이 이루어진다. 이제부터 인간은 오직 예수 그리스도 안에서 생각되고 인식될 수 있다. 이제부터 하나님은 오직 인간의 형상을 입으신 예수 그리스도 안에서 생각되고 인식될 수 있다. 예수 그리스도 안에서 우리는 하나님이 용납하시고 감당하시고 사랑하시는 인류를 본다. 예수 그리스도 안에서 우리는 하나님과 화목하게 된 인류를 본다. 예수 그리스도 안에서 우리는 형제들 가운데 가장 비천한 형상을 입으신 하나님을 본다. 하나님이 즉자 an sich[4]로 존재하지 않는 것처럼, 인간은 즉자로 존재하지 않

4. 헤겔 변증법에서 그 자신이 독립적으로 존재하는 상태.—옮긴이

는다. 둘 다 공허한 추상화에 불과하다. 인간은 그리스도의 성육신 안에서 받아들여진 존재이다. 인간은 그리스도 안에서 사랑받고, 심판받고, 화목하게 된 존재이며, 하나님은 성육신한 분이다. 하나님과의 관계 없이 인간과의 관계는 존재하지 않으며, 인간과의 관계 없이 하나님과의 관계도 존재하지 않는다. 예수 그리스도와의 관계는 인간과 하나님에 대한 우리의 관계의 기초가 된다. 예수 그리스도가 우리의 생명이므로, 이제 우리는 그분에 의해서 살아간다. 이제 우리는 타인이 우리의 생명이며, 하나님이 우리의 생명이라고 말할 수 있다. 이 말은 하나님과의 만남과 마찬가지로 타인과의 만남이 동일한 긍정과 부정 아래 있으며, 예수 그리스도와의 만남 아래 있음을 의미한다.

우리는 타인과 하나님과의 만남에서 긍정과 부정을 모순 가득한 통일성으로 연결하면서 "살아간다." 우리는 이타적으로 자기를 주장하며, 곧 하나님과 타인에게 자기를 내어주는 헌신 속에서 자기를 주장하며 살아간다.

우리는 예수 그리스도 안에서 우리에게 주시는 하나님의 말씀에 응답하며 살아간다. 이 말씀은 우리의 삶 전체를 향해 주시는 말씀이기 때문에, 거기에 대한 응답도 오직 삶 전체로 반응하는 응답이어야 한다. 마치 우리의 삶이 때마다 행동하면서 실현되듯이, 우리의 삶 전체를 통하여 응답해야 한다. 예수 그리스도 안에서 우리의 삶에 대한 긍정과 부정으로 마주하는 삶은, 이러한 긍정과 부정을 받아들이고 통합하는 삶의 응답을 요구한다.

삶이 예수 그리스도의 생명에 응답할 때, 우리는 그 삶을 "책임"이라고 부른다. 이러한 삶은 우리의 삶에 대한 긍정과 부정으로 나타난다. 예수 그리스도 안에서 우리에게 주어진 현실에 대한 응답의 포괄적인 전체성과 통일성은 이러한 책임의 개념 속에서 생각할 수 있다. 예를 들어, 이는 유용성을 고려하는 것이나, 일정한 원칙에 따라 주어질 수 있는 부분적인 응답과는 구별된다. 예수 그리스도 안에서 우리가 마주하는 삶 앞에 그런 부분적인 응답으로는 충분할 수 없다. 그것은 오직 우리 삶의 총체적이고 통일된 하나의 응답에 관한 문제다. 따라서 책임은 삶 전체를 거는 것이며, 삶과 죽음이 달려 있는 것임을 의미한다.

이와 동시에 우리는 일상적인 용어에서는 주어지지 않

던 의미의 충만함을 책임이라는 개념에 부여하고자 한다. 책임이라는 말은, 예를 들어 비스마르크나 막스 베버처럼 윤리적으로 최고의 가치를 부여한 경우에도 충분한 의미를 드러내지 못했다. 그뿐만 아니라, 성경에서도 이 개념의 특출한 중요성을 찾아보기가 어렵다. 성경에서 책임이라는 개념의 결정적인 특징이 드러나는 곳도 예외는 아니다. 성경적인 의미에서 책임이란, 우선 그리스도의 사건과 관련하여 사람들이 던지는 질문에 대해 내 목숨을 걸고 합당한 말로써 대답하는 것이라 하겠다.[딤후 4:16; 벧전 3:15; 빌 1:7, 17] 예수 그리스도를 통해 일어난 일에 대하여 자기 생명을 걸고 할 말을 하는 것이 책임이다. 말하자면 여기서 가장 우선적으로 해야 할 일은, 나 자신이나 내 행위에 대한 변명이 아니다. 나 자신을 정당화하는 것이 아니라,[고후 12:19] 예수 그리스도를 변호하는 것이 내가 최우선적으로 감당해야 할 책임이다. 그렇게 함으로써 그분이 내게 맡기신 위임에 응답하는 것이다.[고전 9:3] 욥이 하나님 앞에서 **자기의** 길을 따라 변명하려고 했던 그 무모한 행위는,[욥 13:15] 결국 욥을 향한 하나님의 말씀 앞에 철저히 깨어졌다. "'트집 잡는 자가 전능자와 다투겠느냐. 하나님을 탓하는 자는 대답할지니라.' 욥이 여호와께 대답하여 이르되 '보소서, 나는 비천하오니 무엇이라 주께 대답하리이까. 손으로 내 입을 가릴 뿐이로소이다'."욥 40:2-4 오직 사람들 앞에서 생명이신 예수 그리스도를 변호함으로써, 나는 그리스도 앞에서 사람들에 대한 책임을 다하게 된다. 즉, 나는 그리스도를 위하여 사람들 앞에서며, 동시에 사람들을 위하여 그리스도 앞에 선다. 내가 사람들 앞에서 그리스도를 위해 짊어지는 책임은, 내가 그리스도 앞에서 사람들을 위해 짊어지는 책임이 된다. 사람들 앞에서 예수 그리스도를 위해 책임을 지는 행위는, 그리스도 앞에서 사람들을 위해 책임을 지는 행위다. 오직 거기에 하나님과 사람 앞에서 나 자신이 감당할 책임의 자리가 있다. 내가 사람들과 하나님 앞에서 변명해야 할 심판대 앞에 설 때, 나는 오직 예수 그리스도의 증거를 통해서만 대답할 수 있다. 예수 그리스도는 사람들 앞에서 하나님을 위하여, 하나님 앞에서 사람들을 위하여 변호하며 중재하는 분이기 때문이다. 책임은 하나님 앞에서 하나님을 위해, 그리고 사람들 앞에서 사람들을 위해 이루어지는 행위다. 그것은 항상 예수 그리스도에게 일어난 일에 대한 책임이며, 오직 그 속에 나 자신이 감당해야 할 삶의 책임이 있다. 책임은 오직 말과 삶으로 예수 그리스도에게 드리는 신앙고백 속에 있다.

교의학과 마찬가지로 윤리학에서도 단순히 성경의 용어를 그대로 반복할 수는 없다. 변천하는 윤리의 문제들은 새로운 용어를 요구한다. 그러나 용어의 의미를 확대하여 사용하면 본래 의미에서 벗어날 위험이 있으며, 성경의 용어를 사용할 때도 그런 위험이 없지 않다는 사실을 염두에 두어야 한다.

책임적인 삶의 구조

책임적인 삶의 구조는 다음과 같은 이중적 요소에 의해 규정된다. 즉, 삶이 타인과 하나님에게 속박되어 있는 동시에, 자기 자신에게 삶의 자유가 주어져 있다는 사실이다. 이와 같이 삶에 대한 타인과 하나님의 구속력 안에서, 그 자신은 삶의 자유를 누리게 된다. 이러한 구속력과 자유 없이 책임이란 존재하지 않는다. 오직 이 구속력 안에서 이타적으로 살아갈 때,

자신의 삶과 행위의 자유 가운데 설 수 있다. **구속력**은 **대리**와 **현실 상응**의 형태를 취한다. 그리고 **자유**는 자신의 삶과 행위를 스스로 **점검**하고 구체적인 결단의 **모험**을 감행하는 가운데 증명된다. 이로써 우리가 책임적인 삶의 구조를 고찰하기 위해 사용할 수 있는 토대가 마련되었다.

대리

책임은 대리Stellvertretung에 근거를 두고 있다. 이것은 다른 사람을 대신해 행동해야 하는 관계에서 가장 분명하게 드러난다. 예를 들면 아버지로서, 정치가로서, 교사로서 대리하며 행동하는 관계가 있을 것이다. 아버지는 자식들을 위해 일하고 그들을 보살핀다. 또 자식들을 위해 중재하고, 씨름하고, 괴로움도 짊어지면서 대리자로 행동한다. 그렇게 함으로써 아버지는 진정한 의미에서 그들의 대리자로 등장한다. 그는 고립된 개인이 아니라, 그 자신 속에 "다른 여러 사람들의 자아"를 하나로 결합시키고 있다. 그가 마치 혼자라는 듯이 살려고 하는 모든 시도는 사실상 자신의 책임을 부정하는 것이다. 그는 아버지로서 자신에게 부여된 책임을 회피할 수 없다. 이러한 현실 앞에서 모든 윤리적 행위의 주체가 고독한 개인이라는 허구는 깨진다. 고독한 개인이 아니라, 책임 있는 인간이 윤리적 행위의 주체인 것이다. 윤리적 성찰은 바로 이 주체를 향하고 있다. 여기서 책임을 지는 범위는 한 개인일 수도 있고 하나의 공동체일 수도 있다. 또 여러 공동체들로 이루어진 집단일 수도 있다. 그러나 그것들 사이에 본질적인 구별은 없다. 책임을 지는 행위, 곧 대리 역할을 회피할 수 있는 인간은 존재하지 않는다. 심지어 고독한 개인이라 할지라도 대리의 임무를 수행하면서 살아간다. 그렇다. 그는 특수한 방법으로 인간을 대리하며, 인류를 대리하며 살아간다. 자기 자신에 대한 책임의 개념은 내가 인간이기 때문에, 인간으로서의 나 자신을 인식하면서 감당하는 책임을 뜻하는 경우에만 비로소 의미가 있다. 자기 자신에 대한 책임은 진실로 인간에 대한 책임을 감당하는 것이 된다. 즉, 인류에 대한 책임을 감당하는 것을 의미한다. 예수께서는 결혼, 가족, 직업 등의 특별한 책임 없이 사셨다. 그렇다고 해서 예수께서 책임의 영역 밖에 있다고는 결코 말할 수 없다. 오히려 그것은 그분이 모든 인간에 대한 책임을 지시고, 모든 인간을 대표한다는 사실을 더욱더 분명하게 할 뿐이다. 이로써 우리는 지금까지 서술해 온 모든 것을 지탱해 주는 토대가 무엇인지 알 수 있다. 그것은 생명이신 예수, 곧 우리의 생명이신 예수께서 성육신한 하나님의 아들로서 우리를 위해 사셨다는 사실이다. 그러므로 모든 인간의 삶은 본질적으로 그분이 대신 사신 삶이 된다. 예수께서는 결코 자기 자신의 완전함에 도달하기 위해 단독자로 사신 것이 아니었다. 그분은 오직 자기 속에 모든 인간의 자아das Ich를 받아들이고 감당하는 분으로 사셨다. 그분의 삶과 행동과 죽음은 온통 대리하는 행위였다. 인간이 살고, 행동하고, 고난받아야 할 것들이 그분에게서 성취되었다. 인간적인 실존을 형성하는 실제적 대리의 행위에서 그분은 단연 책임을 짊어지는 분이었다. 그분이 생명이기 때문에, 그분으로 말미암아 모든 생명은 대리자로 규정된다. 그 사실을 받아들이지 않고 거부하더라도, 살든지 죽든지 우리의 삶은 항상 예수께서 대신 살고 죽으신 삶이라는 데 변함이 없다. 그것은 선하든 악하든 아버지는 아버지인 것과 같은 이치다.

대리, 곧 책임은 오직 타인을 위해 자기 삶을 온전히 희생하면서 이루어진다. 오직 이타적인 자만이 책임을 감당하는 삶을 살 수 있다. 이 말은 이타적인 자만이 진실로 **살고 있다**는 것을 의미한다. 하나님의 긍정과 부정이 인간 안에서 하나가 되는 곳에서 책임적인 삶을 살 수 있다. 책임을 감당하는 삶에서 이타심은 너무도 절대적이다. 그러므로 항상 양심 없이 행동하는 사람에 대해 괴테가 했던 말은 이런 경우에 적중한다. 대리하는 삶은 자기 절대화와 타인의 절대화라는 두 측면에서 오용될 위험에 노출되어 있다. 첫째 경우는 책임의 관계가 폭력과 전제적 지배로 이어질 위험이다. 이것은 오직 이타적인 자만이 책임적으로 행동할 수 있다는 사실을 오해한 것이다. 둘째 경우는 내가 책임을 지고 있는 타인의 행복을 절대화하면서 다른 모든 책임은 무시하고 비웃는다. 이때 사람들은 예수 그리스도 안에서 모든 인간의 하나님이 되신 하나님 앞에서의 책임을 경멸하고 자의적으로 행동하게 된다. 두 가지 경우 모두 예수 그리스도 안에서 성립되는 책임적인 삶의 근원과 본질과 목적을 부정하고 있다. 여기서 책임은 자기 자신이 꾸며 낸 추상적인 우상일 뿐이다.

책임은 대리하는 삶과 행위이며, 본질적으로 인간에 대

한 인간의 태도다. 그리스도는 인간이 되셨고, 그로써 인간을 위해 대리하는 책임을 짊어지셨다. 사물이나 상황이나 가치에 대한 책임도 존재한다. 그러나 그것은 인간이 되신 하나님, 예수 그리스도를 통해 모든 사물과 상황과 가치가 근원적이고 본질적으로 목적에 맞게 철저하게 유지될 때만 가능하다.요 1:3 그리스도를 통해서 사물과 가치의 세계는 하나님의 창조 목적에 정확하게 조준되어 인간에게로 되돌아온다. 자주 언급되는 사물에 대한 책임은 이러한 한계 속에서만 정당성을 가진다. 이 한계를 넘어서면 그것은 위험한 것이 되고 만다. 왜냐하면 인간 위에 사물이 군림하게 되어, 모든 생명의 도착 현상이 일어날 것이기 때문이다. 진리, 선, 정의, 아름다움 같은 것에 대한 헌신이 있다. 이런 것을 적용하는 문제는 세속적인 것에 속한다 할지라도, 최고의 가치는 인간에게 봉사하는 데 있다는 사실은 자명하다. 그런데 이 모든 가치를 신격화하는 일도 일어난다. 그것은 책임을 지는 행위와 전혀 상관이 없다. 그것은 우상에게 인간을 제물로 바쳐 인간을 파괴하는 어둠의 영의 지배로 말미암는다. 그러므로 사물을 인간을 위해 유용流用하는 것, 곧 사물의 본질을 오용하는 것이 아니라, 그 본질적인 방향이 인간을 향하도록 하는 것이 “사물에 대한 책임”이 의미하는 바다. 실러의 말을 인용하면, 여신에게서 젖소를 만들어 내는 것과 같은 속물적인 실용주의는 철저히 배제되어야 한다. 즉, 그 자체로서 가치를 지닌 사물을 근시안적이고 직접적인 방법으로 인간의 용도에 종속시키는 것을 철저히 배제해야 한다. 우리는 사물의 세계를 근원적이고 본질적이며 목적에 부합하도록 인격의 세계와 연관 지어 이해할 수 있어야 한다. 그렇게 할 때 비로소 그 완전한 자유와 깊이에 도달할 수 있다. 바울이 말하듯이, 모든 피조물은 하나님의 아들들의 영광이 나타나길 고대하고 있기 때문이다. 그렇다. 피조물 자체가 멸망의 종노릇하는 데서 해방되어, 하나님의 자녀의 영광스러운 자유에 참여하기를 대망하고 있다.[롬 8:19-21] 여기서 거짓된 자기 신격화 역시 멸망의 종노릇하는 것임은 두말할 필요도 없다.

현실 상응

책임 있게 행동하는 사람은 자신의 구체적인 가능성 속에서 이웃을 위해 구체적으로 행동한다. 그의 행동은 단번에 내린 결정에 의해 처음부터 미리 정해져 있는 것이 아니다. 다시 말해 그의 행동은 원칙적으로 확고하게 정해져 있는 것이 아니라, 주어진 상황과 함께 생겨나는 것이다. 그는 현실에서 주어지는 모든 저항을 열광적으로 뚫고 나갈 수 있는 절대적으로 유효한 원칙 같은 것을 가지고 있지 않다. 그는 주어진 상황에서 필연적인 것이 무엇이며, 이해하고 행동해야 할 "필요들"이 무엇인지를 살핀다. 책임적인 사람에게 주어진 상황이란, 이념이나 강령을 강제하고 각인하는 단순한 소재가 아니다. 그에게 주어진 상황이란, 그 상황에 맞게 행동하면서 행위 속으로 들어가는 것을 의미한다. 그는 "절대적인 선"이 실현되어야 한다고 고집하지 않는다. 오히려 그는 상대적인 악에 맞서 상대적인 선을 우선적으로 선택해야 함을 알고 있다. "절대적인 선"이 때로는 가장 악한 것이 될 수 있다는 사실을 분명하게 인식하기 때문이다. 이것이 책임적인 행동을 하기 위해서 판단하고 결정해야 하는 일이다. 책임적인 인간은 현실에 대하여 낯선 율법을 강요하지 않는다. 오히려 참된 의미에서 책임적인 행동은 "현실에 상응하는" 행동이라고 할 수 있다. 물론 현실 상응의 개념은 더 정확하게 정의해야 할 필요성이 있다. 만일 그것이 니체가 말한 것처럼 "기정사실 앞에서의 굴종적 성향"으로 이해된다면, 매우 위험한 오해다. 즉, 강한 압력에 굴복하고, 성공을 원칙적으로 정당화하며, 매 순간 주어진 기회를 선택하는 것을 현실 상응이라고 이해한다면, 그것은 매우 위험한 오해를 불러일으킨다. 이러한 의미에서 적용되는 "현실 상응"은 책임성과 대립되며, 오히려 무책임성이라고 말할 수 있다. 또한 기정사실에 대한 굴종적 성향 및 원칙적인 반대, 곧 보다 고차원적인 이상을 실현한다는 명목으로 기정사실에 대해 원칙적으로 항거하는 것은 현실 상응의 참된 의미를 충족시키지 못한다. 이 두 극단은 똑같이 사실의 본질과 멀리 동떨어져 있다. 사실에 대한 승인과 사실에 대한 저항은 참된 현실 상응의 행위 안에서 서로 분리될 수 없이 연결되어 있다. 이것은 **현실**die Wirklichkeit이 처음이나 마지막이나 어떤 중성적 의미가 아니라는 사실에 근거한다. 현실은 바로

실재이신 분der Wirkliche, 곧 인간이 되신 하나님이다. 모든 사실은 실재이신 분에 의해 그 궁극적 근거, 궁극적 파기, 정당성과 궁극적 모순, 궁극적 긍정과 궁극적 부정을 경험한다. 이 실재가 바로 예수 그리스도이다. 실재이신 분 없이 현실을 이해하려고 하는 것은[5] 추상적 개념 속에 사는 것을 의미한다. 책임적인 인간은 결코 이러한 추상의 세계에 발을 들여놓지 말아야 한다. 그것은 현실과 동떨어진 삶을 의미하며, 사실에 대한 굴종과 거부의 양극단 사이에서 끊임없이 동요하는 것을 의미하기 때문이다. 하나님은 인간이 되셨고, 실제로 인간의 몸을 입으셨다. 그로써 인간 세상을 하나님과 화목케 하셨다. 인간과 그 현실에 대한 긍정은, 하나님이 인간을 영접하셨기 때문에 가능하다. 그 반대는 성립되지 않는다. 하나님이 인간을 영접하시고 하나님이 인간이 되신 것은, 인간과 그 현실이 하나님이 긍정하기에 합당해서가 아니었다. 오히려 인간

5. 한스 홀바인은 「죽음의 무도」 첫 번째 장면에서 창조, 태양, 달, 바람을 의인화해서 묘사하고 있다. 그렇게 함으로써 그는 궁극적으로 현실이 인격적인 것 안에 존재한다는 것, 바로 거기에 원시적인 애니미즘의 진리의 요소가 있다는 사실을 소박한 형태로 표현했다.

과 그 현실은 하나님의 거절이 마땅했다. 그 때문에 하나님은 친히 인간의 몸을 입으셨고, 인간 존재 위에 쏟아지는 하나님의 거절이라는 저주를 그 몸에 짊어지고 고난당함으로써 인간을 영접하시고 긍정하셨다. 하나님의 행동으로 말미암아, 실재이신 예수 그리스도로 말미암아, 이제 현실은 긍정과 부정, 권리와 한계를 받아들인다. 긍정과 모순은 이제 실재이신 분을 인식하는 사람들의 구체적인 행동 속에서 서로 연결된다. 긍정도 모순도 이제는 현실과 동떨어진 세계, 기회주의 또는 이념적 실용주의에서 나오지 않는다. 긍정도 모순도 이제는 그리스도 안에서 이루어진 하나님과 세상의 화해라는 현실에 기인한다. 실재이신 예수 그리스도 안에서 전체 현실이 받아들여지고 총괄된다. 또 현실은 그 근원과 본질과 목적을 갖게 된다. 그러므로 오직 그리스도 안에서, 그리스도에 의해서만 현실에 상응하는 행동이 가능하다. 단지 사실을 제한하기 위한 목적으로 존재하는 듯한 유사 루터주의자들의 그리스도라든지, 모든 파괴를 축복해야만 직성이 풀리는 급진적 열광주의자들의 그리스도가 현실에 상응하는 행동의 근원이 아니다. 오직 인간을 영접하시고, 그 인간과 함께 세상을 사랑하고 심판하고 화목케 하신 분, 성육신한 하나님이신 예수가 현실에 상응하는 행동의 근원이다.

여기서 그리스도에게 상응하는 행동이 현실에 상응하는 행동이라는 명제가 나온다. 이 명제는 이상적인 요구가 아니라, 현실 인식 자체에 기인하는 진술이다. 예수 그리스도는 현실과 동떨어진 모습으로 현실에 등장하는 분이 아니다. 예수야말로 실재하는 것의 본질을 자기 육체에 짊어지고 경험하신 분이다. 그분은 지상에 사는 어떤 인간보다도 더욱 실재하는 것을 기초로 말씀했다. 그분은 세상에서 유일하게 어떤 이데올로기에도 빠져들지 않은 분이며, 단연 "실재"이시다. 그분은 역사의 본질을 자기 안에 짊어지고 성취하셨으며, 그렇게 함으로써 역사라는 생명의 법칙을 체현하셨다. 실재로서의 그분은 모든 실재하는 것의 근원과 본질, 목적이 되신다. 그러므로 그분 자신이 실재하는 것의 법이며 주인이시다. 말하자면, 예수 그리스도의 말씀은 그분의 실존에 대한 해석이며, 따라서 그 속에서 역사가 충만함에 이르는 현실에 대한 해석이다. 예수의 말씀은 역사 속에서 책임적으로 행동하도록 하는 하나님의 계명이다. 그것은 그리스도 안에서 성취된 역사의 현실이며, 오직 그리스도 안에서 성취된 인간에 대한 책임이다. 예수의 말씀은 결코 추상적인 윤리에 적용할 수 없다. 그렇게 되면 예수의 말씀은 전혀 이해되지 않을뿐더러, 해결할 수 없는 갈등 속에 던져지고 만다. 예수의 말씀은 역사의 현실에서 나온 것이므로, 역사의 현실에서 효력을 발휘한다. 예수의 말씀을 그 근원에서 떼어 놓으려는 모든 시도는, 말씀을 유약한 이데올로기로 왜곡시키며, 근원과의 연결 속에서 주어지는, 현실에 대해 증거하는 힘을 말씀으로부터 빼앗아 버린다.

현실에 상응한다는 것은 그리스도에게 상응하는 행동이다. 왜냐하면 그것은 세상이 세상으로 존재하게 하며, 세상을 세상으로 인정하기 때문이다. 또한 세상이 예수 그리스도 안에서 하나님에 의해 사랑받고 심판받고 화목하게 된 세상이라는 사실을 결코 놓치지 않기 때문이다. 그러므로 "세상적인 원칙"은 "기독교적인 원칙"과 서로 대립 관계에 있는 것이 아니다. 이것이 문제가 아니라, 그리스도와 세상을 하나의 원칙이라는 개념 아래 두고 똑같은 척도로 비교 측정하려는 시도가 문제인 것이다. 이러한 방법으로 세상에서 기독교적인 행동을 원칙적으로 가능하게 하려는 시도는, 한편으로는 세속주의 내지 "자율성"의 교리라는 형태로 나타나며, 다른 한편으로는 열광주의의 형태로 나타난다. 이것은 그리스도 안에서 하나님과 화해한 세상을 붕괴로 몰고 가고, 영원한 투쟁을 초래하여 온갖 비극의 소재를 만들어 낸다. 바로 그 때문에 전혀 비극적이지 않은 그리스도인의 삶과 행동의 일치가 파괴되어 버린다. 세상적인 원칙과 기독교적인 원칙이 서로 대립 양상을 띠는 곳에서는 궁극적 현실로서의 율법이 지배한다. 혹은 서로 타협의 여지가 없는 여러 율법의 지배 아래 놓이게 된다는 말이 더 적절할 것이다. 인간이 서로 일치할 수 없는 율법의 충돌 속에서 파멸하는 것은 그리스 비극의 본질을 이루고 있다. 크레온과 안티고네, 야손과 메디아, 아가멤논과 크리템네스트라, 이들은 모두 한 사람의 인생에서 동시적으로 성취될 수 없는, 도무지 화해할 수 없는 영원한 율법들의 요구 아래 있다. 다시 말해 하나의 율법에 복종하고자 할 때, 다른 율법을 범하는 죄를 긍정해야 하는 모순 아래 있다. 하나의 율법이 다른 율법에 대해 정당함을 주장할 수 있다는 것이 아니라, 둘 다 삶 자체에 대한 죄책을 짊어지고 있다. 삶의 구조가 신들의 율법에 대해 죄를 범하도록 하는 것이다. 이것이 모든 참된 비극의 의미라 하겠다. 이는 고대에 획득된 가장 심오한 인식이며, 특히 르네상스를 거치면서 이 인식은 서구 사상에 결정적인 영향력을 행사한다. 반면, 초대 교회나 중세기에는 비극이 존재하지 않았다는 점을 염두에 두자. 이러한 비극적 인식의 극복은 기독교 메시지에서 아주 드물게 감지되는데, 심지어 현대 프로테스탄트 윤리조차도 세상에서 그리스도인들이 직면하는 해소되기 힘든 갈등을 묘사하기 위해 비극적인 정감Pathos을 사용한다. 그렇게 함으로써 궁극적 현실을 드러내 보이려는 것이지만, 스스로도 의식하지 못한 채 고대 유산을 물려받은 비극적인 파토스에 길을 열어 주고 있다. 인간의 삶에 이런 비극적인 측면을 제공한 것은 루터가 아니라, 아이스킬로스, 소포클레스, 유리피데스였다. 루터의 열심은 고전적 비극 작가들의 열심과는 전혀 다른 곳에 있었다. 그것은 율법의 형상 속에서 벌어지는 신들의 분열이 아니라, 하나님의 통일성과 예수 그리스도 안에서 이루어진 하나님과 세상의 화해였다. 그것은 죄의 불가피성이 아니라, 화해에 의해 주어지는 삶의 단순함이었다. 그것은 운명이 아니라, 삶의 궁극적 현실로서의 복음이었다. 그것은 몰락하는 인간들에 대해 신들이 부르는 잔혹한 승리의 개가가 아니었다. 오히려 은혜를 통해 화목하게 된 세상에서 인간을 택하여 “하나님의 자녀 된 인간”Kind-Gottes-Menschen으로 살도록 하는 것이었다. 이것이 성경이나 루터가 궁극적으로 중요하게 다루고 있는 문제다.

세상적인 원칙에 대하여 궁극적인 현실로서의 기독교적 원칙을 대립시키면, 기독교적 현실로부터 고대의 현실로 복귀하는 것이 되고 만다. 기독교적인 것과 세상적인 것을 원칙적인 통일체로 이해하는 것도 마찬가지로 똑같은 잘못을 범하게 한다. 그리스도 안에서 이루어진 하나님과 세상의 화해는 오로지 예수 그리스도의 인격 안에서 성립된다. 즉, 대리적 책임을 지고 행동하는 분으로서, 인간을 향한 사랑 때문에 인간이 되신 하나님, 예수 그리스도 안에서 성립된다. 원칙적인 갈등에 부딪쳐 부서지지 않고, 이미 완성된 하나님과 세상의 화해에 기초한 인간의 행동은, 오직 이 예수 그리스도에 의해서만 존재한다. 오직 예수 그리스도로 인하여 냉철하고 단순하게 현실에 상응하는 행동을 하며, 책임을 대신 지는 행동을 할 수 있다. 무엇이 "기독교적"이며, 무엇이 "세상적"인가 하는 것은 처음부터 미리 확고하게 정해져 있는 것이 아니다. 이 둘은 그 특수성과 통일성 안에서, 예수 그리스도를 통해 이루어진 화해로 말미암아 구체적인 책임을 행동으로 감당하는 가운데 비로소 인식된다.

우리는 지금까지 현실에 상응하는 행동을 위해 세상은 어디까지나 세상으로 남아 있다고 말했다. 이것은 세상의 원칙적인 고립화, 또는 세상을 위한 자치권 선언을 의미하는 것일 수 없다. 이는 예수 그리스도 자신 안에 있는 모든 현실에 근거하여, 현실에 상응하는 행동이 이루어져야 함을 의미한다. 세상은 예수 그리스도 안에서 사랑받고, 심판받고, 화목하게 된 세상이기 때문이다. 바로 그 이유로 세상은 언제까지나 세상으로 남아 있는 것이다. 누구도 이러한 세상을 초월한 곳에서 하나님 나라를 건설하는 과업을 받지 않았다. 그렇게 함으로써 악한 세상은 운명의 손에 맡겨 버리고, 오직 자기 자신의 미덕만 가꾸면 된다는 식의 경건한 태만을 조성해서는 안 된다는 말이다. 세상이 하나님에 의해 창조되고, 사랑받고, 심판받고, 화목하게 된 세상이라고 인식하며, 그 인식에 합당하게 행동하는 사람은 이 세상 속에서 구체적인 책임 가운데 세워진다. 이러한 책임은 한계가 정해져 있는 책임이다. 따라서 "세상"은 예수 그리스도 안에서, 예수 그리스도를 통하여 우리에게 주어진 **구체적인 책임의 영역**이다. 그러나 그것은 고유의 체계를 이끌어 내는 어떤 일반적인 개념이 아니다. 현실에 상응한다는 것은 세상 속에서 그 자체로 선한 것이나 악한 것으로 존재하는 것, 또는 선과 악이 혼합된 하나의 원칙을 보고 거기에 맞게 행동하며 세상을 대하는 자세를 말하는 것이 아니다. 현실에 상응한다는 것은, 제한된 책임 가운데 살고 행동하면서 세상의 본질이 때마다 새롭게 열리도록 세상을 대하는 자세를 말한다.

현실에 상응하는 행동은 **우리의 피조성으로 인한 한계** 속에 있다. 우리는 행동의 조건을 스스로 만들 수 없으며, 이미 주어진 조건 안에서 자신을 발견할 뿐이다. 우리는 뛰어넘을 수 없는 일정한 한계 속에서 앞으로 전진하기도 하고 뒷걸음치기도 하면서 행동해 나간다. 우리의 책임은 무제한적인 것이 아니며 제한되어 있다. 물론 이러한 한계 안에 현실 전체가 포함되어 있다. 책임은 선한 의지뿐만 아니라 행위의 선한 결과도 문제 삼는다. 또한 행위의 동기뿐만 아니라 행위의 대상도 문제 삼는다. 그것은 근원과 본질과 목적에 있어서 주어진 현실 전체를 인식하려는 것이며, 하나님의 긍정과 부정에서 그런 인식을 발견하는 것이다. 이는 어떤 무제한적인 원칙을 실현하는 문제를 다루고 있지 않다. 그러므로 주어진 상황 속에서 관찰하고, 달아보고, 평가하고, 결정하는 것은 항상 인간 인식의 한계 속에서 일어난다. 이때 가장 가까운 장래를 내다보고 모험을 감행해야 한다. 그 행동의 결과까지도 진지하게 고려해야 한다. 동시에 자신의 동기가 무엇인지 점검하며, 자기 마음속을 살펴볼 필요가 있다. 우리의 과제는 세상을 낚아채어 들어 올리는 것이 아니라, 주어진 장소에서 현실을 직시하며 꼭 필요한 그 일을 행하는 것이다. 아울러 우리가 취할 가능한 행동이 무엇인지를 물어야 한다. 그러나 항상 즉각적으로 최종적인 태도를 결정할 수 있는 것이 아니다. 책임 있는 행동은 맹목적이어서는 안 된다. 이 모든 것에 대한 당위성을 묻는다면, 그것은 하나님이 그리스도 안에서 **인간**이 되셨고, 그분이 인간을 긍정하셨다는 사실을 들 수 있다. 오직 우리는 인간으로서 하나님과 이웃 앞에서 판단과 인식의 인간적 한계를 안고 살아가며 행동하는 것이다. 그러나 **하나님이** 인간이 되셨기 때문에, 책임 있는 행동은 자기가 내린 결단의 인간적인 성격을 인식해야 한다. 또 자신의 행위가 그 근원과 본질과 목적에 타당한가 하는 판단도 결코 자기 자신이 예측할 수 없다. 인간은 그 판단을 전적으로 하나님께 맡겨야 한다. 모든 이데올로기적인 행동은 항상 자신의 원칙에 따라 자신 안에 이미 그 정당성이 확보되어 있다. 이와는 반대로, 책임 있는 행동은 궁극적 정의에 대한 지식을 포기한다. 책임 있는 행동은 하나님의 **성육신**과 **하나님**의 성육신을 직시하며, 모든 인간적이고 사실적인 상황 가운데 책임적으로 판단하면서 이루어진다. 그리고 행동을 하는 즉시 모든 판단은 오직 하나님께 맡기게 된다. 자신의 행위에 따른 선과 악에 대한 마지막 지식이 자신에게 속해 있지 않은 것이다. 그러므로 오직 은혜에만 의지하는 것, 그것이 본질적으로 책임 있는 역사적 행동에 속한다. 이데올로기적으로 행동하는 자는 자신의 사상 속에서 자기 정당화의 길을 찾는다. 그러나 책임적으로 행동하는 자는 자기 행동을 하나님의 손에 맡기고, 하나님의 은혜와 긍휼에 의지하여 살아간다.

더 나아가 그와 마주하는 타인의 책임을 고려하는 것이 책임적인 삶과 행동이 마땅히 취할 한계선이다. 책임과 폭력 사이는, 책임을 감당하는 자가 타인을 동일하게 책임 있는 자로 인정하고 타인이 책임을 자각하며 살도록 격려하는 데서 구별된다. 아버지나 정치가의 책임은 어린 자녀와 시민이 스스로 감당해야 할 책임에 의해 그 한계가 정해진다. 또한 아버지나 정치가는 자신에게 맡겨진 자들의 책임을 자각시키고 책임감을 북돋워 주어야 할 의무가 있다. 다시 말해, 타인의 책임에 의해 본질적 한계선이 그어지지 않은 절대적인 책임은 결코 존재하지 않는다.

우리는 하나님의 은혜와 심판, 그리고 이웃의 책임 속에서 이루어진 행위가 서로 만나는 지점에서 책임적인 행동의 한계를 인식해야 한다. 동시에 바로 이 한계가 우리 행동을 비로소 책임적인 행동이 되게 한다. 우리가 이미 알고 있듯이, 예수 그리스도 안에서 만나는 하나님과 이웃은 단순히 "한계"일 뿐만 아니라, 책임적인 행동의 "원천"이기도 하다. 그러므로 하나님과 이웃의 한계를 무시하는 것은 무책임한 행동이라고 정의할 수 있다. 책임적인 행동은 행동의 통일성뿐만 아니라 궁극적인 확신까지도 하나님과 이웃에 의한 자신의 한계를 인정하는 가운데 얻어진다. 책임적인 행동은 자기 스스로 주인이 되는 것이 아니기 때문이다. 또한 책임적인 행동은 무제한적이고 오만한 행동이 아니라 피조물로서의 겸허한 행동이기 때문에, 그것은 궁극적인 기쁨과 확신에 의해 뒷받침된 행동이고 그 근원과 본질과 목적 안에서, 곧 예수 그리스도 안에서 보호받는 행동이다.

사물의 세계—사물 상응—정치

책임은 항상 인간을 위한 예수 그리스도의 책임에 근거하는, 인간 상호 간의 관계라는 이미 얻어진 인식을 전제로 한다. 다시 말해, 모든 현실의 근원과 본질과 목적은 실재das Wirkliche를 전제로 한다. 즉, 예수 그리스도 안에 계신 하나님이 전제가 된다. 이 전제를 기초로 이제 우리는 책임적인 인간이 사물 영역과 어떤 관계를 맺고 있는지에 대해 말할 수 있고, 또 말해야만 할 것이다. 우리는 이러한 관계를 **사물 상응Sachgemäßheit**이라고 부른다. 여기에는 두 가지 의미가 내포되어 있다.

첫째, 사물 상응이란 하나님과 인간에 대한 사물의 근원적이고 본질적이며 목적적인 관계를 주목하면서 사물을 대하는 태도다. 이 관계는 객관성을 해치지 않고, 오히려 순화한다. 또 어떤 일에 헌신하려는 열정을 질식시키지 않고, 그 열정이 더욱 순전하게 타오르도록 한다. 어떤 일에 봉사함에 있어서 순수성이 보다 커지고, 그 봉사가 개인의 불순한 의도로부터 자유롭게 되면 될수록, 하나님과 인간에 대한 근원적인 관계 회복은 그만큼 더 용이해진다. 이는 동시에 인간을 그 자신으로부터 더욱더 자유롭게 한다. 개인의 궁극적인 희생이 바쳐지는 일은, 바로 그런 이유로 인간에게 봉사하는 일이 되어야 마땅하다. 예를 들어, 어떤 학문을 민중 선동적이고, 교육적이고, 도덕적인 근거에서 편벽되이 직접 인간에게 유용하는 경우, 인간뿐만 아니라 학문도 망치는 결과에 이르게 된다. 그러나 인간이 학문을 하면서 전심전력으로 오직 진리 인식에 기여하는 경우, 거기서 인간은 모든 개인적인 소원을 비우고 헌신하는 가운데 자기 자신을 발견하게 된다. 그리고 그가 헌신적으로 봉사하던 일은 궁극적으로 그에게 봉사하게 된다. 따라서 인격에 대한 사물의 관계를 결코 간과할 수 없다는 것이 행위의 사물 상응의 본질인 것이다. 물론 우리는 이러한 관계를 철저히 불완전하게 인식할 수밖에 없다. 즉, 사물이 인간에 대해 독립적으로 존재하기도 하고, 혹은 인간이 사물에 대해 독립적으로 존재하기도 한다. 아니면 둘 다 아무 관계없이 나란히 병존할 수도 있다. 여기서 중요한 것은 예수 그리스도 안에 근거하는 책임으로 말미암아 근원적 관계를 회복하는 일이다.

둘째, 모든 사물에는 근원으로부터 주어진 본질의 법칙 Wesensgesetz이 깃들어 있다. 이때 그것이 이미 주어진 자연의 산물인지, 아니면 인간 정신의 산물인지 여부는 중요하지 않다. 또 물질적인 것을 다루든, 정신적인 것을 다루든 그것은 전혀 중요하지 않다. 이러한 의미에서 우리는 "사물"Sache이라는 말을 본질의 법칙이 깃들어 있는 모든 주어진 것들이라고 이해한다. 다시 한번 반복하지만, 그것이 어느 정도 중립적이든, 아니면 좀 더 인격적인 위대함을 다루고 있든 전혀 중요하지 않다. 수학이나 논리학의 공리는 물론 국가나 가족, 공장이나 주식회사도 여기에 속한다. 말하자면, 도처에서 모든 것을 존재하게 하는 본질의 법칙이 발견되어야 한다. 어떤 사물이 인간 실존과 강하게 결부되면 될수록, 그것이 갖는 본질적 법칙을 규정하기는 더욱 어려워진다. 예를 들어, 논리적 사고의 법칙을 정의하는 것이 국가의 법칙을 정의하는 것보다 쉽다. 주식회사의 법칙을 발견하는 것이 가정의 유기적 성장 법칙이나 민족의 성장 법칙을 발견하는 것보다 쉽다. 이들 법칙을 발견하고 수행하는 것은 책임적인 행동의 현실 상응에 속한 일이다. 이 법칙은 우선 숙련을 요구하는 형식적인 기술로 나타난다. 그러나 우리가 문제 삼고 있는 개개의 특정한 사실이 인간 실존에 더 근접하면 할수록, 본질의 법칙은 그것이 단순한 형식적인 기술에 의해서 논구될 수 없다는 것을 더욱 분명하게 드러낸다. 그러면 오히려 기술적으로 다루어지는 모든 것이 의문시된다. 국가 통치의 기술, 곧 정치가 지닌 문제는 그에 대한 가장 좋은 예가 될 것이다. 이것에 비한다면, 라디오 공장의 기술은 상대적으로 아무 문제도 아니다. 정치도 기술적인 측면을 가지고 있다는 사실(행정이나 외교의 기술)에는 의심의 여지가 없다. 가장 넓은 의미에서 정치의 기술적인 측면은 실증법의 질서와 조약 모두를 포함한다. 또한 법률적으로 확정된 것은 아니지만 역사를 통해 인준된, 국내외의 정치적 공생을 위한 모든 규율까지도 포괄한다. 그뿐만 아니라, 보편적으로 승인된 국가적인 삶의 도덕적 원칙도 여기에 포함된다. 어떤 정치가라도 이 관습을 무시한다면 처벌을 면할 수 없다. 그것을 오만하게 경시하고 범하는 것은 현실을 오인하는 것이며, 머지않아 그 대가를 치르게 된다. 사물에 상응하는 행동은 이러한 규범의 테두리에서 이루어진다. 이 규범 속에서 위선적이지 않으면서도 모든 질서의 본질적 요소가 인정된다. 많은 세대에 걸쳐 경험을 통해 습득된 그런 형태의 지혜가 인정되고 또 유익하게 사용되는 것이다.[6] 바로 여기서 사물에 상응하는 행동은 반박의 여지 없이 다음과 같은 인식에 이른다. 즉, 국가의 본질적 법칙이 정치 규범 이상의 것을 내포하고 있다는 사실이다. 국가의 법은 인간 실존과 분리될 수 없이 결부되어 있기 때문에, 결국 모든 법적인 차원을 능가한다. 바로 이 지점에서 책임적인 행동은 비로소 그 깊이에 도달하게

6. 사물에 상응하는 행동은 독일에서 아주 오랜 세월 견지되어 오고 있다. 하지만 그것이 반드시 전문적인 훈련과 연관된 것은 아니다. 영국에서는 사물에 상응하는 행동을 전문가보다는 아마추어에게 폭넓게 의존하고 있다. 사회학적으로 말하면, 사물에 상응하는 행동은 전문가주의와 비전문가주의 사이의 건전한 균형을 통해 가장 효과적으로 보장될 것이다.

된다.

국가, 기업, 가족의 형식적인 법칙을 사실적으로 탐구하는 일은 인간의 적나라한 삶의 필연성과 충돌하는 것이기도 하다. 마찬가지로 역사적인 삶의 흐름을 통한 학문적 발견을 사실적으로 탐구하는 일도 인간의 적나라한 삶의 필연성과 충돌한다. 이때 사물에 상응하는 책임적인 행동은 원칙, 관습, 규범이나 규율의 영역을 넘어선다. 그러면 어떤 법칙을 통해서도 규제되지 않는, 궁극적 필연성이라는 매우 특별한 상황에 놓이게 된다. 이것이 마키아벨리가 그의 국가론에서 필연성Necessità의 개념을 부각시킨 이유이기도 하다. 이는 정치적 영역에서 국가 통치의 기술이 국가의 필연성이 될 수 있음을 의미한다. 그와 같은 필연성이 존재한다는 사실에는 의심의 여지가 없다. 필연성의 존재를 부정하는 것은 현실에 상응하는 행동을 포기하는 것을 의미한다. 그러나 이러한 필연성은 그 자체로 삶의 근원적인 사실임에 분명하다. 그것은 어떤 법칙에 의해서도 포착될 수 없으며, 스스로 어떤 법칙이 될 수도 없다. 이 필연성은 어떤 법칙에도 속박되지 않는 행동하는 자의 자유로운 책임freie Verantwortung에 직접 호소한다. 이와 같은 필연성은 특별한 상황을 만들어 내며, 본질상 특수한 사건들이기도 하다. 그것은 인간의 이성에 여러 개의 피할 길을 열어 주는 것이 아니라, 최후의 수단ultima ratio이라는 문제와 마주 세운다. 정치적 영역에서 최후의 수단은 전쟁을 의미한다. 그러나 자기 자신의 삶의 필연성 때문에 상대를 기만하거나 조약을 파기하는 형태로 나타날 수도 있다. 경제적인 삶에 있어서 그것은 사업상의 필연성을 이유로 인간 존재를 말살하는 행위를 의미한다. 최후의 수단은 이성의 법칙 저편에 놓여 있다. 그것은 비이성적인 행동이다. 마지막 수단이 다시 합리적 법칙이 되고, 특수한 경우가 규범이 되고, 필연성이 하나의 기술이 되어 버리면 모든 것은 근간으로부터 전복된다. 볼드윈이 폭력보다 더 큰 악이 있다면, 그것은 오직 원칙으로서의 폭력, 법칙과 규범으로서의 폭력이라고 말한 것은 타당하다. 이렇게 말함으로써, 그가 특수한 경우에 최후 수단으로서 폭력 사용의 필연성이 요구될 수 있다는 사실마저 부인한 것은 아니다. 만약 그런 의미였다면, 그는 열광주의자일 뿐 정치가는 아닐 것이다. 그러나 그는 어떤 대가를 치르더라도 특수한 경우나 한계 상황이 규범과 법률의 자리를 차지하는 일이 없기를 바랐다. 그는 주어진 법률을 지킴으로써 보장되는 상대적인 질서를 한계 상황 때문에 생긴 혼돈과 맞바꾸기를 원치 않았다.

긴급 상황의 필연성은 책임적인 인간의 자유에 호소한다. 여기서 책임적인 인간이 보호막으로 내세울 수 있는 법칙은 존재하지 않는다. 따라서 그런 필연성에 직면하여 책임적인 인간이 일정한 결단을 내리도록 강요할 수 있는 법칙도 존재하지 않는다. 오히려 이러한 상황에 직면해서는 오직 모든 법칙의 전적인 포기가 있을 뿐이다. 그것은 자유로운 모험 속에서 결단을 내려야 한다는 사실을 아는 지식과 결부되어 있다. 그것은 법칙이 침해되고 파괴되고 있음을 잘 알면서도, 또 계명을 어기는 죄마저도 감수하면서 이루어지는 행위다. 말하자면 바로 이렇게 법을 어김으로써, 오히려 법의 유효성이 인정된다는 사실을 아는 지식과 결부된 행동이다. 결국 모든 법을 포기하고 이루어진 책임적인 인간의 고독한 결단과 행동은 홀로 역사를 주관하시는 하나님의 주권에 온전히 맡겨진다.

역사적인 행동에 있어서 궁극적인 것은 영원한 법칙

인가, 아니면 모든 법칙에 맞서 하나님 앞에 행해진 자유로운 책임인가 하는 문제는 이론적으로 결코 대답할 수 없다. 여기서 위대한 민족들은 극복할 수 없는 마지막 모순에 직면한다. 영국 정치가의 위대성은 궁극적 권위로서의 법을 중시하는 데 있다. 내 생각에는 글래드스톤이 그 예가 될 듯하다. 반면, 독일 정치가의 위대성은 하나님 앞에서 자유로운 책임 가운데 행동하는 데 있다. 그 예로 나는 비스마르크를 생각한다. 여기서 아무도 어느 한쪽이 다른 쪽에 비해 더 낫다고 주장할 수 없다. 궁극적 물음에 대한 답은 주어지지 않으며, 또 그렇게 물음표로 남는 것이 마땅하다. 인간은 이렇든 저렇든 죄를 범하며, 또 이렇든 저렇든 오직 하나님의 은혜와 용서에 의해서만 살 수 있기 때문이다. 법에 매여 있는 자든, 자유로운 책임 가운데 행동하는 자든 똑같이 다른 사람의 비난을 들을 수밖에 없으며, 또 그 비난을 수용해야 한다. 아무도 다른 사람의 심판자가 될 수 없다. 심판은 오직 하나님께 속한 일이기 때문이다.

죄를 짊어지는 것

지금까지 다룬 내용에서 우리는 **기꺼이 죄를 짊어지려는 각오와 자유**가 책임적인 행동의 구조에 속한다는 사실을 추론할 수 있다.

우리는 다시 모든 책임의 근원으로 시선을 돌림으로써, 죄를 짊어지는 것이 무엇을 의미하는지 분명히 알게 된다. 예수의 관심은 새로운 윤리적 이상을 선포하거나 실현하는 데 있지 않았고, 그분 자신의 선함에 있지도 않았다.[마 19:17] 오직 현실의 인간을 사랑하는 것이 그분의 관심사였다. 그 때문에 예수께서는 죄로 가득한 인간의 삶 속으로 들어오실 수 있었으며, 인간의 무거운 죄를 대신 짊어지실 수 있었다. 예수께서는 죄된 인간을 대가로 지불하고, 그분만이 유일하게 온전한 자로 드러나기를 원치 않으셨다. 예수께서는 인류가 죄로 인해 멸망해 갈 때 유일하게 무죄한 자로서 그들을 내려다보기를 원치 않으셨다. 그분은 죄로 인해 실패한 인류의 잿더미 위에 새로운 인간이라는 이상을 내걸고 승리의 개가를 부르기를 원치 않으셨다. 그분은 죄 아래 신음하며 죽어 가는 인간들 속에서 그분 홀로 죄와 무관하다고 선언하기를 원치 않으셨다. 인간을 죄 가운데 홀로 내버려 두는 사랑이라면, 그 사랑은 아마도 현실의 인간을 대상으로 하는 사랑이 아닐 것이다. 인간의 역사적인 현존재 속에서 책임적으로 행동하는 분으로서, 예수는 죄 있는 자가 된 것이다. 여기서 우리는 예수를 죄 있게 한 것은 오직 그분의 사랑임을 알 수 있다. 자기를 버리는 사랑으로 인하여, 예수께서는 그분의 무죄성을 벗어던지고 인간의 죄 속으로 들어와 친히 그 죄를 짊어지신 것이다. 무죄성과 죄를 짊어지는 것은 예수 안에서 분리될 수 없이 서로 결부되어 있다. 무죄한 분으로서 예수께서는 형제들의 죄를 대신 담당하시고, 죄의 무거운 짐 아래서 자신의 무죄함을 증명하신다. 죄 없이 죄인 되신 예수 그리스도 안에서 이제 모든 책임적인 대리 행위의 근원이 발견된다. 바로 여기에 책임적인 행동이 있다. 그것은 전적으로 타인을 위한 행동이며, 현실의 인간인 형제에 대한 이타적인 사랑에서 나온 행동이다. 그런 이유로 인간의 죄 속으로 들어가서 공동의 책임을 지는 일을 피하려 하지 않는 것이다. 예수께서 모든 인간의 죄를 짊어지셨기 때문에, 책임적인 행동을 하는 모든 자는 죄 있는 자가 된다. 죄의 책임을 회피하려는 자는, 죄 없이 죄를 짊어지신 예수 그리스도의 구속의 신비에서 떨어져 나온다. 그는 이 사건에 감추어진 하나님의 칭의에 참여할 수 없다. 이런 사람은 자기의 개인적인 무죄성을 인간에 대한 책임 위에 올려놓는다. 그러나 그렇게 함으로써 자기 위에 쌓이는 더 치명적인 죄에 대해서는 눈을 가린다. 그는 참된 무죄성은 바로 타인을 위하여, 그들의 죄 속으로 들어가 공동의 책임을 지는 가운데 증명된다는 사실에 대해서도 눈을 가릴 뿐이다. 무죄한 사람이 희생적인 사랑으로 죄 있는 자를 자처하는 것은, 예수 그리스도로 말미암은 책임적인 행동의 본질에 속한다.

양심

이 모든 것에 대해 장엄하게 제기되어 오는 반박이 있다. 그것은 자신의 신성한 영역을 다른 어떤 선을 위해 희생하기를 주저하고, 타인을 위해 죄 있는 자가 되기를 망설이는, 양심이라는 고등법정에서 나온다. 이웃에 대한 책임은 여기서 양심의 호소라는 절대 침해할 수 없는 영역에 부딪쳐 한계에 이른다.

양심을 거슬러 행동하도록 강요하는 책임이라면, 그 책임은 자기 자신을 정죄하게 될 것이다. 여기서 무엇이 옳고 무엇이 틀린 것일까?

어떤 경우에도 인간 고유의 양심에 반하여 행동하도록 요구할 수 없다는 것은 옳다. 모든 기독교 윤리는 이 점에 동의하고 있다. 이것은 무엇을 의미하는가? 양심이란 자기 의지와 자기 이성 너머 깊은 곳에서 나와, 자신과의 일치에 대한 인간 실존의 부름에 귀를 기울이게 한다. 양심은 잃어버린 일치에 대해 고발하고, 또 자기 자신을 잃어버리지 않도록 경고한다. 양심은 주로 특정한 행위가 아니라, 특정한 존재를 향하고 있다. 양심은 이 존재가 자신과의 일치를 이루는 것을 위협하는 행위에 대하여 항의한다.

이러한 형식적 규정에서 양심은 자신과의 일치를 거슬러 행동하는 것을 강력하게 저지하는 하나의 기관으로 남아 있다. 양심의 소리를 무시하는 것은 고유한 자기 존재를 파괴하고, 인간 실존의 파멸을 초래한다. 그것은 결코 의미 있는 희생이 아니다. 양심을 거슬러 행동하는 것은 자기 자신의 삶을 대적하는 자살행위와 다를 바 없다. 그러므로 이 둘이 서로 밀접한 연관성을 가지는 것은 결코 우연이 아니다. 이와 같은 형식적인 의미에서 책임적인 행동이 양심에 압력을 가하려고 한다면, 실제로 비난받아 마땅하다.

그러나 이로써 문제가 해결된 것은 아니다. 자신과의 일치를 위협받고 있는 사람이 양심에 호소한다면, 이제 그 일치의 내용이 무엇인지를 묻게 된다. 그것은 우선 선과 악의 인식에서 "하나님처럼"sicut Deus 되기를 원하고 요구하는 인간 고유의 자아다. 자연적인 인간에게 양심의 소리는 하나님과 인간과 자기 자신 앞에서 선과 악을 아는 지식에 의해 자기를 정당화하며, 또 이러한 자기 정당화를 견지해 나가려는 자아의 시도다. 그러나 불안정한 개체인 자아는 의지할 대상이 못 된다. 그래서 양심의 소리는 선의 보편적인 법칙으로 회귀하게 되며, 이 법칙과 조화를 이루는 가운데 자신과의 일치를 추구한다. 양심의 소리는 고유한 자아의 **자율성**Autonomie에 그 근원과 목적을 두고 있다. 이러한 인간의 자율성은 양심의 호소에 따르면서 자기 고유의 의지와 지식 너머 "아담 안에" 근원을 두고 때마다 새롭게 자기를 실현해 나간다. 그리하여 인간은 양심 안에서 스스로 발견한 법칙에 속박된다. 그 법칙은 구체적으로 여러 가지 형상으로 나타날 수 있지만, 그것은 자기 자신을 잃어버리더라도 위반할 수 없는 법칙으로 남아 있다.

이제 우리는 인간 실존의 일치가 인간의 자율성이 아니라, 고유의 자아와 그 법칙 너머에서 이루어진다는 사실에 주목한다. 말하자면, 인간 실존의 일치는 신앙의 기적을 통해 예수 그리스도 안에서 발견될 수 있다. 우리가 이 사실을 이해하면 큰 변화가 일어난다. 형식상 이러한 일치점의 변화는 전혀 세속적인 영역 안에 그 유사성을 가지고 있다. 국가사회주의자가 "나의 양심은 아돌프 히틀러다"라고 말할 때, 그는 자기 자신을 초월한 곳에서 자아의 일치의 근거를 찾으려고 시도한 것이다. 이때 자율성을 포기한 대가는 무조건적인 의존성으로 나타난다. 그런데 타인에게서 내 삶의 일치를 찾는다면, 그것은 그 사람이 나의 구원자로 기능할 때에만 가능하다. 그러면 여기서 나타나는 것은 극히 두드러진 세속적 병행이며, 기독교 진리에 대한 가장 현저한 모순이라고 하겠다.

참 하나님인 동시에 참 인간이신 그리스도가 나의 실존이 일치하는 지점이 되면, 형식상 양심은 여전히 나 자신과의 일치를 위한 나의 고유한 존재에서 나오는 소리로 남아 있다. 그러나 이 일치는 법칙에 의해 살아가는 나의 자율성으로 회귀함으로써 실현되는 것이 아니라, 예수 그리스도와의 사귐 속에서 실현된다. 이제 자연적인 양심은 제아무리 엄격할지라도 가장 불경건한 자기 정당화에 불과하다는 사실이 증명된다.

그리고 이것은 예수 그리스도 안에서 자유로워진 양심에 의해 극복된다. 자유로워진 양심이 예수 그리스도 안에서 나 자신과의 일치를 이루도록 초청하는 것이다. 예수 그리스도가 나의 양심이 된 것이다. 이 말은 이제 나는 오직 나의 자아를 하나님과 타인에게 헌신함으로써, 나 자신과의 일치를 발견하게 됨을 의미한다. 내 양심의 근원과 목적은 어떤 법칙이 아니라는 말이다. 내가 예수 그리스도 안에서 만나는 살아계신 하나님과 살아 있는 인간이, 내 양심의 근원과 목적이 되는 것이다. 하나님과 인간을 위하여 예수는 율법의 파괴자가 되셨다. 하나님과 인간에 대한 사랑 안에서 안식일을 거룩하게 하기 위하여, 예수는 안식일 율법을 깨뜨리셨다. 아버지의 집에 있기 위하여, 그리하여 부모에 대한 순종이 순수하게 되도록 예수는 부모를 떠나셨다. 그분은 죄인들과 버림받은 자들과 함께 음식을 드셨고, 마지막 순간에는 인간에 대한 사랑 때문에 하나님께 버림받았다. 죄 없이 사랑하는 분으로서 예수는 죄 있는 자가 되셨다. 그분은 인간의 죄 속에 들어와서 함께 동거하기를 원하셨다. 그분은 이 길을 가지 못하도록 막는 사탄의 고발을 단호히 물리치셨다. 그렇게 예수 그리스도는 하나님과 이웃을 섬기도록 우리 양심을 자유롭게 하시는 분이다. 무엇보다도 우리가 인간의 죄 가운데 들어가서 동고동락할 때, 바로 거기서 예수 그리스도는 우리 양심을 자유롭게 해주신다. 율법으로부터 자유로워진 양심은 타인을 위하여 낯선 죄 속으로 들어가는 것을 두려워하지 않는다. 오히려 그렇게 함으로써 자기 양심의 깨끗함을 증명하게 된다. 자유로워진 양심은 율법에 매인 양심처럼 불안해하지 않는다. 자유로워진 양심은 이웃과 그들의 구체적인 필요에 대해 활짝 열려 있다. 자유로워진 양심은 이웃을 위해 죄를 짊어지신 그리스도 안에 근거를 둔 책임성과 일치하게 된다. 인간의 행동은 결코 무죄하지 않으며, 본질적인 원죄의 독이 퍼져 있다는 점에서 예수 그리스도의 본질적 무죄성과는 구별된다. 그럼에도 자기 의를 내세우는 모든 원칙적인 행동과 달리, 그는 간접적으로 예수 그리스도의 행동에 참여하게 된다. 말하자면, 책임적인 행동에는 어느 정도 상대적인 무죄성이 존재하는데, 그것은 바로 자기와 무관한 낯선 사람의 죄를 대신 짊어지는 책임적인 행동에서 나타난다.

칸트는 진실성의 원칙에서 괴상한 결론을 도출해 냈다. 즉, 나의 집에 살인자가 뛰어들어 그가 추격하고 있는 내 친구가 나의 집으로 도망쳐 왔느냐고 묻는다면, 나는 정직하게 "그렇다"고 대답해야 한다는 논리다. 여기서 분명히 알아야 할 것은 오만 방자함으로 고양된 양심이 "자기 의" 때문에 책임적인 행동을 가로막고 있다는 사실이다. 책임은 하나님과 이웃의 요구에 대해 온전하면서도 현실에 맞게 응답하는 행위다. 반면, 여기서는 원칙에 매인 양심의 응답이 얼마나 편협한 성격을 띠는지 현란하게 조명되고 있다. 내가 친구를 구하기 위해 진실성의 원칙을 어기는 죄를 범하기를 거부한다면, 그것은 현실에 근거한 나의 책임에 모순되는 행동이다. 이 경우에는 친구를 위해서 거짓말을 하는 것이야말로 책임적인 행동이다. 여기서 거짓말의 범죄 구성 사실을 피하려는 모든 시도는 자기 의에 기초한 율법적 양심에서 나오는 것이기 때문이다. 다시 말해, 이웃에 대한 사랑으로 인해 죄를 짊어지기를 거절하는 것은 현실 속에 기초한 나의 책임성과 모순된다. 여기서 오직 그리스도에게 매여 있는 양심의 죄와 무죄에 관한 것은 바로 자기 자신이 책임을 짊어지는 가운데 가장 잘 증명된다.

괴테가 순수하게 세속적인 현실 인식을 통해 이러한 사고에 아주 가까이 접근하고 있다는 사실은 참으로 놀랍다. 다음 대화는 내면의 율법을 극복하고 책임적인 행동을 하도록, 필라데스가 이피게니에를 설득하는 장면이다.

> **필라데스**: 지나치게 엄격한 요구는 숨겨진 오만이오.
>
> **이피게니에**: 마음은 단 하나의 오점도 없을 때만 기쁘고 유쾌한 것이지요.[7]
>
> **필라데스**: 신전에서 당신은 그렇게 자신을 지켜 왔겠지요. 그러나 인생은 우리 자신과 타인에게 좀 더 관용하라고 가르칩니다. 당신도 그것을 배우고 있지요. 인간이란 종족은 참으로 놀랍게

7. 여기서 "기쁘고 유쾌하다"라는 특징적 개념을 도입하고 있는 것에 주의해야 한다.

창조되었고, 서로가 너무 복잡하게 얽혀 있지요. 그래서 아무도 자기 자신 안에서만 살 수 없고, 또 타인과 더불어 순전하고 흠결 없이 지낼 수도 없습니다. 우리 자신도 스스로를 재판할 입장은 못 되니까요. 인간은 살면서 그의 첫째 의무가 무엇인지, 또 그다음 의무는 무엇인지 살펴야 합니다. 인간은 자신이 행한 일에 대해 올바르게 평가하기가 힘듭니다. 현재 자신이 하는 일도 제대로 평가하고 행동하는 경우는 드물지요. (…) 당신은 분명 뭔가 잃어버리는 것에 익숙하지 않을 테지요. 그래서 커다란 악에 맞서 단 한 마디의 거짓말도 하기 싫은 것이지요.

이피게니에: 아, 내가 남자 같은 마음을 가졌다면, 대담한 뜻을 품고서 다른 사람이 하는 모든 말에 끄덕도 하지 않을 텐데!

그리스도 안에서 자유로워진 양심과 책임이 아무리 하나되기를 원할지라도, 이 둘은 서로 해소될 수 없는 긴장 관계를 지속한다. 책임적인 행동에서 때마다 필연적으로 따라오는 죄를 짊어지는 일은, 양심으로 인해 두 가지 면에서 한계가 그어진다.

첫째, 그리스도 안에서 자유로워진 양심도 본질상 나

자신과의 일치를 요구한다. 그러므로 책임을 짊어지는 일이 이 일치를 말살해서는 안 된다. 이타적인 섬김 속에서 "자아"Ich를 희생하는 일이 자아를 파괴하고 말살하는 것과 혼동되어서는 결코 안 된다. 그렇게 되면 자아는 책임을 감당할 능력을 상실해 버린다. 책임적인 행동과 결부된 죄를 짊어지는 일의 한도는 자기 자신과의 일치, 곧 그가 감당할 수 있는 능력의 범위에서 때마다 구체적인 한계가 그어진다. 분명 내가 감당할 수 있는 범위를 넘어서는 책임도 있다. 막중한 책임의 무게를 견디지 못하고, 나 자신이 무너져 버릴 수도 있다. 그런 책임에는 선전포고, 정치적 조약의 파기, 혁명 등과 같은 것이 있을 것이다. 또 가족을 부양할 책임이 있는 가장을 실업자로 만들어야 하는, 고용인의 해고와 같은 일도 있을 것이다. 작게는 개인적인 삶의 결정에 대해 충고하는 일도 여기에 포함된다. 분명 책임적인 결정에 대한 수행 능력은 성장할 수 있으며 또 성장해야 한다. 책임을 수행하는 가운데 생기는 모든 실패는 그 자체로 이미 책임적인 결단을 의미한다. 그럼에도 구체적인 경우에 그리스도 안에서 자기 자신과의 일치를 요구하는 양심의 호소는 극복할 수 없이 계속된다. 이는 책임을 감당하는 결정에서 있을 수 있는 무한한 다양성을 나타내는 것이기도 하다.

둘째, 그리스도 안에서 자유로워진 양심도 율법 앞에서 책임적인 행위 가운데 세워진다. 인간은 율법에 순종함으로써 예수 그리스도 안에 기초한 자기 자신과의 일치를 유지하게 된다. 율법에 대한 경시는 오직 무책임성을 야기할 뿐이다. 십계명과 산상수훈, 사도적 권면에서 해석되듯이, 율법은 하나님 사랑과 이웃 사랑에 관해 말하고 있다. 율법의 내용을 따져 보면, 자연적인 양심은 그리스도 안에서 자유롭게 된 양심과 뚜렷하게 일치한다는 사실을 보여준다. 이는 양심에서 중요한 것은 바로 삶의 지속성에 있다는 사실에 근거한다. 또 개별적으로 왜곡되고 근본적으로 비뚤어져 있을지라도, 양심은 삶의 법칙이라는 특징을 지니고 있다는 사실에 근거한다. 자유로운 양심은 자연적인 양심이 그러했듯이 삶의 율법을 범하지 않도록 경고하는 역할을 한다. 그러나 궁극적인 것은 율법이 아니라 예수 그리스도이다. 그러므로 양심과 구체적인 행동 사이에서 갈등할 때, 그리스도를 위한 자유로운 결단이 이루어져야만 한다. 이것은 영원한 갈등을 의미하는 것이 아니라 궁극적인 일치를 획득하는 것을 의미한다. 구체적인 책임의 근거와 본질과 목적은 바로 양심의 주이신 예수 그리스도이기 때문이다. 그러므로 책임은 양심으로 인해 매여 있지만, 양심은 책임으로 인해 자유롭다. 여기서 책임적인 인간은 죄 없이 죄 있는 자가 된다고 말하는 것이나, 또 오직 자유로운 양심을 가진 인간만이 책임을 질 수 있다고 말하는 것이 동일하다는 사실을 알게 된다.

책임으로 인해 스스로 죄를 짊어지는 일은 책임적인 인간이라면 아무도 피할 수 없다. 그는 이러한 죄를 자신의 것으로 받아들이며, 타인에게 떠맡기지 않는다. 그는 타인을 대신하여 책임을 진다. 그가 이렇게 행동하는 것은 자기 능력을 오만하게 과시하기 위해서가 아니다. 그는 양심의 자유에 대한 인식 때문에 이렇게 행동할 수밖에 없다. 그는 그 자유 안에서 전적으로 은혜에만 의지한다. 자유로운 책임의 사람은 타인 앞에 설 때는 구체적인 필요가 정당성을 보장해 주고, 자기 자신 앞에 설 때는 양심이 의롭다고 인정해 준다. 그러나 하나님 앞에서 그는 오직 은혜만 바랄 뿐이다.

자유

따라서 우리는 책임적인 행동의 구조를 분석함에 있어서 마지막으로 **자유**에 관해 말해야만 한다.

책임과 자유는 서로 부합하는 개념이다. 책임은 사실 자유를 전제로 한다. 물론 시간적으로 그렇다는 말은 아니다. 자유는 오직 책임 안에서만 존속할 수 있다. 책임은 하나님과 이웃에 대한 관계 안에서만 주어지는 인간의 자유다.

책임적인 인간은 사람이나 상황, 원칙이 뒷받침해 주지 않더라도, 이미 주어진 인간적·일반적·원칙적인 조건들을 고려하면서 자기 고유의 자유 안에서 행동한다. 그의 행동과 그 자신 외에는 아무도 그를 변호해 주지 않으며, 책임을 면하게 할 수 없다는 사실이 그가 가진 자유를 증명해 준다. 그는 스스로 관찰하고, 판단하고, 따져 보고, 신중하게 결정하여 행동해야 한다. 그는 스스로 자기 행동의 동기와 전망, 가치와 의미를 점검해야 한다. 그러나 동기의 순수성이나 상황의 적합성, 의도한 행동의 가치와 의미가 그의 행동을 지배하는 법칙이 될 수 없다. 즉, 그가 그 법칙으로 돌아와서 호소하거나, 그 법칙을 통해 변명하고 죄 없음을 인정받을 수 없다.[8] 만약 그렇게 할 수 있다면, 그는 진정으로 자유로운 사람이 아닐 것이다. 책임적인 행동은 오직 예수 그리스도 안에서 우리가 만나는 하나님과 이웃에 대한 자유로운 속박 안에서만 성립된다. 동시에 이러한 행동은 역사적 상황이 선과 악을 뿌리고 있는 완전한 상대성의 영역 속에서, 모호한 여명 속에서 이루어진다. 그 행동은 모든 기존의 것이 출현하는 수많은 전망 한가운데서 이루어진다. 그것은 단순히 정의와 불의, 선과 악 사이에서의 결정이 아니다. 그것은 정의와 정의, 불의와 불의 사이에서도 결정해야 하는 행동이다. 아이쉬로스는 "정의와 정의가 씨름하는 것"이라고 말했다. 책임적인 행동은 바로 이 점에서 자유로운 모험이다. 그것은 어떤 법으로도 정당화되지 않고, 오히려 모든 유효한 자기 정당화의 요구를 포기하면서 이루어지는 행동이다. 이로써 선악에 대한 궁극적으로 유효한 지식마저도 포기하는 것이다. 책임적인 행동으로서 선은 궁극적

8. 이로써 결정론(Determinismus)과 비결정론(Indeterminismus)에 대한 정직하지 못한 질문 역시 불필요하게 된다. 이 질문 속에서 정신적인 결단의 본질이 인과법칙으로 잘못 대용되고 있다.

선을 알지 못한 채 행해진다. 그것은 필연적이 되어 버린 행동이며, 그러면서도(또는 바로 그 점에서!) 하나님에 대한 자유로운 행동이다. 그것은 우리 마음을 지켜보시고, 우리 행동을 달아보시며, 역사를 주관하시는 하나님께 온전히 맡겨진 행동이다.

이로써 역사의 심원한 비밀이 우리 앞에 환하게 펼쳐진다. 자유 안에서 단독적인 책임을 지고 행동하는 자는 그 행동이 하나님의 인도하심이라는 사실을 목도하게 된다. 자유로운 행동은 궁극적으로 하나님의 행동이며, 결정은 하나님의 인도하심이며, 모험은 하나님의 필연성임이 인식되는 것이다. 자기 고유의 선에 대한 지식을 자유롭게 포기함으로써 하나님의 선이 이루어진다. 이 궁극적인 관점에 기초하여 비로소 역사적인 행동 속에서 선이란 무엇인가 하는 것이 말해질 수 있다. 차후에 우리는 이러한 맥락에서 선에 관한 문제를 다시 고찰하게 될 것이다.

그에 앞서 우리는 이 문제를 설명하는 데 본질적으로 중요한 결정적인 질문을 던지고자 한다. 그것은 자유로운 책임과 복종은 서로 어떤 관계에 있는가 하는 질문이다. 우리가 지금까지 다룬 자유로운 책임에 관한 내용은, 이른바 "책임 있는 지위"에 있는 사람에게만 실제로 적용되는 듯 보인다. 즉, 광범위한 영역에 걸쳐 독립적인 결정을 내려야 하는 위치에 있는 사람에게만 해당되는 것처럼 보인다. 그렇다면 일용직 노동자, 공장 노동자, 젊은 회사원, 초년병, 견습생이나 학생의 삶에서 평범한 일상의 노동은 책임과 어떤 관계가 있단 말인가? 농장주, 기업가, 정치가, 장관, 장군, 전문가, 교사, 재판관 등의 경우는 책임의 역할이 분명 다를 것이다. 그러나 이들의 인생에서도 기계적으로 의무감에서 행하는 일은 얼마나 많을 것이며, 참으로 자유로운 결단을 내리는 경우는 얼마나 드물까? 결국 우리가 말한 책임은 궁극적으로 단지 극소수의 사람들에게만 적용되고, 그것도 그들 삶에서 극히 제한된 순간에만 적용되는 것처럼 보인다. 그리고 대다수의 사람들에게는 책임 대신 복종과 의무를 말하는 것이 바람직해 보인다. 그래서 한편에는 위대한 자, 강한 자, 지배자를 위한 윤리가 있고, 다른 한편에는 작은 자, 약한 자, 피지배자를 위한 윤리가 있는 것처럼 보인다. 전자에게는 책임이, 후자에게는 복종이, 전자에게는 자유가, 후자에게는 섬기는 일이 배당된 것처럼 보인다. 우리가 살아가는 현대 사회 질서 속에서, 특히 독일 사회에서는 개인의 존재가 특정한 방식으로 규정되고, 일정한 규칙에 따라 규제되며, 그와 동시에 안전이 보장되고 있다는 사실을 의심할 수 없다. 또한 위대한 결단을 할 수 있는 넓은 공간에서 자유로운 공기를 호흡하며, 단독적인 책임에 따르는 위험을 배울 수 있는 기회는 극소수의 사람들에게만 허락된 특권이라는 사실도 의심할 수 없다. 직업을 위해 일정한 교육을 받는 과정과 직장 생활을 통해 삶이 강제적으로 정렬되고 있다. 그 속에서 우리 삶은 윤리적으로 상대적인 안전을 확보하고 있다. 그러나 이러한 원칙에 의해 어려서부터 양육받고 자라는 사람은 윤리적으로 거세를 당하고 만다. 그리하여 창조적인 윤리의 힘과 자유가 그에게서 박탈된다. 이 점에서 우리가 살아가는 현대 사회 질서 속에 깊이 뿌리내리고 있는 잘못된 발전이 드러난다. 그리고 이는 오직 책임에 대한 근본 개념을 명백히 제시하는 가운데 대처해 나갈 수 있을 것이다. 이와 같은 형편으로 인해 책임의 문제에 대한 광범위한 경험적 자료는 위대한 정치 지도자들이나 기업가들, 장군들에게서 찾을 수밖에 없다. 왜냐하면 일상생활에 얽매이는 가운데 자유로운 책임적 행동을 감행하려는 소수의 다른 사람들은 사회 질서와 삶의 일반적인 틀에 부딪쳐 저지를 당하고 말기 때문이다.

그럼에도 이러한 관점으로만 문제를 바라보는 것은 잘못일 것이다. 사실상 책임의 상황을 경험하고 배울 수 없는 삶이란 존재하지 않는다. 삶에서 가장 특징적인 형태인 타인과의 만남을 통해 그 상황을 분명히 경험할 수 있다. 자유로운 책임이 직업이나 공적인 삶에서 다소 배제되어 있다고 할지라도, 타인과의 관계는 항상 책임을 지는 가운데 유지된다. 그와 같은 책임은 가족으로부터 시작하여 동료 노동자에게로 확대된다. 그리고 여기서 참된 책임을 인식하는 것이야말로, 책임의 영역을 다시 직업과 공적인 삶으로 확대해 나가는 유일하면서도 건강한 가능성이 된다. 사람과 사람이 서로 만나는 곳이라면, 어디든지 참된 책임이 생겨난다. 이것은 직장 생활에서도 마찬가지다. 어떤 근무 규정도 서로 책임을 지는 관계를 제거할 수 없다. 이처럼 책임적인 관계는 부부 상호 간의 관계, 부모와 자식 간의 관계, 친구 관계뿐만 아니라, 장인匠人과 견습생, 교사와 학생, 재판관과 피고인의 관계에도 적용된다.

여기서 우리는 한 단계 더 깊이 들어가 보고자 한다. 책임은 복종 관계와 **나란히** 있을 뿐 아니라, 이 관계 **안**에서도 자기 영역을 가지고 있다. 견습생은 그의 스승에 대해 복종의 의무가 있고, 동시에 그의 일과 성과에 대해 자유로운 책임이 있다. 이를 통해 그는 스승에 대해서도 자유로운 책임을 다하게 된다.

이와 마찬가지로 학생, 생도, 산업체의 피고용자와 전쟁터의 병사도 복종의 의무와 동시에 책임을 지니고 있다. 복종과 책임은 서로 깊이 맞물려 있다. 그래서 복종이 끝나는 곳에서 비로소 책임이 시작되는 것이 아니라, 책임 안에서 복종이 행해진다. 이러한 복종 관계와 의존 관계는 언제까지나 존속할 것이다. 그러나 이것은 오늘날 이미 널리 행해지는 것처럼 책임을 파기하는 것은 아니다. 사회적으로 의존도가 높은 사람은 사회적으로 자유로운 사람에 비해 자신을 책임적인 존재로 자각하기가 더 어려운 것이 사실이다. 그러나 어떤 경우에도 의존 관계가 자유로운 책임을 배제할 수 없다. 주인과 종은 복종 관계를 유지하면서 피차 자유로운 책임을 질 수 있으며 져야 한다.

이와 같은 관계의 궁극적 근거는 예수 그리스도 안에서 실현된 하나님에 대한 인간의 관계 속에 있다. 예수는 하나님 앞에 복종하는 자로 서 계시며, 또 자유한 자로 서 계신다. 복종하는 자로서 예수는 자신에게 명해진 율법을 맹목적으로 순종하며 아버지의 뜻을 행하신다. 자유한 자로서 예수는 열린 눈과 기쁜 마음으로 독자적인 인식을 하며 하나님의 뜻을 긍정하신다. 그와 동시에 하나님의 뜻을 자기 자신으로부터 새롭게 창조하신다. 자유 없는 복종은 노예이며, 복종 없는 자유는 방종이다. 복종은 자유를 구속하며, 자유는 복종을 고귀하게 한다. 복종은 피조물을 창조주에게 연결해 주며, 자유는 피조물을 창조주의 형상을 닮은 자로서 창조주 앞에 서게 한다. 복종은 선이 무엇이며, 하나님이 그에게 요구하는 것이 무엇인지[미 6:8] "말씀하시도록" 한다. 자유는 인간 스스로 선을 창조해 나가도록 한다. 복종은 선이 무엇인지를 알고 그것을 행한다. 자유는 용감하게 행동하며 발걸음을 내딛는 가운데, 선과 악에 대한 판단을 하나님의 손에 온전히 맡긴다. 복종은 맹목적으로 따르며, 자유는 열린 눈으로 본다. 복종은 아무것도 묻지 않고 행동하며, 자유는 그 의미를 묻는다. 복종은 손이 묶여 있으나, 자유는 창조적이다. 복종 속에서 인간은 하나님의 십계명을 따르며, 자유 속에서 인간은 새로운 계명을 만든다.[루터]

복종과 자유, 이 둘은 책임 안에서 실현된다. 책임은 복종과 자유 사이의 긴장을 그 속에 담고 있다. 만약 한쪽이 다른 쪽에 대해 독립적이 되면, 책임은 종말을 고하게 된다. 책임적인 행동은 매여 있지만 창조적이다. 복종이 독립적이 되면, 칸트의 의무 윤리[Pflichtethik]로 인도될 것이다. 자유가 독립적이 되면 천재 윤리[Genieethik]로 인도될 것이다. 의무의 인간이나 천재는 자기 자신 안에 정당성을 확보하고 있다. 책임의 인간은 속박과 자유 사이에 있다. 책임의 인간은 속박된 자로서 자유 안에서 행동하기 위해 모험을 감행한다. 그는 자신의 정당성을 속박에서도 자유에서도 찾지 않고, 오직 그를 인간적으로는 불가능한 상황 속에 세우시고 행동을 요구하시는 분 안에서 찾는다. 책임 있는 자는 자기 자신과 자신의 행동을 하나님께 온전히 내맡긴다.

우리는 지금까지 **책임적인 삶의 구조**를 대리, 현실 상응, 죄를 대신 짊어지는 것, 그리고 자유의 개념 속에서 파악해 보려고 시도했다. 이제 우리는 책임적인 삶이 실현되는 **장소**를 좀 더 명확히 규정하는 것이 가능한가를 묻게 된다. 그것은 다음과 같이 이어지는 구체적인 요구들이 있기 때문이다. 책임은 나를 무제한적인 활동의 영역에 세우는가, 아니면 구체적인 일상의 과제와 함께 주어진 한계에 단단히 묶어 두는가? 무엇 때문에 나는 진정한 방식으로 책임감을 배워야 하는가? 아니면 무엇 때문에 그렇게 하지 않아도 되는가? 내가 세상에서 일어나는 모든 일에 대해 책임감을 느끼는 것은 도대체 무슨 의미가 있는가? 아니면 나 자신이 속한 좁디좁은 영역이 정상적으로 돌아가기만 하면, 나는 세상에서 일어나는 중대한 사건들에 대해 무관심한 방관자가 되어도 좋은가? 나는 세상에서 일어나는 모든 불의와 모든 곤궁에 맞서 무력한 열심으로 녹초가 되어야 하는가? 아니면 나 자신은 그 상황을 변화시킬 능력이 없으니, 내가 할 수 있는 일은 다 했다며, 자기만족의 안전지대 속에서 악한 세상이 제멋대로 굴러가도록 내버려 두어도 좋은가? 나의 책임의 장소는 어디이며, 그 한계는 어디인가?

책임의 장소

소명

이제 우리는 윤리학의 역사에서 거의 독보적인 의미를 가진 개념을 다루려고 한다. 그것은 바로 **소명**Beruf이라는 개념이다. 이때 처음부터 다음 몇 가지를 분명히 해야 한다. 1) 여기서는 "성과의 한정된 영역으로서"als abgegrenztes Gebiet von Leistungen, 막스 베버 소명의 세속적인 개념을 생각하는 것이 아니다. 2) 유사 루터교인들이 그러듯이, 소명의 개념을 단지 세상 질서를 정당화하고 신성시하는 차원에서 생각하는 것도 바람직하지 않다. 3) 루터가 말한 소명의 개념조차도 신약성경적인 개념과 완전히 동일하지는 않다. 루터는 로마서 3장 28절을 번역할 때, 대담하게 신약성경의 소명 개념고전 7:20에 풍부한 의미를 채워 넣었는데, 그것은 본질적으로 타당성이 있으나 언어의 일반적인 사용법을 넘어서고 있다. 따라서 우리는 성경 말씀에 근거하여 소명의 개념을 살펴보고자 한다. 4) 책임의 개념을 다룰 때와 마찬가지로, 우리가 일반적으로 사용하는 언어에서 소명이라는 개념은 신약성경에서 말하는 의미와 동일하지 않다. 그러나 이 두 개념에는 매우 독특하고 복된 의미가 담겨 있으며, 양자는 용어 사용 면에서도 서로 특별히 가까이 있음을 알 수 있다.

예수 그리스도와의 만남에서 인간은 하나님의 부르심을 경험한다. 그 부르심 안에서 예수 그리스도와 사귐을 가지는 가운데, 인간은 삶에 대한 소명을 경험한다. 하나님의 은혜가 인간에게 임하고, 그 은혜는 인간에게 합당한 응답을 요구한다. 인간이 그가 있는 장소에서 은혜를 찾아 나선 것이 아니다. 하나님은 아무도 가까이 할 수 없는 빛 가운데 거하시는 분이다.[딤전 6:16] 오직 은혜가 인간이 있는 장소로 와서 인간을 찾고 발견한 것이다. 말씀이 육신이 되셨다.[요 1:14] 그리고 바로 거기서 인간에게 합당한 응답을 요구한다. 그 장소는 모든 경우, 모든 면에서 죄와 죄책의 무거운 짐에 눌려 있는 곳이다. 그곳은 왕좌일 수도 있고, 시민의 거실일 수도 있으며, 빈민의 초가일 수도 있다. 그곳은 이 세상에 있는 어느 장소이다. 이러한 인간을 향한 은혜의 도래는 예수 그리스도의 성육신 안에서 이루어졌다. 이 도래는 성령이 주시는 예수 그리스도의 말씀 안에서 일어나고 있다. 이방인이나 유대인, 노예나 자유인, 남자나 여자, 기혼자나 미혼자의 구별 없이 부르심은 각 사람에게 임한다. 바로 지금 그가 있는 곳에서 그는 부르심을 듣고, 그 부르심에 합당하게 반응해야 한다. 그가 처한 노예 상태나 결혼이나 독신 생활 등 겉모양을 통해서 칭의를 경험하는 것이 아니다. 부름받은 인간은 여기서든 저기서든, 바로 지금 그 자리에서 하나님께 속할 수 있다. 오직 그리스도 안에서 듣고 인식한 은혜의 부르심을 통해, 나는 노예로서 또는 자유인으로서, 기혼자로서 또는 미혼자로서 하나님 앞에 의롭다 하심을 받고 살아갈 수 있다 . 그 은혜의 부르심이 나를 주장한다. 이 삶은 이제 그리스도 편에서 보면 나의 소명이고, 나의 편에서 보면 나의 책임이다.

이로써 두 가지 불행한 오해가 배제된다. 그것은 문화적 프로테스탄티즘의 오해와 수도원의 오해다. 인간은 시민으로서, 노동자로서, 가장으로서 세상 직업의 의무를 충실히 이행하는 데서 자신에게 주어진 책임을 완수하는 것이 아니다. 그는 예수 그리스도의 부르심을 듣고 받아들이는 가운데 자신에게 주어진 삶의 책임을 다할 수 있게 된다. 분명 예수 그리스도의 부르심도 세상의 여러 의무를 수행하는 일 속에 있다. 그러나 거기에만 몰두하는 것이 아니라 항상 그런 의무들을 초월하여, 그것들 앞이나 뒤에도 부르심이 있음을 알아야 한다. 신약성경에서 말하는 소명은 결코 세상 질서를 제한하는 것이 아니며, 그것에 대한 긍정은 항상 강한 부정, 곧 세상에 대한 가장 날카로운 항거를 내포한다. 루터가 수도원에서 세상으로 돌아온 것은 "소명"으로의 귀환이다. 그것은 원시 기독교 이래로 세상에 가해진 가장 강력한 공격이자 타격이라 할 수 있다. 이는 신약성경이 말하는 진정한 의미에서의 소명이다. 그렇게 함으로써 세상 **속에서** 세상에 대해 항거하는 입장을 취하는 것이다. 소명이란 그리스도의 부르심에 응답하고, 책임을 감당하며 살아가는 장소다. 그러므로 소명 안에서 내게 주어진 과제는 제한되어 있음이 분명하다. 그러나 동시에 예수 그리스도의 부르심 앞에서 책임은 이 모든 한계를 돌파해 나간다.

중세기 수도원의 오해는 예수 그리스도의 부르심이 우리를 세상에 맞서 투쟁하는 자리에 세운다는 인식으로 말미암은 것이 아니었다. 그들은 세상이 아닌 다른 곳에서 이 소명에 더 잘 응답할 수 있으리라고 생각하고 그런 장소를 찾으려고 시도했다. 그들은 세상에서 도피하려는 헛된 시도로 인해, 온 세상에 대한(수도원도 여기에 포함된다) 하나님의 부정도, 또 세상을 자기와 화목케 하신 하나님의 긍정도 진지하게 받아들이지 못했다. 그 결과 수도원적인 시도에서 하나님의 소명은 세상에 대한 부정에 있어서도, 루터가 세상 직업을 이해한 것보다(그러나 유사 루터주의는 그렇지 않다) 훨씬 덜 진지하게 받아들여졌다. 구체적인 경우, 예수 그리스도의 부르심에 응답하는 것은 세상에서 특정 직업을 포기하는 것을 의미할 수도 있다. 만일 그 직업을 계속 수행한다면, 책임적인 삶을 사는 것이 더 이상 가능하지 않다고 판단되는 경우에 그렇다. 이것은 철저히 루터와 같은 노선에 있다. 다만 유사 루터주의는 직업적인 의무의 신성함과 세상 질서의 신성함에 대한 믿음, 세상이 어디까지나 선하다는 믿음으로 인해 이러한 생각을 수용하지 않는다. 수도원주의는 그것이 신약성경적인 소명 사상의 곡해에 항의하는 한에서만 정당성을 유지한다. 루터가 세상으로 돌아온 것은 오직 그리스도의 부르심에 전폭적으로 응답하기 위해서였다. 이러한 사실에 비추어 볼 때, 그리스도의 부르심에 대한 수도원적인 해결책은 두 가지 면에서 옳지 않다. 그들은 책임을 감당하는 궁극적인 삶의 영역을 수도원 담장 안으로 제한했다. 그래서 예수 그리스도의 부르심이 세상에서의 삶을 위해 그 안에 포함하고 있는 긍정과 부정을 단지 게으른 타협으로 해석할 뿐이었다. 그러나 사실 이 긍정과 부정은 예수 그리스도의 부르심 앞에 구체적인 책임을 감당하는 가운데 하나가 되도록 해야 하는 것이었다. 그런 그릇된 인식에 대하여 루터는 인간의 책임이 제한되어 있는 동시에 제한이 없다는 사실을 근거로 의미를 부여했다. 그는 예수 그리스도의 부르심 앞에서 세상 직업을 책임적으로 완수할 때, 예수 그리스도와의 사귐에서 오는 자유롭고 즐거운 양심이 주어진다고 생각했다. 즉, 선하고 자유로운 양심은 단지 세상 직업의 의무를 충족시킴으로써 주어지는 것은 아니라는 말이다. 거기서는 여러 의무들 사이에서 해결되지 않는 갈등으로 인해 양심이 상처를 입게 된다. 그러므로 여기서 기대할 수 있는 것은 고작해야 갈라진 양심과의 타협뿐이다. 오직 예수 그리스도의 부르심을 향한 책임 안에서 구체적인 직업을 수행할 때에만 양심은 자유로울 수 있다. 오직 예수 그리스도의 성육신에 대한 인식을 기초로 구체적인 행동을 할 때에만 양심은 자유로울 수 있다. 세상 직업을 수행하면서도 오직 예수 그리스도의 부르심을 책임적으로 따를 때 타협은 극복되며, 타협으로 인해 불안해지는 양심도 극복될 수 있다.

말하자면, 나의 책임의 장소는 나를 향해 말씀하시는 예수 그리스도의 부르심을 통해서 규정된다 .

책임의 장소와 한계에 대한 물음은 우리를 소명의 개념으로 인도한다. 이에 대한 대답은 오직 소명이 모든 차원에서 동시에 이해될 때 정당성을 가진다. 소명은 그분에게 전적으로 속하라고 하는 예수 그리스도의 부르심이다. 소명은 내가 부르심을 받은 장소에서, 그리스도를 통해 나의 전부를 요구한다. 소명은 객관적인 노동과 개인적인 관계들을 포괄한다. 소명은 "성과의 한정된 영역"을 요구한다. 그러나 결코 그 자체로 가치가 있다는 것이 아니라, 예수 그리스도에 대한 책임 속에서 그러하다. 이러한 그리스도와의 관계를 통해서 "성과의 한정된 영역"은 모든 고립에서 풀려나 자유롭게 된다. 이 한계는 그리스도를 통하여 위를 향해서뿐만 아니라, 외부를 향해서도 돌파된다. 예를 들어, 내가 의료인이라면 나는 구체적으로 환자를 섬기는 일을 할 뿐만 아니라, 동시에 자연과학적 인식, 따라서 과학과 진리의 인식에도 봉사하게 된다. 나는 구체적인 노동의 자리에서 주어진 일을 감당하고 있을 뿐이지만, 곧 의료인으로서 환자를 돌보는 일을 하고 있지만, 끊임없이 전체에 대한 나의 책임을 눈앞에 두고 살아가는 것이다. 그리고 오직 그렇게 함으로써 나의 소명을 다하게 된다. 그러나 삶의 어느 시점에서 나는 환자의 병상이 아닌 다른 곳에서 나의 책임을 다해야 할 때가 있을 수 있다. 예를 들어, 의학이나 인간의 삶, 혹은 학문 자체에 대한 위협적인 조치를 인식할 경우, 나는 공식적으로 나서서 책임을 다해야 한다. 소명은 바로 책임이며, 책임은 현실 전반에 걸쳐 전인격적인 존재로서 온전한 응답을 하는 것이기 때문이다. 그러므로 가장 좁은 의미에서 직업적 의무에만 자기를 제한하는 속물근성은 있을 수 없다. 그런 식의 제한은 무책임일 뿐이다. 소명과 인간에 대한 책임을 감당함에 있어서 "성과의 한정된 영역"을 돌파해야 할 때는 언제인가? 또 그 범위는 어디까지인가? 이는 자유로운 책임이라는 본질로 인해 율법적인 규정 안에서는 파악될 수 없다. 이와 같은 돌파는 자기에게 주어진 직업적 의무를 진지하게 고려하고, 타인의 책임 범위를 침해할 위험을 숙지하면서 이루어져야 한다. 그리고 마지막으로 관련된 문제를 전부 따져 보아야 한다. 그러면 예수 그리스도의 부르심 앞에서 자유로운 책임을 가질 것이며, 그 책임이 나를 이쪽으로든 저쪽으로든 인도할 것이다. 소명 안에서의 책임은 오직 그리스도의 부르심을 따르는 것이다. 책임에는 잘못된 제한과 올바른 제한이 있으며, 잘못된 확대와 올바른 확대도 있다. 모든 한계를 열광적으로 파괴하는 경우도 있고, 법적으로 한계를 정해 놓은 경우도 있다. 그래서 구체적인 경우에는 그것이 책임적으로 행동한 것인지, 아니면 열광적이거나 율법적으로 행동한 것인지를 외부에서 판단하기 어렵고 심지어 불가능하기도 하다. 그렇지만 자기 점검을 위한 시금석이 존재한다. 비록 그것이 자기 자신에 대하여 완전한 확신을 줄 수 없을지라도 그렇다. 우리는 그 기준을 다음과 같이 열거해 볼 수 있다. 즉, 내 책임의 제한도 내 책임의 확대도 하나의 원칙에 근거하지 않으면 안 되며, 그에 대한 유일한 근거는 오직 예수의 구체적인 부르심뿐이라는 사실이다. 내가 성격상 개혁적이고, 더 자세히 알고자 하며, 열광적이고 무제한적인 성향을 지니고 있다면, 나는 책임의 범위를 자의적으로 확대하여 자연적 충동을 예수의 부르심과 혼동할 위험이 있다. 내가 신중한 성격이고, 두려움이 많고, 확신이 부족하며, 율법적이라면, 나는 책임의 한계를 예수 그리스도의 부르심보다 좁은 범위로 국한시키지 않도록 주의해야 한다. 결론적으로, 나의 시선을 결코 나 자신에게 두지 않고 오직 예수 그리스도의 부르심에 고정시킬 때, 나는 참된 책임을 위해 자유로울 수 있다.

니체는 그 자신도 깨닫지 못한 채, 이웃 사랑에 관하여 신약성경의 정신에 부합하는 말을 한 적이 있다. 그는 이웃 사랑의 계명을 율법적이고 속물적으로 오해하는 것에 대해 다음과 같이 질타했다. "그대들은 이웃에게 큰 관심을 보이며, 이웃에 대해 아름답게 말한다. 그러나 나는 그대들의 이웃 사랑은 자기 자신에 대한 나쁜 사랑이라고 말하고 싶다. 그대들은 자기 자신 앞에서 도피하여 이웃에게서 피난처를 찾고, 거기서 미덕을 만들어 보려 한다. 그러나 나는 그대들의 '이타심'이 무엇을 의미하는지 꿰뚫어 보고 있다. (…) 내가 그대들에게 이웃 사랑을 권하리라고 생각하는가? 오히려 나는 이웃에게서 도피하여, 가장 멀리 있는 자를 사랑하라고 말하리라!" 예수의 부르심이 우리에게 위탁한 이웃의 배후에는 "가장 멀리 있는 자", 곧 예수 그리스도 자신과 하나님 자신이 계신다. 이웃의 배후에 가장 멀리 있는 자가 있음을 모르고, 동시에 가장 멀리 있는 자를 가장 가까운 이웃으로 알지 못한다면, 그는 이웃을 섬기는 것이 아니라 자기 자신을 섬기는 것이다. 그는 책임의 자유로운 공기를 피하여, 안이한 의무 이행의 좁은 공간으로 도피한 것이다. 말하자면 이웃 사랑의 계명 역시 어떤 공간이나 시민 사회, 또는 직업, 가족 등을 통해서 내가 만나는 이웃에 대한 책임의 율법적인 제한을 의미하지 않는다. 이웃은 가장 멀리 있을 수 있으며, 가장 멀리 있는 자가 이웃일 수 있다. 1931년 미국에서는 경악스런 오심으로 인해, 죄가 확증되지도 않은 아홉 명의 젊은 흑인들이 사형 선고를 받았다. 그들은 의심스러운 평판의 백인 소녀를 폭행했다는 혐의를 뒤집어썼다. 그때 유럽의 가장 저명한 인사들이 공개 서한을 보냈고, 각지에서 분노의 돌풍이 일어났다. 이 사건으로 인해서 크게 고무된 어느 그리스도인이 독일의 지도적인 위치에 있는 성직자에게 물었다. 그 성직자도 이 사건에 대해 목소리를 내야 하지 않겠느냐는 것이었다. 이때 그는 "루터교회"의 직업관을 근거로, 곧 그가 가진 책임의 한계를 들며 주저했다. 이 판결은 세계 도처에서 일어난 항의로 인해 결국 수정되었다. 여기서 우리는 예수 그리스도의 부르심에 근거하여 니체의 말을 이해할 수 있지 않을까? "나의 형제들이여, 나는 그대들에게 이웃 사랑을 권하지 않으며, 가장 멀리 있는 자를 사랑하라고 권하리라." 이 말을 하는 것은 방금 기술한 사건에 대해 판결을 내리기 위해서가 아니라, 책임의 한계를 열어 놓기 위해서다.

무엇이든 네 손에 주어진 일을 하고,[전 9:10] 작은 일에 신실하고,[눅 16:10; 19:17] 더 큰 일을 맡기 전에 가정의 의무를 다하며,[딤전 3:5] 남의 일에 간섭하여 고난을 당하지 않도록 하라[벧전 4:15]는 성경의 가르침을 결코 흘려들어서는 안 된다. 무엇보다도 이 모든 말씀이 그리스도의 부르심과 연결되어 있음을 주목해야 한다. 이 말씀들은 그리스도의 부르심 앞에서 자유로운 책임을 율법적으로 제한하지 않는다. 독일 교회의 투쟁에서 목회자들은 자주 형제들이 곤경에 빠지고 온갖 박해를 당해도 공적 책임을 지고 관여하기를 주저했다. 그 이유는 자기가 섬기는 교회가 아직은 화를 당하지 않았기 때문이다. 이는 그가 비겁하거나 희생할 준비가 되어 있지 않아서가 아니라, 그가 개입하는 것이 자신에게 주어진 소명을 불법적으로 넘어서는 일이라는 생각에서였다. 즉, 그의 소명은 구체적으로 곤경과 시험 속에 있는 자기 교회를 돌보는 것이라고 여겼다. 그러나 후에 자신이 섬기는 교회가 위험에 처할 때면, 그는 아주 권위 있고 자유롭게 책임을 감당하곤 했다. 이것도 어떤 판결을 내리기 위한 것이 아니라, 이웃 사랑의 계명에 대해 잘못된 제한을 두지 않는 열린 자세를 갖기 위함이다. 그리하여 소명의 개념에서 복음의 자유를 지키기 위함이다.

그러나 십계명에 명시되어 있듯이, 하나님의 율법이 소명 안에서 모든 책임적 행동에 대한 침범할 수 없는 한계를 정해 놓은 것은 아닐까? 즉, 결혼, 노동, 정치권력이라는 신적 위임에 의해서 분명한 한계가 결정되는 것은 아닐까? 이러한 한계를 침범하는 모든 행위는 계시된 하나님의 뜻을 어기는 것을 의미하지 않을까? 여기서 율법과 자유의 문제가 가장 첨예한 형태로 반복된다. 이제는 하나님의 뜻 자체에 모순이 생길 위험이 있다. 분명 우리는 하나님의 율법을 통해 주어진 한계를 진지하게 고려하지 않고서는 책임적인 행동을 할 수 없다. 그러나 책임적인 행동이란 율법을 주신 분과 율법 자체를 서로 분리시켜 생각하지 않는 것이다. 그분의 율법을 통해 세상이 질서 있게 유지되도록 하신 하나님은 오직 예수 그리스도 안에서 구속자로 인식될 수 있다. 책임적인 행동은 예수 그리스도를 궁극적 현실로 인식한다. 우리는 이 예수 그리스도에 의해, 책임적인 행위를 위하여, 율법으로부터의 자유를 경험하게 된다. 하나님과 이웃을 위하여, 이 말은 예수 그리스도를 위하여라는 의미와 같다. 안식일을 거룩하게 지키는 것으로부터의 자유, 부모 공경으로부터의 자유, 하나님의 율법 전체로부터의 자유는 그리스도를 위하여 있는 것이다. 다시 말해, 이러한 율법을 어길 수 있는 자유는 그리스도를 위하여 존재한다. 그러나 이 자유는 오직 율법이 새롭게 효력을 발생하도록 하기 위해 존재한다. 여기서 율법의 효력 중지는 오직 율법의 참된 성취에만 공헌할 수 있다. 예를 들어, 전쟁에서 살육하고 속이고 수탈하는 일이 일어나더라도, 생명과 진리의 가치, 재산의 가치는 반드시 다시 회복되어야만 하는 것과도 같다. 율법의 위반은 매우 심각하게 **인식되어야** 한다. "네가 행하는 것을 알고 행하면 복이 있다. 그러나 네가 그것을 알지 못하고 행하면, 너는 저주를 받고 율법을 범한 자가 된다."눅 6:4(D사본) 책임감에서 나온 행동인지, 아니면 냉소주의에서 나온 행동인지 어떻게 알 수 있는가? 그것은 다만 율법의 위반이 객관적인 죄로 인정되고, 그 죄책을 짊어지는 데서 알 수 있다. 또 그것은 율법의 위반이 율법의 진정한 성화로 이어지는지 여부를 통해 증명될 수 있다. 그처럼 자유로 말미암는 행위 안에서 하나님의 뜻은 거룩해진다. 여기서 중요한 것은 자유에서 나온 행위이므로, 인간은 절망적인 갈등 속에서 갈기갈기 찢겨 분열되지 않는다. 그는 율법을 위반하는 것이 율법을 진정 거룩하게 하는 엄청난 일임을 확신하며, 자기 자신과 하나되어 행동할 수 있다.[9]

9. 편집자 주: 그다음에 이어지는 내용은 "사랑과 책임"이라는 제목 아래 기획되어 있었다. 예비 노트에는 "책임"이라는 제목 아래 다음과 같은 개요가 나온다. 1) 포괄적인 의미에서의 말씀. 2) 책임적인 삶의 구조: a. 자유, 대리, b. 현실 상응, c. 죄를 짊어지는 것, 기꺼이 자기 할 일을 하는 것, 개인으로 존재하는 것, d. 자유, 모험, 행위의 위임, 의미에 대한 물음. 3) 책임의 영역: a. 계명, b. 하나님의 위임, c. 주어진 소명, d. 자유롭고 자발적으로 받아들여진 책임(깊이와 넓이에서 이 영역의 극복. 나는 무엇에 대하여 책임이 있는가?). 4) 책임에 있어서 모순과 통일성: a. 사랑과 책임, b. 정치와 산상수훈, c. 역사의 생명의 법인 그리스도, d. 사랑의 세상적인 형태.

VII.

주제로서 윤리적인 것과 기독교적인 것

윤리적 진술의 권한

기독교 윤리학은 다음과 같은 질문과 함께 시작된다. 그것은 "윤리적인 것"과 "기독교적인 것"이 어느 정도까지 주제로 다루어질 수 있는가 하는 질문이다. 즉, 지금까지 거듭 확신 가운데 받아들여져 왔고, 지금도 확신 가운데 받아들여지고 있지만, 사실 이는 결코 그렇게 자명하지 않다. 그렇다. "윤리적인 것"과 "기독교적인 것"에 대해 숙고하고 토론하며, 심지어 학문적으로 서술한다는 것이 얼마나 의심스러운 일인지를 인식할 때, 비로소 우리는 기독교 윤리의 영역에 발을 내딛을 수 있다.

기독교 윤리학에서 "윤리적인 것"을 주제로 다루는 것

을 아예 처음부터 배제해 버리는 방법이 있다. 피셔는 윤리적인 것을 토론의 독립된 주제로 삼으려는 모든 시도에 대하여, 자신의 저서를 통해 조용히 반어적으로 항의한다. 그는 『또 한 사람*auch Einer*』이라는 책에서 주인공의 입을 빌려, "도덕적인 것은 항상 저절로 이해된다"고 말하고 있다. 이 말은 일정한 범주에서 수많은 기독교 윤리학 교재보다 "윤리적인 것"의 본질에 있어 더 깊은 통찰력을 보여준다. 이는 지나치게 요란하고 강요하는 식의 언어들—글로 쓰여진 것이든 말해진 것이든—에 대해 단지 방어하려는 목적으로 말한 것이 아니다. 그의 항의는 말의 적절성의 내적인 과정을 다루는 것이기도 하다. "고차적인 것은 항상 저절로 이해된다! 우리가 주의를 기울여야 하는 것은 그 기초와 전제 조건이다"라고 "또 한 사람"은 말한다. 피셔가 "상층 구조"라고 칭한 위대한 결단, 위대한 상황은 많은 말을 하지 않아도 너무 분명하고 자명하고 단순하다. 어렵고 문제가 되어 세심한 주의를 요구하는 것은 "부조화로 빚어진 혼란한 하층 구조"이다. 그곳에 무질서가 있고, 거기서 우발적인 사건들이 발생하기 때문이다. "나는 그것을 미리 예상할 수 없고, 질서 정연하게 정돈할 수도 없다. 그것은 사방팔방 제멋대로 튕겨 나가며, 순수하게 규정할 수 없다. (…) 무계획적인 것의 계획, 무체계적인 것의 체계란 없지 않은가"라며 "또 한 사람"은 한탄한다. 다른 말로 하면, 그곳은 바로 일상의 영역이다. 거기에 본질적인 어려움들이 있다. 직접 경험해 보기 전에는 보편적 도덕률의 선언만으로 불충분하며, 부적당하고, 쓸모없다는 사실마저도 알 수 없다. 내가 곤경에 빠진 자를 도울 것인지, 동물을 학대하는 자에게 반대할 것인지의 여부는 "또 한 사람"에게 전혀 문제가 되지 않는다. "그것은 자명하다." 그러나 일상생활의 작은 문제들, 예를 들어 "코를 훌쩍거리는 것", "실없는 장난", "대상의 편파성" 등에 대해 어떤 태도를 취해야 할지 판단하는 것은 전혀 용이하지 않다. 또 부수적인 것, 사소한 것, 불쾌한 것, 피상적인 것으로 인하여, 그 중요성과 원칙들이 수천 가지로 "교차"하는 일에 대해서 올바로 판단하여 대처하는 것은 전혀 다른 차원의 문제다.

주제로서의 "윤리적인 것"은 특정한 시간과 장소를 가진다. 그 이유는 인간이 유한하고 부서지기 쉬운 세상에서 살고 있으며, 죽을 운명의 피조물이기 때문이다. 또 인간은 본질적으로나 배타적으로 윤리의 생도가 아니기 때문이다. 윤리학자들이 이 사실을 간과한 채 허구로부터 시작하는 것은 너무 단순하다고—보다 정확히 말하면 어리석다고—할 수 있다. 그들은 마치 인간이 삶의 순간마다 궁극적인 무한의 선택을 해야 한다는 듯이 생각한다. 또 삶의 순간마다 선과 악 사이에서 의식적인 결단을 내려야 하는 것처럼 생각한다. 또 모든 행동 앞에 명료한 글씨로 신의 경찰에 의해 기록된 "허락"과 "금지"라는 푯말이 서 있기라도 한 것처럼 생각한다. 그들은 인간이 쉼 없이 뭔가 결정적인 것을 행해야 하며, 보다 높은 목표를 성취해야 하고, 궁극적인 의무를 충족시켜야 한다는 허구로부터 윤리학을 시작한다. 이것은 인간이 역사적인 존재여서 그에게는 모든 것이 때가 있다고 오인한 결과라 하겠다.[전 3장] 먹고 마시고 잠자는 때가 있듯이, 의식적인 결단과 행동을 할 때가 있다. 일할 때와 쉴 때가 있듯이, 목적을 성취할 때가 있고 목적 없이 지내는 때도 있다. 의무에 충실할 때도 있고, 마음이 끌리는 대로 행할 때도 있다. 노력할 때도 있고, 놀 때도 있다. 체념할 때도 있고, 기뻐할 때도 있다. 인간이 피조된 존재라는 사실을 외람되게 오인한 결과, 그들은 철저하게 거짓된 위선을 행하거나 광기에 빠진다. 이것이 바로 윤리학자가 인류에게 위험하기 짝이 없는 미혹자가 되고 폭군이 되며, 웃음거리와 희비극적인 인물이 되고 마는 이유다.

물론 이른바 "윤리적 현상", 곧 당위의 경험은 인간 실존 속에 필연적인 장소와 시간을 가진다. 여기서 윤리적 현상이란, 원칙적인 선과 원칙적인 악 사이의 의식적이고 근본적인 결정이다. 또 윤리적 갈등과 해결에 있어서 최고 규범에 따라 삶을 정렬하는 것이다. 왜 윤리적 현상은 이러한 제한 속에서 주제가 될 수 없으며, 되어서도 안 되는가? 여기서 결정적으로 중요한 역할을 하는 것이 바로 시간과 공간의 올바른 제한이다. 그것은 삶이 윤리적인 것에 의해 병적으로 과도한 짐에 눌리지 않도록 하기 위해서다. 또 비정상적인 열광주의나 총체적인 도덕주의로 흘러가지 않도록 하기 위해서다. 만약 그런 일이 일어나면, 윤리적인 것이 비원칙적이고 구체적인 삶의 과정에서 끊임없이 판단하고 훈계하고 간섭하며 교정하는 역할을 하게 된다. 방금 묘사한 의미에서의 "윤리적 현상"은, 당위 경험^{Soll-Erlebnis}이 가진 무조건적인 특성을 배타적·전체주의적 요구로 이해한다면 본질적으로 오해된다. 그러면 삶의 피조적인 총체성은 훼손되고 파괴된다. 그러므로 장소와 시간에 따라 윤리적 현상의 한계를 정하는 것은, 그것을 무효화시키지 않으며 오히려 반대로 효력을 발생시킨다. 참새를 잡기 위해 대포를 쏘지 않는 것과 같은 이치라 하겠다.

윤리적 현상은 경험적인 측면에서와 마찬가지로, 내용적으로도 한계적인 사건이다. "당위"Sollen는 그 내용이나 경험에 있어서 무엇인가 "존재하지 않는" 곳에 속해 있다. 그 이유는 당위가 존재할 수 없어서일 수도 있고, 당위를 원하지 않아서일 수도 있다. 내가 가족이나 결혼이라는 공동체 속에서, 또 노동이나 재산의 질서 속에서 살아가는 것은 주로 자유롭게 긍정된 결속이다. 거기서 "윤리적 현상"인 당위는 객관적 측면에서도 주관적 측면에서도 전면에 나타나지 않고 흐릿해진다. 그러나 공동체가 깨어지거나 질서가 위협받는 상황이 되면, 그때 비로소 당위는 발언권을 행사한다. 여기서 당위의 목적은 질서가 제자리를 찾도록 하는 것일 뿐, 목적이 달성되면 다시 침묵한다. 물론 당위는 오직 구체적인 요구와 고소로서 날카로운 형태로 침묵한다. 말하자면 공동체가 구체적으로 깨어지는 사건의 경험으로 인해, 모든 공동체가 본래적인 의미에서 항상 깨어질 수 있다는 것을 자각하게 된다. 그리하여 이제부터 자신의 한계에 대한 의식이 당위를 따라다닌다. 다시 말해 자기 겸양과 체념, 또는 세속적인 의미에서 "겸손"이 인간의 삶을 따라다닌다. 이것은 원죄설에 대한 세속적인 비유다. 그러나 당위는 그 날카로운 형태에서와 마찬가지로 영구적인 형태에서도 개념의 내용과 경험에 대하여 단지 한계상황만을 묘사한다. 만약 이 한계 개념에서 교육적인 방법을 만들어 내면, 그것은 당위의 내적 해체를 의미하는 것이다. 당위는 항상 "궁극적"인 말이다. 이러한 당위를 주제로 할 때는 항상 "궁극적인 것"의 질적인 특성을 보존해야만 한다. 그러나 "궁극적인 것"의 질적인 특성은 그것을 아예 주제로 삼지 않을 때 가장 잘 보존될 수 있다. 왜냐하면 "그것이 자명하므로" 주제로 다룰 필요가 없기 때문이다. 저절로 이해되는 자명한 것으로서의 당위가 주제로 취급되고 논쟁의 쟁점이 되면, 너무 쉽게 궁극적인 특성을 잃어버리게 된다. 그리하여 당위는 궁극 이전의 것이 되고, 하나의 방법이 되어 버린다.

도덕적인 것이 자명하게 이해되지 않는 상황이나 시대가 있다는 사실에는 의심의 여지가 없다. 그것은 도덕이 지켜

지지 않기 때문이기도 하고, 그 내용이 의문시되기 때문이기도 하다. 그와 같은 시대에는 윤리적인 것이 주제가 된다. 그렇게 되면 한편으로는 삶의 문제의 신선한 단순화와 삶의 기층으로의 회귀가 이루어지며, 분명한 내적 결단과 입장 표명을 하지 않을 수 없게 된다. 그런 상황에서 논쟁은 어느 때보다 강하게 성향, 가치 판단, 신념, 확신, 자연스러운 격분의 감정이나 무제한적인 감탄 등에 의해 규정된다. 모든 것이 근본적인 것, 단순한 것으로 환원된다. 다양성과 다의성을 가진 실제 삶의 과정에 대한 관심은 원칙적인 것들 배후로 밀려난다. 사회학적으로 그것은 원초적으로 지성적·상대주의적·개인주의적인 태도를 지향하는 상류층과 그들이 주도하는 주제 설정이 주류에서 밀려나는 것을 의미한다. 이제 공적인 토론의 주제는 누구든지 거기에 참여할 수 있도록 일반적으로 이해할 수 있는 것이 되어야 한다. 이때 지적·물질적으로 타락하기 쉬운 성향에 맞서 공동체를 유지하기 위해 요구되는 것은 마음의 올바름이면 충분하다. 윤리적인 것이 주제가 되는 시대에 인간 사회는 그런 방식으로 정화되고 새로워져야 할 필요가 있다. 그러나 그것은 주제의 본질에 맞게, 언제나 꼭 필요한 비상사태로 인식되어야 한다. 꼭 필요한 기간을 넘어서 그와 같은 상태가 지속된다면, 여러 가지 면에서 불행하기 짝이 없다. 그러면 윤리적인 것은 더 이상 "궁극적인" 말로 이해되지 않으며, 삶 전반에 걸쳐 획일화된 도덕화와 저급한 교육화가 등장한다. 또 삶의 제반 문제에서 황량한 단조로움과 통제가 생겨난다. 모든 문화적 기능의 진부한 원시화가 이루어지며, 정신적·사회적으로 강제된 평준화 현상이 나타난다. 그 결과 삶의 충만함은 고통을 겪고, 무엇보다도 윤리적인 것이 그 본질에 있어서 결정적 손상을 입게 된다. 윤리적인 것이 주제가 되었고, 되어야만 했던 시기가 지나면, 다시 도덕적인 것이 자명해지는 시기가 와야 한다. 그리하여 사람들이 삶의 한계선에서만 움직이는 것이 아니라, 일상생활의 중심에서 활동하며 삶의 충만함 가운데 살아갈 수 있어야 한다. 그것은 인간의 공동체뿐만 아니라 개인의 삶에도 해당된다. 그런데 윤리적인 주제를 탐구해야 했던 시기가 지난 후에도 계속 거기에 매달려 있으려고 안간힘을 쓰는 경우가 있다. 그것은 사회학적인 관점에서 볼 때, 현실의 삶에는 무능하고 신념에는 유능한 자들이 이루지 못한 소원을 계속 관철해 나가려는 데서 기인한다. 사실 그들은 역사가 그들에게 제공해 준 시기를 이미 놓쳐 버렸다. 달리 말하면, 그들은 사회 변혁의 시기에 윤리적인 주제의 감명 아래 단지 신념을 통해서뿐만 아니라, 삶의 성과를 통해서도 합당한 자격을 갖추어야 했다. 이제 "도덕적인 것이 다시 자명해지고" 더 이상 논할 주제가 없으므로, 그들은 자신들의 삶의 기회가 사라지는 것을 목도하며 여전히 윤리적인 주제에만 매달리는 것이다. 이렇게 함으로써 그들은 그들 자신을 삶의 과정에서 쫓아내고 만다. 여기서 인간 사회에 관해 말한 것은 개개인의 삶 속에 그 정확한 비유를 내포하고 있다. 삶의 도덕화 형태에서 윤리적인 주제에 병적으로 매달리는 것은, 일상생활에 충실하기를 두려워하고 삶에 부적합한 자기 모습을 의식한 데서 나오는 결과다. 그것은 현실의 삶에서 벗어난 곳으로 도피하여, 거기서 오만함과 질투심으로 삶 자체를 조망할 수 있기 위함이라 하겠다. 이로써 삶과 아울러 윤리적인 것도 본질상 상실되었다는 사실이 분명해진다. 왜냐하면 그것이 잘못된 방식으로 주제가 되었기 때문이다.

지금까지 살펴본 바에 따르면, 윤리적인 것에 대한 개

념 규정을 주제로 하는 "윤리학"은 도대체 무엇인가? 또 "윤리학자"는 무엇을 하는 사람인가? 여기서는 윤리학이 아닌 것과 윤리학자가 아닌 것이 무엇인지를 말하기가 더 쉬울 것이다. 윤리학은 세상 모든 것이 본래 어떻게 존재해야 하는지, 그러나 유감스럽게도 실상은 그렇지 않다는 사실을 기술한 한 권의 책일 수 없다. 그리고 윤리학자는 무엇을 어떻게 해야 하는지에 대해 항상 다른 이들보다 잘 알고 있는 사람일 수 없다. 윤리학은 비난할 여지가 없는 도덕적 행위를 보장하기 위한 참고서일 수 없으며, 윤리학자는 인간의 모든 행위에 대한 유능한 판단자나 재판관일 수 없다. 또 윤리학은 윤리적 또는 기독교적 인간을 만들어 내는 증류기일 수 없으며, 윤리학자는 철저하게 도덕적인 삶을 구현하는 자이거나 그런 삶의 이상형일 수 없다.

윤리학과 윤리학자는 언제나 삶에 관여할 수는 없으나, 모든 삶이 그 자체의 한계로 인하여 당위를 통해 경험하게 되는 혼란과 중단에 주목한다. 윤리학과 윤리학자는 선 자체, 곧 자기 목적으로서의 선을 말하고자 하는 것이 아니다. 윤리학과 윤리학자는 철저하게 "윤리적인 것"을 당위의 한계적 현상을 통해 말함으로써, **함께 사는 법을 배우도록** mitleben zu lernen 돕고자 한다. 함께 사는 것은 당위의 한계 내부에서 배우는 것이며, 삶의 과정 바깥에서 방관자나 판정자, 재판관으로 서 있는 것이 아니다. 함께 사는 것은 당위의 동기가 아닌 삶의 동기로 충만하여 배우는 것이다. 함께 사는 것은 자연스러움과 성숙함으로, 자유로운 긍정과 적극적인 소원으로 배우는 것이다. 함께 사는 것은 모든 생명력, 모든 연약함과 무질서에 대해 불쾌한 적의를 품고, 또 모든 존재하는 것과 당위를 미심쩍은 눈으로 주시하며 재어 보는 것이 아니다. 함께 사는 것은 불안해하며 모든 자연적인 것을 의무에 예속시키거나, 모든 자유로운 것을 필연성에 예속시키는 것이 아니다. 또 모든 구체적인 것을 일반적인 것에, 모든 무목적인 것을 목적에 예속시키는 것도 아니다. 만약 그렇게 한다면 결국 "윤리적인 것"의 한계가 비정상적으로 왜곡되어, 기독교 윤리학의 마지막 장은 "도덕적으로 허락된 회복" die sittlich erlaubte Erholung, W. 헤르만 이라고 불러야 할 것이다! 함께 사는 것은 당위의 동기가 아니라 당위의 한계 안에서 배우는 것이다. 함께 사는 것은 동기의 무한한 다양성 속에서, 구체적인 삶의 과제와 삶의 과정이 충만한 가운데 배우는 것이다.

여기서 우리는 이미 다루어진 많은 문제들을 잠시 보류해 두고, 윤리적인 것의 시간적·장소적 규정이라는 주된 문제에 집중하고자 한다. 이와 관련하여 이미 말한 내용에 몇 가지 새로운 규정을 추가하게 될 것이다.

시간과 공간을 떠난 윤리적 진술은 모든 참된 윤리적 진술에 필요한 구체적인 **권한**Ermächtigung이 결여되어 있다. 이는 윤리적 원칙에 대하여 청년의 혈기로 부당하고 불법적인 열변을 토해 내는 것에 불과하다. 그것은 주관적으로 제아무리 진지하다고 할지라도 참된 윤리적 진술의 본질에 모순된다. 아마도 참된 윤리적 진술의 본질을 정의하기란 쉽지 않을 것이다. 그렇지만 그것이 무엇을 의미하는지 분명하게 느낄 수 있다. 여기서 추상적 개념이나 보편성, 이론의 정당성에 대해서라면 반박할 것이 없을 수 있다. 그럼에도 윤리적 진술을 위해 절대적으로 필요한 무게가 결여되어 있다. 말 자체는 옳다 하더라도, 그 진술에는 무게가 없는 것이다. 결국 그것은 도움이 아니라 혼란만 가중시키는 것으로 받아들여질 뿐이다. 그것은 어딘가 어두운 면이 있으면서, 우연찮게 고개를 쳐드는 실상에 기인한다. 청년이 경험 많은 노인들 사이에서 윤리적 보편성을 선언하는 것은 불가능하며, 순리에 맞지 않고, 객관적인 사실관계에 적합하지도 않다. 청년 편에서는 분명 기분이 상하고, 기이하게도 보이며, 이해하기 힘든 그와 같은 일이 거듭 발생한다. 즉, 내용상으로는 전혀 다르지 않음에도 청년의 말은 공허하게 사라지는 반면, 노인의 말은 귀담아듣고 중요하게 받아들여지는 것이다. 그런데 여기서 중요한 것은 노인의 완고한 자기만족도 청년의 불안한 패배 의식도 아니다. 여기서 중요한 것은 윤리의 근본 원칙이 보존되고 있는가, 아니면 손상을 입는가 하는 문제다. 그리고 이러한 경험을 통해 윤리의 근본 원칙을 인식하는 것이 성숙과 비성숙의 표징이 된다. 윤리적 진술은 권한의 부여를 필요로 한다. 그것은 윤리적 확신에 가득 찬 청년이 가장 순수한 열정으로 열변을 토해 내더라도 결코 그 스스로 부여할 수 없다. 윤리적 진술을 위해서는 단지 진술한 내용의 진실성만으로 충분하지 않으며, 그 진술을 위한 구체적인 권한이 있어야 한다. 무엇이 말해지는가 하는 내용뿐만 아니라, 누가 말하고 있는가의 문제 역시 중요한 것이 윤리적 진술이다.

그러면 이 권한은 무엇에 근거하는가? 또 누구에게 그것이 주어지고, 누가 그것을 부여하는가? 윤리적 진술은 오직 이러한 권한이 있어야 가능하며, 이것이 윤리적 권한의 본질에 속한다. 그리고 이는 윤리적 진술에 구체적인 한계가 있음을 의미한다. 윤리는 진공 상태에서 말해지는 것이 아니다. 즉, 윤리는 추상적이지 않으며 오직 구체적인 구속력 안에서 말해진다. 윤리적 진술은 언제 어디서나 누구든지 사용할 수 있는, 그 자체로 정당한 명제에 관한 체계가 아니다. 윤리적 진술은 결정적으로 인물과 시간과 장소와 연결되어 있다. 이러한 명확성 속에서 윤리는 의미를 상실하는 것이 아니라, 바로 이 명확성 속에서 그것이 권한을 부여받고 비중 있게 된다. 반면 윤리가 명확성 없이 보편적으로 적용되면, 윤리는 무력해지고 약화된다.

윤리적 진술을 위한 권한을 스스로 부여할 수 있는 자는 아무도 없다. 그것은 인간에게 주어지고 양도되는 권한이다. 그것은 근본적으로 주관적인 성과라든지 특권을 근거로 주어지는 것이 아니라, 세상에서의 객관적인 위치를 근거로 주어진다. 그래서 청년이 아니라 노인에게, 어린아이가 아니니라 아버지에게, 하인이 아니라 주인에게, 학생이 아니라 교사에게, 피고인이 아니라 재판관에게, 피지배자가 아니라 지배자에게, 회중이 아니라 설교자에게 윤리적 진술을 위한 권한이 부여된다. 이는 현대적 감각을 가진 자들에게 자연스레 반감을 불러일으키겠지만, 윤리적인 것에는 본질적으로 내재하는 **위로부터 아래로의 경향**Tendenz von oben nach unten이 있다. 위와 아래라는 객관적 질서가 없다면—현대인에게는 완전히 사라져 버린 듯 보이지만—또 윗자리에 앉고자 하는 용기가 없다면, 윤리적 진술은 일반적인 것 속에서 대상을 잃고 본질을 상실하게 된다.

윤리적인 것은 모든 인간 질서를 평준화하고, 무력화하며, 파괴하는 원리가 아니다. 윤리적인 것에는 이미 인간 공동체의 일정한 질서가 담겨 있으며, 특정한 사회학적 권위 관계가 포함되어 있다. 오직 이 관계 속에서 윤리는 모습을 드러내며, 본질적이고 구체적인 권한을 부여받는다. 이러한 명제는 윤리를 보편타당한 이성의 원리로 이해하는 것과 통명스러운 대립 관계에 있다. 보편타당한 이성의 원리는 모든 구체적인 요소, 시간적·공간적 규정, 모든 질서와 권위 관계를 폐지하고, 천부적이고 보편적인 인간 이성을 근거로 모든 인간의 평등Egalität을 선언한다. 여기서 분명히 해야 할 것이 있다. 윤리에 대한 이러한 새로운 견해는 절대화된 특권층과 비특권층 사이의 적대적 대립으로 특징지어진 낡아 빠진 사회 형태를 극복하고, 보편적인 인간의 연대를 이루고자 하는 시도였다. 그러나 그 시도는 본래 목적에 도달하지 못했을 뿐 아니라, 정반대의 결과를 초래했다. 이는 지난 150년간의 역사를 통해 너무도 분명하게 증명되었다. 형식적이고 보편타당한 이성으로서의 윤리는 구상Konkretion의 모든 요소가 결핍된 가운데, 필연적으로 인간 사회와 각 개인의 삶에서의 완전한 원자화와 무제한적인 주관주의 및 개인주의로 끝나고 말았다. 모든 시간적·공간적 명확성을 도외시하고, 권한의 문제를 무시하며, 구체적인 것을 간과한 채 윤리적인 것을 사고하면 어떤 일이 일어나는가? 그곳에서는 인간 공동체가 개개의 이성 원자Vernunftatome로 해체되듯이, 삶은 연결되지 않은 무수한 시간의 원자들 속으로 와해되어 버린다. 이때 윤리적인 것이 순수하게 형식적인 보편타당성으로 이해되든, 또는 모든 "순간" 전혀 새롭게 이루어지는 각 개인의 "실존적인" 결단으로 이해되든 실제로는 차이가 없다. 구체적인 규정으로부터의 분리는 윤리적인 것의 파괴를 의미한다. 윤리적인 것은 본질상 형식적인 이성의 원리가 아니라 구체적인 명령 관계다. 이는 마치 형식적인 이성이 공동체를 형성하는 원리가 아니라 원자화하는 원리인 것과도 같은 이치다. 공동체는 오직 인간이 서로를 위하여 다양한 모습으로 구체적인 책임을 지는 관계 속에서만 성립된다.

그러나 다른 한편으로, 윤리적인 것을 이해하는 데 있어서 계몽주의가 획득한 지식을 경솔하게 내던져 버려서는 안 된다. 계몽주의가 특권층과 비특권층으로 분열된 사회 체제에 대항한 것은 논쟁의 관점에서 정당하다. 윤리는 사실상 보통 인간의 이성적인 것과 관계하고 있다. 사실 윤리에 내재된 위로부터 아래로의 경향은 특권층의 제재라는 의미와는 전혀 다른 것이다. 윤리는 추상적인 사회 질서가 아니며, 특정한 사회 계층을 대변하는 것도 아니라는 사실을 지적한 점에서 계몽주의는 전적으로 옳다. 즉, 윤리가 "상위"Oben와 "하위"Unten가 아니라, **인간**에 관한 것임을 지적한 점에서 타당하다. 이러한 이유에서 그들이 윤리 앞에 **인간의 평등한 존엄성**을 열렬히 옹호한 것은 정당하다. 그러나 그들이 이 쟁점에서 벗어나 인간 자체를 다시 추상화해 버린 것은 잘못이다. 그들은 인간의 평등과 인간의 존엄성을 내걸고, 모든 인간 질서에 맞서 싸움을 벌이려고 했다. 인간의 이성은 본질상 현실을 자유롭게 인식하고 긍정한다. 이것이 구체적인 윤리적 명제인데, 계몽주의는 인간 이성을 형식적이고 추상적인 원리로 만들어 버렸다. 그 결과 모든 내용이 해체되고 파괴되는 결과를 초래하고 말았다. 그럼에도 윤리가 특권층의 제재로 오용되는 모든 시도에 대하여, 계몽주의가 교정해 놓은 것을 의미상으로 간직하는 것은 중요하다.

무엇보다도 윤리의 오용을 두려워하여, 윤리에 내재된 위로부터 아래로의 경향을 단순히 은폐하려고 해서는 안 된다. 우리는 이제 윤리가 상위와 하위 사이의 분명한 관계를 요구한다는 사실을 더는 외면할 수 없다. 동시에 상위와 하위를 주관적인 성과나 특성에 따라 변동하는 가치에 의해 단순히 뒤바꿔 놓을 수도 없다. 상위 존재Obensein는 그가 상위에 있다는 주관적 가치가 아니라, 구체적이고 객관적인 위탁Auftrag에서 그 합법성을 갖게 된다. 수공업에서 장인은 탁월한 재능을 가진 직공에 대해서도 여전히 장인이다. 또한 아버지는 존귀하고 유능한 아들에 대해서도 여전히 아버지다. 윤리적 진술의 권한은 대상의 주관적 측면과 무관하게 장인이나 아버지에게 주어진다. 권한은 인격Person에 속한 것이 아니라 직무Amt에 속한 것이다.

이로써 윤리적 진술을 위해서는 권위 관계의 확실한 지속성과 안정성이 전제되어야 함을 알 수 있다. 참된 윤리적 진술은 단 한 번 선언한 후에 고갈되어 사라지는 것이 아니라, 반복되고 영속되며 긴 시간을 통해 확증되기를 원한다. 바로 여기에 윤리적 진술이 가진 무거운 부담이 있으며, 동시에 바로 그런 연유로 윤리적 진술은 존엄하고 신뢰할 만하다. 단 한 번의 선언Pronunziamentos은 아무것도 아니다. 윤리적 진술의 권한은 진실, 확증, 지속성, 반복 속에서 증명된다. 그러나 윤리적 진술의 권한에 대한 근거를 문제 삼게 되면, 그때는 이미 윤리의 한계를 벗어난 것이라고 말할 수 있다.

그러나 이 모든 것은 하위 존재와 상위 존재를 내면적으로 긍정하며 끝까지 지속해 나가려는 결심이 있어야만 가능하다. 이 양자가 오직 함께할 때만 가능하다. 오직 상위 존재가 긍정되고 지속될 때, 이를 통해 하위 존재도 긍정되고 지속된다. 그 반대도 마찬가지다. 만약 윗자리가 주는 부담을 기꺼이 감당하려 하지 않고, 아래에 있는 것도 더 이상 "필요하지 않다고 믿으면" 어떻게 될까? 또 윗자리로 존재하는 근거를 오직 아래서만 찾는다면 어떻게 될까? 즉, 아버지가 자신의 권위를 자식들의 신뢰에서만 찾는다면, 정치권력을 가진 자가 자신의 권위를 민중의 인기에서만 찾는다면 어떻게 될까? 그에 상응하여 하위 존재는 항상 상위 존재에 이르기 위한 하나의 준비 단계로 여겨질 뿐이라면 어떻게 될까? 또 하위 존재는 모든 상위 존재에게 하나의 폭발물로 비칠 뿐이라면 어떻게 될까? 그곳에는 참된 윤리적 진술이 더 이상 존재하지 않으며, 이미 윤리적 혼란이 시작된 것이라고 하겠다. 그러면 상위 존재와 하위 존재를 내면적으로 긍정하고 끝까지 견지해 나가도록 요구함과 동시에, 윤리적 진술**을 위한 권한의 근거를 묻는** 결정적인 물음이 제기된다. 그리고 이 물음과 함께 윤리는 결정적으로 자기 자신을 넘어서고 만다.

지금까지 다루어진 것이 윤리의 보편적 현상이라고 말해도 된다면, 이제 우리는 윤리적이고 현상학적인 것 저편에 있는 궁극적 결단의 문제와 마주하게 된다. **"윤리적 진술을 위한 구체적인 권한의 근거는 무엇인가?"** 우선 두 가지 대답을 생각할 수 있다. 첫째는, 윤리적 진술을 위한 권한이 계속되는 해석의 시도 없이도 주어진 현실 속에서 실증적으로 발견되는 것이다. 둘째는, 질서와 가치의 체계 안에서 아버지, 장인, 정치권력이 주어진 권한대로 잘 유지되는 것이다. 여기서 실증주의적 근거가 흔들리는 터전 위에 있음은 분명하다. 왜냐하면 그것은 때마다 주어진 현실 저편에 대해—또한 언제고 다시 변해 버릴 수 있는 현실 저편에 대해—기준을 정할 수 없기 때문이다. 무엇보다도 실증주의적 근거는 윤리적 진술의 권한을 자기 것으로 주장할 수 있는 여러 권위들의 경계를 정할 수 없다. 다시 말해, 정치권력, 아버지, 교사, 교회라는 권위들이 서로 충돌하지 않도록 경계를 정해 놓을 수 없으며, 오히려 **권한**의 유일한 척도로서 실제적인 **힘**Macht이 중요시된다. 그러므로 실증주의는 윤리적인 것에 대한 근거를 제시할 수 없다. 여기서 권위와 질서의 체계화를 시도해 보는 것도 유용해 보인다. 이는 그동안 기독교 철학자들이 거듭 시도했던 일이기도 하다. 그것은 특히 지난 세기에는 보수적 낭만

주의자들에 의해 시도되었는데, 대표적인 인물로 스탈I. Stahl이 있고, 20세기에 들어서는 가톨릭의 셸러M. Scheler 등을 들 수 있다. 여기서 실증주의와 반대되는 원리는 명백하다. 그것은 권위와 그 권한의 질서가 실증적으로 주어진 기준 저편에 있다는 것이다. 이와 같은 기준은 종교적이고, 더 정확히 말하면 기독교적인 성격을 띤다. 여기서 구체적인 권위를 제정한 분은 하나님이며, 따라서 복종을 요구하는 **하나님의 뜻의 직접적인 표명direkte Bekundungen des göttlichen Willens**에 중점을 둔다. 이로써 때마다 실증적이고 경험적으로 주어지는 기반에 흔들리지 않고 독립성이 확보되는 것은 분명하다. 그러나 다른 한편으로, 경험적 실증주의 대신에 형이상학적·종교적 실증주의가 등장하게 된다. 결국 이러한 이유로 여기서도 다양한 권위와 권한 사이에 자의성 없이 경계선을 긋는 일은 불가능하다. 즉, 국가의 이념이나 부성父性의 이념이든 교회의 이념이든, 그 중 어느 하나가 지배적인 원리가 된다. 하나님이 직접 제정하신 다양한 권위로 말미암아 일어나는 충돌은, 일반적으로 자의적 결단을 근거로 이들 권위 중 하나가 절대성을 주장함으로써 생겨난다. 체계적 구성이나 형이상학적인 유도는 현실의 삶을 경직시켜 버린다. 말하자면, 윤리적 진술을 위한 구체적인 권한의 근거를 묻는 질문은 그 답이 주어지지 못하는 것이다. 이로써 왜 윤리적인 것이 무시간적 원리가 아니라, 시간과 공간이 정해져 있는 원리로 이해되어야 하는지에 대한 물음 역시 대답할 수 없다. 결국 "윤리적인 것"이 어느 정도로, 어느 한계선까지 주제가 될 수 있는가 하는 물음도 그대로 남아 있다.

하나님의 계명

따라서 우리는 "기독교 윤리학"에서 유일하게 가능한 대상인 "윤리적인 것" 저편으로, 곧 "하나님의 계명"으로 인도된다.

어쩌면 우리는 스스로 알아차리지 못한 채, "윤리적인 것"에 대해 말하면서 이미 모퉁이의 머릿돌Urgestein에 부딪친 것이리라. 이 말은, 부분적이긴 하지만 이미 하나님의 계명과 마주쳤다는 뜻이다. 하나님의 계명은 우리가 지금까지 윤리적인 것이라고 묘사한 것과는 뭔가 다르다. 하나님의 계명은 삶 전체를 포괄한다. 하나님의 계명은 무조건적인 동시에 총체적이다. 하나님의 계명은 금지하고 명령할 뿐 아니라 허락하기도 한다. 하나님의 계명은 구속할 뿐 아니라 자유도 준다. 그런데 그 자유는 바로 구속하는 가운데 주어지는 자유다. 그럼에도 "윤리적인 것"은—그 의미에 대해서는 더 자세한 설명을 필요로 하지만—하나님의 계명에 속한다. 계명은 **윤리적 진술을 위한 유일한 권한**die einzige Ermächtigung zur ethischen Rede이다.

하나님의 계명은 예수 그리스도 안에서 긍휼과 거룩의 하나님에 의해 인간에게 주어진 총체적이고 구체적인 요청이다. 여기서 하나님의 계명에 관한 일반적인 교리를 전개할 수는 없다. 그렇지만 지금 다루는 문제와 관련된 가장 중요한 요점만은 살펴보고자 한다.

하나님의 계명은 윤리적인 것과 구별되는, 모든 윤리적 명제의 가장 보편적인 요약이 아니다. 또 역사적·시간적인 것과 구별되는, 보편타당하고 무시간적인 것도 아니다. 하나님의 계명은 구체적인 것과 구별되는 원리도 아니며, 확실한 것과 구별되는 불확실한 것도 아니다. 만일 하나님의 계명이 그러한 것이라면, 그것은 "하나님의" 계명이기를 그만둔 것이다. 그렇게 되면 불확실한 것에서 확실한 것을, 원리에서 응용을, 시간을 초월한 것에서 시간적인 것을 만들어 내는 일이 우리 손에 맡겨질 것이다. 이로써 아주 결정적인 순간에 하나님의 계명이 아니라, 우리의 이해와 우리의 해석, 우리의 응용이 중요한 역할을 담당하게 될 것이다. 결국 하나님의 계명이 아닌 우리 자신의 선택이 되어 버릴 것이다.

하나님의 계명은 인간을 향한 하나님의 말Gottes Rede이다. 하나님의 계명은 내용뿐만 아니라, 그 형태에 있어서도 구체적인 인간을 향한 구체적인 말konkrete Rede이다. 하나님의 계명은 인간이 해석하고 응용할 여지를 남겨 두지 않으며, 오직 복종과 불복종이라는 선택만 있을 뿐이다. 하나님의 계명은 시공간을 초월하여 발견할 수 있고 알 수 있는 것이 아니라, 오직 시간과 장소에 연결된 곳에서 **들을** 수 있는 것이다. 하나님의 계명은 궁극적인 것에 이르기까지 확실하고, 분명하며, 구체적이다. 만약 그렇지 않다면, 그것은 하나님의 계명이 아니다.

하나님이 너무도 확실하게 아브라함과 야곱과 모세에게 말씀하셨듯이, 또 너무도 확실하게 예수 그리스도 안에서 제자들에게 말씀하시고, 사도들을 통해서 이방인에게 말씀하셨듯이, 하나님은 우리에게도 그렇게 확실하게 말씀하신다. 그렇지 않다면, 전혀 말씀하신 것이 아니다. 이것은 무엇을 의미하는가? 우리가 삶의 매 순간 어떤 특별하고 직접적인 방법으로 하나님의 영감이 부어져서 하나님의 계명을 알게 된다는 뜻인가? 또 하나님이 매 순간 오인될 여지 없이 명확한 방식으로, 하나님이 원하시는 확실한 행동을 하도록 "영원의 악센트"K. 하임를 주신다는 뜻인가? 아니다. 이 말은 그런 뜻이 아니다. 왜냐하면 하나님의 계명의 구체성은 역사성에 있으며, 하나님의 계명은 역사적인 형태에서 우리와 만나기 때문이다. 그렇다면 우리는 궁극적인 불확실성 속에서 역사적인 힘의 다양한 요청에 내맡겨진 상태란 말인가? 다시 말해, 하나님의 계명과 관련해서는 암흑 속을 더듬거리며 살아야 한다는 뜻인가? 아니다. 그런 의미도 아니다. 왜냐하면 하나님은 우리가 그분의 계명을 일정한 역사적 형상 속에서 알아듣도록 해주시기 때문이다. 이제는 하나님이 어디에서, 어떤 역사적 형상 속에서 계명을 주시는지에 대한 질문을 피할 수 없다. 여기서 조악한 오해를 무릅쓰고, 단순성과 명확성을 위해 우선 다음과 같이 정언적으로 대답해 보려고 한다. 즉, **예수 그**

리스도 안에서 계시된 하나님의 계명은 교회 안에서, 가정 안에서, 노동 안에서, 정치권력 안에서 선포된다.

아직 완전히 이해할 수 없다 하더라도, 항상 눈앞에 두고 유념해야 하는 전제 조건이 있다. 그것은 하나님의 계명은 항상 예수 그리스도 안에서 계시된 하나님의 계명이며, 또 그렇게 존속한다는 사실이다. 예수 그리스도에 의해 계시되고, 하나님의 기쁘신 뜻에 따라 예수 그리스도 안에서 계시된 하나님의 계명 외에 다른 계명은 없다.

이것이 의미하는 바는 다음과 같다. 하나님의 계명은 창조된 세상에서 자라 나온 것이 아니라, 위로부터 아래로 내려온 것이라는 사실이다. 하나님의 계명은 세상 권세와 법률을 통한 인간의 실제적 요구에 의해 생겨난 것이 아니다. 즉, 자기 보존의 충동, 굶주림, 성, 정치권력 등의 요구에서 생겨난 것이 아니다. 하나님의 계명은 지상의 모든 요구를 초월하여 요구하고 심판하면서 존재한다. 하나님의 계명은 실제적인 권력 관계와는 독립적으로, 지상에서 폐지할 수 없는 상위와 하위 질서를 설정한다. 하나님의 계명은 이러한 질서를 설정함으로써, 위에서 언급한 윤리적 진술을 위한 권한을 부여한다. 더 포괄적으로 말하면, 하나님의 계명을 선포할 수 있는 권한을 부여한다.

하나님의 계명은 예수 그리스도 안에서 계시된 계명이다. 그러므로 하나님의 계명을 선포하는 권세를 부여받은 권위 가운데 어느 하나가 자기의 절대성을 주장할 수 없다. 오직 교회, 가족, 노동, 정치권력이 서로 경계를 지키면서, 동등한 위치에서 각자의 방법으로 하나님의 계명이 효력을 발생하도록 해야 한다. 그렇게 할 때 이들에게 위로부터 말의 권세가 주어진다. 이들 중 어느 하나의 권위도 배타적으로 스스로를 하나님의 계명과 동일시할 수 없다. 이들 권위들이 서로, 나란히, 함께, 마주하며 질서 있게 정돈될 때, 하나님의 계명의 탁월성이 드러난다. 또한 오직 이러한 구체적인 관계의 다양성, 그리고 경계 설정의 다양성 속에서 하나님의 계명은 예수 그리스도 안에서 계시된 계명으로서의 효력을 갖는다.

하나님의 계명은 예수 그리스도 안에서 계시된 것으로서 항상 누군가를 **향한**zu 구체적인 말씀이다. 그것은 결코 무언가에 대해서나 누군가에 대해서über 하는 추상적인 말이 아니다. 하나님의 계명은 항상 구체적으로 말을 걸어 오며, 구체적인 요구를 한다. 그것은 너무도 포괄적인 동시에 결정적인 방법으로 주어진다. 그러므로 이러한 계명과 부딪칠 때 더 이상 해석의 자유나 응용의 자유는 없으며, 오직 복종과 불복종의 자유가 있을 뿐이다.

예수 그리스도 안에서 계시된 하나님의 계명은 삶 전체를 아우른다. 하나님의 계명은 일반 윤리처럼 삶에서 넘지 말아야 할 한계선을 지키는 역할만 하는 것이 아니라, 그 자체로 삶의 중심Mitte이며 삶의 충만함Fülle이다. 하나님의 계명은 당위일 뿐 아니라, 허락이다. 하나님의 계명은 금지할 뿐 아니라, 삶을 위하여 자유롭게 한다. 하나님의 계명은 거침없이 행동할 수 있는 자유를 준다. 하나님의 계명은 잘못된 삶을 멈추게 할 뿐 아니라, 우리가 항상 의식하지는 못하더라도 우리와 동행하며 인도한다. 하나님의 계명은 우리 삶이 날마다 하나님의 인도하심 가운데 머물도록 한다. 부모와 자녀의 관계를 한 가지 예로 들어 보자. 하나님의 계명은 부모에게 반항하는 자녀에게 위협적인 심판의 경고만을 의미하지 않는다. 그뿐만 아니라, 하나님의 계명은 무수한 상황 속에서 자녀와 만나고, 함께 동행하면서 인도해 준다. 그리하여 자녀가 매일의 삶에서 부모를 공경하고 사랑하도록 돕는다. 하나님의 계명은 단지 제5계명과 같이 장엄한 형태로만 존재하는 것이 아니다. 하나님의 계명은 가족 공동체 안에서 구체적으로 취할 태도와 행동에 대한 일상적인 말이나 권면, 요청의 형태로도 존재한다. 이것은 계명이 갈가리 찢겨 분산되는 것을 의미하지 않는다. 이것은 삶이 계명으로 인해 수많은 시작들 속에서 무너져 내리는 것이 아니라, 오히려 분명한 방향을 얻게 됨을 의미한다. 또한 삶이 계명으로 인해 내적인 견고함과 확실한 보호를 받게 됨을 의미한다. 하나님의 계명은 인간이 그것을 항상 의식하지 못하더라도, 이미 그 안에서 살아가는 삶의 기본 요소가 된다. 삶의 기본 요소로서의 계명은 활동과 행동의 자유를 의미하며, 결정하고 행동하는 데 따르는 두려움에서 해방되는 것을 의미한다. 그것은 또한 확신과 평안, 신뢰와 중용, 평화를 의미한다. 그 이유는 내 삶의 경계선에 "너는 해서는 안 된다"라는 위협의 푯말이 서 있기 때문이 아니라, 삶의 중심과 충만함 속에서 내가 만나는 사건들, 부모, 결혼, 생명, 재산 등이 하나님의 거룩한 규율로 긍정되기 때문이다. 내가 그 속에 살고 있으며, 또 살아가기를 원하므로, 나는 부모를 공경하고, 결혼 생활을 지키며, 타인의 생명과 재산을 귀중히 여긴다. 이 계명이 내가 경계선을 넘지 않도록 위협할 뿐 아니라, 사실적인 내용을 통해 깨우치고 굴복시킬 때 비로소 나는 결정에 따른 불안과 불확실성에서 해방된다. 내가 아내를 사랑하고 결혼을 하나님의 규율로 긍정할 때, 결혼은 내면의 자유를 주며 삶과 행동에 확신을 준다. 그렇게 될 때 결혼 생활에서 모든 걸음걸이를 의심스런 눈초리로 관찰하지 않아도 되며, 자신의 모든 행동에 의문을 품지 않아도 된다. 그러면 간음에 대한 하나님의 금지가 결혼의 중심이 되지 않을 수 있다. 즉, **마치 결혼의 의미와 목적이 간음을 피하는 데 있기라도 하다는 듯이**, 나의 모든 생각과 행동이 금지의 계명을 중심으로 돌아가는 삶을 살지 않아도 된다. 결혼에 두신 하나님의 위임을 완성하기 위한 전제는, 결혼이 잘 보존되고 자유로이 긍정되도록 하는 것이다. 다시 말해, 간음에 대한 금지 조항 따위는 잊어버리고, 결혼을 지키며 자유롭게 긍정하며 사는 삶이다. 이때 하나님의 계명은 자유롭고 확신 있게 결혼 생활을 영위하도록 하는 허락이 되는 것이다.

하나님의 계명은 하나님 앞에서 인간으로 살아갈 수

있다는 허락이다.

하나님의 계명은 **허락**Erlaubnis이다. 하나님의 계명은 **자유**Freiheit를 "명한다"는 사실에서 인간의 모든 법과 구별된다. 하나님의 계명은 이러한 모순을 없앤다는 점에서 "하나님의" 계명으로 증명된다. 하나님의 계명은 불가능한 것을 가능케 하며, 모든 금지할 수 있는 것 저편에 있는 것, 곧 자유가 계명의 본래적인 대상이 된다는 점에서 하나님의 계명으로 증명된다. 하나님의 계명은 지극히 고귀한 것이요, 결코 값싼 것이 아니다. 여기서 허락이나 자유는 하나님이 인간에게 이제 하나님의 계명을 떠나서 자신의 선택에 따라 활동할 영역을 제공하셨음을 의미하지 않는다. 오직 하나님의 계명 안에서 바로 이 자유, 이 허락이 샘물처럼 솟아난다. 오직 하나님의 계명을 통해서, 하나님의 계명 안에서만 이러한 자유와 허락이 가능하다. 그것은 결코 하나님과 분리되지 않으며, 언제까지나 "하나님의" 허락으로 머물러 있다. 오직 이 하나님의 허락에 의해서만, 결단과 행동의 순간마다 찾아와 마음을 괴롭히는 불안으로부터 자유롭게 되어 하나님의 계명을 통한 인도하심과 개인적인 성과에 대한 확신을 가질 수 있다. 칸트나 피히테가 "허락된 것"이라는 개념을 윤리학에 넣지 않은 것은, 허락된 것을 하나님의 계명에 대해 중립적인 것, 독립적인 것, 관계가 없는 것으로 이해한다면 타당하다. 그러나 하나님의 허락이라는 개념, 곧 하나님의 계명에서 나오는 허락을 배제하고 그 자리를 순수한 의무 개념으로 대치한다면 옳지 않다. 이러한 순수한 의무 개념은 인간의 삶 전체를 포괄하고 견인하기에는 너무 비좁다는 사실이 이미 거듭 입증되었기 때문이다.

하나님의 계명은 인간이 하나님 앞에서 인간으로 살도록 허락한다. 윤리적 결단의 주체로서, 윤리학의 생도로서뿐만 아니라, "인간으로서" 하나님 앞에 살도록 한다. 여기서 인간이 무엇을 의미하는지는 마티아스 클라우디우스M. Claudius의 「인간Der Mensch」이라는 제목의 시에 아주 잘 표현되어 있다.

여인에게서 놀랍게
잉태되고 양육되어
그는 와서, 보고, 들으며
쉽게 속임수에 빠지네.

욕망하고, 욕심내며
눈물 흘리네.
경멸하고, 숭배하며
기쁨도 있고 위험도 있네.
믿고, 의심하고, 공상하고, 가르치며
아무 의지할 것 없이 모든 것을 참되게 받아들이네.
세우고, 무너뜨리며
언제까지나 괴로워하네.
자고, 깨고, 성장하고, 소진되네.
갈색 머리 백발이 되고
여든이 되어도,
모든 것은 그대로네.
그때 그는 선조들 옆에 누워
다시는 돌아오지 않네.

이 시는 인간 생애의 시간성과 충만함, 덧없음을 비할 수 없이 잘 표현하고 있다. 우리가 하나님의 계명에 관해 말할 때, 바로 **이러한** 삶을 다루는 것이다. "윤리적인 것"은 **이러한**

삶에 관해서는 아무것도 모른다 . "윤리적인 것"은 이러한 삶을 항상 가로막으려고 하며, 매 순간 여러 의무들 사이에서 갈등하게 할 뿐이다. "윤리적인 것"은 항상 이러한 삶 앞에서 자기에 대한 의문을 품게 할 뿐이다. 이러한 삶을 무수한 개별적인 결정들 속으로 해체할 뿐이다. 잉태되는 순간부터 무덤에 이르기까지 삶의 "흐름"은 윤리적인 것으로 파악할 수 없는 "윤리 이전의 것"vorethisch이다. 즉, 행동의 동기는 모호하며, 모든 행동은 의식적인 것과 무의식적인 것, 자연적인 것과 초자연적인 것, 소질과 의무, 이기적인 것과 이타적인 것, 원하는 것과 필연적인 것, 능동적인 것과 피동적인 것을 통해 이루어진다. 모든 행동은 수동적인 것, 일어나는 대로 내버려 두는 것An-sich-geschehen-lassen인 동시에 그 반대이기도 하다. 이 모든 것이 "윤리적인 것"에 반하며, 윤리는 삶에서 꼬여 있는 그런 부분들을 싹둑 잘라 낸다. 하나님의 계명은 인간이 하나님 앞에서 인간이기를 허락한다. 하나님의 계명은 삶이 그 흐름대로 흘러가도록 한다. 하나님의 계명은 인간이 먹고 마시고 잠자고 일하며 축제를 벌이고 즐기는 것을 허락한다. 하나님의 계명은 삶의 흐름을 중단하지 않는다. 하나님의 계명은 인간이 먹고 자고 일하고 쉬어도 되는지, 더 긴급한 의무는 없는지를 물으며 인간을 몰아세우지 않는다. 하나님의 계명은 인간을 자기 자신과 자신의 행위에 대한 판단자와 심판자로 만들지 않는다. 하나님의 계명은 인간이 그 계명을 통한 인도하심에 대한 신뢰와 확신 가운데 살며 행동하도록 허락한다. 동기의 순수성에 대한 자학적이고 절망적인 물음, 의심스러운 자기 관찰, 끊임없는 자의식으로 지치게 하는 현란한 빛, 이 모든 것은 살며 행동하도록 자유를 선사하신 하나님의 계명과 아무런 관계도 없다. 인간의 삶과 행동의 뿌리는 어둠 속으로 뻗어 있으며, 능동성과 수동성, 의식과 무의식이 서로 얽혀 있어서 풀기가 어렵다. 이런 것들은 하나님의 계명을 통한 삶의 허락 속에 함께 포함되어 있다. 오직 하나님의 허락하심을 붙들 때, 우리의 삶 가운데 위로부터 빛이 임한다.

하나님의 계명 앞에서 인간은 영원한 선택의 갈림길에 서 있는 헤라클레스가 아니다. 하나님의 계명 앞에서 인간은 올바른 결정을 위해 영원히 씨름해야 하는 존재가 아니다. 하나님의 계명 앞에서 인간은 여러 의무들 사이에서 갈등하며 녹초가 되기까지 소진해야 하는 것도 아니다. 다람쥐 쳇바

퀴 돌듯 거듭 좌절하고, 또 새로 시작하기를 반복하며 살아야 하는 것도 아니다. 하나님의 계명은 삶이 크게 동요하는 가운데, 고도의 의식에 의해서 경험되는 위기의 순간에만 나타나는 것이 아니다. 하나님의 계명 앞에서 인간은 실제로 가야 할 그 길을 이미 가고 있는 것이다. 하나님의 계명 앞에서 인간은 언제나 삶의 갈림길에 우선 서 있어야만 하는 것은 아니다. 그는 언제나 결단을 앞두고 살아야 하는 것도 아니며, 정말이지 올바른 결단을 뒤로하고 살 수 있다. 그는 내적 갈등 없이 한 가지 일만 할 수 있으며, 다른 일은 뒤에 남겨 둘 자유가 있다. 그 다른 일이 이론적·윤리적으로 똑같이 긴급하더라도 그렇다. 그는 이미 한 가지 일을 시작했을 수 있고, 그의 길에서 천사가 함께하듯 계명이 동행하며 그를 보호하고 인도하도록 맡길 수 있다. 하나님의 계명은 일상에서 아주 사소하고 무의미하게 보이는 말과 글, 충고와 도움의 형태로 다가오기도 한다. 그리하여 우리의 삶을 일관된 방향으로, 인격적으로 인도해 줄 수 있다.

계명의 목적은 계명을 범하지 않도록 하는 것이 아니며, 윤리적인 갈등과 결단 앞에서 고통당하도록 하는 것도 아니다. 계명의 목적은 교회에서, 결혼에서, 가정에서, 노동에서, 그리고 국가 안에서 자유롭게 긍정된 자명한 삶을 살아가도록 하는 것이다. "윤리적인 것"은 단지 한계와 형식, 부정적인 것만을 규정한다. 그러므로 윤리의 주제로 가능한 것은 오직 경계선에서의 형식적이고 부정적인 것뿐이다. 반면, 하나님의 계명은 긍정적인 내용을 주제로 하며, 이러한 긍정적인 내용을 수긍하는 인간의 자유에 관해 다룬다. 그러므로 기독교 윤리학의 주제로서 하나님의 계명은, 오직 긍정적인 내용과 인간의 자유를 동시에 주목할 때만 가능하다. 인간의 자유를 희생시킨 채 구체적인 경우에 대비해서 미리 결단하는 결의론Kasuistik은 기독교 윤리학의 주제로서 하나님의 계명에 합당하지 않다. 이와 마찬가지로 긍정적인 내용을 희생한 대가로 주어지는 형식적인 자유의 교리도 기독교 윤리학의 주제로 합당하지 않다. "윤리적인 것"이 궁극적으로 다루는 문제는 삶의 온전한 충만함 속에서 함께 살아가기 위한 공간을 정하고 만드는 것이다. 반면, 하나님의 계명은 그 구체적인 내용 속에서, 이렇게 "함께 살아가는 것"Mitleben 자체를 중요하게 다룬다. 그리고 계명 안에서, 계명의 구체적인 내용을 통해 가능해진 인간의 자유 안에서 "함께 살아가는 것"이 중요한 주제가 된다. 이로써 하나님의 계명에는 "윤리적인 것"도 함께 포함되어 있음이 분명해진다. 여기서 결정적으로 중요한 것은 윤리적인 것 역시 하나님의 계명을 포함한다고 거꾸로 말해서는 안 된다는 사실이다. 그렇게 되면 계명은 부수적인 것으로 전락하고, 윤리의 특수한 사례나 구체적인 "응용"일 뿐 아무것도 아닌 것이 되어 버린다. 그러나 계명은 구체적인 내용을 담고 있으며, 계명이 구체적인 내용을 담고 있기에 가능해진 인간의 자유 속에 근원적인 것이 있다. 이러한 근원으로부터 한계가 정해지며 공간이 마련된다. 계명은 그 공간과 한계에 속한 채 충만해질 수 있는 것이다. 하나님의 계명과 함께하는 삶의 충만함과 충실함에서 한계가 정해지는 것이지, 그 반대로 되는 것이 아니다. 이제 결론적으로 "윤리적인 것"이라는 철학적 개념을 "율법"이라는 성경적 개념으로 대치하면, 하나님의 계명과 율법은 불가분한 관계로 서로에게 속하게 된다. 그럼에도 양자는 명확하게 구별되며, 율법은 계명 속에 포함된다. 여기서 율법은 계명에서 생겨나며, 계명을 통해 이해될 수 있다.

이로써 우리의 고찰은 다음과 같이 두 갈래로 나누어진다. 1) 하나님의 구체적인 계명,[1] 2) 율법.

구체적인 계명과 거룩한 위임

예수 그리스도 안에서 계시된 하나님의 계명은 네 가지 상이한 형태의 위임을 통해 우리와 구체적으로 만난다. 하나님의 계명은 인간의 삶을 포괄하는 통일성 속에서 우리와 만나며, 또 인간과 세상에 대한 전적인 요구 가운데 화목케 하시는 하

1. 편집자 주: 다음은 "**잘못된** 설문"이라는 제목 아래 쓰여진 초안이다. 1) 하나님의 뜻은 어떻게 구체적이 되는가? 대답: **하나님의** 뜻은 항상 구체적이다. 그렇지 않다면, **하나님의** 뜻이 아니다. 다시 말해, 하나님의 뜻은 추론하여 "현실"에 적용해야 하는 하나의 원리가 아니다. 즉시 행동으로 옮기지 않고도 인식될 수 있는 하나님의 뜻은, 결국 하나의 보편적인 원리일 뿐 하나님의 뜻이 아니다. 2) 그리스도인의 선한 의지는 어떻게 구체적으로 되는가? 선한 의지는 항상 이미 구체적인 행동이다. 그렇지 않다면, 그것은 그리스도인의 의지가 아니다. 인간이란 항상 이미 구체적인 행동 속에 있다. 3) 이런저런 경우에 어느 것이 하나님의 뜻인가? 구체적인 것에 대한 결의론적 오해. 구체적인 것은 그런 방법으로 도달할 수 없다. 구체적인 것은 다시 원칙적인 것으로 선취되기 때문이다. 4) 형식적인 오해. 5) 가치론에서의 극복을 위한 철학적 시도.

나님의 사랑을 통해 우리와 만난다. 네 가지 위임은 상이하지만, 오직 계명을 통해 하나의 형상을 이루고 있다. 또 교회, 결혼과 가족, 문화, 정치권력 속에서 우리와 만난다.

하나님의 계명은 언제 어디서나 발견되는 것이 아니다. 하나님의 계명은 이론적 추론이나 개인적인 영감에서, 또는 역사상 권세자들이나 숭고한 이상에서 발견되는 것도 아니다. 하나님의 계명은 오직 스스로 자기를 드러내는 곳에서만 발견된다. 다시 말해 오직 하나님 자신이 권한을 부여하신 곳에서만, 하나님의 계명은 말해질 수 있다. 그리고 오직 하나님이 권한을 허락하시는 한계 안에서 하나님의 계명은 합법적으로 실행될 수 있다. 역사의 권세자들이 있는 곳이나 강한 이상과 확고한 인식이 있는 곳이 아니라, 그리스도의 계시에 기초한 "하나님의 위임"이 있는 곳에서 하나님의 계명은 발견될 수 있다. 이러한 하나님의 위임은 교회, 결혼과 가족, 문화와 정치권력 속에서 다루어진다.[2]

2. 편집자 주: 1944년 1월 23일 자 옥중서신에서 본회퍼는 우정이 어디에 속하는가라는 물음에 이렇게 답했다. "우정을 사회학적으로 분류하는 것은 쉬운 일이 아니네. 아마도 우정은 문화나 교육의 개념에 속한 아류 개념으로 이해해야 하지 않

을까 싶네. 반면, 형제애는 교회의 개념 아래, 동지애는 노동의 개념이나 정치적인 개념 아래 두고 분류할 수 있을 것이네. 결혼과 노동, 국가와 교회는 각각 구체적인 하나님의 위임이 주어져 있는 데 반해, 문화와 교육은 어떻게 말해야 할까? 나는 그것을 단순히 노동의 개념에 포함시킬 수 없다고 생각하네. 물론 여러 가지 면에서 그렇게 하고 싶은 유혹이 없지 않지만 말이네. 그것은 복종의 영역이 아니라, 하나님의 위임의 세 가지 영역을 모두 아우르는 자유로운 활동 영역에 속하는 것이지. 이러한 자유로운 활동 영역을 알지 못한다면, 그 사람은 아마도 선한 아버지, 선한 시민, 선한 노동자일 수 있고, 더 나아가 선한 그리스도인일 수도 있겠지만, 그가 완전한 인간인지의 여부는(그리고 이 개념의 완전한 의미에 있어서 그리스도인인지는) 나에게 의문으로 남아 있다네. 우리의 '프로테스탄트적인(루터교적이 아닌) 프로이센적 세계'는 매우 강하게 네 가지 위임에 의해 규정되기 때문에, 자유의 활동 영역은 완전히 뒷전으로 밀려나고 말았지. 어쩌면 오늘날에는 오직 교회의 개념이 자유의 활동 영역(예술, 문화, 우정, 오락)의 의미를 되찾아 주는 것처럼 보이기도 하네. 자네는 어떻게 생각하나? 그리하여 '미적 실존'(키르케고르)은 교회의 영역에서 떠난 것이 아니라, 바로 그 안에서 새롭게 근거를 마련하게 된 것 아닐까? 중세기와의 접촉점도 여기서부터 새롭게 찾을 수 있으리라고 나는 믿네! 예를 들어, 오늘날 누가 자유롭게 음악과 우정에 관심을 가지고 즐기며 기뻐할 수 있을까? 분명 '윤리적인' 인간이 아니라, 오직 그리스도인만이 그렇게 할 수 있을 것이네. 바로 우정이 자유의 영역(그리스도인의 존재)에 속해 있기 때문이지. 그러므로 우리는 '윤리적인' 실존의 이맛살을 찌푸리게 하는 것으로부터 분명하게 우리의 정체성을 지켜야 하네. 그렇게 하기 위해서는 하나님의 계명의 필연성이 아니라 자유의 필연성을 주장해야 하네. 나는 자유의 영역 안에서 우정은 가장 희귀하면서도 가장 귀한 재산이라고 믿네. 세 가지 위임이 지배적인 우리의 세계에서 도대체 우정은 찾아보기 힘들지 않은가? 우정은 위임의 가치와 비교할 수 없네. 우정은 이들 위임에 대하여 의형제(sui generis) 같으면서도, 마치 곡식이 무르익은 들판에 피는 달구지 국화꽃처럼 위임에 함께 속해 있는 것이라고 할 수 있네(「친구」라는 시를 보라).

위임의 개념

"위임"Mandat은 그리스도의 계시에 근거를 두고 성경을 통해 증거된 구체적인 하나님의 위탁이라고 이해할 수 있다. 또한 그것은 특정한 하나님의 계명을 실행할 수 있는 권한과 합법성이 주어진 것이라고 이해할 수 있다. 즉, 위임은 지상의 기관들에 하나님의 권위가 부여된 것을 말한다. 동시에 위임은 어느 특정한 지상의 영역이 하나님의 계명을 통해 활용되고, 장악되며, 형성되는 것이라고 말할 수 있다. 위임받은 자는 위임한 자를 대신하여 그 대리자로서 행동한다. 올바르게 이해될 수만 있다면, 여기서 "질서"Ordnung의 개념을 사용해도 좋을 것이다. 그러나 질서의 근거가 오직 하나님이 부여하신 권한과 합법성에 있음에도 질서 자체에 지나치게 집중하게 될 위험이 있다. 그리하여 모든 기존 질서를 너무 쉽게 신적 제재라는 시각으로 접근할 위험이 있다. 그 결과 네 가지 하나님의 위임에 대한 기독교의 가르침과는 전혀 동떨어진 낭만적 보수주의가 나타날 위험이 있다. 만약 질서의 개념이 이러한 오해에서 벗어날 수만 있다면, 위에서 말한 의미에 대해 질서 개념을 이용하여 강력하면서도 적절한 방식으로 표현할 수 있을 것이다. 또한 종교개혁 이래로 입증된 "신분"Stand이라는 개념을 여기서 사용할 수도 있다. 그러나 이 개념은 역사의 흐름 속에서 지나치게 비대해졌기 때문에, 본래의 순수한 의미로 받아들여질 수 없게 되었다. 신분이라는 말은 인간적 특권이나 우월성이라는 여운만 남길 뿐, 본래의 겸허한 품격은 더 이상 찾아볼 수 없다. 마지막으로, "직무"Amt의 개념은 너무 세속화되어 있고, 제도적이고 관료적인 사고와 지나치게 밀착되어 있다. 그리하여 직무라는 말에 담긴 신적 결의의 고귀함을 전혀 인식할 수 없다. 결국 우리는 더 적절한 단어를 발견하지 못한 채, 우선 위임이라는 개념에 머물러 있을 수밖에 없다. 그러나 우리는 이러한 사실을 명확히 밝히면서, 질서와 신분과 직무의 낡은 개념을 갱신하고 회복하는 데 기여하고자 한다.

예수 그리스도 안에서 계시된 것처럼, 하나님의 위임은 오직 하나님의 **유일한** 계명에만 의존한다. 하나님의 위임은 그리스도의 현실Christuswirklichkeit의 구성 요소로서 위로부터 세상에 주어진다. 즉, "질서들"로서 위로부터 세상에 주어진 것이다. 그리스도의 현실은 예수 그리스도 안에서 계시된 세상과 인간을 향한 하나님의 사랑의 현실이다. 다시 말해 이 위임들은 결코 역사로부터 자라 나온 것이 아니며, 지상 권력에 속한 것도 아니고, 하나님의 위탁이다. 교회, 결혼과 가족, 문화와 정치권력이 무엇을 의미하는지는 위로부터가 아니라면 말할 수도 이해할 수도 없다. 즉, 그것은 하나님에 의하여 말하고 이해해야 한다. 위임을 수행하는 자는 아래로부터 위탁을 받은 것이 아니다. 또 인간적 의지로 형성된 것을 실현하는 자가 아니며, 그것을 대표하는 자도 아니다. 그는 엄밀한 의미에서 하나님으로부터 위탁을 받은 자이며, 하나님을 대리하는 자로서 그 자리에 있다. 이는 교회, 가족, 정치권력이 역사적으로 나타난 형식이나 방식과는 전혀 무관하다. 그러므로 위임의 영역에는 절대 폐기될 수 없는 상위와 하위가 하나님이 부여하신 권한을 힘입어 정해져 있다.

하나님의 계명은 항상 지상의 권위 관계 속에서, 상위와 하위를 통해 규정된 질서 속에서 인간과 만나기를 원한다. 그러나 여기서 상위와 하위는 보다 자세한 규정을 필요로 한다. 1) 그것은 지상의 권력 관계와 동일한 의미가 아니다. 결코 강한 자가 약한 자에 대해 하나님의 위임을 부여받았다고 주장할 수 없다. 오히려 신적 위임은 지상의 권력 관계를 그 나름의 방식으로 수정하고 정돈하는 것을 본질로 한다. 2) 더 나아가 하나님의 위임은 상위뿐만 아니라 하위도 만든다는 사실이 강조되어야 한다. 상위와 하위는 따로 떨어질 수 없이 서로가 서로에게 경계를 두는 관계 속에 있다. 이것은 뒤에서 더 자세히 다루고자 한다. 3) 여기서 상위와 하위는 개념이나 사물의 관계가 아니라 상호 인격의 관계다. 그리고 이러한 인격은 상위든 하위든 오직 하나님의 위탁과 하나님께만 복종한다. 세상에서 주인의 자리에 있는 자들도 한분 주님을 섬길 뿐이다. 오직 이 사실이 어떤 사람이 그의 종에 대해 주인이 되는 근거이며, 그에게 권한과 합법성을 부여해 준다. 주인과 종은 하나님의 위임에 참여하는 가운데 생기는 영예에 대해 서로 공동 책임을 진다. 상위 존재는 자신의 직위를 오용하여 아래에 있는 자에게 해를 끼칠 수 있다. 마찬가지로 하위 존재도 똑같은 이유로 상위 존재에게 해가 될 수 있다. 개인적 탈선은 별개로 치더라도, 상위 존재와 하위 존재가 하나님의 위임에 근거한다는 사실이 더는 인식되지 않을 때, 불가피하게 양쪽 모두 자신의 직위를 오용하는 일이 발생한다. 그러면 상위 존재는 자신의 직위를 운명의 우연한 호의로 받아들여, 자기 손아귀에 움켜쥐고 비양심적으로 오용할 수 있다. 이와 마찬가지로 하위 존재도 부당한 차별이라고 여겨 격분하고 봉기할 수 있다. 그러나 언제든 하위 존재가 자기 속에 잠재된 힘을 의식하면 위기의 순간이 닥쳐온다. 그때 하위 존재는 자기 인식과 해방의 순간적인 충동으로, 파괴와 부정, 의심과 반역의 어두운 힘을 향해 돌진하게 될 것이다. 이러한 혼돈의 힘 속에서 기존하는 모든 것, 모든 상위 존재를 정복할 수 있다고 느끼면, 머지않아 상위와 하위의 관계가 뒤바뀌는 순간이 올 것이다. 그렇게 되면 참된 상위와 하위는 존재하지 않으며, 상위 존재는 그의 권위와 합법성을 오직 아래로부터 끌어올리게 된다. 그리고 하위는 상위가 하위에 의해 존재한다는 것을 알고, 상위 존재를 단지 하위 존재의 화신이라 여기며 도전하게 된다. 이 경우 하위는 불가피하게 상위 존재에게 지속적인 위협이 될 뿐이다. 이러한 위협 앞에서 상위는 한편으로 하위를 더욱 선동하고, 다른 한편으로는 불온한 세력인 하위를 폭압으로 다스림으로 "상위"의 지위를 유지하게 된다. 상위와 하위의 관계가 이런 식으로 뒤바뀌고 해체되는 단계에 이르면,

서로에 대한 깊은 적개심과 불신, 기만과 시기가 지배하게 된다. 이와 같은 분위기 속에서는 상위 존재와 하위 존재의 단순한 개인적 오용도 전에 없이 격화된다. 그러면 반역의 힘 앞에 전율하면서 위로부터 주어진 참된 질서가 가능한 시절이 있었다는 사실이 마치 하나의 기적처럼 느껴질 것이다. 현재 일어나고 있는 일들을 목도하면서 더욱 그렇게 느낄 수밖에 없을 것이다. 상위와 하위의 참된 질서는 "상위"의 위탁에 대한 믿음, 곧 "주인들"의 "주인"에 대한 믿음에 의해 유지된다. 오직 이러한 믿음이 있을 때, 아래로부터의 봉기라는 악마적 힘을 제어할 수 있다. 이 믿음이 깨어지면, 그때는 위로부터 세상에 주어져 있는 전체 구조가 무Nichts로 와해되어 버린다. 이것을 일컬어 어떤 이는 민중의 기만이었다고 말하고, 또 어떤 이는 기적이었다고 말할 것이다. 그러나 어느 쪽이든 믿음의 힘에 대해 놀라움을 금치 못할 것이다.

하나님의 위임으로서의 교회, 결혼과 가족, 문화와 정치권력은 오직 공존과 의존과 대립 관계 속에서 예수 그리스도 안에 계시된 하나님의 계명으로서 경청될 수 있다. 이러한 위임들 가운데 어느 것도 홀로 존재할 수 없으며, 또 자기 홀로 다른 모든 것을 대신할 수 있다고 주장할 수 없다. 이 위임들은 **서로 함께**miteinander 존재하든지, 아니면 하나님의 위임이 아니든지 둘 중 하나다. 공존은 각기 고립되거나 격리되어 있다는 뜻이 아니라, 서로를 향하고 있다는 말이다. 이 위임들은 **서로를 위해**füreinander 존재하든지, 아니면 하나님의 위임이 아니든지 둘 중 하나다. 이와 같은 공존과 의존 관계에서 하나는 다른 하나에 의해 제한된다. 그리고 이 제한은 상호 의존하는 관계 속에서 필연적으로 상호 대립하는 관계로 경험된다. 만약 상호 대립이 존재하지 않는다면, 그곳에는 더 이상 하나님의 위임도 존재하지 않는다.

말하자면, 상위 존재는 세 가지 각기 다른 방식으로 영향을 미치는 제한 속에 있다. 즉, 위탁자이신 하나님 자신을 통해서, 다른 위임들을 통해서, 그리고 하위 존재를 통해서 제한을 받으며 존재한다. 동시에 이러한 제한은 상위 존재를 보호하는 역할을 한다. 그리고 이 보호는 상위 존재에게 하나님의 위탁을 자각하도록 촉구하고 고무한다. 이는 마치 제한이 상위 존재의 월권행위를 경고하는 역할을 하는 것과 같은 이치다. 보호와 제한은 동전의 양면과도 같다. 하나님은 제한하면서 보호하시고, 경고하면서 격려하신다.

이제 우리는 네 가지 위임에서 하나님의 계명을 차례로 살펴본 후, 이들의 공존 관계, 의존 관계 및 대립 관계를 논할 것이다.

교회 안에서 하나님의 계명

하나님의 계명은 교회 안에서 두 가지 방식으로 우리와 만난다. 설교와 죄 고백이 그것이다. 죄 고백은 다른 말로 교회의 징계라고 할 수 있다. 즉, 하나님의 계명은 설교를 함께 듣기 위해 모인 회중을 향하는 한편, 은밀하게 개개인을 향한다. 계명의 이 두 가지 형태는 필연적으로 공속 관계에 있다. 죄 고백, 곧 교회의 훈련이 상실되고 없으면, 설교에서 하나님의 계명은 단지 일반적이고 도덕적인 원칙으로 이해될 뿐이다. 그렇게 되면 계명의 모든 구체적인 요청이 결여될 수밖에 없다. 다른 한편으로, 공중 예배의 설교가 고해성사 뒤로 물러나면, 구체성에는 부족함이 없지만 신앙의 자유를 침해하는 위험한 율법적 결의론이 생겨난다. 그 결과 다른 하나님의 위임들, 곧 가족과 문화, 정치권력의 영역을 비밀리에 끊임없이 간섭하고 침해하는 일이 불가피하게 일어난다. 그뿐만 아니라, 교회의 위임을 절대화하기 위해 위임의 자유로운 공존 관계를 파괴하게 된다. 이러한 두 가지 가능성에서 의심의 여지 없이 개신교의 약점과 가톨릭의 약점이 드러나고 있다. 개신교는 구체적인 윤리를 잃고 말았다. 그 이유는 목사가 고해성사의 문제와 책임 앞에 서야 할 필요성을 더 이상 느끼지 못하게 되었기 때문이다. 그리스도인의 자유에 대한 잘못된 호소로 인해, 목사는 하나님의 계명을 구체적으로 선포하는 일을 저버렸다. 그러므로 죄 고백의 신적 직무를 재발견할 때에만, 개신교는 비로소 종교개혁 당시 소유하고 있던 구체적인 윤리로 되돌아갈 수 있을 것이다. 가톨릭 사제는 성직 교육 기간 내내 고해성사를 베풀 수 있는 신부Beichtvater로 준비되는 일에 온전히 몰두한다고 해도 과언이 아니다. 그는 고해성사에서 자신이 내려야 할 결정에 대해, 헤아릴 수 없이 다양한 "경우"를 미리 다뤄 보면서 연구한다. 하지만 그로 인하여 하나님의 계명의 율법화와 교육화라는 위험에 매우 근접해 있다는 의심을 피할 수 없다. 가톨릭교회에 도사리고 있는 이러한 위험은 기독교의 설교 직무를 재발견할 때에만 극복될 수 있을 것이다.

교회에서 이 하나님의 계명의 두 가지 형태는 **신적 계시의 선포**라는 점에서 공통점을 가진다. 교회에 주어진 위임은 진리의 말씀에 대한 **선포**의 위임이다. 하나님이 원하시는 하나의 장소가 있다. 하나님은 바로 그곳에서 말씀이 세상 끝날까지 항상 거듭 말해지고, 변호되고, 전달되고, 해석되며, 널리 전파되기를 원하신다. 예수 그리스도 안에서 하늘로부터 오신 말씀은 인간의 말이라는 형상을 입고 다시 오기를 원하신다. 교회의 위임은 하나님의 말씀이다. 하나님은 이 말씀 안에 현존하기를 원하신다. 하나님은 교회 안에서 그분 자신이 직접 말씀하기를 원하신다.

교회가 선포하는 말씀은 예수 그리스도 안에 나타난 신적 계시의 말씀이다. 이 말씀은 인간의 마음이나 지성, 본성에서 나오는 것이 아니다. 이 말씀은 하늘로부터 내려오며, 하나님의 뜻과 긍휼로 말미암아 인간에게 주어진다. 이 말씀은 예수 그리스도의 명령에 의해서 오며, 예수 그리스도가 제정하신 말씀이다. 그러므로 말씀은 인간에게 오는 동시에 상위와 하위 사이에 분명한 대립 관계를 이루어 낸다. 상위는 선포의 직무이고, 하위는 선포되는 말씀을 듣는 교회 회중이다. 하나님과 예수 그리스도를 대신하여, 교회 회중 앞에 설교의 직무를 수행하는 자가 말씀을 선포하며 서 있다. 설교자는 교회 회중을 대표하는 자가 아니다. 이런 표현을 사용하는 것이 허락된다면, 교회 회중에 대해 하나님을 대표하는 자라고 하는 것이 더 적절하다. 그는 가르침과 권고, 위로와 사죄赦罪의 자격을 부여받았다. 또 그는 죄를 그대로 둘 수도 있다. 그는 목자인 동시에 교회의 목사다. 이 직무는 예수 그리스도에 의해 직접 제정된 것이다. 따라서 그 합법성은 교회 회중의 뜻에 의해서가 아니라, 예수 그리스도의 뜻에 의해서 부여된다. 이 직무는 교회를 **통해서**durch 주어진 것이 아니라, 교회 **안에서**in 주어진 것이다. 동시에 이 직무는 교회와 **함께**mit 주어진 것이다. 이 직무가 교회 안에서 온전하게 수행되면, 교회의 다른 모든 직분도 생명력을 얻고 살아나게 된다. 이러한 직분들은 오직 하나님의 말씀의 직무를 위해서만 섬길 수 있다. 왜냐하면 오직 하나님의 말씀이 홀로 다스리는 곳에 믿음과 섬김이 생겨나기 때문이다. 하나님의 말씀의 선포 속에 깨어난 교회는 설교의 직무를 유일하고 영광스러운 일로 존중하며, 온 힘을 다해 그 직무를 섬기고 동역함으로써 신앙의 진실성을 입증하게 된다. 신앙의 진실성은 자기 믿음에 의지하여 만인사제론의 원칙을 내세우며, 설교의 직무를 경시하고 방해하는 데 있지 않다. 설교의 직무를 자기에게 종속시키려는 시도가 있는 곳에서는 신앙의 진실성을 찾을 수 없다. 설교의 직무가 상위 존재가 되려면, 교회 회중이 진정으로 하위 존재가 되어야만 가능하다. 즉, 교회 회중이 믿음과 기도, 섬김의 역할을 할 때만 가능하다. 다시 말해, 하나님의 질서를 방해하고 파괴하며, 교회 회중이 거꾸로 상위 존재가 됨으로써 설교 직무의 오용과 위험을 막을 수 있는 것이 아니다.

예수 그리스도를 증거하는 일로서 선포의 직무는 성경에 근거한다. 여기서 성경은 본질적으로 설교의 직무에 귀속되어 있고, 설교는 교회에 귀속되어 있다고 감히 말할 수 있다. 성경은 해석되고 전파되기를 원한다. 성경은 본질상 교회의 교훈서가 아니다. 말씀을 강해한 설교 본문은 교회에 속하며, 선포된 설교에 기초하여 교회는 "그것이 그러한가 하여 날마다 성경을 상고하게"행 17:11 된다. 즉, 설교에서 선포된 말씀이 성경에 그대로 쓰여져 있는지를 상고한다는 뜻이다. 다시 말해, 극단적인 경우에는 성경에 근거하여 설교를 반박하는 사태도 일어날 수 있음을 시사한다.[3] 그러나 그런 경우에도 성경이 본질상 교회의 가르치는 직무에 귀속된다는 사실을 전제로 한다. 그리스도인이 개개인이나 하나의 집단으로서 성경을 다루면서, 모든 그리스도인의 평등을 호소하고 신앙의 성숙을 주장하기 위해 성경 말씀의 증거를 근거로 내세울 수 있다. 그러나 이것이 하나님의 계시의 본질을 특별히 중요하게 여기고 있다든지, 특별한 영적 인식의 표시라고는 절대 생각할 수 없다. 오히려 여기에는 엄청난 오만과 무질서, 반항, 영적인 혼돈이 원인으로 작용한다. 우리가 성경의 거룩함에 합당하게 행하려면, 성경을 해석하고 선포하도록 부름받은 것이 은혜로 말미암은 것임을 인식해야 한다. 또 우리가 단지 성경 강해와 설교의 청중으로 허락된 것도 그에 못지않은 은혜임을 인식해야 한다. 설교집과 기도서가 교회 회중을 위한

3. 일반적으로 설교를 심사하는 일은 개별 교인의 소관이 아니며, 교회 치리자들의 방문을 통해 이루어진다. 교인들이 항상 설교를 비판적으로 따지면서 들어야 한다면, 그것은 건강하다고 할 수 없다.

중요한 책이라면, 성경은 설교자의 책이라고 할 수 있다. 아마도 이것은 하나님을 대면하여 서 있는 교회와 직무에 관한 아주 적절한 표현이 될 것이다. 이러한 사고방식은 결코 신성한 체하는 민중교육학에서 나온 것이 아니며, 하나님의 계시에서 나온 것임을 분명히 알아야 한다.[4]

설교의 직무를 맡은 자는 성경을 기초로 예수 그리스도가 세상의 주님이며 구원자이심을 선포한다. 그리스도를 선포하지 않는다면, 그것은 올바른 교회의 선포라고 할 수 없다. 교회에는 두 가지 서로 다른 말씀이 있는 것이 아니다. 즉, 비신자를 위한 보편적이고 이성적이며 자연법적인 말씀과, 신자를 위한 기독교적인 말씀이 따로 존재하는 것이 아니다. 오직 바리새적인 자만심을 가진 자들만이 교회가 어떤 사람들에게는 그리스도를 선포하고, 다른 이들에게는 그렇게 하지 못하도록 할 수 있다. 교회의 말씀은 그 유일한 권리와 권위를 예수 그리스도의 위탁에서 찾는다. 그러므로 이 권위를

4. 여기서 말하는 바는, 힌두교 율법이 인도의 네 번째 계급의 베다 연구를 금지하는 것처럼 성경 연구가 금지되어 있다는 것은 물론 아니다. 여기서 요지는 성경의 본질에 합당하게 다가가는 장소를 인식하는 데 있다.

외면한 모든 말씀은 공허한 소음이 될 수밖에 없다. 예를 들어, 정치권력과의 만남에서도 교회는 단순히 교회이기를 그만두어서는 안 된다. 정치권력에게 주어진 위임은 그리스도에 대한 신앙을 고백하는 것이 아니라, 구체적인 범죄나 부정적인 평가와 관계하며 그런 일을 방지하고 제거하는 것이다. 교회는 오직 자기에게 주어진 고유한 위임을 충실하게 이행하는 가운데, 정치권력이 자기의 위임에 충실하도록 합법적으로 말할 수 있다. 교회의 계명은 하나는 세상을 위해, 다른 하나는 그리스도인을 위해 사용하도록 두 가지 종류의 계명이 주어져 있는 것이 아니다. 교회의 계명은 예수 그리스도 안에서 계시된, 하나님의 오직 **하나**의 계명이 있을 뿐이다. 교회는 이 유일한 계명을 온 세상에 선포할 사명이 있다. 교회는 예수 그리스도를 교회 회중과 온 세상의 주님이요 구원자로 증거한다. 그렇게 함으로써 교회는 그들이 예수 그리스도와의 사귐 안으로 들어오도록 초청하면서 하나님의 계명을 선포하는 것이다.

예수 그리스도는 영원토록 아버지 곁에 계시는 영원한 아들이라는 말은 무슨 의미인가? 이 말은 그리스도가 창조의 중보자이며, 그리스도 없이는 피조물에 대해서 아무것도 생각할 수 없고 그 본질을 파악할 수 없다는 것을 의미한다. 모든 것이 그분을 통해서 그분을 위하여 창조되었고, 만물이 오직 그분 안에서만 실존한다.골 1:15 이하 예수 그리스도 외부에서 피조물에 대한 하나님의 뜻을 인식하려는 시도는 헛될 뿐이다. 예수 그리스도는 인간이 되신 하나님이다. 이 말은 하나님이 인간의 육체적 본질을 모두 취하셨음을 의미한다. 이 말은 이제부터 하나님의 본질은 인간의 형상이 아닌 것에서, 인간의 형상 외부에서 발견할 수 없다는 뜻이다. 이 말은 인간이 예수 그리스도 안에서, 진실로 하나님 앞에 인간으로 살 수 있도록 자유롭게 되었음을 의미한다. "기독교적인 것"은 인간적인 것 너머 저편에 있지 않고, 인간적인 것 한가운데 있기를 원한다. "기독교적인 것"은 자기 목적을 위해서가 아니라, 인간이 인간으로서 하나님 앞에 살 수 있고 또 살아야만 한다는 사실 속에서 성립된다. 하나님은 인간이 되심으로써 그분 자신을 위해서가 아니라, "우리를 위해서"für uns 존재하기 원하심을 분명하게 알리셨다. 하나님이 인간이 되셨다는 사실에 직면하여, 이제 인간으로서 하나님 앞에 산다는 의미는 무엇인가? 그것은 바로 자기 자신을 위해서가 아니라, 하나님과 타인을 위해서 für Gott und die anderen Menschen 사는 존재가 되는 것을 의미할 뿐이다.

십자가에 못 박히신 화해자 예수 그리스도란 무엇을 의미하는가? 이 말은 우선 온 세상이 예수 그리스도를 거절함으로 하나님 없는 세상이 되었다는 뜻이다. 또 자신의 노력으로는 아무도 이 저주를 제거할 수 없다는 사실을 의미한다. 그런데 세상의 현실은 그리스도의 십자가를 통하여, 단 한 번으로 영원히 효력을 발생하는 증거를 얻게 된 것이다. 그리스도의 십자가는 하나님과 세상 사이를 화목케 하신 화해의 십자가다. 그리하여 하나님 없는 세상까지도 하나님의 자유로운 결정으로서 화해의 표지 아래 있다는 말이 된다. 화해의 십자가는 하나님 없는 세상 한가운데서 하나님 앞에 살도록 자유를 준다. 그것은 참된 세상성 속에서 살도록 자유를 준 것을 의미한다. 이러한 해방은 화해의 십자가에 대한 선포다. 왜냐하면 그것은 세상을 우상화하려는 헛된 시도를 뒤로하고, "기독교적인 것"과 "세상적인 것" 사이의 분열과 긴장, 갈등을 극복하도록 하기 때문이다. 또 이미 성취된 하나님과 세상의 화해를 신뢰하고, 단순한 행동과 삶으로 초청하기 때문이다. 오직 십자가에 못 박히신 그리스도의 십자가를 선포할 때, 참된 세상성 속에서 살아가는 삶이 가능해진다. 참된 세상적인 삶은 그리스도를 선포하는 것과 모순되지 않는다. 다시 말해, 그리스도를 선포하는 것과 나란히 뭔가 세상적인 고유의 법칙이 주어지는 것이 아니라, "그리스도의 선포 안에서, 그리스도의 선포와 함께, 그리스도의 선포 아래서" 바로 참된 세상적인 삶이 가능하다는 것이다. 그리고 그런 삶이 현실이 된다는 말이다. 그리스도의 십자가에 대한 선포 없이는, 십자가에 대적해서는, 하나님 없는 세상, 하나님을 떠난 세상의 모습을 인식할 수 없다. 오히려 세상적인 것은 항상 자기를 우상화하려는 결코 잠재울 수 없는 욕망만 충족시키려고 할 것이다. 세상적인 것이 그리스도의 선포와 **나란히** 고유의 법칙을 세우고자 한다면, 세상적인 것은 스스로 붕괴하여 결국 자신을 하나님의 자리에 두게 된다. 두 가지 경우 모두 세상적인 것이 세상적으로 존재하기를 멈추고 자기 스스로 서려는 시도다. 그렇게 되면 세상적인 것은 세상적으로 존재할 수 없을 뿐 아니라, 세상적인 것을 우상화하려는 절망적이고 발작적인 시도만 되풀이된다. 이러한 세상적인 삶에 대한 강조는 결국 참되지 못한 불완전한 세상성으로 몰아간다. 참되고 온전한 세상성에 대한 자유와 용기가 없기 때문이다. 다시 말해, 하나님 앞에 현실로 존재하는 세상, 곧 무신성 안에서 하나님과 화해한 세상이라는 사실 그대로를 수용할 수 있는 자유와 용기가 없기 때문이다. 이러한 "참된 세상성"의 내적 규정에 관해서는 나중에 다시 언급하게 될 것이다. 여기서 결정적인 것은 **참된 세상성은 오직 예수 그리스도의 십자가 선포를 기초로 존재한다**는 사실이다.

부활하시고 높임받으신 주 예수 그리스도. 이 말은 예수 그리스도께서 죄와 죽음을 이기셨으며, 그분이 하늘과 땅의 모든 권세를 받은 살아 계신 주님이심을 의미한다. 세상 모든 권세가 그분에게 복종하고 각기 자기 방식대로 그분을 섬겨야 한다. 예수 그리스도의 다스리심은 우리와 상관없는 낯선 이의 통치가 아니라, 우리의 창조자이며 화해자, 구속자의 통치다. 또한 그분을 통하여 그분을 위하여 모든 것이 창조된 이의 통치며, 바로 그분 안에서 모든 피조물이 자기의 근원과 목적, 본질을 발견하게 되는 이의 통치다. 예수 그리스도는 피조물에게 낯선 율법을 강요하지 않으신다. 그렇다고 해서 그분의 계명으로부터 벗어난 피조물의 "자율성"Eigengesetzlichkeit을 참지도 않으신다. 살아 계신 주님 예수 그리스도의 계명은 피조물이 자기 고유의 법을 실현할 수 있도록 자유롭게 한다. 그러나 여기서 자기 고유의 법이란 근원과 목적과 본질이 예수 그리스도 안에 있는 법을 일컫는다. 예수 그리스도의 계명은 정치권력에 대한 교회의 지배, 또는 가족에 대한 정치권력의 지배, 또는 정치권력과 교회에 대한 문화의 지배, 또는 여기서 생각할 수 있는 온갖 종류의 지배 관계에 대해 기초가 된다는 말이 아니다. 분명 예수 그리스도의 계명은 교회와 가정, 문화, 정치권력을 다스리는 역할을 한다. 그러나 이와 동시에 각 위임이 그 고유한 기능을 인식하도록 해방시킨다.[5] 교회가 선포하는 예수 그리스도의 통치에 대한 요구는, 가족, 문화, 정치권력이 제각기 예수 그리스도 안에 근거하여 고유한 본질로 해방되는 것을 의미하기도 한다. 선포된 그리스도의 통치로 인해 생기는 자유를 기초로 하여, 비로소 하나님의 여러 위

5. 타율(Heteronomie)과 자율(Autonomie) 사이의 대립은 여기서 그리스도율(Christonomie)이라고 표현할 수 있는 보다 고차적인 통일성에 도달함으로써 극복된다.

임들 사이에는 참된 공존과 의존, 대립 관계가 형성된다. 이에 대해서도 나중에 더 자세하게 논할 필요성이 있다.

여기서 우리는, 모든 피조물에 대한 그리스도의 계명의 통치는 결코 교회의 통치와 동일한 의미로 이해되어서는 안 된다는 것을 지적했다. 이로써 우리는 교회의 위임에 있어서 더 이상 우회할 수 없는 결정적인 문제와 마주하게 된다.

예수 그리스도 안에서 하나님의 계시를 선포하는 것이 교회의 위임이다. 예수 그리스도의 이름의 비밀은 그 이름이 한 인간을 나타내는 동시에, 온 인류의 본성이 그 속에 담겨 있다는 사실에 있다. 예수 그리스도는 언제까지나 오직 하나님이 인류를 육신으로 받아들이셨다는 사실에 의해서 증거되고 선포된다. 예수 그리스도 안에 새로운 인류가 있고, 하나님의 교회가 있다. 예수 그리스도 안에 하나님의 말씀과 하나님의 교회가 결코 끊어질 수 없이 연결되어 있다. 하나님의 말씀과 하나님의 교회는 예수 그리스도를 통해 서로 분리될 수 없는 공속 관계에 있다. 하나님의 위임에 의해 예수 그리스도가 선포되는 곳에는 항상 교회도 존재한다. 이는 그리스도에 대한 말씀을 받아들이지 않고 거부하는 사람들과는 달리, 그 말씀을 영접하고 믿고 그대로 따르는 사람들이 있음을 의미한다. 이것은 본래 하나님에 의해 모든 사람에게 이루어지도록 되어 있는 그 일이, 자신에게 이루어지도록 받아들이는 사람들이 있다는 것을 의미한다. 즉, 타인을 위하여, 온 세상을 위하여, 하나님 앞에 대신해 서는 사람들이 있다는 것을 의미한다. 분명 그들은 가족, 문화, 정치권력 속에서 자신들이 소속된 세상의 삶을 살아가는 자들이다. 분명 그들은 그리스도의 말씀에 의하여 세상의 삶을 위해 자유롭게 된 자들이다. 이와 동시에 그들은 하나님의 말씀을 중심으로 함께 모인 자들이며, 또 하나님의 말씀 안에서 선택되어 살아가는 자들이다. 그렇게 선택된 자로서 그들은 이제 그들 스스로를 위해 하나의 몸—따라서 세상의 조직들과는 다른 몸—을 이루며 공동체를 형성하게 된다. 지금 우리가 중요하게 다루려는 것이 이 고유한 "공동체"Gemeinwesen이다. 여기서 우리는 먼저 선포라고 하는 하나님의 위임과는 필연적으로 구별된 공동체의 의미에 주목해야 한다. 하나님의 위임에 의해 선포되는 하나님의 말씀은 온 세상을 통치하고 다스린다. 이 말씀을 중심으로 주변에 생겨나는 "공동체"는 세상을 다스리는 것이 아니라, 하나님의 위임을 성취하는 데 온전히 봉사하는 역할을 한다. 이러한 "공동체"의 법은 결코 세상 질서를 위한 법이 될 수 없고, 되어서도 안 된다. 만약 그렇게 된다면, 하나님의 말씀과는 다른 낯선 통치가 이루어질 것이기 때문이다. 또 그 반대로 세상 질서의 법이 결코 이 말씀 공동체의 법이 될 수 없고, 되어서도 안 된다. 교회에 주어진 하나님의 위임의 독자성은 바로 다음과 같은 사실에 기인하다. 즉, 온 세상에 대한 그리스도의 통치를 선포하는 것은 공동체로서의 교회의 "율법"Gesetz과 구별되어야 하지만, 공동체로서의 교회는 선포의 직무와 분리될 수 없다는 사실이다.

독자적인 공동체로서의 교회는 선포라는 하나님의 위임을 성취하는 데 봉사한다. 이 일은 다음 두 가지 방법으로 이루어진다. 첫째, 공동체 안에 있는 모든 것이, 그리스도를 온 세상에 선포하는 일을 효과적으로 수행하기 위해 정렬되어 있다. 즉, 교회는 오직 그리스도를 선포하기 위한 도구이며, 목적을 위한 수단인 것이다. 둘째, 교회가 이처럼 세상을 위해 정렬하여 서는 가운데 이미 목적이 달성되고, 또 선포라는 신적 위임이 수행되기 시작한다는 사실이다. 교회가 스스로 단지 목적을 위한 도구와 수단이 되고자 하면, 하나님이 세상에서 행하시는 모든 행동의 목표와 중심에 저절로 서게 되는 것이다. 대리의 개념은 이러한 이중적 관계를 가장 분명하게 표현하고 있다. 기독교 공동체는 온 세상이 있어야 할 그 자리에 있는 것이다. 교회가 대리자로서 세상을 섬긴다면, 교회는 세상을 위해 존재하고 있는 것이다. 다른 한편, 세상은 교회가 존재할 때 자기가 지향하던 바를 성취하게 된다. 교회는 "새로운 창조",neue Schöpfung "새로운 피조물"neue Kreatur이며, 땅 위에서 하나님의 길이 향하고 있는 목표다. 이 이중의 대리 관계 속에서 교회는, 자기 자신을 위해서가 아니라 오직 세상을 위해 존재하셨다는 사실로 인해 그리스도이신 그 주님과 온전한 사귐을 이루며, 그분에게 복종하는 제자의 길을 가게 된다.

독자적인 공동체로서의 교회는 이중의 신적 규정 아래 올바로 서야 한다. 즉, 세상에 대한 교회의 목적을 실행하기 위해 존재하고, 바로 그렇게 함으로써 예수 그리스도가 현존하는 장소로서 교회의 목적을 성취하게 된다. 독자적인 공동체로서의 교회의 고유한 특징은 정신적·물질적 영역의 한계선 안에서 그리스도의 복음에는 한계가 없음을 드러낸다는 것이다. 그리고 그리스도의 복음이 갖는 이 비한계성은 다시 교회의 한계성 속으로 들어오게 된다.

가톨릭의 위험은 말씀 선포라는 하나님의 위임을 희생하고서, 교회를 본질적으로 자기 목적으로 이해한다는 데 있다. 반대로 종교개혁의 위험은 교회만의 고유한 영역을 희생하고서, 말씀 선포라는 위임만을 고려하여 교회가 세상을 위해 존재한다는 교회의 자기 목적성을 거의 완전히 무시해 버린 데 있다. 오늘날 복음주의적 예배에서 보이는 예전적인 면에서의 빈곤이나 불확실성에서 개신교회의 결함이 그대로 드러난다. 교회 질서와 교회법의 연약함, 참된 교회 훈련이 결여된 것도 여기에 속한다. 프로테스탄트의 가장 광범위한 영역에까지 미쳐 있는 교회 훈련—예를 들어, 영성 수련, 금욕, 묵상, 관조 등—의 의미조차 이해하지 못하고 있다는 사실은 통탄할 일이라 하겠다. 또한 "성직자의 위치"와 그 특수한 사명에 대한 불명확성에서도 개신교회의 결함이 드러난다. 마지막으로, 그리스도인으로서 국가에 대한 서약을 거부하는 사람들과 전쟁 참전을 거부하는 사람들 앞에서 보이는, 수많은 프로테스탄트 그리스도인들의 경악할 만한 무력함 또는 거만함도 그 예가 될 것이다. 이러한 사실을 생각하고 기억한다면, 오늘날 개신교회의 결함이 어디에 있는지 분명해진다. 그것은 선포라는 하나님의 위임에 대한 배타적인 관심으로 인하여, 세상을 위한 교회의 위탁을 저버린 것이다. 즉, 교회의 고유한 영역과 이 위탁 사이의 내적인 연관성을 간과한 것이다. 이러한 결함으로 인해 말씀 선포 자체의 능력과 충만함과 부요함이 고난을 겪어야 했다. 왜냐하면 선포된 말씀이 열매 맺을 수 있는 토양을 잃어버렸기 때문이다. 비유로 말하자면, 선포에 대한 위임은 밭에 뿌려진 씨앗처럼 교회 안에 말씀이 깊이 뿌리내리도록 하는 일이다. 그러나 토양이 준비되어 있지 않으면, 씨는 발육을 멈추고 씨 안에 숨어 있는 열매 맺을 가능성이 사라지고 만다.[6]

6. 편집자 주: 이번 장은 미완성으로 남았다. 본회퍼는 여기서 다룬 주제를 좀 더 발전시키고자 계획했던 것이 분명하다.

부록

I.

루터교 신앙고백서[1]에 따른 율법의 제1용법 교리와 그 비판

1. 1577년 루터교회가 믿고 고백하며 가르치는 신앙이 무엇인지에 대한 입장을 담은 안내서.—옮긴이

1. 개념과 유용성

율법의 **용법**usus legis이라는 개념은 일치신조Formula Concord 6장의 표제, 곧 "율법의 세 가지 용법"de tertio usu legis, 독일어로는 Vom dritten Brauch des Gesetzes에 등장한다. 그리고 일치선언Solid Declaratio 6장 1절의 라틴어 본문에도 나오는데, 독일어 본문에서는 용법usus이라는 개념이 율법의 "유용성"Nutzen이라는 말로 대치되었다. 개요Epitomae 6장을 보면, 율법은 "세 가지 이유로 인하여" 인간에게 주어진 것이라고 기록되어 있다(이는 "율법에 관한" 슈말칼덴 신조와 일치한다). 여기서 용법의 **주체**Subjekt에 관한 문제는 분명하게 규정할 수 없다. 다시 말해, 그 주체가 하나님 또는 설교자라고 꼭 집어 말할 수 없다. 그렇지만 여기서는 주체가 하나님이라는 의미에서 대답하고 있다는 결론이 나온다. 개요 6장 7절의 다음과 같은 진술이 이러한 사실을 입증해 준다. 즉, "율법은 회개한 자에게나 회개하지 않은 자에게나, 거듭난 자에게나 거듭나지 않은 자에게나 유일무이한 것, 곧 불변하는 하나님의 뜻이다. 그 둘의 차이는 오직 인간이 율법에 순종하느냐 순종하지 않느냐 하는 것뿐이다. 왜냐하면 거듭나지 않은 자는 거듭난 자와 달리, 강요에 의해 자기 의지를 거슬러 율법이 요구하는 바를 행하기 때문이다. 사실 거듭난 자도 육신으로는 자기 의지를 거슬러 율법의 요구를 행한다. 하지만 거듭난 신자는 거듭남의 은혜가 깊어질수록 강요 없이도 자원하는 마음으로 율법을 행하게 된다. 그는 율법의 위협으로 결코 강제할 수 없는 그것을 기꺼이 행하는 것이다." 그러므로 무엇보다도 율법의 용법 개념을 설교의 다양한 방식으로 생각하는 오류에 빠져서는 안 된다. 즉, 설교자 편에서 율법의 사용 방식을 생각하는 오류를 범하지 말아야 한다. 여기서 우선적으로 문제가 되는 것은 하나의 동일한 율법이 가진 다양한 효력들이라 하겠다. 이 효력들은 주체를 중심으로 생각하면, 인간에 대한 하나님의 자유로운 역사로 볼 수 있다. 그와 동시에 인간 편에서 생각하면, 신앙과 불신앙으로 볼 수 있다. 그러므로 사용의 주체는 설교자가 아니라 하나님으로 이해하는 것이 올바르다. 또 설교의 청중인 인간 역시 사용의 주체에 해당한다고 볼 수 있다. 그러나 신앙고백서들은 이러한 문제에 대해 분명하게 대답하고 있지 않기 때문에, 그것을 해명하는 과정에서 위험한 혼란이 나타난다. 주체의 문제는 결정적인 의미가 있으므로, 율법 선포 전체를 위해 답이 주어져야만 한다. 말하자면 설교자가 세 가지 용법의 주체라고 한다면, 교회를 위한 율법 선포와 원칙적으로 구별되는 세상을 위한 율법 선포가 있어야 할 것이다. 그러나 하나님이 주체라면 오직 **하나의** 율법 선포가 있을 뿐이며, 그것은 믿는 자와 믿지 않는 자에게 상이한 효력을 일으킬 것이다. 용법의 주체로서 설교자는 행위에 대한 고립된 설교를 할 수 있을 뿐이지만, 용법의 주체로서 하나님은 설교를 통해서 **하나의** 율법이 인간에게 다양한 영향력을 행사하도록 할 것이다. 용법의 개념이 이와 같은 선결문제를 해결하지 않고 모호한 상태로 남아 있기 때문에, 결국 그 유용성까지 의문시되고 있다. 12항 참조

2. 신학적 타당성의 문제

하나님의 율법은 "의로우시며 변함이 없으신 하나님의 뜻을 **계시하는** 신적 가르침이다. 율법은 인간의 본성과 사고, 말과 행위가 어떻게 형성되어야 하는지, 하나님이 기뻐하시고 용납하시는 것이 무엇인지에 대해 말한다. 또한 동일한 율법이 범법자들은 하나님의 진노 아래 있으며, 현세와 영원에서 징벌을 받게 된다고 말한다."일치선언 5장 17절, 여기서는 이중적 용법으로 쓰였는가? 율법의 제1용법은 외적 질서externa와 영예honestas를 회복하는 문제를 다루고 있다.일치선언 6장 1절 제2용법은 죄 인식의 문제를 다루고 있다. 제3용법은 회심한 자를 위한 행위의 규범인 동시에, 그들 속에 여전히 살아 있는 육신을 징계하는 문제를 다루고 있다. 신앙고백서들은 적어도 다음과 같은 사실을 배제하지 않는다. 즉, 위에서 말한 세 가지 용법의 차이가 말씀 선포의 시간적 순차 내지 원칙상 서로 구별되는 사람들의 계층(불신자와 신자, **이와 같은** 순서로)에 관한 것이라고 볼 수 없다는 사실 말이다. 외적 지침externa disciplina은 율법의 위협이나 징계가 그러하듯이, 신자에게도 동일하게 적용된다. 그들이 육신을 입고 있는 한 그러하다("왜냐하면 어리석고 다투기를 좋아하는 옛 아담이 부분적으로 여전히 남아 있어서, 율법의 가르침, 권면, 감화, 위협을 통해서뿐만 아니라, 가끔 징계와 고통의 채찍으로 그리스도에게 복종하도록 해야 하는 것이다." 일치선언 6장 24절). 더 나아가 신자 역시 여전히 율법을 통해 죄를 인식할 필요가 있다. 거듭 말하지만, 제1용법에는 이미 율법의 내용 전체, 곧 십계명 전체가 들어 있다. 이는 마치 율법에 담긴 위협과 약속이 범법자나 율법을 지키는 자에게 동일하게 해당되는 것과 같다. 교육적 용법usus paedagogicus이 제1용법과 제2용법 사이에서 제4용법으로서 독자적인 의의를 갖는지의 여부는 확실하지 않다. 슈말칼덴 신조가 오직 두 가지 용법만 인식했다는 사실에서 이러한 용법의 차이는 시간적인 것이 아님을 알 수 있다. 다시 말해 원칙적으로 상이한 사람들의 계층으로 이해할 것이 아니라, 본질적인 관계 속에서 이해해야 함을 분명히 한다. 제1용법은 일정한 외적 행위의 결과를 고려하는 가운데 율법의 내용을 규정한다. 제2용법은 개인과 율법의 관계를 규정하는 가운데, 그 속에서 율법을 거스르는 것에 대한 인식과 심판에 대한 인식에 이르도록 한다. 제3용법은 율법이 명하는 것을 행하는 데 있어서 하나님의 은혜로운 도우심으로 율법의 내용을 규정한다. 제1용법은 행위에 대한 선포로서의 율법, 제2용법은 죄 인식에 대한 선포로서의 율법, 제3용법은 율법의 성취에 대한 선포로서의 율법이다. 율법의 선포는 항상 이 세 가지 요소를 모두 포함한다. 그렇지 않으면 하나님의 율법은 통일성이 깨어진다. 그리하여 1항에서 제기된 율법의 사용 개념 usus-Begriff의 유용성 문제에 이어서, 율법의 사용 교리 usus-Lehre의 신학적 타당성에 대한 문제가 제기된다. 12항 참조

3. 개념에 대한 관심

신앙고백서들에서 **제1용법**은 조직적인 맥락을 가지고 다루어지지 않았다. 그것은 독립적인 논제로 취급될 만큼 관심을 끌지 못했다. 제1용법은 완전에 대한 수도원의 교리(긍정적인 강조점을 두고), 세상 정권에 대한 교회의 요구, 열광주의자들에 대한 논쟁에서 다루어진다. 그리고 세상 정권에 대한 교리(부정적인 강조점을 두고), 칭의론과 그와 결부된 행위에 의해 의로워짐에 대한 비판으로서 의지의 자유에 대한 교리에도 등

장한다. 제1용법은 제3용법과의 논쟁에서 중립적인 형식으로 나타난다. 제1용법은 오직 복음과의 관계에서만 신앙고백서들에 대한 관심을 나타낸다.

4. 정의

율법의 제1용법으로 인하여 "야만적이고 불순종하는 사람들에게 맞서 외적인 훈련과 정직한 성품이 보존된다."개요 6장 1절 여기서 우리는 다만 제1용법의 내용과 목적, 실행 수단, 선포자, 청중에 관한 문제를 논하고자 한다.

5. 내용

제1용법의 **내용**은 십계명이 요구하는 행실과 그 속에 담긴 위협 및 약속에 관련된 십계명 전체를 말한다. "여기서 우리는 하나님이 주신 율법이 무엇보다도 형벌의 위협과 공포, 은혜와 복의 약속과 제공으로 죄를 억제하는 목적이 있다고 간주한다."슈말칼덴 신조 "율법에 관하여", A.S.: C.II 내용 면에서 볼 때, 율법 전체가 제1용법에 포함되어 있다.[A.C. IV, 8] 십계명 제1서판 없이 제2서판을 설교해도 된다는 사고방식은 신앙고백서 어디에서도 찾아볼 수 없다. 오히려 그와 같은 이분법은 어디서나 날카로운 비판을 받는다. 그래서 제1서판은 이미 제2서판도 역시 행위를 통해서는 성취될 수 없다는 사실, 곧 제1용법의 극복을 암시하고 있다.[A.C. IV, 8, 35] 그러나 율법은 십계명에서만 발견되는 것이 아니라, 신약성경 전체를 관통하는 것이기도 하다. "그분의 아들 그리스도의 고난과 죽음보다 더 심각하고 처절하게 죄에 대한 하나님의 진노를 진술하고 선포할 수 있겠는가? 그러나 이 모든 것을 하나님의 진노의 측면에서만 설교하여 인간을 두렵게 하는 것으로 그친다면 그것은 아직 복음이 아니며, 그리스도가 친히 전하시는 설교라고 할 수 없다. 그것은 여전히 모세와 **회개하지 않는 자들에 대한** 율법일 뿐이다."[S.D. V, 12]

이상에서 언급한 바에 의하면, 율법 선포로서의 그리스도의 십자가 설교 역시 제1용법에 속한다는 결론에 이르게 된다. 비록 신앙고백서들은 그렇게 말하지 않았고, 또 그렇게 생각하지 않았더라도 그렇다(심지어 "그리스도 없는"sine mentione

Christi, S.D. V, 10 설교에 관해 말할 수도 있는데, 이는 오직 제1용법에서만 생각할 수 있다). 그러나 십자가는 언제나 복음 선포이며, 이러한 관점에서 보면 십계명에는 이미 복음 선포가 포함되어 있다. 그러므로 제1용법은 결코 복음과 분리하여 추상적으로 선포될 수 없다. 그럼에도 제1용법의 고유한 성격은 외적인 훈련과 성품을 가꾸도록 율법이 봉사할 것을 요구한다. 하나님은 정직하게 행하는 자에게 세상 삶에서의 복을 약속하셨다. 이와 같은 약속이 매혹적인 동시에 경고로 작용하여, 행복을 추구하는 인간의 갈망과 불안이 율법의 요구를 이루도록 하는 것이다. 그런 점에서 제1용법은 전적으로 행위를 이끌어 내며, 일정한 **상황들**Zustände을 표현하고 있다. 이와 같은 관점에서 제1용법의 내용은 "자연적으로 마음에 새겨진 천부의 법"이라고 말할 수 있으며, 그것은 "모세의 율법 또는 십계명과 일치한다."A.C. IV, 7 이는 십계명에서 벗어난 자연법lex naturae의 가능성이나, 그로 인해 야기되는 갈등을 염두에 두고 있지 않다. 어떤 경우에도 십계명은 항상 유일한 척도로 존속한다. 제1용법이나 자연법에서 효력이 발생하는 것은 인간의 뜻이 아니라 하나님의 뜻이다. "겉으로 드러나는 인간의 삶이 정직

하기를 바라며 요구하는 이는 하나님이시다. 하나님의 계명으로 인하여 인간은 선행을 해야 하며, 이는 십계명에서 명하는 것이기도 하다."A.C. IV, 22 자연법이 효력을 갖게 하는 기관은 이성ratio이다. 이성에 대항하는 것은 악마적인 세력들("악한 정욕과 악마")이며, 그것은 이성보다 강하기 때문에 "열정적인 노력"에도 불구하고 이성이 자기 목적을 달성하는 일은 극히 드물다.A.C. XVIII, 71 이하 이로써 인간의 충동을 모두 자연법이라고 주장할 수 없음이 분명해진다. 결국 궁극적인 척도는 십계명뿐이다.

6. 목적

제1용법의 **목적**은 **시민 정의iustitia civilis** 및 이성rationis과 육신carnis의 정의를 이룩하는 것이다.A.C. IV, 22-24; XVIII, 70 이는 두 개의 서판으로 주어진 십계명(하나님에 대해 말하고, 외적으로 하나님을 예배하고 거룩한 태도를 나타내며, 부모를 공경하며, 도둑질하지 않는 것 등)에 따라 정직한 삶을 살아감으로써 이루어진다.A.C. XVIII, 70 비록 실현되는 경우가 극히 적다고 할지라도, 그런 삶은 **어느**

정도 자유의지와 이성의 재량에 달려 있다.A.C. XVIII, 72 그런 삶은 하나님과 사람에게 칭찬을 받는다. "왜냐하면 세상적인 존재로서 이 세상을 살아가는 동안 정직과 미덕보다 더 나은 것은 없기 때문이다. (…) 그리고 하나님은 이와 같은 미덕을 육신적인 선물로 보상해 주시기 때문이다."A.C. IV, 24 이 말은 행위에 관한 한 세상에서의 삶 전체가 십계명 아래 있음을 의미한다. 하나님은 그리스도인뿐만 아니라 모든 인간이 시민 정의를 구현하기를 원하신다. 이것은 "그리스도인의 완전에 이르기 위해서 집과 가정, 아내와 자식을 육신적으로 떠나야 한다고 가르치며",C.A. XVI, 4 그리하여 세상을 위한 또 하나의 새로운 율법을 복음으로부터 만들어 내려는 열광주의자들에 대한 반격이다. 이와 반대로 복음은 "어떤 외적이며 시간적인 본질이 아니라, 내적이고 영원한 본질이며 마음의 의"라고 말하는 것이 타당하다. 또 "일반 시민의 삶을 위한 새로운 율법은 존재하지 않는다"A.C. XVI, 55-57는 사실이 중요하다. 복음에 대한 이러한 명제는 필연적으로 시민의 정의 구현이라는 십계명의 선포를 전제로 한다. 이러한 연관성이 없다면 그 자체로 열광주의가 될 것이다. 말하자면, 신앙고백서들은 율법의 내용을 다루면서 십계명만 철저하게 가르치면 된다고 여긴다. 즉, 거기에 복음을 추가해서 가르칠 필요는 없다는 생각이다.

7. 실행 수단

제1용법의 **실행 수단**으로서, 곧 시민 정의를 구현하기 위한 수단으로서, "하나님은 율법을 주셨으며, 정치권력을 세우시고, 학식 있고 현명한 자들을 통치자로 세워 봉사하도록 하신다."A.C. IV, 22 그러므로 정치권력은 하나님의 율법 아래서 통치의 임무를 수행하도록 세워진 것이라고 할 수 있다. 교회에서 선포되는 십계명의 율법은 정치권력을 통해 강제적으로 집행되며, 이를 위해 칼이 정치권력에게 주어져 있다. 분명 신앙고백서들은 이성을 통해서 정치권력 역시 십계명에 계시된 동일한 율법을 지켜야 한다고 전제하고 있다. 즉, 신앙고백서들은 자연법lex naturae과 십계명 사이의 원칙적인 대립 가능성을 고려하지 않고 있음을 알 수 있다. 그럼에도 이는 자연법과 계시된 율법이라는, 정치권력의 이중적인 기원을 의미하지 않는다. 오히려 자연법, 곧 이성이 정치권력을 행사하는 근거로 받아들여진 이유는 이 두 개의 법이 일치하기 때문이다. 자연법은 결코 십계명에 맞서 신적 권위를 주장할 수 없다. 정치권력은 하나님의 율법에 근거를 두고 있지만, 교회에 대하여는 독자적인 권위를 가진다. 어쩌면 정치권력이 하나님의 율법에 근거를 두고 있기 때문에, 또 하나님의 율법에 봉사하기 때문에 복음을 선포하는 교회에 대하여 독자적인 권위를 가진다고 말하는 것이 더 정확한 표현일 것이다. 이는 교회가 선포하는 바이기도 하다. 정치권력에게 부여된 권위는, 하나님의 율법과 십계명에서 분리된 독자적인 율법에 기초한 자유로부터 나오는 것이 아니다. 정치권력의 위엄은 오직 하나님의 율법을 수행하기 위해 복종할 때 주어진다. 정치권력은 하나님의 뜻을 행하며, 악한 자를 벌하고 선에 대해 보상함으로써 자기가 부여받은 신적 직무를 수행한다. 따라서 정치권력은 복종을 요구하고, 통치자들이 선한 양심을 갖도록 한다.[A.C. XVI, 65]

신앙고백서들은 개신교의 교리를 높이 평가한다. 그 이유는 개신교의 가르침이 인간의 율법에 맞서 정치권력 고유의 권위를 되찾아 주었다고 판단하기 때문이다. 시민 정의에 대한 교리는 십계명 아래 세상적인 삶의 자유와 존귀성을 논쟁적으로 주장하는 데 공헌했다. 이는 수도원 생활을 통해 완전에 이른다는 로마교회의 가르침에 맞선 것이다. 그러나 자연법이 십계명에 계시된 하나님의 율법에 대항하고, 또 정치권력의 칼이 하나님의 율법에 봉사하기를 원치 않는 경우도 있을 수 있다(신앙고백서들은 이런 경우를 미처 직시하지 못했다). 이 왜곡된 자연과 이성은 자기의 신적 권리를 주장할 수 없으며, 교회의 선포를 통해 하나님의 율법 아래 세워질 수밖에 없다. 신앙고백서들에서 "자연적인 것"은 오직 십계명을 통해 규정된다.

8. 선포자

제1용법의 **선포자**Verkündiger는 우선적으로 교회이며, 부차적으로 정치권력, 가장,家長 주인이다. 교회는 전체 율법을 세 가지 용법에 따라 선포하면서, 간접적으로 제1용법을 선포하게 된다. 정치권력은 제1용법을 직접 선포하며, 교회는 복음을 섬기면서 제1용법을 선포한다. 정치권력은 제1용법 자체를 목적으로 선포한다. 십계명은 교회에도 속하고 관청에도 속한다.

9. 청중

제1용법의 **청중**은 "불신자, 야만인, 비그리스도인"이다. 즉, 제1용법은 질서가 아니라 인간에게 선포되는 것이다. 여기서 질서는 오히려 선포자 편에 속해 있다. 신앙고백서들에는 불신자에게 설교를 해야 **하는지 여부**ob에 대한, 또 **무엇을**was 그들에게 설교해야 하는지에 대한 신학적인 물음이 없다. 불신자에게 어떻게 율법이 전달되는가 하는 실제적인 문제도 이미 해결된 것으로 전제하고 있다. 즉, 어떤 사람들은 교회를 통해, 또 어떤 사람들은 정치권력을 통해 율법을 듣게 된다고 본다. 신앙고백서들이 어떤 특정 그룹의 사람들을 불신자로 이해하고 있음은 분명하다. 그럼에도 신앙고백서들에 따르면 그리스도인 역시 여전히 육체 가운데 있으며, 따라서 불신자뿐만 아니라 그리스도인도 율법의 제1용법을 필요로 한다는 사실에 의해 불신자를 따로 구분하는 그런 사고방식은 폐기된다.신약성경의 악덕 목록 참조 불신자 역시 복음의 초청 아래 있으며, 복음으로 인해 제1용법을 선포하는 교회에 예속된다. 불신자**만을** 위한 선포는 존재하지 않으며, 오직 불신자**에게도** 유효한 선포가 존재할 뿐이다. 그러므로 인간을 두 그룹으로 선명하게 구별하는 것은 신학적으로 적절하지 않다. 그럼에도 신앙고백서들은 이러한 사고를 분명하게 배제하고 있지 않다. 심지어 경우에 따라서는 그런 사고에 가까이 근접해 있기도 하지만, 그것이 그들의 신학적 진술과 일치하는 것은 아니다

10. 제1용법과 복음

❶ 제1용법은 복음과 대립해 서 있다. 왜냐하면 제1용법은 행위의 의를 요구하며, 그리하여 인간을 주제넘게 만들기 때문이다. 슈말칼덴 신조 "율법에 관하여", A.S.: C. II; S.D. V, 10 그러므로 복음 앞에서 시민 정의는 죄이며 위선에 불과하다. A.C. II, 34; IV, 35 "믿음으로 말미암지 않은 것은 죄다. 사람의 행위가 하나님을 기쁘시게 하려면, 행위에 앞서 그 사람이 하나님께 기쁨이 되어야 한다." S.D. IV, 8 율법의 제1용법은 복음을 통해 이중적인 의미에서 "지양"된다. 복음을 통해 제1용법은 폐기되고, 그 후에 다시 성취된다. 예수를 따르는 제자의 삶에서 안식일은 거룩하게 구별되지 않으며, 부모는 버림을 받고, 사람보다 하나

님께 더 순종하게 된다. 그러나 바로 그렇게 함으로써 비로소 평화의 거룩, 부모 공경의 거룩, 세상적인 복종의 거룩이 믿음 안에서 올바르게 성취된다.

❷ 제1용법은 복음과 연관이 있다. 1) 제1용법을 통해 질서가 생성되는데, 그 질서는 하나님의 뜻에 따라 무질서와 방종으로부터 세상을 보호한다. 2) 이러한 질서 안에서 인간은 하나님으로부터 지상의 삶에 필요한 모든 좋은 은사를 받으며, 복음을 믿는 가운데 선한 행실을 이룰 수 있다. 신앙고백서들에는 세상 질서의 존재 목적이 복음을 믿는 믿음으로 살아가기 위해서라는 사고방식이 압도적이다. 이는 세상 질서가 복음을 통해 구원 역사를 이루기 위한 전제 조건이 된다는 생각 때문이다. 3) 이러한 질서를 보호하는 정치권력은 기독교의 선포가 제대로 이루어지도록 배려하는 역할을 한다. "주 하나님은 이것을 **모든 자들, 왕들과 제후들**에게 요구하시며",[A.C. XXI, 44] 하나님의 질서는 그 자체로 "악마를 대적하며, 하나님에 의해 보존되고 보호된다."[A.C. VIII, 50] 4) 제1계명을 따르는 것은 시민 정의 안에서 다음과 같이 행하는 것을 의미한다. 즉, 교회에 나가서 설교를 듣고, 복음에 귀를 기울이며 깊

이 숙고하는 것이다. 사람은 "하나님이 하늘로부터 직접 선물을 내려 주실 때까지 기다리기만 해서는" 안 된다.S.D. II, 53, 46, 24 은총의 "수단"Mittel이 되는 설교를 들으러 가는 것은, 제1용법과 복음 사이의 가장 밀접한 연결 고리인 동시에 가장 첨예한 차이점이다. 분명 제1용법 안에서 이러한 순종은 외적인 예배와 죄로 남아 있다. 그럼에도 이것은 바로 복음을 믿는 신앙의 "전제 조건"이 된다. 동시에 신앙과 가장 날카롭게 대립하는 것이기도 하다. 5) 복음은 모든 세상 질서를 세우는 데 공헌하며, 질서가 발견되는 곳이라면 어디서나 그렇다. 복음은 어떤 선한 것도 무질서로부터 기대하지 못하게 한다. 복음은 그분에 의해서, 그분을 향하여, 그분을 위하여 모든 것을 창조하신 예수 그리스도에 대한 인식으로의 초청이다.

❸ 제1용법은 복음의 선포와 분리될 수 없다. 이것은 불신자나 신자에게 똑같이 해당되기 때문이다.개요 6장 6절; S.D. VI, 9 또한 제1용법은 선포의 방법이 아니라 "하나님의 불변하는 뜻"의 한 부분이므로, 다른 두 가지 용법과 분리될 수 없다. 죄 인식과 율법의 완성에 대한 선포 없이, 행위에 대한 기독교의 선포는 있을 수 없다. 율법은 복음 없이 선포될 수 없다. 분명 신

앙고백서들은 각각의 성경 구절에서 상이하게 율법과 복음이 선포되고 있다는 사실을 직시한다("어떤 곳에서는 우리를 율법 앞에 세우고, 어떤 곳에서는 은혜를 제시한다." A.C. IV, 5). 동시에 신앙고백서들은 십계명으로부터 십자가 선포에 이르기까지 율법과 복음은 어디서나 서로 연결되어 있음을 인식하며, 또 십자가와 십계명에 대한 설교가 처음부터 "서로 병립하고 있다"는 사실을 가르친다.S.D. V, 23 따라서 설교자가 아닌 오직 하나님 한분만이 율법과 복음을 구별할 수 있다. 제1용법이 고립되어 선포될 때 그것은 하나의 "도덕 설교"Moralpredigt가 되어 버리며, 살아 계신 하나님의 말씀이기를 그치게 된다. 어떤 그룹에 속한 사람들에게 행위에 대해서만 설교하고, 또 행위로 만족하게 하여 설교의 온전함을 박탈하는 것은 교권주의이며 바리새주의라 하겠다. 도덕 설교가는 오직 위선자를 키워 낼 뿐이다. 『대교리문답*Der Große Katechismus*』의 십계명 해설은 제1용법 설교를 위한 가장 좋은 실천적 지침이다.

❹ 제1용법의 근원과 목표는 복음 안에 있다. 복음은 모든 사람에게 선포되어야 하기 때문이다. 또한 예수 그리스도가 인간이 되셨고, 모든 사람의 죄를 위해 죽으셨으며, 원수들

을 위해 구원을 이루셨으므로, 기독교의 선포는 모든 사람을 믿음으로 초청한다. 그렇기에 복음은 특정한 세상 질서의 수립에 대해 **독자적인** 관심을 가지고 있지 않다. 기독교의 선포가 세상 질서를 지키도록 요구하는 것은 사람들을 믿음으로 초청하기 위해서다. 하나님이 그리스도 안에서 인간과 세상을 사랑하셨으므로, 인간들 사이에, 그리고 세상 속에는 질서가 있어야 한다. 인간이 은혜 안에서 하나님께 속해 있기 때문에, 인간은 하나님께 행위를 통해 복종해야 한다. 하나님의 교회가 있는 곳에 공의와 자유와 질서가 있다. 더 나아가 하나님의 교회가 있는 곳에 공의와 자유와 질서가 반드시 있어야 한다. 믿음은 모든 행위의 원천이자 전제 조건이다. 오직 이러한 관점에서 볼 때, 복음은 제1용법의 목적이 된다. 단지 복음이 존재하기 때문이 아니라, 이로써 복음이 존재하도록 하기 위해 하나님은 외적 질서를 원하신다. 이렇게 이해하면, 제1용법은 그리스도를 위한 "교육적"인 성격을 가진다.[A.C. IV, 22] 복음과 율법 및 율법과 복음이라는 양자의 순서 배치는 제각기 신학적 타당성과 필연성이 있다. 신앙고백서들에서는 후자의 순서가 지배적이다. 그러나 두 경우 모두 복음은 하나님의 "본래적인" 말씀이다.

❺ 제1용법과 교회: 제1용법에서 불신자는 그들이 교회로 초청받는다는 사실로 인해서 대화의 문을 열게 된다. 이러한 초청을 간과하면, 교회는 율법 선포의 권리를 주장할 수 없다. 이와 같은 내용이 신앙고백서들에서 취급되고 있는 것은 아니지만, 앞에서 언급한 것을 고려하면 이는 필연적인 귀결이라 하겠다.

❻ 제1용법과 그리스도의 나라: 지상의 모든 권세와 권력에 대한 예수 그리스도의 통치를 성경적 교리로 다루고 있는 곳은, 신앙고백서들 내에서 오직 그리스도론 항목뿐이다. 이것은 제1용법과 아무런 연관성이 없다. 신앙고백서들에서 말하는 그리스도의 나라 개념은 전적으로 교회와 관련된다.

11. 몇 가지 결론과 문제점

❶ 제1용법의 선포는 복음 선포와 마찬가지로 한없이 광범위한 영역에까지 미친다. 즉, 하나님의 뜻에 따라 그 범위가 무제한적이다. 그러나 이러한 선포는 인간의 불신과 불순종

으로 인해 구체적인 내적 한계에 도달한다. 또 선포를 대적하고, 선포자와 청중에게서 모든 세상적인 책임을 박탈하는 정치권력으로 인해 외적 한계에 도달한다. 그리스도인이 세상적인 책임을 지고 있는 한, 제1용법은 그리스도에 대한 신앙고백에 속한다. 말씀 선포를 통해 요한계시록 13장의 상황이 점점 더 빈번하게 발생하고, 그리스도인이 불의를 행하는 세상과 공동 책임을 지는 일이 점점 더 어려워지며, 도리어 그리스도인 자신이 그 불의로 인해 고난당하는 처지가 될 수 있다. 그러면 그리스도인은 더욱더 제1용법을 통해 그들에게 부과된 책임에 복종하는 자세로 고난을 감내하며, 엄격한 교회 훈련 속에서 신앙을 지킬 수 있도록 해야 한다. 카타콤 교회에서도 교회에 주어진 사명의 보편성은 결코 소멸하지 않았다. 교회는 율법과 복음을 선포하는 가운데 이러한 사명을 받았음을 고백해야 한다. 그렇게 함으로써 세상에 대한 책임을 깨어 감당하는 삶을 살 수 있다. 교회가 주님을 부인하지 않고서야, 결코 자신의 내면을 가꾸는 것만으로 만족할 수는 없다. 세상이 교회의 말씀을 받아들이지 않기 때문에, 교회는 단지 개별 교인들 사이에서만 시민 정의를 구현할 수밖에 없는 경우도 있다. 그러나 그때에도 교회는 세상에 대한 섬김의 사명, 그들에게 주어진 보편적 사명을 수행하고 있는 것이다. 그러면 세상은 무질서 속에 있으며, 그리스도의 왕국은 세상에 속한 것이 아니라는 사실을 교회는 경험하게 된다. 그러나 교회는 바로 그런 까닭에 세상에 대한 교회의 사명을 기억하게 될 것이다. 그렇지 않으면, 교회는 단순한 종교 단체에 불과한 것이 될 것이다. 교회에 부여된 사명에는 어떤 원칙적인 한계선도 없다. 교회가 어떻게 그 사명을 시대정신에 맞게 실천할 것인지는 때마다 새로운 결단이 필요하다. 교회가 스스로 지나치게 직접적으로 요한계시록 13장과 같은 상황에 처해 있다고 판단해 버리면, 자기 직무를 온전히 수행하는 데 큰 위험 요소가 될 수 있다. 묵시문학적인 선포는 제1용법으로부터 도피하는 것이 될 것이기 때문이다. 교회는 하나님의 말씀이 힘을 잃고 연약해질 때 그것을 종교적인 열광주의로 해소하려 해서도 안 되며, 자기 자신의 연약함을 말씀의 연약함이라고 혼동해서도 안 된다.

❷ 신앙고백서들은 제1용법의 선포 형식에 대해 침묵하고 있다. 즉, 오직 설교와 가르침을 통해서, 오직 교회 회중에

게 말하는 방식으로만 선포해야 하는지에 대해 침묵한다. 또 정치권력을 가진 자들에게 직접 공적인 방법으로 말해야 하는지, 아니면 사적으로 말해도 되는지에 대해서도 침묵한다. 또 모든 개별적인 경우에 복음에 대한 분명한 암시를 해야 하는지에 대해서도 침묵한다. 또 구체적인 죄를 직접 지적해야 하는지, 아니면 율법을 일반적인 설교 안에 포함시켜 선포해야 하는지에 대해서도 침묵한다. 저항이나 경고나 탄원의 형식으로 선포해야 하는지에 대해서도 침묵한다. 신앙고백서들은 이처럼 침묵을 지킴으로써, 이와 같은 문제들을 제기하는 선포자에게 구체적으로 책임적인 결단의 자유가 주어져 있음을 시사한다. 이는 그가 관장하는 일이나 그가 처한 입장을 믿음 가운데서 의식하고 있는 한, 설교자든 가장이든 지배자든 모두 동일하게 적용된다. 사실 종교개혁 시대에는 이 모든 가능성에 대한 구체적인 예증들이 존재했다.

❸ 제1용법은 도덕 설교와는 거리가 멀다. 도덕 설교는 자기의 본래 사명을 일상에서 일어나는 사건들에 대해 입장을 표명하는 정도로 생각한다. 그렇게 함으로써 세상 질서에 독자적인 의미를 부여하고, 복음을 단지 목적을 위한 수단 정도

로 이해한다. 제1용법은 이러한 도덕 설교와는 거리가 멀다. 이와 마찬가지로 복음을 인간의 세상적인 실존으로부터 분리하는 원칙상 "순수하게 종교적인" 설교와도 거리가 멀다. 이 두 가지 설교 방식은 주제에 따라 규정된다. 그리하여 신자들을 구체적으로 세상적인 책임 아래 세우는 살아 계신 하나님의 말씀을 자의적으로 축소하거나 부인한다. 이러한 종교적이고 도덕적인 주제의 잘못된 자리에 율법과 복음의 참된 구별과 연관성이 나타나게 해야 한다. 잘못된 주제의 비교적 확실한 특징은 그와 같은 설교에서 보이는 논쟁적인 변증이다. 거기서는 아무리 위대한 종교적 혹은 "예언자적" 역설도 말씀 선포의 궁극적인 척도가 하나님의 말씀이 아닌 세상과 인간이라는 사실을 감출 수 없다. 이처럼 잘못된 주제로 설교할 때 청중은 예수 그리스도의 위로를 누리지 못하며, 믿는 자가 마땅히 요구할 수 있는 것도 박탈당하게 된다.

❹ 제1용법은 기독교 선포가 율법의 내용에 관심을 가지고 있음을 나타낸다. 이러한 관심은 율법을 순전히 형식적으로만 이해하기를 거부한다. 여기서는 의무들 속에서 갈등하는 책임적인 인간이 아니라, 일정한 상태들을 실현하는 문제

를 다룬다. 그리고 세상 질서 안에 있는 그리스도인이 아니라, 하나님의 뜻대로 세상 질서를 형성해 나가는 문제를 다룬다. 또한 세상 질서의 기독교화나 교회화가 아니라, 참된 세상성, 하나님의 말씀에 복종하는 "단순함"Natürlichkeit이 주제가 된다.

❺ 시민 정의의 영역에서는 일정한 사실관계를 규명하고 구체적인 과제를 추진하기 위해, 그리스도인과 비그리스도인 사이에 가능하면서도 꼭 필요한 협력이 이루어진다. 이러한 협력에서 나온 결과는 이들이 추구하는 본질적으로 상이한 동기 때문에, 하나님의 말씀을 선포하는 성격을 띠지 않는다. 그 대신 인간의 지식에 근거한 책임적인 협의 또는 요구의 성격을 띠게 된다. 이러한 구별은 지켜져야 한다. 세상적인 권위뿐만 아니라 영적인 권위도 이와 같은 협력을 기꺼이 희망하며 요구할 수 있다. 각기 다른 교파에 속한 그리스도인들 사이에 협력하는 문제, 더 나아가 교회의 선포를 공동으로 할 수 있는지에 대한 문제도 있을 수 있다. 이는 전적으로 예수 그리스도를 믿는 믿음 안에서 하나님의 말씀에 대한 해석이 일치하는지 여부에 달려 있다. 설교의 구체성은 본질상 구체적인 죄에 대한 징계와 관련이 있다. 책임적인 협의의 영역에서 구

체성은 적극적인 요구에 이를 수 있고, 또 적극적인 요구에 이르도록 해야 한다.

❻ 제1용법은 다른 용법들과는 달리 신앙고백서들 가운데서는 명백한 성경적 근거를 가지고 있지 않다. 이것은 제1용법이 비성경적이라는 의미인가? 1) 성경은 복음으로부터 분리된 제1용법 설교를 인정하지 않는다. 2) 성경은 불신자를 위한 설교와 신자를 위한 설교 사이의 원칙적인 차이를 인정하지 않는다. 3) 성경은 교회의 선포와 활동이 세상을 향한 책임에서 이루어진다고 가르친다. 이러한 책임을 간과하는 일은 절대 있을 수 없다. 왜냐하면 하나님은 세상을 사랑하시며, 모든 인간이 구원에 이르기를 원하시기 때문이다. 4) 세상 질서에 대한 성경의 입장은 주로 교회의 구체적인 가르침에서 나타난다.롬 13장; 가장의 의무, 악덕 목록 및 빌레몬의 경우 그러나 세상 권세자들을 향해 직접 전한 설교도 있다.바울이 벨릭스 앞에서 전한 죽은 자의 부활, 그리스도에 대한 믿음, 정의와 순결, 장차 올 심판에 대한 설교(행 24:14 이하), 베스도 앞에서 전한 방종을 막는 국가 법률에 관한 지침(행 25:9), 아그립바 앞에서 전한 설교(행 26:1), 그리고 세례 요한이 헤롯 왕 앞에서 전한 설교(마 14:4) 그러나 이 모든 설교에서 가장 중요한 핵심은 하늘과 땅의 모든 권세를 가진 분에 대한 구체

적인 복종이다.

12. 루터교 신앙고백서의 용법 교리에 대한 비판

❶ 용법의 개념이 그 주체와 관련해서 오해의 여지가 있다.

❷ 불신자와 제1용법의 관계는 율법의 통일성과 선포의 총체성을 깨뜨릴 위험이 있다.

❸ 세 가지 용법의 구별은 궁극적인 명확성이 빈약하다. 그 이유는 용법 교리와 관련하여 인간의 계층을 구별하게 되고, 그 속에서 각 용법은 불가피하게 상이한 선포 방식을 견지하기 때문이다.

❹ 제1용법의 설교와 자연법 사이의 관계가 분명하지 않다. 앞에서 말한 형태를 보더라도 제1용법 교리는 질서에 관한 잘못된 신학의 동기가 될 수 있다.

❺ 용법 교리를 갱신하기 위해서는 청중의 계층을 구별하는 일을 멈추어야 한다. 그럴 때 하나의 율법이 세 가지 형태의 설교, 곧 행위의 설교, 죄 인식의 설교, 율법 성취의 설교로 각기 설명될 수 있다. 아울러 하나님의 전체 율법의 타당성

과 효력을 그 세 가지 형태 속에서 조직적으로 분리된 문제로 다룰 수 있어야 할 것이다. 말하자면 불신자와 신자의 두 가지 관점에서 율법의 타당성을 다룰 수 있어야 한다. 또 행위로 의롭게 됨, 그리스도를 본받는 훈련, 의심, 은혜로운 훈시라는 네 가지 관점에서 율법의 효력을 다룰 수 있어야 한다. 초기 루터교 교의학은 율법에 관한 이 모든 물음을 혼합했다. 그 결과 율법 사용에 있어서 두 가지, 세 가지, 네 가지 용법 사이를 갈팡질팡하게 되었다. 즉, 형태의 문제는 세 가지로, 타당성의 문제는 두 가지로, 효력의 문제는 네 가지로 취급했다. 결국 이런 문제들 가운데 하나를 다른 문제로 환원시키려는 모든 시도는 필연적으로 혼란을 불러일으켰다. 그러나 용법의 개념 자체에 이미 이와 같은 혼란을 야기할 위험성이 숨어 있는 것도 사실이다.

II.

인격적 에토스와
현실적 에토스

1. 인격적 에토스냐, 현실적 에토스냐?

딜슈나이더가 그의 윤리학[1]에서 제창한 명제는, 오늘날 이른바 루터교 진영에서 특별히 광범위하게 환영받고 있다. "프로테스탄트 윤리학은 인간의 인격, 전적으로 이 인격만을 문제삼는다. 그 외 모든 세상 문제는 이러한 프로테스탄트 에토스에 의해서 손도 대지 않은 채로 남아 있다. 윤리적인 관점에서 볼 때, 이 세상 문제들은 윤리적인 명령이 요구하는 영역에 발을 들여놓지 못하는 실정이다."[2] 이 말은 기독교 윤리학이 그리스도인 학자나 그리스도인 정치가와는 관계가 있지만, 경

1. Otto Dilschneider, *Die evangelische Tat*, Bertelsmann, 1940.
2. Otto Dilschneider, *Die evangelische Tat*, 87.

제, 국가 등과는 관계가 없다는 근거를 제공한다. 분명히 말하면, "인격적"personal 에토스와 "현실적"real 에토스 사이의 차이는 "개인" 윤리와 "사회" 윤리 사이의 차이와 동일하지 않다. 그리스도인이 세상에 대한 사회적 책임을 가지고 있다는 것은 주지의 사실이다. "현실적 에토스"Realethos를 부정함으로써, 형식적 윤리를 위해 모든 구체적인 윤리를 거부해서는 안 된다. 오히려 인격적 에토스 내에서 철저하게 구체적으로 말할 수 있어야 한다. 딜슈나이더의 논제를 무력화하기 위해서는 공동체의 삶과 관련된 성경의 계명이나 성경적 윤리의 구체성을 제시하는 것만으로는 충분하지 않다. 오히려 **기독교 윤리학의 영역에서 세상적인 질서와 조건, 예를 들어 국가, 경제, 학문에 대해서 할 수 있는 주장들이 있느냐가 중요하다.** 다시 말해 기독교 윤리학이 세상적인 질서와 조건에 관심이 있는가, 아니면 세상의 일은 "윤리적으로 중립적"일 뿐이므로 "윤리적 명령이 요구하는 영역에" 들어오지 못하는가 하는 물음이 중요하다. 다른 말로 표현하면, 주어진 세상 질서 안에서 사랑을 실천하는 것만이 교회의 유일한 과제인가? 교회는 있는 힘을 다해 세상 질서에 새로운 영감을 불어넣고, 삶의 고통을 덜어 주고, 세상 질서의 희생자들을 받아들이며, **교회 안에** 고유한 새로운 질서를 세우기만 하면 되는가? 아니면 교회는 주어진 세상 질서를 수정하고 개선하는 일, 곧 새로운 세상 질서를 확립할 사명도 있는가? 즉, 교회는 단지 이리저리 나뒹구는 희생자들을 수습하는 일만 하면 되는가? 아니면 그들을 짓밟는 수레바퀴를 직접 손을 뻗어 밀쳐 내는 일을 해야 하는가?

2. 신약성경

❶ 자유주의 신학(특히 트뢸치, 나우만)은 근원적 복음을 하나의 "순수한 종교적인" 힘,rein religiöse Macht 곧 개인의 성향 속에서 변형되는 힘으로 이해한다. 동시에 세상 질서와 조건과는 무관하며, 서로 등을 돌리고 대립하는 것으로 이해한다. 자유주의 신학은 한편으로는 "인간 영혼의 무한한 가치"를 강조하고, 다른 한편으로는 가령 노예제도나 정치적 질서에 대해 확고한 무관심을 표명한다. 신약성경적인 복음에 대한 이토록 부족한 이해가 나우만으로 하여금 그의 삶의 5퍼센트나 10

퍼센트만 가지고도 그리스도인일 수 있다고 주장하도록 만들었다. 즉, 인간이 세상 질서에 관여하지 않는 범위 안에서 그리스도인일 수 있다고 결론지은 것이다. 이러한 자유주의 신학과는 달리, 종교사회주의 신학은 가난한 자와 부유한 자, 정의와 평화와 지상에 도래할 하나님 나라에 대한 예수의 말씀의 사회혁명적인 성격에 기반을 두고 있다. 그들은 예수의 복음 속에서 세상을 변혁시키는 힘κατ' εξοχήν을 보았다. "하나님과 영혼" 그리고 "지상의 하나님 나라", 이 둘은 서로 대립되는 슬로건Parole이다. 우리는 이러한 양자택일이 참된 것이 아니며, 애초에 문제 설정이 잘못되었음을 깨달았다. 즉, 두 신학 모두 신약성경의 핵심을 파악하지 못한 채 **세상의 구원자로서의 인간 예수 그리스도**를 놓치고 있다. 윤리적 물음은 그리스도 물음Christusfrage에서 결정되며, 복음과 세상 질서 사이의 관계에 대한 물음은 오직 그리스도 물음에 대한 신약성경의 대답에 의해 해결될 수 있다.

ⓐ 모든 피조물은 오직 그리스도를 통해서, 그리스도를 위해서, 그리고 그리스도 안에서 존재한다.골 1:16 이 말은 그리스도와의 관계 외부에 존재하는 것은 아무것도 없다는 뜻

이다. 인격적 존재이든 사물이든 마찬가지다. 오직 그리스도와의 관계 속에서 피조물은 자기의 본질을 발견한다. 이는 단지 인간에게만 해당되는 것이 아니며, 국가, 경제, 학문, 자연 등에도 마찬가지다.

ⓑ 그리스도 안에서 "모든 것"골 1:17이 존재하며, **세상**고후 5:19은 하나님과 화목하게 되고, **모든 것**이 한 머리 아래 하나가 된다.ἀνακεφαλαίωσις, 엡 1:10 아무것도 예외일 수 없다. 하나님은 그리스도 안에서 "세상"을 사랑하셨다.요 3:16

ⓒ 예수 그리스도의 교회는 그리스도를 온 세상의 구원자로 믿고 복종하는 장소다. 처음부터 교회는 이와 같은 목적으로 존재하며, 본질상 그리스도 안에서 하나님이 사랑하신 세상에 대한 책임 한가운데 세워진다. 교회가 이 책임을 깨닫지 못하면, 그것은 그리스도의 교회이기를 그만둔 것이다.

ⓓ 세상의 구원자로서의 그리스도는 인간과 사물에 대한 그리스도의 통치를 의미한다. 여기서 각 개인에 대한 그리스도의 통치는, 예를 들어 국가나 경제 등에 대한 통치와는 뭔가 다른 것이다. 그리스도의 통치에 의해 모든 만물이 비로소 자기 고유의 본질로 돌아온다. 즉, 인간, 국가, 경제 등 모든 것

이 자기 고유의 본질을 찾게 된다. 이 모든 것들이 함께 전체를 형성하며 자의적으로 서로 분열되어서는 안 된다.

ⓔ 모든 피조물은 그리스도를 위하여, 그리스도를 향하여 존재하기 때문에, 그리스도의 계명과 요구 아래 있다. 그리스도를 위하여, 그리스도를 향하여 국가, 가정, 경제라는 세상 질서가 존재하며 그런 질서로 존재해야 한다. 그리스도를 위하여 세상 질서가 하나님의 계명 아래 있다. 동시에 여기서 중요한 것은 "기독교 국가", "기독교 경제"가 아니라, 그리스도를 위한 세상 질서로서의 올바른 국가, 올바른 경제가 세워지는 것임을 유념해야 한다. 그렇기에 세상 질서를 위한 그리스도인의 책임이 존재하며, 기독교 윤리는 이 책임에 관한 명제를 제시한다.

❷ **세상에 대한 교회의 이러한 책임**에 대해 신약성경은 구체적으로 어떻게 설명하고 있는가?

ⓐ 세상의 형편에 대한 관심은 오직 **그리스도를 온전하게 선포**하는 일과 맥락을 같이한다는 사실이 결정적으로 중요하다. 그리스도에 대한 증거 없이 세상을 향해 선포하기란 신약성경에서 생각할 수 없는 일이다. 즉, 그리스도를 증거

하는 것이 세상을 향해 선포할 수 있는 유일하고도 확실한 근거가 된다. 그러므로 세상을 위해 교회가 감당할 결정적인 책임은 항상 그리스도를 전하는 일임을 알 수 있다. 사도 바울은 그리스도를 증거하기 위해 로마법에 호소했으며, 이방의 정치 권력 앞에서 순결과 의로움을 증거했다.[행 16장; 24:14 이하; 25:10; 26:1]

ⓑ 그런데 왜 신약성경은 노예제도를 없애기 위해 투쟁하지 않은 것일까? 여기서 신약성경의 모든 원리적인 진술을 완전히 무시하는 한 가지 사실에 의해 가장 주된 결론이 나온다. 예수의 임박한 재림에 대한 기대와 관련시켜 그 이유를 설명하려는 일반적인 시도는 문제 해결의 실마리를 제공하지 못한다. 그리스도의 통치가 삶의 모든 영역에 미친다는 사실을 진지하게 받아들였다면, 임박한 종말에 대한 기대는 그리스도의 도래를 위한 길을 예비하고자 더욱 신속한 정의 실현을 요구했을 것이기 때문이다.[눅 12:45 참조] 그것이 아니라면, 주님의 도래가 지연될 때라도 그리스도의 통치를 전혀 진지하게 고려하지 않았던 것이라고 볼 수 있다. 그러나 신약성경에서 모든 피조물에 대한 그리스도의 요구의 중대성에는 의심의 여지가 없다. 그러므로 다음과 같은 단순한 설명이 설득력

이 있다. 즉, 바울은 당시 시행되던 노예제도가 하나님의 계명을 거스르는 질서라고 생각하지 않았다는 것이다. 이 점을 뒷받침하는 것으로, 당시 노예제도의 상대적인 온건성을 보여주는 문헌을 인용할 수 있다. 무엇보다도 바울은 노예 상태 자체는 그리스도인으로 살아가는 데 방해가 되지 않음을 통찰할 수 있었다. 예수 그리스도의 교회와 하나님의 계명에 순종하는 삶을 허용하는 세상 질서를 거부해야 할 필요는 없다. 그러한 경우, 세상 질서에 순응하면서 내부로부터 개선해 나가면 되는 것이다. 그것은 정치적·경제적 상황과도 유사하다고 볼 수 있다. 당시 로마제국은 사회가 안정되어 있었고, 법치국가로서의 확고한 기틀이 마련되어 있었다는 사실을 알 필요가 있다. 사도 바울이 로마제국 서부에서 시행되던, 부분적으로 훨씬 더 냉혹한 노예제도와 접촉한 것은 한참 뒤의 일이기도 했다. 또한 그가 이런 문제들에 대하여, 오직 그리스도의 선포라는 관점에서만 자기 입장을 표명할 수 있었다는 사실도 고려되어야 할 것이다. 그러나 바울 이후 교회의 태도에서 추정할 수 있듯이, 그는 로마에서 노예제도와 관련해 아무 행동도 취할 수 없었던 것이 분명하다. 그러나 이러한 모든 설명보다 중요한 것은 다음과 같은 사실이다. 즉, 교회가 세상에 대한 책임을 인식하고 수행하는 데는 매우 다양한 가능성들이 있다. 교회가 선교를 감당하는 상황일 때도 있고, 국가의 승인을 받을 때도 있으며, 아니면 핍박당하는 처지일 때도 있다. 각각의 경우에 교회는 상이한 방식으로 책임을 수행하게 된다. 소수 모임으로서의 선교 공동체는 교회로 부르시는 그리스도를 증거하는 일에 전심전력하면서 어떻게든지 세상 안에서 공동 책임을 지고 협력하는 길을 개척해 나가야 한다. 국가의 승인을 받은 교회, 또는 세상적인 직무와 책임을 맡은 신자들의 그리스도 고백은 국가, 경제 등에 대한 하나님의 계명을 증거하는 일을 내포한다. 그리고 요한계시록 13장에 나오는 것처럼, 그리스도인이 불의를 행하는 세상에 대한 책임을 감당하는 입장이 아니라, 그들 자신이 불의로 인해 고난받는 상황에 처할 수도 있다. 그때 세상에 대한 그리스도인의 책임은 오직 고난 속에서 더욱 복종하며, 엄격한 교회 훈련으로 그들의 신앙을 지키는 것이라고 할 수 있다. 그러나 카타콤 교회라 할지라도, 교회에 주어진 보편적 사명을 빼앗긴 적은 결코 없었다. 교회는 각 시대마다 자신의 과제를 수행할 방법을 스스로 결정해야 한다. 신약성경도 하나님의 계명에 모순되는 국가나 경제 형태를 알고 있었다. 요한계시록 13장의 시대가 지나가자, 곧바로 로마제국에서는 군인이나 관리로 봉사하는 일에 대한 의문이 일어났다.

3. 신앙고백서

신앙고백서들은 세상 질서에 대한 기독교회의 관심을 율법의 제1용법primus usus legis 교리 속에 확립해 놓았다. 여기서 제1용법은 오직 전체 율법과 전체 선포의 통일성 안에서만 가능하다는 사실에 주의해야 한다. 오직 그리스도를 위해서만 제1용법과 시민 정의가 존재한다. 제1용법이 이러한 통일성에서 분리될 위험에 처하면, 그것은 확고한 토대가 없는 하나의 추상적인 자연법이 되어 버린다. 루터의 『대교리문답』은 그 통일성이 잘 견지되고 있는 가장 좋은 예다. 제1용법은 교회가 세상을 그대로 방치해 두는 것이 아니라, 그리스도의 통치 아래로 초청하고 있다는 사실을 증거한다. 제1용법은 세상 질서에 속해 있는 그리스도인이 아니라, 하나님의 뜻에 따른 세상 질서 자체를 문제 삼고 있다. 다시 말해 세상 질서를 기독교화한다든지, 세상 질서를 교회화하는 문제를 다루고 있지 않다. 즉, 세상 질서가 가진 "상대적인" 자율성을 폐기하려는 것이 아니라, 하나님의 말씀에 복종하는 참된 세상성, "단순함"Natürlichkeit을 목적으로 한다. 세상 질서는 바로 이 참된 세상성 안에서 그리스도의 통치 아래 있게 된다. 이것이 바로 세상 질서의 "자율성"이다. 즉, 세상 질서의 자율성은 그리스도의 법에 대해서가 아니라, 지상적인 타율성에 대해서 "자율적"eigengesetzlich이라는 의미다.

4. 딜슈나이더 논제에 대한 비판

❶ 인간을 사물의 세계로부터 고립시키는 것은 관념론적이며 기독교적이지 않다. 그리스도는 인간을 **사물**Dinge의 세계가 아니라, 죄Sünde의 세계로부터 떨어져 나오도록 하셨다. 여기에는 매우 중요한 차이가 있다. 인격과 관련이 없는 사물 "그 자체"는 존재하지 않는다. 원칙적으로 인격의 영역 외부에 사물의 영역이 독립적으로 존재하는 것이 아니다. 만약 그

렇다면, 하나님의 계명이 미치는 범위 밖에 사물의 세계가 존재해야 할 것이다. 이것은 역사적인 사건뿐만 아니라 자연의 영역에도 동일하게 적용된다. 사실 이러한 구별 자체가 이미 성경적으로 문제가 된다. 자연은 말씀 안에서 우리에게 계시된 계명 아래 열매를 맺고 성장하며, 하나님을 찬양하고,시 148편 인간에게 봉사하는 목적으로 존재한다. 다시 말해 성경적으로 볼 때, 인격의 세계와 동떨어져서 하나님의 계명이 미치지 않는 사물의 세계란 존재하지 않는다.

❷ 사물의 세계가 하나님의 계명의 영역에 속하지 않는다는 주장은 아디아포라 교리Adiaphoralehre[3]의 그릇된 이해에 기인한다. 아디아포라가 존재한다는 사실은 사물의 세계가 윤리적으로 중립적이라는 말이 아니라, 오히려 인간의 자유를 위해 봉사하도록 하나님이 정해 놓으셨음을 의미한다. 아디아포론Adiaphoron은 **원칙상** 무Nichts이며, 사물의 아디아포론이라는 주장은 오직 신앙의 진술이다. 그러므로 그것은 인격과 전

3. "아디아포라"(ἀδιάφορα, 본래 "상관없는", "사소한"이라는 뜻)는 스토아 철학에 의해 형성된 개념으로, 선이나 악, 명령이나 금지에 부속되는 데서 벗어난 중립적인 것을 말한다.—옮긴이

혀 무관한 "사물 자체"의 고유한 특성이 아니라, 오히려 사물에 대한 인격의 일정한 관계를 표현한다. 원칙적인 아디아포라 교리는 이율배반적이다.

❸ 사물의 세계는 도대체 얼마나 넓게 확장되는가? 그것은 교회 한가운데까지 확장되는가? 사물의 세계를 하나님의 계명으로부터 단절시키는 것은 사물의 세계의 자율성 선언이다. 이는 삶의 영역에 대한 그리스도의 통치를 포기하는 것을 의미한다. 그러므로 이율배반적이다.

❹ 인격과 사물이라는 비신학적 용어를 사용하는 대신, 교회와 세상 질서 사이의 성경적인 구별로 대치하는 것이 바람직하다.

5. 세상 질서에 대해 기독교 윤리가 할 수 있는 진술의 조직적인 고찰

❶ 세상 질서에 대한 모든 가능한 진술은 예수 그리스도에게 근거를 두고 있다. 그러므로 예수 그리스도와의 관계 속에서 세상 질서를 논해야 한다. 예수 그리스도는 피조세계의

근원, 본질, 목적이기 때문이다. 그리스도의 통치가 이 모든 진술을 가능케 하며, 그 진술이 갖는 의미이기도 하다.

❷ 세상 질서에 대한 그리스도의 통치가 선포될 때, 그것은 세상 질서가 어떤 **낮선 통치**Fremdherrschaft 아래 들어오게 된다는 의미가 아니다. 성경은 "그가 자기 땅에 오셨고",요 1:11 "만물이 그 **안에** 있다"골 1:17고 말한다. 따라서 그것은 성직자, 인문주의자, 합리주의자, 도덕적 자연법 또는 유대인의 율법 아래 들어오게 된다는 의미가 아니다. 그것은 세상 질서가 그리스도의 통치 아래, 자기 고유의 본질로 돌아가는 것을 의미한다. 다시 말해, 그들이 창조된 본래 목적대로 천부의 법에 복종하게 되는 것이다. 세상 질서에 대한 그리스도의 통치가 선포될 때, 세상 질서는 근본적으로 무법천지ἀνομία 상태이며 죄에 불과한 이른바 "자율성"이라는 자의성 아래 빠져든다는 말도 아니다. 세상 질서는 그리스도 안에서 하나님에 의해 창조되고, 사랑받고, 화목하게 된 세계 안에서, 그에 본질적이고 고유하게 다가오는 장소를 보존하게 된다. 그리하여 세상 질서는 그리스도의 통치 아래 그 고유의 법과 고유의 자유를 얻게 된다.

❸ 십계명은 하나님에 의해 계시된 삶의 법칙이다. 십계명은 그리스도의 통치 아래 있는 모든 생명을 위해 주어진 것이다. 십계명은 낯선 지배와 자의적인 자율성에서 벗어나 자유를 누리게 한다. 십계명은 믿는 자에게 창조주와 화해자의 법을 밝히 드러낸다. 십계명은 세상적인 삶에서 자유로운 복종을 가능케 하는 테두리가 된다. 십계명은 그리스도의 통치 아래 자유로운 삶을 누리도록 자유를 선사한다.

❹ 그리스도의 통치와 십계명은 세상 질서를 인간의 이상인 "자연법"에 예속시키거나, 교회에 예속시키지 않는다(이는 중세기 토마스 아퀴나스의 가르침과 모순된다). 그리스도의 통치와 십계명은 **참된 세상성**echte Weltlichkeit**을 위한 해방**을 의미한다. 즉, 국가는 국가로 존재하도록 하는 것이다. 따라서 세상 질서를 위하여 우선적으로 정치가나 경제학자가 회심해야 하는 것은 아니다. 또한 그것은 국가의 기독교화나 국가를 교회의 일부로 변형시키려는 그릇된 사고방식으로 국가의 가혹성과 냉혹성을 제거하는 것을 의미하지 않는다. 바로 그 엄격한 정의와 칼의 직무, 국가 제도의 무자비함이라는 참된 세상성이 유지될 때에만, 그리스도의 통치, 곧 은혜의 통치가 전적으

로 진지하게 받아들여질 수 있다. 그러므로 하나님의 철저한 공의와 징계와 진노의 세상 질서는 하나님의 성육신하신 사랑의 성취로 이해되어야 한다. 또한 산상수훈의 계명이 참된 국가의 행정력 속에 보존되어 있다는 사실을 볼 수 있어야 한다. 그렇지 않으면 하나님의 성육신, 곧 사랑의 성육신이 올바로 이해될 수 없을 것이다. 세상 질서를 우상화하거나 교회화하는 것이 아니라, 세상 질서가 진정한 세상성을 위해 해방되도록 하는 것이 그리스도의 통치가 갖는 의미와 목적이다.

❺ 그리스도의 통치 아래 세상 질서의 해방은 정치가 등이 회심하는 데서 구체화되는 것이 아니다. 그것은 세상 질서가 예수 그리스도의 교회와, 곧 교회의 선포 및 삶과 구체적으로 만나는 가운데 실현된다. 세상 질서는 그리스도의 교회를 존속시키고, 교회의 활동 영역을 제공하며, 그리스도의 통치에 대한 선포가 영향력을 행사하도록 해야 한다. 그렇게 할 때, 세상 질서는 그리스도 안에 근거한 참된 세상성과 그리스도 안에 근거한 자기 고유의 법을 발견할 수 있다. 예수 그리스도의 교회에 대한 그들의 입장은 언제나 참된 세상성을 위한 척도가 되어야 한다. 이것은 어떤 이념적이고 낯선 법칙이

나 자의적인 자율성에 의해서 침해될 수 없다. 그러나 교회에 대한 잘못된 태도는 항상 참된 세상성과 세상 질서, 국가 등의 오류로 이어지며, 그 반대도 마찬가지의 결과에 이르게 된다.

❻ 세상 질서들 사이의 상호 관계와, 세상 질서와 교회 사이의 관계를 고려할 때, 경제,oeconomicus 정치,politicus 성직hierarchicus의 세 가지 신분으로 분류하는 루터교 교리보다, 성경의 가르침에 기초한 네 가지 하나님의 위임 교리, 곧 결혼과 가족, 노동, 정치권력, 교회가 내 생각에는 더욱 타당하게 보인다. 루터교 교리에 의하면, 각 신분이 지닌 결정적인 특성과 영속적인 의미는 우열의 관계가 아닌 **대등** 관계다. 이 말은 교회의 낯선 통치 앞에 세상 질서가 보존되는 것을 의미하며, 그 반대도 마찬가지로 적용된다. 그러나 하나님의 위임에 의해 주어진 이 네 가지 질서는 계시를 근거로 증거된 구체적인 하나님의 위탁과 약속을 지닌다는 점에서 거룩하다. 역사의 모든 질서가 부단히 변할지라도, 이 하나님의 위임들은 세상 마지막 날까지 변함없이 존속한다. 이들의 정당성은 단순히 역사적 실존에 의하지 않는다. 그것은 그리스도를 위하여, 그리스도를 향하여 세상을 보존하기 위한 하나님의 결정적인

위임에 의한 것이다. 그런 점에서 하나님의 위임들은 민족, 인종, 계급, 대중, 사회, 국민, 조국, 제국 등과 같은 질서와 구별된다. 동시에 이 위임들이 하늘나라에 그 모형Urbild을 가지고 있는 것처럼 보이는 것은 우연이 아닐 것이다. **결혼**: 그리스도와 교회의 관계, **가족**: 하나님 아버지와 아들, 그리스도와 인간의 형제애, **노동**: 세상에 대한 하나님과 그리스도의 창조적인 섬김, 하나님에 대한 인간의 창조적인 섬김, **정치권력**: 그리스도의 영원한 통치, **국가**: 하나님의 도성.πόλις

❼ 교회는 세상 질서가 그때그때 어떤 형태이든지, 이 하나님의 위임들을 그리스도의 통치와 십계명 아래 두어야 한다. 그리하여 세상 질서가 낯선 법 아래 있지 않고, 구체적이고 참되게 세상을 섬길 수 있도록 자유롭게 해야 한다. 여기서 세상 질서에 주어진 하나님의 위임을 말하는 것은 곧 그리스도의 통치가 **세상 질서 위에**,**über** 그리스도 교회의 신적 위임이 **세상 질서와 나란히neben** 보존되는 것을 의미한다. 그것은 세상 질서가 감당해야 할 책임적인 결정과 직무를 박탈할 수 없다. 그러나 하나님의 위임은 세상 질서가 홀로 책임적으로 결단하고 행동할 수 있는 장소를 지시할 수 있다.

❽ 세상 질서가 예수 그리스도의 교회의 말씀과의 만남 없이도 자기의 직무를 수행할 수 있다는 견해(튀르크에 대한 루터의 생각)는 **첫째로** 제한적으로만 타당하다. 참된 세상성은 오직 그리스도를 통한 자유에 의해서만 존재한다. 그렇지 않으면 낯선 법칙과 이데올로기와 우상들의 지배를 받게 된다. **둘째로**, 이러한 관점이 매우 제한된 타당성을 가진다는 사실은, 교회에 계시된 진리의 확증으로서 교회를 위해 다만 감사하게 받아들여질 뿐이다. 그러나 이 사실이 교회로 하여금 그것으로 충분하다고 여기며 자족케 하지 않고, 오히려 모든 부분적인 진리 안에 있는 온전한 진리로서 그리스도의 통치를 선포하도록 한다. 다시 말해 교회가 그리스도를 도외시하지 않고, 그리스도의 은혜로운 통치를 온전히 선포하도록 인도한다. 교회는 여기저기에 그리스도의 교회가 선포하는 소식을 **듣지** 못하는 곳이 있더라도—거기에 **예수 그리스도의 현존**이 없다는 말은 결코 아니다!—그곳에도 세상 질서가 존재할 수 있다는 사실을 인식하고 있다. 그러나 이제 자기를 계시하시는 하나님이 선포되었으므로, 알려지지 않은 하나님이 알려진 하나님이 되신 것이다.

III.

국가와 교회

1. 개념 규정

신약성경에서 국가 개념은 낯선 것이다. 국가 개념은 고대 이교에 그 기원을 두고 있다. 신약성경에는 국가 대신 정치권력이라는 개념이 등장한다. 국가는 질서 정연한 공공조직을 의미하며, 정치권력이란 질서를 만들고 유지해 나가는 힘이다. 국가 개념은 지배자와 피지배자를 함께 포괄하지만, 정치권력 개념은 오직 지배자만을 지칭한다. 국가 개념을 구성하는 것 중 도시Polis라는 개념은 **권위Exousia** 개념과 필연적인 연관성이 없다. 신약성경에서 폴리스는 하나의 종말론적 개념이며, 장차 도래할 하나님의 도성, 곧 새 예루살렘과 하나님이 통치하시는 하늘의 공동체를 가리킨다. 정치권력은 본질상 지상의 폴리스와 관련이 없으며, 그것의 개념을 초월한다(이는 마치 가장 작은 사회의 구성 형식인 아버지와 자녀, 주인과 종의 관계와도 같다). 다시 말해, 정치권력이라는 개념 속에는 어떤 공공조직의 특수한 형식이나 특정한 국가 형태가 포함되어 있지 않다. 정치권력은 하나님의 권위에 의하여 세상을 통치하도록 하나님이 전권을 부여하신 것이다. 즉, 정치권력은 지상에서 하나님을 대리하는 역할을 한다. 그것은 오직 위로부터 이해될 수 있다. 정치권력은 공공조직에서 나오는 권위가 아니며, 정치권력이 위로부터 공공조직의 질서를 세운다. 만일 정치권력을 천사의 권세로 해석하는 것이 옳다면, 그것은 하나님과 세상 사이에서 그 지위를 묘사하는 경우에만 가능하다. 신학적으로는 국가 개념이 아니라 오직 정치권력 개념을 사용하는 것이 바람직하다. 그럼에도 구체적인 연구에서 국가 개념은 당연히 피해 갈 수 없는 것이 된다.

교회 개념에서 우리는 영적 직무와 교회 공동체 내지 그리스도인들 사이를 구별해야 한다. 특히 정치권력 및 국가와의 관계를 밝히고자 할 때 그렇다. 영적 직무는 하나님의 전권 대사로서 신적 권위 안에서 영적인 통치를 수행한다. 그 권세는 교회 공동체로부터가 아니라, 하나님으로부터 나오는 권세다. 세상적인 통치와 영적인 통치 사이에는 엄격한 구별이 있어야 하지만, 그럼에도 그리스도인은 동시에 시민이기도 하다. 그리고 시민 역시 그들이 신자이든 아니든, 시민인 동시에 예수 그리스도의 요구 아래 서 있다. 그러므로 정치권력에 대한 영적 직무의 관계는 각 그리스도인의 그것과는 다르다. 이 구별은 끊임없이 반복되는 오해를 피하기 위해서라도 주목할 필요가 있다.

2. 정치권력의 기원

❶ 인간의 본성에서

고대인들 중에, 특히 아리스토텔레스는 국가가 **인간 본성**에서 기인한다고 보았다. 국가는 인간의 이성적 본성의 걸출한 완성인 동시에, 국가에 봉사하는 것은 인간 삶의 최고 목적이다. 모든 윤리는 정치적 윤리이며, 미덕은 정치적 미덕이다. 이러한 국가의 기원은 원칙적으로 가톨릭 신학에 의해 계승되었다. 국가를 인간 본성의 산물로 보는 것이다. 이는 인간의 공동체 형성 능력이 통치 관계처럼 창조에 그 기원을 두고 있다는 견해다. 국가는 자연적·창조적인 목적에 상응하는 가운데 인간의 본질적 숙명을 성취한다. 국가는 "자연적 공동체가 최고로 발전한 상태다."실링의 『도덕 신학』 II, 609 이처럼 아리스토텔레스적이고 아퀴나스적인 학설은 다소 수정된 형태로 성공회 신학 속에서 발견된다. 그리고 그것은 현대 루터교 신학에도 들어와 있다. 자연 신학과 성육신 신학 사이의 관계는 앵글리칸들에게 독특한 자연적·기독교적인 국가 기원의 가능성을 열어 놓았다(부가적으로 설명하면, 자연 신학과 성육신 신학 사이의 의혹이 이제 젊은 앵글로·가톨릭 신학자들에 의해 철저히 규명되고, 십자가의 신학theologia crucis을 통해 수정되었다). 현대 루터교 신학은 헤겔과 낭만주의를 거치면서 자연적인 국가 개념을 받아들였다. 여기서 국가는 보편적·인간적·이성적 본질의 완성이 아니라, 민족 가운데 하나님의 창조 의지가 성취된 것이다. 국가는 본질적으로 민족 국가Volksstaat다. 민족은 민족 국가 안에서 하나님이 원하시는 운명을 완성한다. 여기서 개개인의 내용적인 측면은 중요하지 않다. 고대의 국가 개념은 이성 국가, 민족 국가, 문화 국가, 사회 국가의 형태로 존속했다. 그리고 결론적이면서도 아주 결정적으로 기독교 국가의 형태로 계속되었다. 국가란 특정하게 주어진 내용들의 완성체다. 이와 같은 이론이 최극단에 이르면, 국가는 이 내용들, 곧 민족, 문화, 경제, 종교의 고유한 주체가 된다. 국가는 "현실의 하나님"이다.[헤겔] 이러한 이론들은 모두 하나같이 국가를 공공조직으로 이해한다. 따라서 정치권력 개념은 난해하고 우회적인 방법으로만 파악될 수 있다. 그러면 정치권력 역시 당연히 인간의 본성에서 나온 것이라고 추론할 수밖에 없다. 이렇게 되면 정치권력이 인간 본성에 기인함과 동시에, 인간에게 적대적인 강제력을 행사하는 것으로 이해해야 하는 어려움에 봉착한다. 그러나 이 강제력을 행사하는 국가의 정치적 권위는 모든 공공조직 안에 존재하는 자유로운 상위 질서나 하위 질서와는 본질적으로 다른 것이다. 국가의 기원을 인간의 피조된 본성에서 찾으려고 할 때 정치권력 개념은 해체되며, 아무도 그것을 원하지 않는다 하더라도 아래로부터 재구성되어야 한다. 국가가 모든 인간 생활과 문화적 영역의 완성자로 등극하면, 국가는 자기에게 부여된 정치권력의 고유한 위엄과 권위를 상실하게 된다.

❷ 죄에서

종교개혁은 아우구스티누스 사상을 받아들여 고대의 국가 개념을 극복했다. 종교개혁은 공공조직으로서의 국가의 기원을 피조된 인간 본성에서 찾으려고 하지 않았다. 물론 몇몇 종교개혁자들의 글에는 그런 사상의 흔적이 남아 있는 것도 사실이다. 그러나 종교개혁은 국가를 정치권력으로 보았으며, 국가의 기원을 인간의 **죄로 인한 타락 속에서**[im Sündenfall] 찾았다. 죄로 인해 정치권력이라는 신적 질서가 제정되어야 할 필요성이 생겼다고 보는 것이다. 그러므로 정치권력은 하나님이 부여하신 칼의 힘으로, 죄로 인해 생긴 혼돈에 맞서 인간을 보호해야 한다. 정치권력은 범법자를 처벌하고 생명을 보호해야 할 의무가 있다. 이로써 정치권력은 강제력과 외적 정의의 수호자로서의 존재 이유를 갖게 된다. 이 두 가지는 종교개혁에 의해서 똑같이 중요하게 받아들여졌다. 그러나 종교개혁의 사고방식은 두 개의 서로 다른 평행선을 따라 이어졌다. 그중 하나는 강제력을 통해 정의를 규정함으로써 국가 공권력 개념을 발전시켰다. 다른 하나는 정의를 통해 권력을 규정함으로써 법치 국가 개념을 발전시켰다. 전자는 오직 권력이 있는 곳에 권위Exousia가 있다고 보았다. 후자는 정의가 있는 곳에 만 권위가 주어진다고 보았다. 결론적으로는 둘 다 권위에 대한 종교개혁적 개념을 충분히 드러내지 못했다. 그렇지만 양자는 국가가 창조된 상태의 완성이 아니라, 위로부터 주어진 하나님의 질서라는 인식에 있어서 일치했다. 즉, 국가는 아래로부터, 민족으로부터, 문화로부터 나온 것이 아니라, 위로부터 나온 것, 곧 참된 의미에서 정치권력으로 이해되었다. 이러한 인식 속에 근원적이고, 종교개혁적이며, 성경적인 국가 개념이 들어 있다. 다시 말해, 국가는 본질적으로 민족 국가나 문화 국가와 같은 것이 아니다. 이 모든 것은 하나님에 의해 승인된 국가의 공공조직 형태로 가능할 뿐이다. 어쩌면 지금까지 우리에게 알려지지 않은 수많은 다른 형태가 나타날 수도 있을 것이다. 하나님에 의해 승인된 다양한 공공조직의 형태와는 달리, 정치권력은 하나님 자신에 의해 제정되고 수립된 것이다. 민족, 문화, 사회 조직 등은 세상적인 것이다. 그러나 정치권력은 하나님의 권위와 함께 세상 가운데 세워진 질서다. 정치권력은 세상적인 것이 아니라, 하나님에게서 나온 것이다. 하지만 이러한 인식을 기초로 기독교 국가 개념을 주장할 수는 없다. 국가 공권력이 지닌 특성은 위정자가 기독교에 속해 있는지 여부와는 무관하기 때문이다. 정치권력은 이방인들에게도 존재한다.

❸ 그리스도에게서

지금까지 언급한 것과 특히 마지막에 다룬 내용에서 다음의 사실이 분명해진다. 국가의 기원을 죄로 보든 인간 본성으로 보든, 그 자체가 국가 개념으로 귀착된다는 사실이다. 그렇게 되면 예수 그리스도와의 관계는 고려되지 않는다. 국가는 창조 질서로 존재하든 보존 질서로 존재하든, 예수 그리스도 안에 나타난 하나님의 계시와는 무관하게 스스로를 위해 존재한다. 여기서 여러 가지 이유로 첫 번째보다 두 번째 기원을 더 선호하더라도 이러한 결론은 피할 수 없다. 그러면 다음과 같은 의문이 생긴다. (보편적인 기독교 철학과는 달리) **예수 그리스도로부터**가 아니라면, 어디서 낙원과 타락에 대한 신학적 토대를 말할 수 있는가? 만물은 예수 그리스도를 통하여, 예수 그리스도를 위하여 창조되었다.[요 1:3; 고전 8:6; 히 1:2] 바로 "왕위, 통치권, 주권, 정치권력"이 그러하다.[골 1:16] 오직 예수 그리스도 안에서 이 모든 것은 존재할 수 있다.골 1:17 "교회의 머리"는 바로 예수 그리스도이시다.골 1:18 다시 말해 정치권력에 대해 신학적으로 논하려면, 철학적인 정치권력 개념이 아니라 하나님에 의해 제정된 정치권력을 의미해야 한다. 어떤 상황이라도 예수 그리스도와 관계 없이 정치권력에 대해 논할 수 없다. 교회의 머리이신 그리스도를 말하면서, **예수 그리스도의 교회**와 무관한 독자적인 정치권력을 말할 수는 없는 것이다. 따라서 정치권력의 참된 기초는 예수 그리스도 자신이다. 다음 일곱 가지 항목은 예수 그리스도와 정치권력의 관계를 표명한다.

ⓐ 창조의 중보자로서 정치권력도 "그에 의하여" 창조되었다. 예수 그리스도는 정치권력과 창조주 사이의 유일하고 필연적인 중재자다. 하나님에 대한 정치권력의 직접적인 관계는 존재하지 않는다. 그리스도는 정치권력의 중보자다.

ⓑ 다른 모든 피조물과 마찬가지로 정치권력도 오직 "예수 그리스도 안에서 존속"한다. 즉, 예수 그리스도 안에 정치권력의 본질이 있고 존재가 있다. 만약 예수 그리스도가 존재하지 않는다면, 피조물도 더 이상 존재하지 않을 것이다. 말

하자면, 하나님의 진노 아래 멸절되고 말 것이다.

ⓒ 다른 모든 피조물과 함께 정치권력도 "예수 그리스도를 위하여" 만들어졌다. 정치권력의 목적은 예수 그리스도 자신이며, 그리스도를 섬겨야 한다.

ⓓ 예수 그리스도는 하늘과 땅의 모든 권세를 가졌으므로,[마 28:18] 그는 정치권력의 주님이시다.

ⓔ 십자가의 화해를 통하여, 예수 그리스도는 정치권력과 하나님 사이의 관계를 회복시키셨다.[골 1:20, τα πὰντα]

ⓕ 정치권력은 모든 피조물과 함께 공유하는 예수 그리스도에 대한 관계에 부가하여, 예수 그리스도와 다음과 같은 몇 가지 특수한 관계 속에 있다.

a. 예수 그리스도는 정치권력의 승인 아래 십자가에 못 박혔다.

b. 정치권력은 예수의 무죄함을 알았고, 그것을 공식적으로 증언했다.[요 18:38; 사도 바울의 재판 과정에서 루시아, 벨릭스, 베스도, 아그립바의 역할 참조] 이로써 정치권력은 자기의 고유한 본질을 보여준다.

c. 정치권력은 그리스도의 무죄를 인식하고 판결하고도 그것을 국가 공권력으로 분명하게 관철해 내지 못했다. 이

는 백성들의 압력에 굴복하여 자기의 직무를 포기한 것이라고 할 수 있다. 여기서는 정치권력의 직무를 비난하는 것이 아니라, 그 직무를 제대로 수행하지 못한 것을 문제 삼고 있다.

d. 예수는 정치권력에 복종하셨다. 그러나 정치권력이 가진 힘은 인간 마음대로 행할 수 있는 자의적인 것이 아니라, "위로부터 주어진 은사"임을 상기시키셨다.요 19:11

e. 예수는 이를 통해 정치권력이 그 직무를 바르게 수행하든 잘못 수행하든, 그것이 위로부터 주어진 권세이므로 따를 수밖에 없음을 증거하셨다. 예수 그리스도의 무죄를 선언하고도 십자가에 못 박도록 넘겨줌으로써, 정치권력은 역설적으로 그들이 예수 그리스도를 섬기고 있다는 사실을 보여주어야 했다. 그리고 다름 아닌 바로 그 십자가를 통하여, 예수는 정치권력에 대한 자신의 통치권을 되찾으셨다.골 2:15 그리고 모든 만물의 마지막 때에 "모든 통치와 권위와 권세"는 예수 그리스도를 통해 (이중적인 의미에서) "폐지되고 보존될"aufgehoben 것이다.

ⓖ 이 땅이 존속하는 한 예수는 항상 정치권력의 주님이시며, 동시에 교회의 머리가 되신다. 그러나 이 말은 결코

정치권력과 교회가 하나가 되어야 한다는 의미가 아니다. 성전이 없는 거룩한 도성Polis은 마지막 때에 존재하게 될 것이다. 그때에는 하나님과 어린양이 친히 성전이 되시기 때문이다.[계21장] 그날에 온 세상 가운데 흩어져 있던 예수 교회의 신자들이 거룩한 도성의 시민이 될 것이며, 그 도성에서 하나님과 어린양이 친히 다스리실 것이다. 하늘의 도성에서 국가와 교회는 하나가 될 것이다.

오직 예수 그리스도 안에 정치권력의 근거를 둘 때, 자연법적인 근거를 극복할 수 있다. 자연법적인 근거는 궁극적으로 인간의 본성 및 인간의 죄로 인해 국가가 성립된 것이라고 본다. 국가의 기원을 인간의 본성에서 찾으면, 민족들의 역사적인 사건들 속에서 국가의 자연법적 토대를 발견하게 된다. 이러한 자연법적 토대는 제국주의와 혁명이 정당성을 갖도록 하며, 혁명에 대해 내적·외적으로 정당성을 부여해 준다. 국가의 기원을 죄에서 찾으면, 정의 개념으로 권력 개념을 제한하기 위해 자연법적 규범을 고안해야 한다. 따라서 이런 경우 더욱 강하게 보수적인 방향으로 나가게 된다. 그러나 이는 자연법의 개념과 내용이 어떤 사건과 어떤 규범에 의한 것인가에 따라 다양하게 해석될 수 있다. 그러므로 국가의 기원으로는 충분하지 않다. 권력 국가 및 법치 국가, 민족 국가 및 제국주의, 민주 국가 및 독재 국가는 자연법에 근거한다. 그러나 우리는 정치권력의 확고한 토대를 오직 성경적인 근거를 통해 예수 그리스도 안에서 찾는다. 이 기초 위에 새로운 자연법을 발견할 수 있을지 여부는 지금도 여전히 답해져야 할 신학적 물음으로 남아 있다. 또한 있다면 어느 정도까지 가능한지에 대한 물음 역시 마찬가지다.

3. 정치권력의 신적 성격

❶ 그 존재에 있어서

정치권력은 이념이나 과제로서 우리에게 주어진 것이 아니라 현실, 곧 "존재하는" 것Seiende, αἱ δὲ οὖσαι, 롬 13:1으로서 주어져 있다. 그 존재에 있어서 정치권력은 하나님이 주신 직무다. 정치권력을 가진 자들은 하나님의 "신하"이며, 하나님을 섬기는 자, 하나님의 대리자이다.롬 14:4 정치권력의 존재는 그 성립 방식과는 무관하다. 정치권력을 차지하는 인간의 길이 항상 거듭해서 죄를 통한 것일지라도, 거의 모든 왕관이 죄와 결부되어 있을지라도,셰익스피어의 왕조 드라마 참조 그럼에도 정치권력의 존재는 지상적인 생성 과정 너머에 있다. 왜냐하면 정치권력은 그 생성 과정이 아니라 그 존재에 있어서 하나님의 질서이기 때문이다. 모든 존재하는 것들과 마찬가지로 정치권력도 어떤 의미에서는 선악을 초월해 있다. 즉, 정치권력은 하나의 직무일 뿐만 아니라 역사적 존재이기도 하다. 정치권력은 윤리적인 실패를 이유로, 실패 그 자체만으로는eo ipso 신적 존엄성을 잃지 않는다. "나의 나라는, 옳든 그르든 나의 나라다"라는 말에 이러한 사실이 분명하게 표명되어 있다. 이것은 존재자와 존재자 사이의 역사적인 관계다. 이 관계는 부자지간, 형제지간, 주종 관계에서 반복되어 나타나며, 이들 경우에는 즉각적으로 또렷해진다. 아들은 아버지로부터 윤리적으로 고립될 수 없다. 심지어 존재 자체에 근거를 둔다면, 아버지나 형제의 죄를 함께 걸머지고 감당해야 할 필연성이 있다. 아무런 죄책감 없이 자기 고국을 폐허로 만들고도 영예로울 사람은 없다. 그것은 역사에 대항하는 도덕가들의 자화자찬이다. 역사적 존재에 근거한 정치권력의 존엄성을 가장 분명하게 표현하는 것이 그들의 권세, 곧 그들이 행사할 권한이 주어진 칼의 힘이다. 정치권력이 죄를 범하고 윤리적으로 공격받는 처지라 해도, 그 권력은 하나님으로부터 나온 것이다. 정치권력은 오직 예수 그리스도 안에서 확고한 존재 이유를 가지며, 그리스도의 십자가를 통하여 하나님과 화목하게 된다.앞서 언급한 부분 참조

❷ 그 위탁에 있어서

정치권력의 존재는 하나님의 위탁과 연관되어 있다. 오직 그 위탁을 완성하는 가운데 정치권력의 존재가 성취된다. 하나님의 위탁에서 완전히 벗어난 정치권력은 존재할 이유 자체가 의문시된다. 그러나 이러한 전적인 타락은 하나님의 섭리에 의한 종말론적 사건으로만 가능하다. 그때가 오면 순교적 상황 속에서, 교회는 적그리스도의 실체가 된 정치권력으로부터 완전한 분리에 이른다. 정치권력에게 주어진 위탁은, 세상의 칼과 법의 힘을 행사함으로 지상에서 그리스도의 통치에 봉사하는 가운데 성립된다. 하나님의 대리자로서의 정치권력은 오직 자신에게 부여된 칼을 수단으로 외적 정의를 수립하고 수호함으로써 그리스도에게 봉사한다. 동시에 정치권

력은 악한 자들을 벌하는 소극적인 임무뿐만 아니라, 선한 자들, 곧 경건한 자들에게 상을 베푸는 적극적인 임무도 수행한다.벧전 2:14 이로써 정치권력에게 한편으로는 법적 권한이 부여되고, 다른 한편으로는 선을 장려하여 외적인 정의를 구현하는 교육의 권한이 부여된다. 물론 교육의 권한을 행사하는 방법은 정치권력과 기타 다른 신적 질서와의 연관성 속에서 비로소 다룰 수 있다. 정치권력이 수호해야 할 선이나 외적인 정의가 어디에 존재하는가 하는 문제는 수없이 논의되었다. 이것은 정치권력이 예수 그리스도 안에 근거한다는 사실을 염두에 두면 쉽게 해결된다. 이러한 선은 어떤 경우에도 예수 그리스도와 대립하여 성립될 수 없다. 선이 성립되기 위해서는 정치권력이 행하는 모든 조치가 궁극적인 목적, 곧 예수 그리스도를 섬기는 일이 가능하도록 해야 한다. 이는 기독교적인 행동을 의미하는 것이 아니라, 예수 그리스도를 배제하지 않는 행동을 의미한다. 만약 제2서판십계명의 내용이 다양한 역사적 상황과 결단의 척도가 된다면, 정치권력은 그와 같은 행동에 도달할 수 있다. 그런데 정치권력은 어디서 제2서판의 내용을 인식하게 되는가? 우선 교회의 설교를 통해서다. 그러나 이방인들의 정치권력에 있어서도 제2서판의 내용과 역사적 삶 자체에 내재하는 율법 사이에 섭리에 의한 일치성이 존재한다는 사실이 적용된다. 제2서판을 저버리는 것은 정치권력이 보존해야 할 생명 자체를 파괴하는 일이다. 그러므로 생명을 보호하는 임무가 올바로 이해된다면, 저절로 제2서판을 긍정할 수밖에 없다. 이로써 국가는 자연법에 근거한다는 논리로 다시 돌아가는 것인가? 아니다. 왜냐하면 여기서는 오직 정치권력에 관해서만 다루고 있기 때문이다. 정치권력은 그 스스로 이해하지 못하더라도, 섭리에 의해 자기 임무에서 결정적으로 중요한 지식을 습득하게 되는 것이다. 다시 말해, 제2서판을 듣지 못한 상태일지라도 예수 그리스도 안에서 자기 임무를 올바로 이해하는 정치권력에게 계시된 것과 동일한 인식에 이른다. 여기서 자연법은 예수 그리스도에게 근거를 두고 있다고 말할 수 있다.

따라서 정치권력에게 주어진 위탁은, 그 진정한 근거를 이해하든 못 하든, 칼의 힘을 통해 외적인 정의를 이루는 것이다. 이로써 정치권력은 생명을 보존하고 그리스도를 받아들일 수 있는 환경을 조성하게 된다.

제1서판을 지키는 일도 정치권력의 임무인가? 다시 말해, 이러한 임무에는 예수 그리스도의 아버지 하나님에 대한 결단도 포함되어 있는가? 우리는 이 문제를 정치권력과 교회에 관한 단원에서 다루고자 한다. 여기서는 다만 예수 그리스도에 대한 지식은 모든 사람을 위한 것이며, 그것은 정치권력을 가진 자들에게도 해당된다는 사실을 말하고자 한다. 정치권력의 임무는 경건한 사람들을 보호하고 포상하는 것이며,[벧전 2:14] 이는 정치권력을 가진 사람들의 신앙적 결단과 무관하게 수행되어야 한다. 그렇다. 경건한 자들을 보호함으로써 비로소 정치권력은 자기의 참된 임무를 달성한다. 이것이 바로 정치권력이 그리스도를 섬기는 방법이다.

정치권력의 임무는 그리스도를 섬기는 것이며, 그것은 동시에 피할 수 없는 숙명이기도 하다. 정치권력은 알고 행하든 모르고 행하든, 또 자기 임무에 충실하든 그렇지 않든 그리스도에게 봉사하고 있다. 정치권력은 원하든 원하지 않든 그리스도를 섬기지 않을 수 없다. 만약 정치권력이 그것을 원하지 않는다면, 교회는 고난을 당할 것이다. 그러나 이를 통해서도 궁극적으로는 그리스도의 이름이 증거될 것이다. 정치권력과 그리스도의 관계는 이처럼 밀접하며 끊으려야 끊을 수 없다. 정치권력은 그리스도를 섬기는 직무를 피할 수 없다. 정치권력은 바로 자신의 존재를 통해 그리스도를 섬기는 것이다.

❸ 그 요구에 있어서

정치권력의 요구는 그 권력과 위탁에 근거를 둔 하나님의 요구이며 양심과 연관되어 있다. 정치권력은 "양심을 위하여"[롬 13:5] 복종을 요구한다. 이 말은 "주님을 위하여"[벧전 2:13]로 해석될 수도 있다. 이와 같은 복종은 마땅히 드려야 할 존경[롬 13:7; 벧전 2:17]과도 상통한다. 정치권력이 그 위탁을 수행하는 데 복종을 요구하는 것은 무조건적이며, 질적인 면에서도 전폭적이다. 그 요구는 양심과 신체적 삶에까지 영향을 미친다. 신앙과 양심과 신체적 삶은 정치권력의 신적 위탁에 대한 복종에 매여 있다. 이러한 요구에 대한 의심은 정치권력이 수행하는 위탁의 내용과 범위가 의문시될 때 비로소 생겨난다. 그리스도인이 때마다 정치권력의 요구가 정당한지 여부를 점검해야 할 의무는 없다. 또 그렇게 할 수도 없다. 정치권력이 직접적으로 하나님의 계명을 어기도록 강요하지 않는 한, 그리스도인은 복종의 의무에 매여 있다. 말하자면 정치권력이 공공연히 하나님의 위탁을 부인하고, 그리하여 그 요구권을 상실하기 전까지는 복종의 의무가 있다. 의심스러운 경우에도 복종이 요구된다. 그 이유는 정치권력에게 주어진 책임을 그리스도인 개개인이 짊어질 수 없기 때문이다. 그런데 정치권력이 어느 지점에 이르러 자신에게 부여된 위탁의 범위를 넘어서는 경우가 있을 수 있다. 예를 들어, 정치권력이 교회의 신앙 위에 군림하며 주인 행세를 하려고 할 수 있다. 그렇게 되면 분명 양심을 위하여, 그리고 주님을 위하여 복종하기를 거부해야만 한다. 그러나 이러한 위반을 이유로, 정치권력의 다른 모든 요구에 대해서까지 더 이상 복종을 요구할 권리가 없는 것으로 일반화하는 결론을 내릴 수는 없다. 불복종은 언제나 오직 개개의 특수한 경우에 있을 수 있는 구체적인 결단일 뿐이다. 불복종을 일반화하는 것은 정치권력의 계시록적인 악마화를 초래한다. 적그리스도적인 정치권력도 어떤 면에서는 여전히 정치권력으로 존재한다. 정치권력이 교회를 핍박하는 경우라 할지라도 납세의 의무를 거부하는 것은 용납될 수 없다. 역으로 말하면, 정치권력이 국가의 기능을 수행하도록 납세, 충성, 병역의 의무를 이행해야 하는 것은, 항상 이 정치권력이 계시록적인 의미로 이해되고 있지 않음을 반증하는 것이기도 하다. 어떤 구체적인 정치권력에 대한 계시록적인 이해는 필연적으로 완전한 불복종이라는 결과로 이어질 것이다. 왜냐하면 그때에는 각각의 모든 복종 행위가 명백히 그리스도를 부인하는 것과 연결될 것이기 때문이다.[계 13:7] 모든 정치적 결단은 과거의 죄와 역사적으로 연루되어 있다는 사실을 간과해서는 안 된다. 그로 인해 각각의 결단이 정당한지 여부를 판단하는 것이 거의 불가능하기도 하다. 그러므로 여기서는 책임적인 모험을 감행해야만 한다. 그러나 정치권력 편에서 감행한 그와 같은 모험의 책임은 구체적으로 오직 정치권력만이 짊어질 수 있다. 즉, 정치적 행위에 대한 개개인의 일반적인 공동 책임은 고려되지 않는다. 정치권력의 죄가 눈앞에 분명하게 드러나는 경우라 할지라도, 그 죄를 낳게 한 죄가 있음을 염두에 두어야 한다. 따라서 정치권력의 특정한 역사적·정치적 결단에 대해 복종을 거부하는 것은 정치권력의 결단이 그러하듯이, 오직 자기 고유의 책임에서 나온 모험일 수밖에 없다. 역사적인 결단은 윤리적 개념으로 완전히 해결되지 않는다. 거기에는 윤리적 개념으로 해결되지 않는 것, 곧 행위의 모험이 있다. 그것은 정치권력뿐만 아니라 그 아래 예속된 사람들에게도 해당된다.

4. 세상에서의 정치권력과 하나님의 질서

정치권력은 하나님에 의해 주어진 다른 질서와 함께, 세상이 그리스도를 향하여 보존되도록 하기 위한 신적 위탁이다. 이러한 목적을 위해 오직 정치권력만이 칼의 힘을 부여받는다. 모든 사람은 정치권력에게 복종해야 할 의무가 있다. 그러나 정치권력은 자신에게 부여된 위탁 및 요구와 더불어 항상 이미 창조된 세상을 전제로 존재한다. 정치권력은 피조물을 주어진 질서 안에서 보존하지만, 그 스스로 생명을 만들어 낼 수는 없다. 정치권력은 창조적인 것이 아니다. 정치권력은 자신이 다스리는 세상에 두 가지 질서가 있음을 발견한다. 창조주 하나님은 그 두 가지 질서를 통해 그분의 창조 능력을 행사하시며, 따라서 본질상 정치권력에 의존한다고 말할 수 있다. 두 가지 질서는 **결혼**과 **노동**이다. 성경은 이 두 질서가 이미 낙원에 존재했음을 보여준다. 그로써 두 질서가 그리스도를 통하여, 그리스도를 위하여 존재하는 하나님의 창조에 속한 것임을 증거한다. 두 질서는 타락 이후에도 존속한다. 즉, 우리가 알고 있듯이 하나님의 훈련과 은혜의 질서로서 존속하고 있다. 하나님은 타락한 세상에까지도 자신을 창조자로 나타내기를 원하시기 때문이다. 또한 하나님은 세상이 그리스도 안에서 보존되고, 그리스도의 소유가 되기를 원하시기 때문이다. 결혼과 노동은 처음부터 일정한 하나님의 위임 아래 있으며, 하나님에 대한 믿음의 순종으로 수행되어야만 한다. 그러므로 결혼과 노동은 그 고유의 근원을 하나님 안에 두고 있으며, 정치권력에 의해 세워진 근원이 아니라 정치권력에 의해 승인이 요구되는 근원을 갖고 있다. 결혼을 통해서 육체적인 생명이 태어나기 때문에, 인간은 예수 그리스도를 섬기며 그분을 영화롭게 하기 위해 존재한다. 이것은 결혼이 출생의 장소일 뿐만 아니라, 자녀를 예수 그리스도에게 순종하도록 양육하는 장소임을 말해 준다. 부모는 자녀를 낳고 양육하는 자로서 자녀를 위한 하나님의 대리자가 된다. 노동을 통해서는 예수 그리스도를 섬기고 영화롭게 하는 가치의 세계가 창조된다. 결혼에서처럼 무Nichts로부터의 하나님의 창조가 이루어지는 것이 아니라, 처음 창조를 기초로 새로운 것이 만들어진다. 결혼을 통해서 새로운 생명의 창조가 이루어진다면, 노동을 통해서는 새로운 가치의 창조가 이루어진다. 여기서 노동은 땅을 경작하는 일에서 시작하여, 경제 활동, 학문, 예술에 이르기까지 전 영역을 아우른다.창 4:17 이하 그러므로 예수 그리스도를 위하여 결혼이 보존되고, 결혼과 함께 가족 및 노동이 보존된다. 또 노동과 함께 경제적 생활, 교육, 학문, 예술 등의 고유한 권리가 보존된다. 이는 정치권력이 이러한 영역에서 다만 조정적인regulative 의미를 가질 뿐, 구성적인konstitutive 의미를 가지는 것은 아님을 뜻한다. 결혼은 정치권력에 의해서가 아니라, 정치권력 앞에서 성립된다. 경제, 학문, 예술 등은 정치권력에 의해 육성되는 것이 아니다. 이러한 영역에서 정치권력은 단지 감독의 역할을 하며, 명확한 한계를 두고(여기서는 자세하게 논할 수 없다) 그 지시를 따르게 할 수 있을 뿐이다. 그러나 정치권력은 결코 이 노동 영역의 주체가 되려고 해서는 안 된다. 정치권력이 주어진 위탁의 범위를 넘어서면, 멀지 않은 장래에 진정한 권위를 상실하는 대가를 치를 수밖에 없다.

결혼과 노동의 질서는 민족 질서와는 구별된다. 성경에서 민족의 기원은 낙원에 있지 않으며, 분명하게 표명된 하나님의 위임에 있지도 않다. 민족은 한편으로는 (창 10장에 의하면) 땅 위에 종족들이 흩어지면서 생겨난 자연적인 결과다. 다른 한편으로는, 창 11장 인류가 분열과 상호 소통이 불가능한 가운데 살게 하신 하나님의 질서이기도 하다. 그리하여 그들의 통일이 자기 능력에 달려 있지 않고, 오직 창조자이며 구원자이신 하나님 안에 있음을 기억하도록 하기 위한 하나님의 질서다. 그러나 성경에서는 민족에 대한 하나님의 특별한 위탁을 전혀 찾아볼 수 없다. 결혼과 노동은 하나님이 주신 직무이지만, 민족은 역사적 현실이다. 그것은 특수한 방식으로 하나님의 **유일한** 백성의 신적 현실, 곧 교회를 지시한다. 성경은 민족과 정치권력의 관계에 대해서 아무런 암시도 주지 않는다. 성경은 민족 국가를 요구하지 않으며, 여러 민족들이 하나의 정치권력 아래 통일될 수 있다는 가능성을 인정한다. 또한 성경은 민족이 아래로부터 자라나지만, 정치권력은 위로부터 제정된다는 사실을 알고 있다.

5. 정치권력과 교회

정치권력은 그리스도를 위하여 제정된 것이다. 정치권력은 그리스도를 섬기며, 이로써 또한 그리스도의 교회를 섬긴다. 모든 정치권력에 대한 그리스도의 통치는 결코 정치권력에 대한 교회의 통치를 의미하지 않는다. 그러나 정치권력이 섬기고 있는 동일한 주님이 교회의 머리이며 교회의 주님이시다. 정치권력은 주어진 위탁을 수행하는 가운데 그리스도를 섬긴다. 즉, 칼의 권세를 통해 외적인 정의를 확보함으로써 그리스도를 섬긴다. 그렇게 하여 정치권력은 교회를 간접적으로 섬기게 된다. 오직 사회의 외적인 정의가 구현될 때, 교회는 "평안하고 안정된 삶"을 영위할 수 있기 때문이다.딤전 2:2 그리스도를 섬기는 데서 정치권력은 교회와 본질적으로 연결되어 있다. 정치권력이 자신의 위탁을 올바르게 수행할 때, 교회는 평화롭게 지낼 수 있다. 이는 정치권력과 교회가 동일한 주님을 섬기고 있기 때문이다.

❶ 교회에 대한 정치권력의 요구

정치권력이 요구하는 복종과 존경은 교회에도 똑같이 적용된다. 분명 영적 직무와 관련하여 정치권력은 영적 직무가 세상적 직무에 개입하지 않고, 오직 자기 고유의 직무만 수행하도록 요구할 수 있다. 그 직무에는 당연히 정치권력에 복종하도록 권고하는 일도 포함된다. 그러나 목사직이나 교회 운영의 직무를 수행하는 영적 직무 자체에 대해서, 정치권력은 아무런 권한도 행사할 수 없다. 영적 직무가 공적으로 수행되는 경우에 한하여, 정치권력은 모든 일이 질서 있게 이루어지도록 감독하는 일을 할 수 있다. 즉, 교회가 외적인 정의에 준하여 행하도록 감독하는 일을 정치권력이 담당할 수 있다. 오직 이러한 측면에서 정치권력은 영적 직무의 인사와 구성이 정의롭게 행해지도록 요구할 수 있다. 영적 직무 자체는 정치권력에게 굴복하지 않는다. 그러나 정치권력은 그리스도 교회의 구성원에 대해서 완전한 복종을 요구할 수 있다. 이는 정치권력이 그리스도의 권위와 나란히 제2의 권위로 등장한다는 말은 아니다. 정치권력의 고유한 권위는 그리스도가 가진 권위의 한 형태일 뿐이다. 정치권력에 복종함으로써 그리스도인은 그리스도에게 복종하는 것이다. 그리스도인은 시민으로서 그리스도인이기를 그만두는 것이 아니라, 다른 방식으로 그리스도를 섬기는 것이다. 이로써 참된 정치권력의 요구는 이미 내용 면에서도 충분히 규정되었다. 정치권력은 결코 그리스도인이 그리스도를 거역하도록 이끌어서는 안 되며, 세상에서 그리스도를 섬기도록 돕는 역할을 감당해야 한다. 그렇게 함으로써 정치권력을 가진 자는 그리스도인을 위한 하나님의 종이 된다.

❷ 정치권력에 대한 교회의 요구

교회는 온 세상이 예수 그리스도의 통치를 받도록 초청해야 할 사명이 있다. 교회는 정치권력이 동일한 주님을 섬기고 있다는 사실을 증거한다. 교회는 정치권력을 가진 사람들이 구원을 받도록 그들을 예수 그리스도에 대한 믿음으로 초청한다. 교회는 정치권력이 예수 그리스도에게 복종함으로써 정부에게 주어진 위탁을 올바로 완수하게 됨을 알고 있다. 교회의 목표는 정치권력이 기독교적인 정책, 기독교적인 법률 등을 제정하도록 하는 것이 아니다. 정치권력에게 주어진 특정한 위탁을 올바르게 감당하도록 하는 것이 교회의 목표다. 가장 우선적으로 교회는 정치권력이 자기 자신을 올바로 이해하도록 인도한다. 교회는 그들이 공동으로 섬기는 주님을 위하여, 정치권력이 교회의 말에 귀를 기울일 것을 요구한다. 또 기독교의 공적인 선교를 위하여 폭력과 모독으로부터 보호해 줄 것을 요구한다. 그뿐만 아니라 자의적인 공격으로부터 교회 질서를 보호해 줄 것과, 예수 그리스도에게 순종하는 그리스도인의 삶을 살 수 있도록 보호해 줄 것을 요구한다. 교회는 이러한 요구를 결코 포기할 수 없다. 교회는 정치권력이 스스로 교회를 승인하라는 요구를 받아들이는 한, 정치권력이 공적으로 교회의 말에 계속 귀를 기울이도록 해야 한다. 물론 정치권력이 분명하고도 실제적으로 교회를 반대하는 입장에 서는 경우도 있을 수 있다. 이때 교회는 자신의 요구를 분명 포기하지 않겠지만, 그렇다고 계속해서 그의 말을 낭비하지도 않을 것이다. 교회는 정치권력이 그 직무를 바르게 수행하는지, 잘못 수행하는지 잘 알고 있기 때문이다. 정치권력은 주님을 섬겨야 하며, 그렇게 함으로써 또한 항상 교회를 섬겨야 한다. 정치권력이 교회를 보호하지 못할 때, 교회는 더욱 분명하게 주님의 보호 안에 세워진다. 마땅히 섬겨야 할 자신의 주님을 모독하는 정치권력은, 그로써 교회의 순교를 통해 찬양받으시는 주님의 능력을 한층 명료하게 증거하게 될 뿐이다.

❸ 정치권력의 교회적 책임

정치권력은 교회의 요구에 합당하게 반응해야 할 책임이 있다. 여기서 제1계명에 대한 정치권력의 입장에 대해서 물음이 제기된다. 즉, 정치권력은 종교적 결단을 내려야 하는가? 아니면 정치권력의 과제는 종교적으로 중립을 지키는 것인가? 정치권력은 참된 기독교적 예배를 보호해야 할 책임이 있는가? 정치권력은 다른 신을 섬기는 것을 금지할 권리가 있는가? 정치권력을 가진 자는 예수 그리스도에 대한 믿음을 가져야 하는가? 먼저 정치권력의 직무는 종교적 결단과 무관하다는 사실을 분명히 알아야 한다. 그러나 경건한 사람을 보호하고 포상해야 할 책임은 정치권력의 직무에 속한다. 다시 말해, 정치권력은 종교를 보호하고 장려해야 할 책임이 있다. 정치권력이 이 직무를 간과하면, 그것은 진정한 복종의 뿌리를 파헤치는 것, 곧 자신의 권위를 스스로 파괴하는 행위다. 1905년 프랑스 따라서 정치권력은 종교적으로 중립을 지켜야 하며, 오직 자신의 고유한 임무를 문제 삼아야 한다. 정치권력은 결코 새로운 종교를 만드는 주체가 될 수 없다. 그렇게 하면 스스로 허물어지고 만다. 정치권력을 전복하려 들지 않는 한, 모든 종교는 보호를 받는다. 정치권력은 종교의 다양성이 국가 질서를 위태롭게 하는 반정부 세력이 되지 않도록 주의해야 한다. 그러나 이 일은 어떤 종교를 억압함으로 이루어지는 것이 아니라, 정치권력의 고유한 임무를 분명히 알고 주의 깊게 수행할 때 가능해진다. 그러면 참된 그리스도인의 예배는 이러한 임무를 위태롭게 하지 않을 뿐 아니라, 오히려 항상 새롭게 정치권력의 토대를 제공해 준다는 사실이 명백해진다. 정치권력을 가진 자가 그리스도인이라면, 그는 기독교의 선교가 칼을 통해서가 아닌 말씀을 통해서 이루어진다는 사실을 인식해야만 한다. "각 지역에 그곳의 종교를"Cujus regio, ejus religio이라는 명제는 오직 매우 특정한 정치적 관계, 곧 추방당한 자를 받아들이기로 영주들 사이에서 합의한 경우에만 가능하다. 원칙상 그 명제는 정치권력의 직무와 일치하지 않는다. 그러나 어떤 특정한 교회에 긴급 사태가 발생한 경우라면, 교회의 요구에 의해 정치권력이 가진 힘으로 무질서한 요소들을 제거하는 일을 할 수 있다. 이때 그 일을 정치권력에게 맡긴 책임은 그리스도인들이 져야 한다. 이는 정치권력이 교회의 치리를 대행하는 역할을 한다는 의미가 결코 아니다. 여기서 문제의 핵심은 영적인 직무가 바르게 수행되고, 정치권력과 교회가 각각 자기의 고유한 임무를 다할 수 있도록 올바른 질서를 회복하는 데 있다. 정치권력은 올바른 방식으로 그 힘을 행사함으로써 제1계명에 대한 의무를 다하게 된다. 또 교회에 대한 정치권력으로서의 책임을 바르게 인식하고 수행함으로써 자신의 의무를 다하게 된다. 그러나 예수 그리스도에 대한 신앙을 고백하고 선포하는 일은 정치권력의 직무에 속하지 않는다.

❹ 교회의 정치적 책임

정치권력의 책임이 정치적 책임이라고 배타적으로 이해하면, 오직 정치권력이 이러한 책임을 감당하는 것은 당연한 일이다. 그러나 정치적 책임이 매우 일반적인 개념으로서 폴리스Polis에 속한 삶을 의미한다면, 다양한 의미에서 교회의 정치적 책임에 관해 말할 수 있다. 즉, 교회를 향한 정치권력의 요구에 대한 대답으로서, 교회는 정치적 책임을 져야 한다. 여기서 우리는 다시 영적 직무의 책임과 개별 그리스도인의 책임을 구별해야 한다. 죄를 죄라고 말하고, 죄에 대하여 인간에게 경고하는 것은 교회의 파수꾼 직무에 속한다. "공의는 나라를 영화롭게 하고(시간에서도 영원에서도) 죄는 백성을 욕되게 하느니라(시간적인 동시에 영원한 파멸)."잠 14:34 교회가 파수꾼의 직무를 수행하지 않으면, 교회는 악인의 피에 대한 책임을 져야 한다.겔 3:17 이하 죄에 대한 이러한 경고는 공공연히 교회 회중에게 선포되어야 한다. 이 경고에 귀를 기울이지 않는 자는 누구든지 그 스스로를 심판하는 것이다. 이때 설교자가 의도하는 것은 세상의 개선이 아니라, 예수 그리스도에 대한 신앙으로의 초청이다. 또 예수 그리스도를 통해 성취된 화해와 그분의 통치를 증거하는 일이다. 설교의 주제는 세상의 악함이 아니라, 예수 그리스도의 은혜가 되어야 한다. 왕 되신 그리스도의 통치를 선포하는 데 진지한 관심을 기울이는 것은 교회의 영적 직무에 속한 책임이다. 정치권력을 위태롭게 하는 태만과 실책에 주의를 기울이도록 하기 위해, 간접적으로 정치권력에게 말하는 것 역시 영적 직무에 속한 책임이다. 교회의 말이 원칙적으로 받아들여지지 않는 경우라면, 더 이상 폴리스에 존재하지 않는 외적인 정의를 위한 질서를 적어도 교회 구성원들 사이에서라도 확립하고 유지해 나가야 한다. 이것이 교회가 감당할 수 있는 최후의 정치적 책임이며, 그로써 교회가 할 수 있는 최선의 방법으로 정치권력에게 봉사하게 된다.

그리스도인 개개인에게도 정치적 책임이 있는가? 그리스도인 개개인이 정치권력의 행위에 대한 책임을 짊어질 수는 없다. 책임을 지려고 해서도 안 된다. 그러나 지위 고하를 막론하고 신앙과 이웃 사랑에 근거하여 자신의 직업과 사적인 삶의 영역에서는 책임을 져야 한다. 이러한 책임이 신앙 속에서 인식되고 실천된다면, 책임은 폴리스 전체에 영향을 미친다. 성경에 따르면 혁명의 권리는 존재하지 않지만, 폴리스에서 자신의 직무와 위탁을 보존할 책임은 각 개인에게 주어져 있다. 그렇게 함으로써 각 개인은 참된 의미에서 책임적으로 정치권력에게 봉사하게 된다. 아무도 각 개인의 성화 과정에 속하는 이러한 책임을 박탈하거나 금지할 수 없다. 그것이 정치권력이라 할지라도 마찬가지다. 이 책임은 교회의 주님에 대한 순종에서 나오기 때문이다. 그리고 교회의 주님은 바로 정치권력의 주님이다.

❺ 결론

교회와 정치권력 사이의 다양한 관계는 원칙적인 규범을 허용하지 않는다. 그러므로 국가와 교회를 분리하든, 아니면 국가 교회의 형태를 취하든 그 자체가 문제의 해결책은 되지 못한다. 개별적인 경험을 근거로 일반화된 이론적 결론을 도출하는 것보다 더 위험한 일은 없다. 종말론적인 시대 현상으로 인해 교회가 세상에서 물러나야 한다는 주장이 일고 있다. 그리하여 아직 유지되고 있는 국가와의 관계마저 끝내도록 권고하는 것은, 이러한 일반화에서 나온 서글프기 짝이 없는 역사 철학적 시대 해석이라 하겠다. 이러한 역사 해석이 실제로 진지하게 이루어지면, 요한계시록 13장의 극단적인 결과로 이어지게 될 것이다. 그와 반대로, 국가 교회나 민족 교회의 강령도 동일하게 역사 철학에서 나올 수 있다. 헌법을 개정한다고 해도, 그것으로 정치권력과 교회 사이의 원근 관계를 적절히 표현할 수는 없다. 정치권력과 교회는 동일한 주님을 통해 연결되어 있으며, 서로에게 매여 있다. 그리고 정치권력과 교회는 각자에게 주어진 위탁에 있어서 서로 분리되어 있다. 정치권력과 교회는 동일한 활동 영역에서 일하고 있는데, 그것은 바로 인간이다. 이 관계 가운데 어느 하나라도 고립되어서는 안 되며, 그것이 특정한 헌법의 형식을 위한 근거로 작용해서도 안 된다(말하자면 일련의 국가 교회, 자유 교회, 민족 교회 등). 따라서 중요한 것은 모든 주어진 형태 속에서 하나님이 제정하신 관계들의 실제로 구체적인 활동을 가능케 하는 것이다. 그리고 장차 이루어질 일에 대해서는 정치권력과 교회 위에 계신 주님의 손에 맡겨 드리는 것이다.

6. 국가 형태와 교회

가톨릭의 국가론이 그러하듯이 개신교의 국가론에서도 국가 형태는 항상 이차적인 문제로 취급되어 왔다. 정치권력이 자신의 위탁에 충실하기만 하면, 그 형태가 어떠하든 교회 입장에서는 본질적인 문제가 아니었다. 그러나 어떤 국가 형태가 정치권력으로 하여금 자신의 위탁을 가장 잘 수행하도록 보장할 수 있는지, 그리고 교회가 그런 국가 형태를 권장할 의무가 있는지를 묻는 것은 바람직한 일이라 하겠다. 정치권력의 직무를 수행함에 있어서 절대적 보장이 되는 국가 형태란 존재하지 않는다. 오직 하나님의 위탁에 구체적으로 복종하는 것만이 국가 형태에 정당성을 부여한다. 그렇지만 몇 가지 일반적인 주요 사안들을 열거해 볼 수는 있다. 즉, 정치권력을 바르게 행사하는 데 상대적으로 나은 전제 조건을 제공하고, 그리하여 교회와 국가 사이에 올바른 관계가 형성되도록 하는 국가 형태를 찾아볼 수 있다. 그리고 바로 이 상대적인 차이가 실제로 중요한 결과를 가져올 수 있다.

❶ 정치권력이 위로부터, 곧 하나님으로부터 주어졌음이 가장 명백하게 드러나는 국가 형태가 상대적으로 최고라고 말할 수 있다. 그런 국가 형태는 정치권력의 신적 기원을 극명하게 보여준다. 정치권력에게 부여된 영광과 책임이 하나님의 은총이라는 사실을 올바로 이해하는 것이 상대적으로 가장 나은 국가 형태의 본질에 속한다(다른 서구 왕국과는 달리 벨기에 왕들은 그들 스스로를 "백성들의 은총"de grace du peuple이라고 불렀다).

❷ 정치권력이 위협을 받지 않고 굳건히 세워져 있어 안정된 것이 상대적으로 최고의 국가 형태라고 말할 수 있다.

ⓐ 외적인 정의를 엄중히 수호하는 일을 통해,

ⓑ 하나님 안에 근거를 둔 가정과 노동의 권리를 통해,

ⓒ 예수 그리스도의 복음 선포를 통해.

❸ 백성들과의 유대 관계를 그들에게 주어진 신적 권위를 제한함으로써 표현하는 것이 아니라, 올바른 행위와 참된 말을 통해 상호 신뢰를 형성해 나가는 국가 형태가 상대적으로 최고라고 말할 수 있다. 여기서 정치권력을 위해 가장 나은 국가 형태가 정치권력과 교회의 관계에서도 최선의 것임이 증명될 것이다.

IV.

교회가 세상을 향해 말할 수 있는 가능성에 대하여

❶ 기독교 세계 전체에서 교회가 세상을 향해 해결책을 제시해 주기를 바라는 갈망이 일고 있다. 그 배후에는 무엇이 있을까? 거기에는 본질적으로 다음과 같은 생각이 자리 잡고 있다. 즉, 세상에서 일어나는 사회적·경제적·정치적 문제나 여타 문제들은 우리 자신의 능력으로 해결할 수 없으며, 우리가 가진 이념적이고 실천적인 해결책은 총체적으로 실패할 수밖에 없다. 이로써 기술적인 진보의 세계는 그 한계에 도달한 것이다. 자동차가 진흙 구덩이에 처박히고, 바퀴들은 최대한 빠른 속도로 회전하고 있으나 자동차를 구덩이 밖으로 끌어낼 수 없다. 이 문제들은 그 범위나 성격에 있어서 너무도 보편적이고 인간적이기 때문에 근본적인 도움을 필요로 한다. 지금까지 교회는 사회, 경제, 정치, 성, 교육 등에 관

한 문제들을 다루는 데 실패했다. 교회의 잘못으로 인해 사람들은 교회가 전하는 메시지를 불신하게 되었다. 교회는 걸림돌이 되고 말았다. "이 작은 자 중 하나를 실족하게 하면 차라리 연자 맷돌이 그 목에 달려서 깊은 바다에 빠뜨려지는 것이 나으니라."마 18:6 기독교의 선포를 교리적으로 정확히 제시하는 것만으로는 충분하지 않다. 보편적 윤리의 원칙으로도 불충분하다. 지금은 구체적인 상황에 맞게 구체적인 방향이 주어져야 할 필요가 있다. 교회를 지탱해 주는 영적인 능력은 아직 고갈되지 않았다. 전 세계 그리스도인들이 전례 없이 서로 가까이 다가서고 있다. 우리는 교회가 말할 수 있도록, 교회에 주어진 과제를 수행할 수 있도록 서로 협력해야 한다. 요약하면, 교회는 세상이 해결하지 못하는 문제에 대해 "해답"을 제시해야 한다. 그렇게 함으로써 교회는 사명을 완수하고 그 권위도 다시 회복하게 될 것이다. 여기에는 올바른 동기와 잘못된 동기가 서로 밀접하게 얽혀 있음을 우리는 즉시 감지할 수 있다.

❷ 여기서 우리가 던지는 질문은 이것이다. 오늘날 세상 문제에 대해 해결책을 제시하는 것이 과연 교회의 과제인가?

세상 문제에 대한 **일반적으로 기독교적인 해결책**이라는 것이 과연 존재하는가? 이는 지금 던지는 질문이 무엇을 의미하는가에 달려 있다. 기독교가 세상의 **모든** 사회적·정치적 문제에 대한 답을 가지고 있다는 듯한 자세는 분명 잘못이다. 그리하여 세상 질서를 바로잡기 위해서는 오직 기독교적인 해결책에 귀를 기울이기만 하면 된다고 여기는 자세는 분명 잘못이다. 그러나 기독교를 기초로 세상 문제에 대해 단호하게 말할 수 있다는 의미라면, 그것은 옳다. 앵글로색슨의 보편화된 사고는 교회가 원칙적으로 모든 세상 문제에 대해 기독교적인 해결책을 제시할 수 있다고 믿는다. 그들은 다만 아직 충분한 노력이 따르지 않았을 뿐이라고 생각한다. 거기에 대해서는 다음과 같이 말할 수 있다.

ⓐ 예수께서는 세상 문제에 대한 해결책에는 거의 관심을 두지 않으셨다. 세상 문제의 해결을 요구받을 때면, 그분은 이상하게도 회피하는 듯한 태도를 취하셨다.마 22:15 이하; 눅 12:13 그분은 대체로 사람들의 질문에 직접적으로 답하지 않고, 전혀 다른 차원에서 대답하곤 하셨다. 그분의 말은 인간의 물음과 문제에 대한 답이 아니라, 인간에게 던져진 신적인

물음에 대한 신적인 답이었다. 그분의 말은 본질적으로 아래로부터가 아니라 위로부터 규정되었다. 그것은 "해결"Lösung이 아니라 **구속**Erlösung이었다. 그분의 말은 선과 악에 대한 인간적인 문제의 분열로부터가 아니라, 아들이 아버지의 뜻과 온전히 일치하는 데서 나온 것이었다. 그것은 인간의 모든 문제를 초월해서 존재한다. 우리는 우선 이것을 이해해야 한다. 예수께서는 문제 해결 대신, 인간의 죄 사함 곧 구속을 이루셨다는 사실 말이다. 이를 통해 결국 인간의 모든 문제가 해결된 것이다. "이 모든 것을 너희에게 더하시리라."마 6:33 즉, 그것은 전혀 다른 차원에서 이루어진다.

ⓑ 도대체 누가 모든 세상 문제가 해결되어야 하고, 또 해결될 수 있다고 말하는가? 어쩌면 하나님에게는 이러한 문제들의 미해결 상태가 해결 상태보다 더 중요할지도 모른다. 말하자면, 그것이 인간의 타락과 하나님의 구속을 지시하는 역할을 하게 되는 것이다. 인간의 문제는 너무 복잡하게 얽혀 있고 잘못 형성되어 있어서 사실상 해결할 수 없을지 모른다(빈부 문제는 미해결 상태로 남겨 두는 것 외에는 달리 해결 방법이 없다).

ⓒ 교회가 세상의 악에 대항하여 조직적인 투쟁을 벌

이는 것(캠페인, 정치적·종교적 활동 등)은 중세기 십자군 이념을 계승한 것이라 하여 루터교에서는 거의 완전히 극복되었다. 그러나 앵글로색슨 계통의 나라들에서 그것은 교회 생활의 독특한 특징 중 하나다. 노예제도 폐지, 금주운동, 국제연맹 등이 그 예가 될 것이다. 그러나 바로 이러한 예들이 "십자군 전쟁"의 치명적인 약점을 보여준다. 노예제도의 폐지와 동시에 영국에서는 산업 프롤레타리아가 등장한다(달리 표현하면, 세상은 노예들의 권리를 되찾아 주지 않았다). 주로 감리교인들에 의해 강행된 금주법은 이전 시대보다 더 쓰라린 경험을 초래했고, 결국 그들 스스로 그 법의 폐지를 지지하게 되었다(이는 미국 교인들에게 하나의 결정적인 경험이 된다). 또한 국가 간의 적대감을 극복하기 위한 목적으로 만들어진 국제연맹이 도리어 적대감을 극대화시키는 결과를 초래했다. 이와 같은 경험들은 교회가 세상 문제를 해결하는 데 어느 정도까지 관여하도록 부름받았는지에 대해 진지한 숙고를 요구한다. "하나님이 그의 손에 후히 주심이니라."욥 12:6

ⓓ 인간의 문제에서 출발하여 거기서 해결책을 찾고자 하는 사고방식은 극복되어야 한다. 그것은 성경적이지 않다.

세상에서 출발하여 하나님을 향하는 것이 아니라, 하나님에게서 출발하여 세상으로 향하는 것이 예수 그리스도의 길이다. 그러므로 모든 그리스도인의 사고방식은 이렇게 되어야 한다. 이는 복음의 본질이 세상 문제의 해결에 있지 않음을 의미한다. 세상 문제를 해결하는 것은 교회의 본질적인 과제가 아니다. 그렇다고 교회가 이러한 면에서 아무런 과제도 갖고 있지 않다는 뜻은 결코 아니다. 그러나 **우리가 올바른 출발점을 발견할 때에만, 비로소 교회의 합법적인 과제가 무엇인지 인식할 수 있을 것이다.**

❸ 세상을 향한 교회의 말은 세상을 향한 하나님의 말씀 이외의 것일 수 없다. 그 말씀은 예수 그리스도와 그 이름 안에 있는 구원을 의미한다. 예수 그리스도 안에 하나님과 세상의 관계가 규정되어 있다. 예수 그리스도를 통하지 않고는 하나님과 세상의 관계가 있을 수 없다. 그러므로 교회도 예수 그리스도를 통하지 않고서는 세상과의 관계가 있을 수 없다. 이는 교회와 세상의 올바른 관계는 자연법이나 이성법, 보편적인 인간의 권리에서 나오는 것이 아니라, **오직** 예수 그리스도의 복음에서 나온다는 뜻이다.

ⓐ 교회가 세상에 전할 말은 하나님의 성육신에 관한 말씀이며, 세상을 위해 그 아들을 보내기까지 하신 하나님의 사랑에 관한 말씀이며, 불신앙에 대한 하나님의 심판에 관한 말씀이다. 교회가 세상에 전할 말은 회개로의 부름이며, 그리스도 안에서 계시된 하나님의 사랑에 대한 믿음으로의 부름이다. 그리고 그리스도의 재림과 장차 올 하나님 나라를 맞이할 준비를 하라는 초청이다. 한마디로 그것은 모든 인류를 위한 구원의 말씀이다.

ⓑ 하나님이 세상을 사랑하신다는 말씀은, 교회를 세상에 대한 책임적인 관계에 세운다. 교회는 말과 행동으로 그리스도에 대한 믿음을 세상에 증거해야 하며, 모든 어려움을 막아 내고 세상 속에 복음이 역사할 수 있는 공간을 만들어야 한다. 이러한 책임이 부정되는 곳에서는 그리스도 역시 부정된다. 그렇게 행하는 것이 세상에 대한 하나님의 사랑에 상응하는 그리스도인의 책임이기 때문이다.

ⓒ 교회는 **율법**과 **복음**으로서의 예수 그리스도를 통해 세상을 향한 하나님의 **사랑**을 고백하고 증거한다. 율법과 복음은 결코 분리될 수 없으며 동일시될 수도 없다. 복음 없는

율법 설교나 율법 없는 복음 설교는 존재하지 않는다. 율법은 세상에, 복음은 교회에 각기 해당되는 것이 결코 아니다. 율법과 복음은 세상과 교회에 동일한 방식으로 적용된다. 교회가 세상을 향해서 하는 말이 무엇이든, 그것은 오직 **율법**과 **복음**일 수밖에 없다.

a. 이로써 교회가 세상과 공동으로 인식하고 있는 이성적이고 자연법적인 기초에 의해 세상을 향해 말할 수 있으리라는 생각은 부정된다. 즉, 잠시 복음을 제쳐 두고서 세상을 향해 말할 수는 없다. 가톨릭교회와는 달리 종교개혁의 교회는 결코 그렇게 할 수 **없다**.

b. 여기서 교회의 이중적인 윤리 잣대, 곧 세상을 위한 것과 교회를 위한 것, 이방인을 위한 것과 그리스도인을 위한 것, 세상 영역 안에 있는 그리스도인을 위한 것과 종교인homo religiosus을 위한 것이라는 식의 이중적 잣대를 논박하게 된다. 하나님의 온전한 율법과 온전한 복음은 똑같이 모든 인간에게 속한 것이다. 교회는 세상에서 법질서, 재산, 결혼이 바르게 보존될 것을 요구한다. 그러면서 그리스도인들에게는 이 모든 것을 포기하라고 요구하는 것은 모순이다. 또 세상에서

는 보복과 폭력이 행해져야 하나, 그리스도인들은 용서와 공의Recht[1]를 행해야 한다는 식의 사고는 모순이다. 이중적인 기독교 윤리적 잣대를 들이대는, 매우 널리 퍼져 있는 이러한 모순된 논리는 하나님의 말씀을 잘못 이해한 데서 나온 결과다. 십계명은 하나님의 이름으로 인간의 생명, 결혼, 명예, 재산이 지켜지기를 원한다. 그것은 이 합법적인 질서 자체에 절대적인 신적 가치가 있어서가 아니라, 오직 하나님 한분만이 그 질서 안에서, 또 그 질서를 통해서 존귀와 영광을 받으시길 원한다는 것을 의미한다. 따라서 제2서판십계명은 결코 제1서판과 분리될 수 없다. 다시 말해 이러한 질서들은 예수 그리스도의 하나님과 나란히 제2의 신적 권위로 존재하는 것이 아니라, 그 속에서 예수 그리스도의 하나님이 스스로 순종하게 하시는 장소다. **하나님의 말씀 안에 있는 질서 자체가 중요한 것이 아니라, 그 질서 안에서 행해지는 믿음의 순종이 중요하다.** 거듭 강조하지만, 예수의 부르심은 그분과의 사귐을 위해 자기 권리를 포기하거나, 생명, 결혼, 명예, 재산을 버린 뒤

1. 원문에는 "불의"(Unrecht)라고 쓰여 있으나 문맥상 오류로 판단되어 수정했다.—옮긴이

따라야 하는 새로운 절대적인 가치 서판Wertetafel이 아니다. 예수의 부르심은 자기주장 대신 자기부정과 같은 순종을 행하는 것이다. 왜냐하면 십계명 어디에도 자기주장에 관한 내용은 없으며, 오직 하나님의 권리와 영예의 문제만 다루어지고 있기 때문이다. 그러므로 십계명에서와 마찬가지로, 예수께서 중요하게 여기시는 것은 하나님에 대한 구체적인 순종이다. 여기서 하나님을 위하여 자기 권리, 재산, 결혼 등을 포기하는 것을, 이런 것들의 참된 근원이신 하나님 자신보다 더 추앙하는 오류에 빠지지 않도록 주의해야 한다. 이 말은 자기 권리를 유지하는 것보다, 오히려 그런 것들을 **포기**함으로써 영광받으셔야 할 하나님의 권리가 더 쉽게 가려질 수도 있다는 뜻이다. 예수께서 부자 청년에게 그의 권리 가운데 하나를 버릴 것을 요구하셨을 때, 그 부자 청년이 "어려서부터 십계명을 다 지켜 온 것"은 하나님에 대한 순종에서 나온 것이 아니라는 사실이 드러났다. 그는 이른바 하나님의 질서를 지키기는 했지만, 정작 **살아 계신** 하나님을 도외시했던 것이다.마 19:16 이하 다시 말해 십계명과 산상수훈은 두 개의 각기 다른 윤리적 이상이 아니라, 예수 그리스도의 아버지 하나님에 대한 구체적인 순종을 촉구하는 오직 **하나**의 요청이라고 할 수 있다. 하나님에 대한 믿음 안에서 재산의 질서를 긍정하고 책임적으로 행동하는 것은, 하나님에 대한 믿음 안에서 재산을 포기하는 것과 전혀 다르지 않다. "권리를 위한 투쟁"도, "권리의 포기"도 그 자체로는 아무것도 아니다. 다시 말해, 그 자체가 교회의 선포의 고유한 대상일 수 없다. 오직 믿음 안에서 하나님의 유일한 권리에 복종하여, 한쪽이 다른 한쪽에 기꺼이 예속될 뿐이다. 결론적으로, 세상을 위한 가치와 그리스도인을 위한 가치라는 이중적인 가치 서판이 존재하는 것이 아니라, 온 인류에게 타당한 오직 **하나**의 신앙과 순종을 요구하는 하나님의 말씀이 존재할 뿐이다. 동시에 세상을 향해 선포할 때는 권리를 위한 투쟁을 더 강조하고, 교회를 향해 선포할 때는 권리의 포기를 더 강조하는 것은 잘못이다. **둘 다** 세상과 교회에 적용된다. 산상수훈으로는 모든 것을 다스릴 수 없다는 주장은 산상수훈에 대한 오해에서 나온 것이다. 국가를 운영하는 일에서도, 그 권력을 위해 투쟁하면서 또는 권력을 포기하면서도 하나님을 영화롭게 할 수 있다. 그리고 오직 그런 이유로 교회의 선포가 중요하다. 국가를 향해 자연적인 자기 보존의 충동을 선포하는 것은 결코 교회의 사명이 아니다. 교회의 사명은 오직 하나님의 법에 대한 복종을 선포하는 것이다. 이 양자는 서로 별개의 것이다. **세상을 향한 교회의 선포는 언제까지나 오직 율법과 복음 안에서 예수 그리스도 한분을 목표로 할 뿐이다.** 제2서판은 제1서판과 분리될 수 없다.

c. 교회는 예수 그리스도 안에서 하나님의 계시에 대한 믿음과 순종으로 각 개인과 모든 민족을 초청한다. 동시에 교회는 최소한 이러한 믿음과 순종이 불가능해지지 않도록 영역을 표시한다. 이 영역은 십계명을 통해서 경계가 정해져 있다. 십계명을 범하는 징조가 없다면, 거기에는 적어도 믿음을 방해하는 장애물은 없다고 볼 수 있다. 분명 교회는 예수 그리스도에 대한 믿음에 필연적으로 따라오는 구체적인 세상 질서를 선포할 수 없다. 그러나 예수 그리스도에 대한 믿음에 장애물이 되는 모든 구체적인 질서에 맞서 싸울 수 있으며 또 싸워야만 한다. 그렇게 함으로써 교회는 적어도 부정적으로나마 경계를 정하고, 그 안에서 예수 그리스도를 믿고 복종할 수 있는 질서를 세울 수 있다. 이 경계선은 가장 보편적인 형태로 십계명 안에 주어져 있으며, 구체적으로^in concreto^ 항상 새롭게

경계가 정해져야만 한다. 교회가 세상 질서에 대해 말할 수 있는 모든 것은, 오직 그리스도의 도래를 위한 **길을 예비하는** 것이라고 할 수 있다. 그러나 사실 예수 그리스도의 현실적인 도래는 오직 그분 자신의 자유와 은혜에 달려 있다. 예수 그리스도가 오셨고, 다시 오시기 때문에, 세상 어디서나 그분을 위한 길은 예비되어야 한다. 바로 그런 이유로 교회는 세상 질서에 관심을 가져야 한다. 세상 질서에 대해 교회가 말해야 할 것은 오직 그리스도를 선포하는 가운데 주어진다. 그리스도에 대한 믿음과 상관없이 영원한 질서와 자연권, 인권의 승인을 요구할 수 없다. 그렇게 요구할 수 있는 교회의 고유한 교리, 또는 그 자체로 유효한 교회의 교리는 존재하지 않는다. 인권과 자연권은 오직 그리스도에 의해 존재한다. 다시 말해, 오직 그리스도에 대한 믿음에 의해 존재한다.

d. 여기서 세상과 인간이 오직 예수 그리스도에 대한 믿음을 위해서만 존재하는가 하는 물음이 제기된다. 이 물음은 예수 그리스도가 세상을 위하여, 그리고 인간을 위하여 존재하신다는 사실에서 긍정된다. 즉, 마태복음 6장 33절에 의하면 모든 것이 예수 그리스도에게 초점을 맞출 때 비로소 세

상은 참으로 세상이 되고, 인간은 참으로 인간이 된다. 모든 피조물이 그리스도를 위하여 존재하고 그 안에서 존속한다. 골 1:16 이하 이러한 인식 속에서 세상과 인간은 비로소 전적으로 진지하게 받아들여진다.

e. 이와 같은 전제 아래 교회의 관심 역시 신앙의 엄밀성punctum mathematicum에만 머물러 있지 않는다. 이제는 세상 문제에 대한 일정한 정견을 형성하는 것과 같은 경험적 요소나 이 땅의 특정한 상황에도 관심을 갖는다. 예를 들어 그리스도에 대한 믿음에 방해가 되는 특정한 경제적·사회적 성향이나 조건들이 존재하는데, 그것은 세상에서 인간의 본질이 파괴되는 것을 말한다. 그 예로서 자본주의나 사회주의, 또는 집단주의가 믿음에 방해가 되는 경제 형태인가 하는 물음을 제기할 수 있다. 여기서 교회는 **이중적인 태도**를 보이게 된다. 교회는 한편으로는 하나님 말씀의 권위 안에서 부정적인 한계선을 긋고, 그와 같은 경제적 성향과 양식이 예수 그리스도에 대한 믿음을 명백히 방해하는 것으로서 거부되어야 함을 선언해야 할 것이다. 다른 한편으로는 긍정적으로, 하나님 말씀의 권위에 의해서가 아니라, 단지 그리스도인 전문가들의 책

임적인 충고의 권위 안에서 새로운 질서를 수립하는 데 일조해야 할 것이다. 두 가지 과제는 엄격하게 구별되어야 한다. 첫 번째 과제는 직무에 따른 과제이며, 두 번째 과제는 교회에 맡겨진 구제 활동의 과제이다. 전자는 신적이며, 후자는 세속적이다. 전자는 하나님의 말씀의 과제이며, 후자는 그리스도인으로서 감당해야 할 삶의 과제이다. 여기에는 다음과 같은 루터의 말을 인용하는 것이 아주 적절하다. "교리는 천상의 것이며, 삶은 지상의 것이다."doctrina est coelum, vita est terra

f. 이러한 관점에서 세상 질서의 **자율성**에 관한 문제들이 해결된다. 그동안 이 문제들은 수없이 다루어져 왔다. 자율성의 강조, 특히 국가의 자율성을 강조하는 것은 교회의 신정론Theokratie의 타율성에 반대하는 데 그 의미가 있다. 그러나 하나님 앞에서는 어떤 자율성도 존재하지 않으며, 예수 그리스도 안에서 계시된 하나님의 율법이 모든 지상적인 질서의 법이 된다. 모든 자율성의 한계는 교회가 하나님의 말씀을 선포하는 가운데 드러난다. 경제나 국가 등에서 하나님의 율법의 구체적인 형태는 그 분야에 종사하는 책임 있는 사람들에 의해 인식되고 발견되어야 한다. 여기서 오해하는 일만 없다면

상대적인 자율성에 관해 논할 수도 있을 것이다.

g. 이성—피조물의 법—존재하는 것.[2]

2. 편집자 주: 이번 장은 미완성으로 남았다.

V.

진실을 말한다는 것은 무엇을 의미하는가?

우리는 언어를 자유롭게 구사하게 되는 순간부터 우리의 말이 진실해야 한다는 것을 배운다. 이는 무엇을 의미하는가? "진실을 말한다는 것"die Wahrheit sagen은 무엇을 의미하는가? 이것이 우리에게 요구하는 바는 무엇인가?

가장 먼저 부모들이 이 진실성의 요구에 의해서 우리와 그들 사이의 관계에 질서를 세우고 있다는 것은 분명하다. 그에 상응하여 이러한 요구는 무엇보다도 (부모들이 생각하는 의미에서) 가족이라는 매우 제한된 범주에 국한된다. 그런데 여기서 요청되는 관계는 단순히 뒤바뀔 수 없다는 사실에 유념해야 한다. 부모에 대한 자녀의 진실성은 자녀에 대한 부모의 진실성과는 본질적으로 다르다. 어린 자녀의 생활은 부모 앞에 공개되어 있으며 그들의 말은 감추어지고 숨겨진 모든 것을 드러내야 하는 반면, 그 반대의 관계에서는 그렇게 요구할 수 없다. 다시 말해, 진실성과 관련해서 자녀에 대한 부모의 요구는 부모에 대한 자녀의 요구와 전혀 별개의 것이다.

이러한 사실로 미루어 볼 때, "진실을 말한다는 것"은 각 사람이 처해 있는 자리에 따라 다른 어떤 것을 의미함을 알 수 있다. 그때그때 특정한 개별적 관계들이 고려되어야 하는 것이다. 또한 한 사람이 다른 사람에게 진실을 말하도록 요구할 권한이 있는지, 있다면 어떤 방식으로 해야 하는지에 대한 물음이 제기되어야 한다. 부모와 자녀 사이의 말은 본질상 남편과 아내 사이의 말과 다르다. 친구와 친구, 교사와 학생, 지배자와 피지배자, 친구와 원수 사이의 말도 제각기 다르다. 그리고 이들 각각의 말 속에 담겨 있는 진실도 때마다 다르다.

여기서 이 사람이나 저 사람에게가 아니라, 오직 하나님께만 진실하게 말해야 한다고 즉각 항의하는 것은 옳다. 하나님은 하나의 보편적 윤리가 아니라 살아 계시며 나에게 요구해 오시는 분이다. 하나님이 나를 살아 움직이는 삶 한가운데 두고 그 속에서 봉사하기를 요구하시는 분임을 자각한다면, 그런 항의는 정당하다. 하나님에 대해서 말하는 자는, 자신이 살고 있는 주어진 세상을 쉽게 간과해서는 안 된다. 그렇게 한다면 그는 예수 그리스도 안에서 이 세상에 오신 하나님을 말하는 것이 아니라, 어떤 형이상학적 우상을 말하는 것이다. 그러므로 내가 하나님께 진실하게 말해야 한다고 할 때는, 나의 구체적인 삶 속에 있는 다양한 관계들이 고려되어야 한다. 또 그것을 어떻게 적용할 것인가 하는 문제도 중요하다. 하나님께 마땅히 진실해야 하는 우리의 말은 세상 안에서 구체적인 형상을 입어야 한다. 우리의 말은 원칙적으로가 아니라 구체적으로 진실한 것이어야 한다. 구체적이지 않은 진실성은 하나님 앞에서 전혀 진실한 것이 아니다.

따라서 "진실을 말한다는 것"은 단지 성향의 문제일 뿐만 아니라, 실제적인 상황에 대한 바른 인식의 문제로서 진지하게 숙고되어야 한다. 한 사람이 맺고 있는 삶의 관계가 다양할수록, 그 사람이 "진실을 말한다는 것"은 더욱 무거운 책임이 따르며 어려운 일이 된다. 유일한 삶의 관계 속에 있는, 곧 부모와의 관계가 전부인 어린 자녀는 신중히 고려해야 할 것이 아무것도 없다. 그러나 그가 다음 단계의 생활 환경에 놓이기만 해도 상황은 달라진다. 즉, 학교라는 환경에서 어린 자녀는 이미 첫 번째 어려움과 마주하게 된다. 따라서 부모가 어떤 방법으로든지(여기서 이것을 구체적으로 논의할 수는 없다) 자녀로 하여금 이러한 생활 환경의 다양성과 자신의 책임을 이해하도록 돕는 것은 교육적으로 매우 중요하다.

그러므로 진실을 말하기 위해서는 배워야만 한다. 진실성을 오직 마음가짐의 문제로 생각하는 자에게는 매우 충격적으로 들릴 것이다. 즉, 도덕성에 있어서 책망할 것이 없으면 다른 모든 것은 자연스럽게 따라온다고 생각하는 자라면 그럴 것이다. 그러나 윤리적인 것이 현실과 분리될 수 없다는 사실은 단순한 이치다. 현실을 더 잘 인식할 수 있도록 배우는 자세가 윤리적 행동의 필수 조건이다.

그러나 우리가 몰두하고 있는 문제는, 행동이 말하는 데서 성립된다는 것이다. **실재하는 것** das Wirkliche 은 말을 통해 표현되어야 한다. 그 속에 진실에 상응하는 말이 존재한다. 여기서 말이 "어떻게" 진실해질 수 있는가 하는 물음이 불가피하게 제기된다. 때마다 "올바른 말"을 찾아내는 것이 문제의 핵심이다. 현실에 대한 경험과 인식을 기초로 올바른 말을 찾는 일은, 점점 더 나아지려고 힘쓰는 길고도 진지한 노력의 문제다. 어떤 사물이 실재하는 것이라고 말하기 위해서는 어떻게 해야 하는가? 다시 말해, 진실하게 말하기 위해서 우리는 어떻게 해야 하는가? 그러기 위해서는 그 실재하는 것이 어떻게 하나님 안에서, 하나님을 통해서, 하나님을 향하여 존재하는가에 대해 우리의 시선과 사고를 집중해야 한다.

진실하게 말하는 문제를 개별적인 갈등상태로 국한시키는 것은 피상적일 뿐이다. 내가 하는 모든 말은 어쨌든 참되어야 한다는 규정 아래 있다. 그 말의 내용이 가진 진실성과는 전혀 무관하게, 그 말 안에서 표현된 타인에 대한 나의 태도가 진실한지의 여부도 중요하다. 나는 거짓을 말하지 않고서도 아첨하거나 거드름을 피울 수 있으며, 위선적으로 행동할 수도 있다. 그런 경우 나의 말은 진실한 것이 아니다. 왜냐하면 나는 남편과 아내의 관계, 고용주과 고용인의 관계 등이 갖는 현실성을 무너뜨리고 파괴했기 때문이다. 개별적인 말은 항상 내가 말로 표현하고자 한 전체 현실의 일부분이다. 나의 말이 진실하기를 바란다면, 누구에게 말하는가, 누가 나에게 물었는가, 무엇에 대해 말하는가에 따라 각각 다르게 말할 수 있어야 한다. 진실에 부합하는 말은 그 자체로 불변하는 것이 아니라, 삶이 그러하듯이 생동하는 것이다. 삶과 동떨어져 타인과의 구체적인 관계성이 분리된 채 하는 말이 있다. 즉, 내가 누구에게 말하고 있는지 고려하지 않고 "진실이 말해지는" 경우가 있다. 그때 그 말은 껍데기일 뿐, 거기에 진실의 본질은 상실되고 없다.

언제 어디서나, 누구에게든지 동일한 방식으로 "진실을 말하도록" 요구하는 자는 단지 진실이라는 죽은 우상을 전면에 내세우는 냉소주의자일 뿐이다. 그는 인간의 연약함을 조금도 용납할 줄 모르는, 진실에 대한 광신자의 후광을 걸치고 있다. 그러면서 그는 인간들 사이에 살아 있는 진실을 파괴해 버린다. 그는 수치심에 상처를 입히고 비밀의 신비를 모독한다. 그는 신뢰를 깨뜨리고 그가 몸담고 있는 공동체를 배반한다. 그러고는 자신이 초래한 참상에 대하여 "진실을 감당하지 못하는" 인간의 연약함을 탓하며 오만하게 비웃는다. 그는 진실은 파괴적이며 희생을 요구한다고 말한다. 그러면서 연약한 피조물 위에서 마치 하나님이라도 된 양 느끼지만, 실상 그가 섬기는 것이 사탄임을 깨닫지 못한다.

사탄의 지혜라고 불리는 것이 있다. 그것의 본질은 지

혜의 외양 아래 실재하는 모든 것을 부정한다. 그런 지혜는 하나님에 의해 창조되고 사랑받는 세상과 현실을 증오한다. 그것은 현실의 타락에 대해 마치 하나님의 심판을 집행하기라도 하는 듯이 가장한다. 그러나 하나님의 진실은 피조물을 사랑으로 심판하고, 사탄의 진실은 시기와 미움으로 심판한다. 하나님의 진실은 세상 가운데 육신이 되어 실재하는 현실 속에 살아 있지만, 사탄의 진실은 모든 실재하는 것의 죽음일 뿐이다.

살아 있는 진실이라는 개념은 위험하다. 그것은 진실이 개개의 특정한 상황에 적응될 수 있으며 또 적응되어야 한다는 의심을 불러일으킨다. 그러면 진실의 개념은 완전히 해체되어 버리고, 거짓과 진실은 서로 분간할 수 없을 정도로 가까워진다. 우리가 실재하는 것을 인식할 필요성에 대해 말하는 것마저도 오해를 불러일으킬 수 있다. 즉, 마치 내가 타인에게 말할 준비가 되어 있다는 진실의 척도가, 타인에 대한 타산적이고 교육적인 입장에 달려 있다는 듯이 오해할 수 있다. 이러한 위험을 직시하는 것은 중요하다. 그러나 위험에 대처할 수 있는 가능성은 진술의 내용과 한계를 때마다 주의 깊게 인식하는 가운데 성립된다. 이때 진실에 상응하도록 하기 위해 실재하는 현실 자체가 진술을 규정한다. 그러나 살아 있는 진실의 개념에 위험성이 있다고 해서, 결코 형식적이고 냉소적인 진실의 개념이 유리한 고지를 차지하도록 방치해서는 안 된다.

우리는 이 점을 명확히 해야 한다. 모든 말은 살아 있으며, 일정한 환경에 본거지를 두고 있다. 가정에서 하는 말은 사무실이나 공개 석상에서 하는 말과 다르다. 개인적인 관계의 온기 속에서 태어난 말은 공적인 관계의 차가운 공기 속에서 얼어붙는다. 공적인 업무를 위한 명령의 말이 가족 사이에서 사용된다면, 친밀감의 결속을 끊어 버릴 것이다. 모든 말은 제각기 고유한 자리가 있으며, 그 자리를 지켜야 한다. 다양한 말들이 갖는 본질과 한계를 분명하게 느낄 수 없는 시대가 된 것은 사실이다. 그것은 신문이나 방송에서 사용하는 공적인 언어가 널리 퍼진 결과다. 개인적 언어의 특성이 거의 소멸된 현상을 그 예로 들 수 있다. 참된 말의 자리에 쓸데없는 잡담이 들어와 있다. 말은 무게를 잃고 말았다. 너무 많은 말들이 오간다. 다양한 말들의 경계선이 흐려진 채, 말은 뿌리를 잃고 정처 없이 떠돌고 있다. 그렇게 말은 진실을 잃어버린다. 그렇다. 그러면 거의 필연적으로 거짓이 생기게 된다. 삶의 다양한 질서들이 더 이상 서로를 존중하지 않을 때, 말은 참되지 못한 상태로 전락한다. 한 가지 예로, 교실에서 선생이 한 아이에게 이런 질문을 한다고 가정해 보자. 선생은 그 아이의 아버지가 자주 술에 취해서 집으로 돌아오는 것이 사실이냐고 묻는다. 아이의 아버지가 자주 술에 취한 채 돌아오는 것은 사실이다. 하지만 아이는 그것을 부정한다. 선생의 질문 자체가 아이를 도무지 질문에 대답할 수 없는 상황 속으로 몰아넣은 것이다. 이때 아이는 가정의 질서가 부당하게 침범받는 것을 직감하고 방어해야 할 필요성을 느낀다. 가정에서 일어나는 일은 같은 반 아이들의 귀에 들어가서는 안 된다. 가정에는 지켜야 하는 비밀이 있는 것이다. 선생은 그런 질서의 현실을 무시했다. 이제 아이는 자신의 대답을 통해서 가족의 질서와 학교의 질서를 같은 방식으로 지킬 방법을 찾아야 한다. 그러나 그렇게 할 수 있는 능력이 아이에게는 없다. 그에게는 아직 그것을 바르게 표현할 수 있는 경험과 지식과 능력이 없다. 그래서 아이는 선생의 질문을 단순하게 부정했으며, 분명 그 대답은 진실이 아니다. 그러나 그 대답은 동시에 진실을 표명한 것이기도 하다. 가족은 그들 자신sui generis의 질서가 있으며, 선생에게는 그 질서를 무단으로 침입할 자격이 없음을 표현했다는 점에서 그렇다. 아이의 대답은 분명 거짓말이라고 할 수 있지만, 그 거짓말에는 더 많은 진실이 담겨 있다. 말하자면, 그 거짓말은 아이가 반 친구들 앞에서 아버지의 약점을 폭로하는 경우보다 더 진실하다고 할 수 있다. 아이가 가진 지식의 기준에서, 그는 옳게 행동한 것이다. 이 경우 거짓말에 대한 비난은 전적으로 선생에게 돌아간다. 경험 많은 어른이 이 아이의 입장이라면, 그는 질문자의 잘못을 지적하면서 형식적으로도 진실에 어긋난 대답을 피할 수 있을 것이다. 그렇게 함으로써 그 상황에 "합당한 말"을 찾아낼 것이다. 아이들이나 경험이 적은 사람들의 거짓말은 그들이 어떻게 대처해야 할지 모르는 상황에서 나오는 경우가 대부분이다. 그러므로 거짓말의 개념을 단순히 비난받아 마땅한 것으로 단정하고, 또 그와 같은 단정을 당연시하는 것이 정당한지를 묻게 된다. 그리고 그런 개념에 입각하여 형식상 진실에 반하는 진술이라면, 모두 하나로 뭉뚱그려 일반화하고 확대시키는 것이 의미가 있는지를 묻게 된다. 그렇다. 여기서 우리는 거짓말이 무엇인가를 정의하는 것이 얼마나 어려운 일인지 알 수 있다.

생각하는 것과 말하는 것 사이의 의식적인 모순이 거짓말이라고 정의하는 일반적인 견해는 전혀 타당하지 않다. 그렇다면 무해한 만우절 농담까지도 거기에 포함될 것이다. 가톨릭의 도덕 신학에 근거를 둔 "익살맞은 거짓말"의 개념은, 거짓말로부터 심각성과 악의—이와 반대로, 농담으로부터는 무해한 유희와 자유라는 결정적인 특성을 제거했다—라는 결정적인 특성을 제거해 버렸다. 이는 참으로 어이없는 일이라 하겠다. 농담은 거짓말과 전혀 관계가 없으며, 공통분모를 만들어 이해하려고 해서도 안 되기 때문이다. 거짓말이 타인에게 손해를 입히려는 의식적인 기만이라고 한다면, 거기에는 전쟁이나 그에 준하는 상황에서 적에 대한 필요한 기만까지도 포함될 것이다(칸트는 일찍이 그가 비진리를 말하기에는 너무 자부심이 강한 사람이라고 단언했다. 그래서 그는 자기 집에 숨은 친구를 뒤쫓아 온 강도에게조차 진실한 정보를 제공해야 할 의무를 느낀다고 하는 불합리한 논리에 빠지고 말았다). 이러한 태도까지 거짓말이라고 한다면, 모든 면에서 거짓의 개념과 모순되는 도덕적 영감이나 해명도 거짓으로 받아들여질 것이다. 이로써 우선 거짓말이란 생각과 말 사이의 모순과 같은 형식적인 개념으로 정의할 수 없다는 결론이 나온다. 그와 같은 모순은 거짓말의 필수 요소조차 될 수 없다. 이러한 관점에서 보면, 전적으로 타당하고 논쟁의 여지가 없음에도 거짓말이 되는 그런 말이 있다. 예를 들어, 악명 높은 거짓말쟁이가 속이기 위해서 단 한 번 "진실"을 말하는 경우가 있을 수 있다. 혹은 정확한 진술 속에 어떤 의식적인 모호성을 포함시키거나, 의식적으로 진실의 결정적인 부분을 덮어 두는 경우도 있을 것이다. 여기서는 의식적인 침묵도 거짓말이 될 수 있다. 그러나 다른 상황에서 그것은 결코 거짓말이 될 수 없다.

이러한 고찰은 거짓말의 본질이 생각과 말 사이의 모순보다 훨씬 더 깊은 곳에 숨어 있다는 인식으로 인도한다. 어쩌면 어떤 말을 거짓되게 하거나 진실하게 하는 것은, 말의 배후에 있는 인간이라고 할 수 있다. 그러나 이것으로도 충분하지 않다. 거짓말은 어떤 객관적인 것으로서, 거기에 상응하여 규정되어야 하기 때문이다. 예수께서는 사탄을 "거짓의 아비" 요 8:44라고 부르셨다. 무엇보다도 거짓말은 세상을 향해 자기를 증거하신 하나님을 부인하는 것이다. "거짓말하는 자가 누구냐. 예수께서 그리스도이심을 부인하는 자가 아니냐. 아버지와 아들을 부인하는 그가 적그리스도니."요일 2:22 거짓은 하나님의 말씀에 대한 모순이다. 즉, 하나님이 그리스도 안에서 하신 말씀과 창조가 그 말씀에 기인하고 있음을 부정하는 것이 거짓이다. 결국 거짓이란 하나님에 의해 창조되고, 하나님 안에 보존된 현실을 부인하고 부정하는 것이다. 또한 그것을 알면서도 의도적으로 파괴하는 행위다. 이와 같은 일은 말을 통해서도, 침묵을 통해서도 일어날 수 있다. 우리의 말은 하나님의 말씀과 일치하면서, 하나님 안에 실재하는 현실 그대로를 말해야 한다. 우리의 침묵은 하나님 안에 있는 현실에서 나온 말씀에 대해, 우리의 말이 가진 한계를 나타내는 표지여야 한다.

실재하는 현실을 증거하려고 노력하면서, 우리는 그것이 통일된 전체로 존재하는 것이 아니라, 화해와 치유가 필요한 분열과 모순의 상태에 있음을 깨닫는다. 우리는 현실의 다양한 질서들 속에 몸담고 있다. 거기서 우리의 말은 현실의 화해와 치유를 위해 노력하지만, 우리는 거듭해서 도처에 널려 있는 분열과 모순 속으로 휩쓸려 들어가는 우리 자신을 발견한다. 우리의 말은 하나님 안에 있는 현실 그대로를 말할 수 있어야 한다. 우리의 말이 그럴 수 있으려면, 이미 존재하는 모순뿐만 아니라 실재적 현실과의 연관성도 수용해야만 한다. 인간의 말이 참되기 위해서는 죄로 인한 타락을 부인해서는 안 된다. 그리고 모든 분열이 극복되는 하나님의 창조와 화해의 말씀도 부인하지 말아야 한다. 냉소주의자는 자기가 알고 있다고 믿는 개별적인 것을, 전체 현실을 숙고하지 않은 채 말해 버린다. 그렇게 함으로써 그는 현실을 철저하게 파괴한다. 그의 말은 진실의 가면을 쓰고 있을 뿐, 진실하지 않다. "이미 있는 것은 멀고 또 깊고 깊도다. 누가 능히 통달하랴."전 7:24

나의 말은 어떻게 참될 수 있는가?

ⓐ 누가 나에게 말하도록 하는지, 무엇이 나에게 말할 자격을 부여하는지를 알아야 한다.

ⓑ 내가 서 있는 자리가 어디인지를 분별해야 한다.

ⓒ 내가 말하고자 하는 대상과의 관계성 속에서 말해야 한다.

위의 규정들은 우선 말하는 것이 일정한 조건 아래 있다는 사실을 암묵적으로 전제하고 있다. 말을 한다는 것은, 강물과 같은 계속적인 흐름 속에서 자연적인 삶의 과정을 동반하는 것과는 다르다. 말이란 그 말을 하는 장소와 시간이 있고, 그 말이 갖는 임무가 있다. 이로써 그 말이 갖는 한계도 있다.

ⓐ 누가 또는 무엇이 나로 하여금 말할 자격을 부여하며, 또 말을 하도록 하는가? 이러한 자격과 이유 없이 말하는 것은 잡담에 불과하다. 모든 말은 항상 타인과 사물과의 이중적인 관계 속에 있다. 그러므로 모든 말에는 이 관계가 명확하게 드러나야 한다. 이러한 관계가 없는 말은 속이 텅 빈 공허한 말이며, 아무런 진실도 담고 있지 않다. 여기에 생각과 말 사이의 본질적인 차이가 있다. 생각은 다른 사람과의 필연적인 관계 속에 있지 않고, 단지 어떤 사실과 관계가 있을 뿐이다. 사람이 생각하는 것을 말해도 된다는 주장은 정당한 근거가 없다. 말을 하기 위해서는 다른 사람에 의해 자격이 부여되어야 하며, 그 원인이 제공되어야 한다. 예를 들어, 나는 어떤 사람에 관해 이런저런 생각을 할 수 있다. 그가 우둔하고 추하고 무능하고 부도덕하다고 생각할 수도 있고, 현명하고 강직한 성격의 소유자라고 생각할 수도 있다. 그러나 나의 생각을

말할 자격이 있는지, 또 무엇이 나로 하여금 말하도록 하는지, 누구에게 그런 말을 해도 되는지의 여부는 전혀 별개의 문제다. 여기서 말할 수 있는 자격이, 나에게 주어진 직무와 연관이 있다는 것은 의심의 여지가 없다. 부모는 자녀를 책망할 수도 있고 칭찬할 수도 있다. 이와는 반대로 자녀는 부모에 대하여, 이 둘 중 어느 것도 말할 자격이 없다. 교사와 학생의 관계도 이와 비슷하다. 물론 학생에 대한 교사의 권리는 아버지의 권리보다 좀 더 제한적이다. 그래서 교사는 학생을 꾸짖고 칭찬하는 데 있어서 특정한 잘못이나 성과에 국한될 수밖에 없다. 예를 들어, 학생의 성격에 대한 전반적인 판단은 교사가 아닌 부모가 해야 할 일이다. 말할 권리는 항상 내가 담당한 구체적인 직무의 한계선 안에 있다. 이 한계선을 넘어서면 말은 성가시고 외람된 것이 되어 버린다. 그것이 책망이든 칭찬이든 상처를 입히게 된다. 자신이 만나는 모든 사람에게 "진실을 말하도록" 요청받고 있다고 느끼는 이들이 있다.[1]

1. 편집자 주: 이번 장은 미완성으로 남았다. 1943년 12월 편지에서 본회퍼는 이 문제를 다음과 같이 다루고 있다. "최근 자네에게 불안에 대해 쓴 적이 있지. 지금 다시 공습이 있을 때 느끼는 불안에 대해 곰곰이 생각해 보게 되네. 불안은 죄의 징후

에 불과한데, 정직을 가장해 마치 '당연한' 것으로 여기고 있다는 생각이 드네. 그것은 마치 성적인 문제를 공공연하게 말하는 것과 매우 유사하다고 볼 수 있네. 그러나 '진실성'의 의미는 모든 것을 폭로하는 것과는 다르다고 믿네. 하나님은 인간을 위해 손수 옷을 지어 입히셨지(창 3:21). 이는 도덕적으로 타락한 상태(in statu corruptionis)에서는 인간 속의 많은 것들이 감춰져 있어야 함을 의미하는 것이네. 또 악을 근절시킬 수 없다면, 여하튼 은닉되어 있어야 한다는 것을 의미하기도 하네. 드러내서 창피를 주는 것은 냉소적이네. 그러니 냉소주의자가 자신을 특별히 정직한 것처럼 가장하고, 또 자신을 진실의 열광적인 신봉자로 자처하더라도, 그는 결정적으로 중요한 진실을 깨닫지 못하고 있네. 그것은 타락 이후에는 은닉과 비밀이 존재할 필요가 있다는 사실이지. 나는 슈티프터의 위대함이 인간 내면을 침해하지 않은 데 있다고 보네. 그는 비밀을 존중하면서 인간을 내부로부터가 아니라, 다만 아주 조심스럽게 외부에서 관찰하고 있지. 그는 모든 종류의 호기심과 거리가 먼 듯하네. 어떤 여인이 식물의 성장 과정을 생동감 있게 찍은 영화를 보고 난 뒤 매우 경악하며 내게 말하는 것을 듣고 감명을 받은 적이 있네. 그녀와 그녀의 남편에게 그것은 생명의 신비에 대한 불법적인 침해로 보여 참을 수 없는 것이었지. 이것은 슈티프터와 같은 방향에 서 있는 것이라고 보네. 그러나 이러한 사실을 독일인의 '정직성'에 대비되는, 이른바 영국인의 '위선'과 연결시켜 생각할 수는 없을 것이네. 나는 우리 독일인이 '은닉'의 의미, 곧 세상이 도덕적으로 타락한 상태라는 사실을 결코 바르게 이해하지 못하고 있다고 생각하네. 칸트는 그의 인간론에서 세상에서 겉치레의 중요성을 인식하지 못한 채 그것을 배척하는 자는 인류의 반역자라고 하는 매우 적절한 의견을 피력한 바 있네. 니체는 '모든 심오한 정신의 소유자는 가면을 필요로 한다'고 말했지. 내 생각에는 '진실을 말한다는 것'은 어떻게 현실 그대로를 말할 수 있는가 하는 것이라고 보네. 즉, 비밀을 존중하고, 신뢰와 은닉을 존중하는 것이라고 보네. 예를 들어, '폭로'하는 것은 진실이 아니며, 경박한 냉소주의 등과 마찬가지로 진실이 될 수 없네. 은닉된 것은 죄 고백, 곧 하나님 앞에서만 드러날 수 있는 것이지('수치심'에 대한 마지막 주 참조)."

후기

디트리히 본회퍼의 저서를 인수하여 "서표"에 순서대로 기록하면서(이미 출간된 저서로는 『성도의 공동생활』과 『그리스도론』이 있다), 각 저서마다 그 형성 배경과 원문 출처, 영향력의 역사에 대해 후기를 작성한 바 있다. 이제 『윤리학』도 제8판을 찍었다. 따라서 이번에 새롭게 출간되는 제9판에서는 상세한 후기는 쓰지 않고자 한다. 그 대신 독자는 지금까지 나온 판본들의 서문과, 본회퍼 전기에 나오는 『윤리학』의 형성 배경 및 첫 번째 원고의 접수 과정을 참고하기 바란다.에버하르트 베트게, 『디트리히 본회퍼』, 복 있는 사람, 2014, 1009-1018 참조

무엇보다도 이번 제9판은 본회퍼 윤리학이 여러 곳에서 집중적으로 연구되는 시기에 등장한다는 점이 특징이다.

독일뿐만 아니라 미국에서도 본회퍼 윤리학 연구에 몰두하고 있다. 처음 수십 년 동안, 본회퍼 윤리학은 그에 대한 관심에 비해서 거의 주의를 끌지 못했다. 그러나 지난 70년대에는 본회퍼의 생애와 저항 운동이 완전하게 알려지면서, 그가 남긴 윤리학 단편들에 대한 관심이 신학자들뿐만 아니라 일반인들 사이에서도 일어났다. 그의 윤리학 단편들은 어떤 점에서 전통적인가? 그리고 무엇이 새로운가? 어떤 면에서 그가 경험한 시대를 반영하며, 그 시대와 밀접한 연관성을 갖는가? 후세대들이 단지 추상적으로만 인식할 뿐인 시대에 대하여, 아직 생존해 있는 본회퍼의 동시대인들은 그 시대의 언어와 사상을 세밀화하는 일에 어떤 기여를 할 수 있는가?

이는 단지 수년간의 전쟁이나 반反히틀러 모의에만 관련된 것이 아니다. 예를 들어, 이 책에서 "책임의 장소"459 이하는 그런 문제를 다루고 있다. 이와 관련하여 최근에야 한 가지 떠오른 것이 있다. 그것은 1931년에 일어난 "스코츠보로" Scottsboro 사건이다. 법정 스캔들이라 할 수 있는 이 사건을 최근 미국 언론에서 다시 주목하고 있다. 미국 조지아주가 부당하게 범죄자로 낙인찍혔던 아홉 명의 흑인 소년들 가운데 마지막으로 생존해 있는 한 사람에게 "배상"을 결정했기 때문이다. 그 당시 본회퍼는 뉴욕에 체류하면서 이 사건을 생생하게 지켜보았다. 그는 분명 무고한 소년들을 위한 교회 지도층(아마도 오토 디벨리우스)의 적극적인 노력을 호소했을 것이다. 그러나 유감스럽게도 그의 수고는 아무런 소용이 없었다.

이 열정적인 사상가에게 종교개혁적 신앙의 유산을 계승하는 기독교 윤리학이란 도대체 무엇인가? 무엇보다도 그는 신학자로서 결정적인 시기에 홀로코스트 세력에 맞서 전복 모의에 가담하지 않았던가? 어떻게, 그리고 어디서 이러한 일치점을 찾을 수 있는가? 지금 우리에게 남겨진 그의 윤리학 단편들은 어떤 점에서 문제 해결의 실마리를 제공하는가? 또 우리에게 주는 가르침은 무엇인가?

다음 수년간 대서양을 사이에 둔 두 대륙에서 『윤리학』에 대한 비중 있는 연구물들이 나오리라고 기대해도 좋을 것이다. 미국본회퍼학회에서는 이미 클리포드 그린Clifford Green이 이끄는 연구팀이 윤리학 프로젝트에 집중하고 있다. 현재 그들은 꼼꼼한 원문 대조 작업을 진행 중이며, 더 나아가 지금까지 나온 윤리학 단편들의 배열에 대한 변경안을 제시할 계획이다. 그들의 프로젝트는 독일본회퍼학회의 연구 대표팀과 긴밀하게 소통하는 가운데 이루어질 것이다. 독일본회퍼학회는 이미 본회퍼 전집을 기획하고 있으며, 여기서 새 장정의 『윤리학』을 선보일 것이다. 새로운 『윤리학』에는 지금까지 다루지 않은 백 개 이상의 단편들이 포함될 예정이며, 시대적 특성 및 사실관계에 대한 주해 작업도 추가될 것이다.

기획 중인 전집판 『윤리학』이 빛을 보려면, 앞으로도 많은 조력자들의 수고가 필요하다. 그 책에 실릴 새로운 후기는 전후 맥락과 원문 출처, 영향력의 역사 등에 대해 더욱 상세한 정보를 제공할 것이다.

1981년 3월

바호트베르크-빌리포로트에서

에버하르트 베트게

찾아보기

성구

주제·인명

ㄱ

ㅂ

ㅇ

ㅈ

ㅊ

ㅋ

ㅎ